Feldrik Rivat

PARIS-CAPITALE

Les Éditions de l'Homme Sans Nom

Illustrations (couverture et intérieures) et graphisme : Feldrik Rivat
ISBN : 978-2-918541-60-8
Les Éditions de l'Homme Sans Nom
122, rue de Vincennes - 93100 Montreuil
E-mail : contact@editions-hsn.com
www.editions-hsn.com

Chapitre 0

Paris-Capitale, le 2 juin 1910, 22 h 01
De nuit, quelque part dans la ville...

« Ne pas prendre le reflet pour la lumière. »* Notes extraites du *Petit Traité de philosophie ténébrale.

Deux voiles noires triangulaires surgirent de l'ombre en silence. Elles glissèrent un instant entre les nuées ténébrales, en contrebas des étages nobles, avant de plonger en direction de l'aérocycle. L'homme qui était aux commandes sentit le danger. Sans doute avait-il perçu un sifflement anormal ou, encore, fut-il alerté par l'interruption du bruit de la pluie sur ses ailes, un instant suspendu par le passage de ces toiles sombres...

En pilote expert, sa réaction fut immédiate. Le jeune homme commanda le repli de ses deux ailes et se laissa tomber comme une pierre vers la surface du lac. Sa seule chance de salut résidait dans sa capacité à prendre plus de risques que ses poursuivants. Et de prier pour que ses bricolages tiennent bon. Il ajusta ses rétroviseurs, évalua la distance qui le séparait désormais des deux ailes noires, et se mordit la lèvre. Ces aviateurs n'étaient pas de vulgaires amateurs. Ils le suivaient tous deux dans sa chute libre, coupant et recoupant sa position, prêts à refermer leurs serres sur ses soies aciérées. Une erreur, une audace de trop, et c'était la mort. Le pilote tira vivement sur ses poignées de commande, et sentit son harnais lui arracher la poitrine tandis que la machine redéployait ses ailes. L'engin, emporté par sa vitesse, mordit la surface du lac et menaça de s'y abîmer tout entier. Le jeune homme ne dut sa survie qu'à un réflexe. La mise en route de son moteur à air comprimé et celle, salvatrice, de son hélice dorsale. Il reprit de l'altitude avec la grâce d'une libellule emportée par une bourrasque, se dégageant des ondes dans une dernière gerbe d'eau.

Les ailes volantes vinrent se replacer dans le sillage de l'appareil, d'une courbe parfaite de maîtrise. L'aérocycle, un prototype amateur de classe cycloptéron, tentait maintenant d'échapper à ses poursuivants dans une série de zigzags mortels. L'engin était lancé à pleine vitesse entre les piles d'acier de ponts aériens, plongeant sous l'arche libre de la tour Eiffel, sentant siffler les trémies de métal de part et d'autre du bolide. Le jeune homme replia une dernière fois ses ailes entre deux lames de fer immobiles, et fila vers les faubourgs de Paris.

Le pilote n'avait pas le temps d'apprécier la ville et ses dangers.

Il ne pouvait qu'éviter les cheminées qui se mettaient en travers de sa route.

Ou les singes volants.

Maudits macaques.

À cette vitesse, la moindre collision et c'était la mort !

Dans un dernier virage, le fuyard quitta les lumières électriques des quartiers bourgeois. Il survola une verrière battue par la pluie et plongea dans le noir, à l'abri d'une digue-rempart. Restait à choisir entre sa propre survie et celle de son engin. Le jeune homme trancha. Il déclencha ses aérofreins au dernier moment, finissant sa course au fond d'une cour d'usine humide, du côté de Levallois-Perret. Il arrivait parfois à ce damoiseau de devoir échapper aux pilotes de la Garde impériale.

Courir le jupon jusque sur les terrasses des Cuprifères n'était pas sans danger !

Mais de là à payer de sa vie un simple rendez-vous galant...

Le pilote resta un instant sous le choc, sonné par la somme de ses cabrioles. Puis, recouvrant un à un ses sens, assuré de son invulnérabilité juvénile, l'homme commença à s'extirper d'un fatras de tôles et de toiles. Des milliers d'heures de travail et de fins ajustements gémissaient en réponse au plus petit de ses mouvements. Le malheureux s'éloigna de la carcasse, en vacillant, releva ses lunettes d'aviateur et jeta un dernier regard sur son prototype. Sa fière machine n'était plus qu'un tas de ferrailles grimaçantes tout juste animé par une fuite d'air comprimé.

— Il est par là !

Ses poursuivants avaient dû se poser sur les toits avoisinants. Ils fouillaient déjà la cour, depuis les chenaux, balayant les décombres à l'aide de leurs lampes avec la frénésie d'une meute sentant un cerf acculé.

Un ordre claqua dans une radio. Une voix de femme aux accentuations slaves.

— *Messieurs, ne laissez pas ce gniard vous fausser compagnie !*

Une équipe au sol surgit des ombres et entreprit de ratisser l'endroit avec méthode. Guidés par les cliquetis métalliques de leurs détecteurs, les limiers relevèrent bientôt la piste du fuyard et se dirigèrent vers une porte encore entrouverte.

— On dirait que le *renifleur* tient notre gibier !

— Y'a qu'à suivre l'ombretrace !

Les chasseurs s'engouffrèrent dans un couloir sombre en poussant des jappements. Les doigts sur leurs vis de réglage en laiton, ils ajustèrent la pression de leurs lentilles de vision nocturne, et se mirent à crier de plus belle.

— Épargne ta belle énergie, le mioche ! Tu ne peux pas nous échapper !

Le fuyard sentait le collet se resserrer. Il courait. Vite. Droit devant. Sans réfléchir. Virant au détour des hasards et des possibles. Précipitant sa fuite par tous les moyens. Il renversait tout sur son passage, caisses, planches, tuyaux, se cognant contre les murs faute de les voir à temps, avant de repartir, une bosse en plus et un œil en moins. Il devait faire appel à ses instincts de gavroche mal poussé, ses réflexes de gosse de rue, se faufiler par un soupirail, traverser une cave, ressortir par un cul de vacherie abandonnée... sans succès. Ses poursuivants gagnaient du terrain. Pire, ils se multipliaient de ruelle en venelle.

Mais un danger plus grand que cette traque infernale planait désormais au-dessus de l'imprudent.

Celui de s'aventurer dans la noirceur poisseuse d'un secteur infesté par des spectres avides de chaleur humaine.

Celui d'être entré dans une zone interdite.

Le jeune homme, dans sa fuite, avait suivi un de ces nombreux boyaux qui perçaient les digues-remparts de la ville et, quittant les faubourgs, s'était de nouveau retrouvé à l'intérieur de l'enceinte.

Un détecteur impérial venait de se déclencher dans le noir, ajoutant l'horreur à l'angoisse. Une ombre était en approche, non loin de là, attirée par la chaleur de tous ces corps en mouvement, de toute cette vie…

La température baissa.

Des cris s'élevèrent.

Les poursuivants sacrifiaient des leurs pour permettre aux autres d'atteindre la cible.

— Hâtez-vous mes gaillards ! Notre docteur slave veut ce miston frais et vif !

— Sûr que tout gobé de sa moelle, le garçon ne vaudrait pas un pet de clou rouillé !

Le fuyard poussa une dernière grille et atterrit, chancelant, au milieu d'une rue pavée. L'orbe doux d'un candélabre au gaz s'alluma à son approche, illuminant la plaque de cuivre d'un panneau officiel.

Nul ne brave le couvre-feu seul sans escorte ni équipement.

Un agitateur avait gravé à la main : « *Surtout en zone interdite…* »

En apparence, la chaussée était déserte. Les autorités avaient choisi de ne plus équiper les zones interdites de lampes ténébrales, pour éviter aux égarés de mourir de terreur en voyant grouiller autour d'eux toutes ces âmes en peine… Le jeune homme, tremblant, voyait le brouillard s'étaler autour de lui, contenu par les plafonds de verre des canaux supérieurs. Le fuyard recula, les sens en alerte, essuyant d'un revers de manche deux ruisseaux de sueur qui passaient la barrière de ses sourcils, et buta contre le pied d'un atlante de bronze. Le colosse, silencieux, portait sur ses fortes épaules les lourdes structures de fonte qui faisaient les hauts-quartiers. Agrippé à l'orteil d'un de ces géants, le jeune homme tourna brusquement la tête. Un bruit, un raclement sinistre, venait de déchirer la nuit. Une bouche d'égout avait été ouverte, laissant émerger des profondeurs deux autres de ces chasseurs de la pire espèce.

Deux Goules noires.

Alors un filet s'abattit sur le jeune homme, lui interdisant tout mouvement de fuite, et un large sourire se dessina sur le visage de la première des deux goules.

— Voyez-vous, monsieur Pluviôse, notre pigeonneau s'est finalement laissé prendre à la patte.

— Je n'en suis pas fâché, monsieur Brumaire. Car l'heure est tardive, et les ombres voraces.

Les deux hommes se hissèrent sur la chaussée. L'or de leur cuirasse se piquetait de décharges bleutées, en réponse aux attaques spectrales.

Sentant alors de fortes poignes l'arracher du sol, le jeune pilote, en proie au désespoir, explosa :

— Mais, qui êtes-vous ? Que me voulez-vous ? Vous auriez pu me tuer !

— Ça non, monsieur Tellurien, objecta la première des goules. À propos, pardonnez-moi de m'en assurer, mais vous êtes bien monsieur Tellurien Flamel ? s'enquit le mercenaire.

— ... oui ? fit le jeune homme sans grande conviction.

— Parfait, opina la goule. Je n'aurais pas voulu commettre quelque erreur effroyable. Mais de quoi parlions-nous ?

— De tuer ou de ne pas tuer ce nigaud, précisa la seconde goule.

— Ah ! Merci, monsieur Pluviôse.

— Je vous en prie, monsieur Brumaire, c'est toujours un bonheur que de vous seconder.

— Je vous en prie, monsieur Pluviôse, fit la goule, tout le plaisir est pour moi. Donc, monsieur Tellurien Flamel, pour recouper les fils de la présente conversation, je confirme qu'il n'a jamais été question de vous tuer. Il apparaît que votre prime est substantiellement plus élevée quand vous êtes fort en gouaille. Messieurs ? fit encore la goule à l'attention de la sombre assemblée qui se massait désormais en ces lieux. Nous avons un colis à livrer.

— Et un message à délivrer, surenchérit l'autre en redescendant dans les égouts.

Les Goules noires étouffèrent leurs lampes et, dans un silence de mort, se replièrent dans la nuit.

Chapitre 1

Paris-Capitale, le 2 juin 1910, 14 h 10
Quelques heures plus tôt…

« À quoi sert de conter l'histoire des grands hommes du passé si nous ne pouvons pas les faire revenir à la vie ? » **Notes extraites du *Petit Traité de philosophie ténébrale.***

Le soleil brillait à travers l'éternel rideau de pluie des nuées ténébrales. Le singe donna encore un peu de gaz et hissa son aérocoptère plus haut dans le ciel. Personne ne savait vraiment pourquoi ce vieux sapajou, parmi les autres, aimait à s'élever ainsi en chandelle au-dessus de la ville.

— Tellurien ? Qu'est-ce qu'il fabrique encore, ton quadrumane ?

— Cap-3 ? Il est coutumier du fait.

— Oui, eh bien il me fout les nerfs en pelote, cet animal ! Amplifie son signal de retour !

Le signal de guidage radio se mit à hurler dans les écouteurs du messager aérien, sans effet notoire. Le capucin stabilisa son vol pour contempler un paysage battu par les pluies éternelles. Le simiétographe embarqué enregistrait chaque jour les mêmes images : les hautes tours des Cuprifères, doublées d'un long reflet doré. Celui offert par le lac Eiffel, qui ennoyait désormais l'ancien Champ-de-Mars.

Paris-Capitale.

La Cité-État.

La ville et ses faubourgs vivaient et respiraient au rythme de ces flèches d'or et de cuivre. Symbole d'un pouvoir nouveau, ces hauteurs défiaient les cieux tout autant que la vie et la mort. En ces lieux les grands esprits d'antan revenaient d'entre les morts pour faire de nouveau entendre leur voix. Savants, médecins, artistes et toutes personnes ayant de leur vivant su faire reconnaître la grandeur de leur âme, se voyaient aujourd'hui renaître dans les couloirs des Cuprifères avec la promesse de rendre le monde meilleur.

Paris prospérait de ce commerce contre-nature sous l'égide de la CCN, la célèbre firme au chrysanthème. Elle seule possédait tous les secrets de la science ténébrale, au terme de recherches prenant source dans les temps les plus reculés. Une science sans cesse améliorée, sans cesse renouvelée.

La première des tours avait été édifiée par monsieur Eiffel, sous le couvert de l'Exposition universelle de 1889. Des visiteurs venus des quatre coins du monde avaient pu s'extasier, durant un été complet, de la virtuosité de cette charpente d'avant-garde. Mais pas un n'avait pu comprendre pourquoi il pleuvait désormais sur Paris de manière continuelle, malgré un ciel impertinemment bleu. D'aucuns avaient prêté attention aux rumeurs de la rue qui, pour une fois, voyaient juste : la Dame de fer, la grande maîtresse de Gustave Eiffel, provoquait le courroux des Cieux. Point par sa hauteur ou l'audacieuse arrogance de son architecture, mais par la science et la technologie que renfermaient ses entrailles…

L'émetteur d'ondes ténébrales.

Le singe capucin, de ses yeux de macaque, ne pouvait pas appréhender la beauté réelle des Cuprifères. Et pourtant son instinct animal le poussait chaque jour à venir contempler ces cimes de fer perdues dans le ciel à quelque mille sept cents mètres du sol, ce siège cathédral d'un pouvoir scientiste, symbole d'une irréductible modernité.

Au sein de ces tours métalliques vivaient les représentants d'une espèce nouvelle.

L'Homo sapiens renascitur.

« *L'homme sage qui renaît* » ou « *l'homme sage ressuscité* », mariage inédit d'un mort et d'un vivant…

La tour Eiffel, loin d'être la finalité d'un projet isolé, avait en réalité lancé le début d'une campagne planifiée de longue date. Ainsi, dans les années qui avaient suivi, quatre flèches d'or, de cuivre et de fer étaient venues se dresser autour de la première. Les *Cardinales*. Elles étaient le symbole de tous les pouvoirs. Puis étaient venues s'ajouter huit adventices, plus sages, mais tout aussi nobles, les *Académiques*. Ces dernières brillaient comme autant de relais de toute science et de tout savoir. Enfin étaient venues les *Servantes* qui, au nombre de vingt-huit, accueillaient une population d'employés œuvrant de jour comme de nuit pour le bon fonctionnement des Cuprifères. Car il était une autre réalité en ce monde : les tours ne dormaient jamais ni ne perdaient la moindre de ces secondes arrachées à la Mort.

— *Redescends ! Tu m'entends, sale macaque ?*

Les Cuprifères, de par leur structure, s'édifiaient en un gigantesque alternateur, canalisant une énergie fabuleuse et pour ainsi dire illimitée, baptisée énergie Vril. Dans ce dispositif, la Terre devenait un stator, et le ciel un rotor. La tour Eiffel, en réceptacle ultime, concentrait cette énergie céleste dans les profondeurs d'une immense centrale électrique. La production était telle que la population de Paris-Capitale se voyait offert gracieusement l'usage de cette manne, en compensation des nuées éternelles...

Au point que le badaud imaginait que le Vril était la cause de ces pluies perpétuelles.

Mais il n'en était rien.

Seule la diffusion des puissantes ondes ténébrales était responsable de cette condensation abondante et contre-nature, plaçant la capitale sous les auspices d'un phénomène météorologique aussi inédit qu'inéluctable, menaçant Paris de ne jamais sortir de ses crues...

En un mot, pour vivre à l'heure des sciences ténébrales, la Ville-Lumière dut changer de visage.

Ce qu'elle fit avec grâce.

Paris, en vingt ans, était devenue une ville d'eau, une nouvelle Venise. Les pluies continuelles tombaient à l'intérieur des digues-remparts, s'écoulaient dans les canaux suspendus, avant de gagner les bassins de la Seine et d'être évacuées par les immenses déversoirs de Billancourt.

Plus loin, aux confins de ce paysage urbain, baignés d'une douce lumière, flottaient les ballons captifs de la ceinture de défense aérienne. Cette ligne périphérique embarquait à son bord autant d'armes puissantes que de technologies secrètes. D'aucuns parlaient d'un soupçon de sciences ténébrales, de rayons capables de priver un homme de son âme, d'autres évoquaient des ondes pouvant à loisir briser les dents, faire fondre un cerveau ou encore le canon d'un fusil... Difficile d'imaginer que ces bulles de poésie semées dans le vent, captives de leurs lignes de vie, renfermaient en leurs seins ces terribles engins de mort.

— *Mais putain de babouin ! Avorton de guenon !*

— *Enfin, monsieur Clément, calmez-vous ! Ce n'est qu'un singe ! Il finira par redescendre !*

— *Eh bien j'en ai ma claque, moi, de ces singes ! Vont finir par me faire bouffer mon tablier ! Je prends ma pause !*

La radio du capucin crépitait de la rogne de monsieur Clément, mais rien ne pouvait ternir ce moment de plaisir que s'offrait Cap-3, membre ordinaire et doyen de la formation simiesque de l'aéropostale de Paris. Pas même la promesse d'une double privation de quartiers de pomme.

Cap-3 suivit un court instant la courbe affûtée d'une compagnie de pigeons haut-volants, avant de décider de relâcher sa position. Il actionna sa manette de commande et perdit aussitôt de l'altitude, laissant son aérocoptère rejoindre l'essaim principal du septième arrondissement de Paris, en direction de la ménagerie postale des Invalides. Le soleil inondait les grandes verrières des bâtiments de l'aéropostale, et les singes battaient leur pleine activité dans un incessant va-et-vient. Deux tiers des courriers de la ville transitaient par les réseaux pneumatiques. Mais le dernier tiers, lui, moyennant un ou deux timbres de plus pour une livraison en mains propres, suivait la voie du ciel. Ces petits singes pouvaient emporter dans les airs jusqu'à des colis de plusieurs kilogrammes...

Le vieux sapajou négocia son atterrissage et vint se poser sur une aire circulaire. Le soigneur de garde l'attrapa, défit le harnais de son aérocoptère, et brancha les durites de remise en pression sur le réservoir d'air comprimé.

— Tu as failli avoir raison de monsieur Clément, aujourd'hui, Cap-3, fit Tellurien en souriant au capucin. Tu es une vraie tête de mule !

Le jeune homme vérifia le parfait état de l'aéroporteur, lustra les cuivres, et confia une brosse à l'animal.

— Tiens, voilà de quoi faire ta toilette. Mais quelle idée, aussi, de filer si haut ?

Le soigneur ébouriffa les poils du sapajou, qui poussa un petit cri de contrariété.

— Tu vas me faire avoir des ennuis !

Le jeune homme raccorda le simiétographe au téléscripteur et jeta trois quartiers de pomme à son singe.

— J'espère au moins que les visionneurs apprécient tes images !

L'animal, qui brossait les poils de son collier blanchi par le grand âge, reprit des mains d'un jeune voisin impudent l'un de ses quartiers de pomme, et s'éloigna dans les hauteurs d'une ferme métallique.

— Je ne comprends pas que tu ne te débarrasses pas de ce Cap-3, grogna le père Clément en revenant à la charge. Il passe son temps à bouffer pour rien, ce bestiau ! Il a dix fois l'âge d'être réformé ! Il est bon pour le rebut l'animal, fous-toi ça dans le crâne, le jeunot !

— Dis, tu voudrais qu'on t'y colle, toi, au rebut ? À cause de tes trois poils blancs sur le caillou ? lui répondit vivement Tellurien.

Numéro 3 regardait la scène d'un œil défiant. L'animal avait assez vécu parmi les humains pour savoir quand on parlait de lui en de mauvais termes. Il fit une grimace, pour bien signifier son dédain, se cala plus haut sous les verrières blanchies à la chaux, et sortit d'une poche de son veston en cuir un anneau d'argent.

— Tiens ! regarde-le ton macaque ! Il a encore volé une bonne femme !

Le jeune soigneur de l'aéropostale balaya la remarque d'un revers de main. Il aimait trop ses singes pour leur chercher des poux dans la tête. Et il avait une aile complète de la ménagerie à gérer, sans compter ce remplacement de dernière minute où il s'improvisait préposé des Postes… Des dizaines de capucins atterrissaient et décollaient chaque minute des Invalides, et il lui revenait de veiller tout autant au bien-être de ses effectifs, au bon état du matériel d'aéroportage, qu'au guidage des livraisons…

Un timbre se mit à vibrer. Le jeune homme décrocha un combiné de service tout de bois et de cuivre.

— Tellurien, soigneur en charge du quatrième quart journéal, j'écoute ?

— *Équipe le numéro 3, le jeunot. Il y a une mission pour lui*, cracha une voix au bout du fil.

— Tu entends ça, numéro 3 ? Finis tes pommes et redescends, tu reprends du service !

L'animal s'éleva au-dessus des toits de la ménagerie des Invalides. Le quartier débordait de jardins suspendus, de verrières aériennes, de trottoirs couverts protégeant les piétons affairés des pluies ténébrales. Depuis que des Belgrand ou des Alphand avaient en charge de faire de ces hauteurs le poumon vert de Paris, la ville regorgeait d'arbres et de végétation. De longues passerelles buissonnantes couraient par-dessus les toitures, lançant autant de ponts que de promenades entre les avenues et les boulevards de la capitale.

À cette heure, les citadins montaient dans les étages pour profiter du soleil printanier. Les humbles flânaient et s'accoudaient aux balustres en fer forgé, la fleur à la boutonnière, les ouvriers s'attablaient aux terrasses des bistrots aériens, et les riches Capitaliens, eux, peuplaient de leurs foules les passages sous verrière des grands magasins. Des balcons accueillaient les tables de restaurants gastronomiques et autres salons de thé, entre les jardins en encorbellement qui surplombaient ici les canaux de Paris.

Quel spectacle délicieux c'était de voir, sous ces dômes et ces tonnelles cristallines, tourner les ombrelles fleuries de ces dames.

Au premier jour, la population avait surnommé ces hauts quartiers les « doges » de Paris, terme qui, à force d'usage, s'était imposé dans le langage officiel.

Mais Cap-3 n'avait que peu d'intérêt pour le parfum des roses ou les couleurs des clématites. Il suivait son radio-signal à travers Paris, guidant son aérocoptère entre les arabesques des fermes métalliques, et remontait le canal de l'avenue d'Autun. Portées par les puissants atlantes des niveaux inférieurs, ces voies d'eau drainaient les pluies de la capitale tout en offrant un moyen de transport des plus rapides : la mouchette. Dotées d'un moteur à air comprimé, et au prix de quelques écluses, ces barques étaient capables de se rendre d'un point à l'autre de la capitale. Mener une mouchette réclamait d'avoir du coffre et de bons réflexes, tant la circulation était dense. D'ailleurs, les gondoliers ne perdaient jamais une occasion de prouver leur adresse, le tout en chantant les répertoires de chansonniers parisiens...

Le sapajou vira sous une passerelle et poussa son aérocoptère impasse d'Antin. Son point d'enlèvement se trouvait dans un immeuble haussmannien, en contrebas du niveau des doges. Le singe coupa son moteur, se rattrapant aux barreaux d'une échelle de service, et, avec l'agilité propre à son espèce, se laissa glisser jusqu'à la source d'émission. Arrivé à bon port, l'animal enregistra sa position sur l'appareil des Postes, et attendit l'ordre de prendre en charge le paquet.

L'appartement était celui d'un aventurier, un de ces hommes capables de partir du jour au lendemain aux quatre coins du monde. Il était revenu le matin même du Proche-Orient avec un colis à remettre à l'un des patrons des Cardinales. L'homme lança une noix au capucin, pour le faire patienter le temps de remplir son ordre d'expédition. Le singe s'installa sur un barreau de son échelle de service pour attaquer sa friandise. Ces appartements, autrefois placés aux étages nobles, se trouvaient aujourd'hui coincés contre les vitres épaisses des canaux de Paris. Urbanistes et architectes avaient rivalisé d'imagination pour donner à ces perspectives bouchées tous les attraits d'un paysage subaquatique. Ainsi, ce balcon planté de chèvrefeuilles saillait en échauguette contre le fond du canal, offrant par un hublot de bronze la vue sur ce voisinage aquatique. Le soleil dansait au gré des vaguelettes de surface, faisant reluire les flancs de poissons argentés. L'eau des doges, cristalline et potable en tous points, était purifiée par des cils filtrants qui ondulaient au fil du courant.

Le vieux singe tourna la tête, soudain attiré par une voix provenant de l'appartement voisin. Un notaire habitait là et exerçait son métier avec passion. Il avait reçu des Cuprifères l'habilitation suprême : celle de traiter les contrats ténébraux. Successions, mariages entre morts et vivants, métempsychoses ou possessions contrôlées : tous les contrats relatifs aux droits des morts pouvaient être pris en charge par maître Clotaire, troisième du nom, présentement à la manœuvre. Le simiétographe enregistrait la moindre parole qui s'échappait des fenêtres de l'étude.

— Reprenons. Monsieur Cerian Chevalier, ici présent, se propose, contre rétribution, de devenir atlas et porteur ténébral. Il s'engage à résider dans les Cuprifères aussi longtemps que l'imposera sa charge mais, au regard des résultats communiqués par le bureau des compatibilités thanatographiques, il ressort que monsieur Chevalier n'est pas en bonne position pour négocier les termes de son contrat.

— Comment ça ? s'insurgea le jeune homme. Ils ne veulent pas de mon corps, aux Cuprifères ?

— Monsieur Chevalier, avec un taux de compatibilité de 71 %, vous êtes tout juste éligible au programme. Et le mort qui s'engagera, précisa maître Clotaire d'un ton docte, souffrira en vous de migraines chroniques, de nausées et de vertiges, induits par la lutte que vous mènerez à votre corps défendant contre son intrusion.

— Et qui serait ce mort ? s'impatienta le donneur.

— Je ne suis pas autorisé à révéler la moindre identité.

— Vous voulez dire que je vais livrer mon corps à un sombre inconnu ? protesta le jeune homme.

— Exactement, monsieur Chevalier. Avec ce taux de compatibilité, soyez déjà heureux qu'un prétendant accepte un mariage avec vous, confia le notaire en présentant un contrat type à son client.

— Mais il sera en moi ! C'est absurde ! objecta le jeune homme.

— Il ne vous appartient pas, aux Cuprifères, de décider ce qui est absurde et ce qui ne l'est pas, déclara maître Clotaire. L'anonymat du prétendant est la première de ses clauses. Libre à vous de l'accepter ou de quitter ce bureau.

Le client se leva et commença à faire les cent pas. Il n'avait pas le choix et il le savait. C'était le troisième notaire qu'il voyait ce mois-ci, et les deux premiers ne s'étaient pas montrés plus conciliants. Les Cuprifères ont leurs lois, et les morts leurs exigences. Lui, Cerian Chevalier, avait besoin d'argent.

— C'est d'accord, laissa-t-il échapper du bout des lèvres.

— Parfait. Reprenez votre place, intima maître Clotaire en cochant la première case du contrat. La seconde clause concerne le temps de partage du corps. Le mort exige ici un deux pour trois.

— Ce qui signifie ? s'inquiéta le jeune homme.

— Que le mort demande à avoir l'usage de votre corps durant deux huit sur trois, vous concédant la jouissance du dernier huit, précisa le notaire en relevant la pointe de son stylographe.

— Huit heures..., répéta le donneur.

— ... que vous passerez à dormir.

— Pardon ? réagit le jeune homme.

— Le mort exige en effet un corps en parfaite santé. Vous vous remettrez à lui chaque matin reposé par une nuit de sommeil de huit heures, vingt minutes avant chaque lever de soleil.

» Le mort exige ensuite, en clauses trois et quatre, que vous ne consommiez aucune boisson ni aucun aliment pendant votre huit. Il se chargera lui-même de pourvoir à vos besoins durant son temps de possession.

» Il assurera enfin le strict respect d'une hygiène corporelle maîtrisée.

— Mais...

Le jeune homme se releva de sa chaise et reprit ses cent pas.

— ... c'est inimaginable... inenvisageable... incommensurable..., marmonna le donneur en se prenant la tête entre les mains.

— Le don est fort bien payé, argua le notaire. Surtout si l'on considère que vous ne lui apportez rien de plus qu'un corps.

— Et... ce sont là toutes ses exigences ? s'inquiéta le jeune homme.

— En dehors d'une dernière, oui, acquiesça maître Clotaire.

— Qui est ? demanda le client d'une voix étranglée.

— Celle de rompre toute relation amicale, familiale, et sentimentale.

— Mais je dois me fiancer dans deux semaines ! objecta le donneur en menaçant cette fois de briser en deux le dossier de sa chaise sous l'effet d'une brusque crispation. C'est la raison même de ma présence ici, trouver de l'argent, un salaire pour me mettre en ménage...

— Un mariage thanatogamique, jeune homme, ne souffre d'aucun compromis, précisa le notaire en faisant des ronds avec son stylographe pour signifier toute son impatience.

— Rompre avec Blanche...

— Rompre avec Blanche, Rose et Marguerite. Oublier jusqu'au nom de la dernière fille de Paris le temps que durera votre mariage, monsieur Chevalier ! Oublier jusqu'à la plus petite de vos habitudes mesquines ! Comprenez-vous bien toutes les implications que comporte un contrat ténébral ? Entendez-vous l'honneur qui vous est fait ?

— Ne plus voir Blanche..., s'étouffa le jeune homme.

— Servir l'humanité! répliqua le notaire en écrivant un chiffre en bas du papier à en-tête.

— Deux mille francs? releva le donneur, à bout de forces.

— C'est le salaire mensuel qui vous est proposé, monsieur Chevalier. Soit dix fois ce que vous gagnez en tant que chauffeur particulier.

— Deux mille francs par mois? Pour prix de ma vie? se lamenta le donneur.

— Deux mille francs pour dormir, jeune homme! s'emporta le notaire. Un contrat ténébral s'accepte de la première à la dernière de ses clauses! Écoutez, monsieur Chevalier, des idéalistes comme vous, j'en vois des dizaines par jour, alors épargnez-moi vos atermoiements! Vous me faites perdre mon temps! Et si ce n'est vous, renchérit le notaire en synchronisant la course des aiguilles de sa montre sur celles de son horloge comtoise, le prochain qui passera cette porte s'empressera de signer en bas de ce document!

— Et ces autres pages? aventura le jeune homme au bord du désespoir.

— Des clauses secondaires. Contraintes vestimentaires, coupe de cheveux, taille de la barbe, énuméra le notaire sans ménagement. Mais en termes d'exigences, croyez-moi, je peux vous trouver des morts bien plus retors!

— Je... Je vais signer, conclut le donneur en tremblant.

Un coup de vent choisit cet instant pour rabattre un tract contre la lentille de capture du simiétographe. L'animal l'arracha de ses petits doigts et le tourna en tous sens. C'était une réclame comme il en volait de nombreuses dans Paris-Capitale. Elle énonçait sur un ton publicitaire : **« Vous manquez de temps ? Vous sentez la mort approcher ? Souscrivez à la 25e Heure ! ».**

Le soigneur Tellurien fit cracher la radio et rappela son sapajou à l'ordre. L'expéditeur en avait fini avec les formalités d'usage, et attendait avec son colis. Cap-3 jeta sa coquille de noix, abandonna le patio de maître Clotaire, et se coula en trois bonds sur le balcon de l'aventurier. Ce dernier glissa son paquet dans le filet de transport de l'aérocoptère, sangla le pare-pluie de protection, tout en veillant à ne pas boucher les trous d'aération de son colis, et confirma sa commande par radio :

— Allô, les Invalides ? Le carton est prêt à être expédié, terminé.

— *Bien, monsieur*, fit le soigneur. *Toute l'aéropostale se mobilise pour vous, merci d'avoir fait appel à nos services,* crachota le jeune homme d'un ton mécanique.

Le capucin ajusta ses lunettes de pilote et largua dans les airs un jet de pression aux senteurs soufrées. Cap-3 éleva son aérocoptère au-dessus des doges et fila entre les tonnelles et les passerelles verdoyantes, non sans éviter au passage le coup de journal d'un vieillard agacé. Les vrombissements de ces singes étaient si pressants aux abords des quartiers nobles qu'ils provoquaient l'énervement de plus d'un Parisien.

Cebus capucinus, singe sapajou, capucin moine, ou saï, terme très apprécié des cruciverbistes, avait été choisi pour ses nombreuses qualités. Cet animal de petite taille et de figure attachante était réputé pour sa sociabilité, son intelligence vive, et son agilité. Mais ce qui détermina jadis le choix des autorités quant à son présent enrôlement fut surtout sa très grande capacité à cartographier son environnement, ainsi que son sens inné de l'orientation. Il n'avait fallu qu'un peu d'astuce, un harnais et un aérocoptère pour faire de ces singes les maîtres des cieux de Paris. Leur usage et leur efficacité étaient tels que l'on pouvait lire à loisir des affichettes collées à la sauvette sur les pieds de réverbère de la ville : **« C'est officiel : il y a plus de macaques que de pigeons à la capitale ! »**. D'audacieux statisticiens tentaient bien d'avancer le nombre d'allées et venues quotidiennes de ces petits messagers des cieux, ou de proposer des listes de recensement, mais ils se perdaient vite en conjectures. Aux chiffres officiels de la Compagnie aéropostale de Paris, il fallait ajouter les singes personnels et particuliers, les unités militaires, les chargés de veille incendie... Et ces voix qui s'élevaient contre le tapage de ces sapajous se taisaient bien vite quand l'une de ces bestioles, au détour d'une gaine dénudée ou d'un tuyau percé, donnait de ces alertes capables de sauver des milliers de vies humaines.

Mais ce qui frappait malheureusement le plus les esprits était les missions d'espionnage auxquelles s'adonnaient en sourdine ces quadrumanes avertis. Leurs simiétographes tournaient de jour comme de nuit, enregistrant les sons et les images qui passaient à leur portée, faisant de ces essaims les yeux et les oreilles des Cuprifères.

Cap-3 sortit en chandelle entre deux saules perchés dans les hauteurs de jardins aériens, stabilisa son aérocoptère à une dizaine de mètres des verrières de Paris, et opéra un tour sur lui-même dans le plus parfait respect de la procédure de vol. Cette manœuvre devait tout à la fois satisfaire l'appétit de son simiétographe et assurer au capucin de capter le bon signal de livraison.

« Confirmation du plan de vol. Distribution en cours. »

Le singe faisait cap vers les Cuprifères, à pleine puissance de ses moteurs à air comprimé, survolant les quartiers militaires jusqu'au lac Eiffel. Le plan d'eau prolongeait le cours de la Seine intérieure sous les immenses tours Cuprifères, délimitant un espace à navigation restreinte. Seule la Marine impériale pouvait manœuvrer sous les arches et les contreforts qui se dressaient ici en forêts de métal, ainsi que les rares Capitaliens à avoir en poche une autorisation en règle. Ce qui faisait de ce lac en plein cœur de Paris un véritable havre de paix, un miroir d'or à peine ridé par les nuées ténébrales et le vent de cette fin de journée.

Le capucin s'éleva au-dessus des Servantes pour gagner le dôme de service de l'aéropostale, et se présenta, à son habitude, à la première trappe de livraison.

Mais des alarmes se mirent aussitôt à hurler...

« Code rouge ! Code rouge ! »

— Paquet sans référence ! Interceptez ce macaque ! s'écria un chef de corps en abaissant son heaume en métal impérial.

— Boucliers levés !

— On ouvre la trappe !

Cap-3 s'ébroua, pour chasser la pluie de ses poils argentés, puis commença à reculer, grimaçant, à l'approche d'une main caparaçonnée.

Un détachement de la Garde impériale venait de se déployer et le tenait en joue de ses canons à onde.

— Parés à faire feu, chef !

— *Attendez !* supplia une petite voix dans la radio de numéro 3. *C'est de ma faute ! J'ai omis de faire adjoindre le bordereau d'expédition...*

L'officier de garde attrapa sans égard le vieux singe par son baudrier de cuir et approcha ses lèvres de l'émetteur :

— Vos nom et matricule, préposé ! aboya le militaire.

— *Tellurien Flamel, S-268-1889,* bredouilla l'employé de l'aéropostale. *Mais je ne suis pas préposé, je suis juste soigneur... Je remplace le préposé Jeannot, matricule P -475-1891, il est indisposé...*

— Un soigneur aux expéditions ? Comptez sur moi pour faire un rapport sur cet incident, gamin ! Vous allez y laisser votre paie du mois ! C'est honteux ! martela l'officier en frappant du poing sur le comptoir de réception.

— *... ... ... oui, monsieur,* osa l'employé.

— Et téléscriptez immédiatement ce bordereau ! Vous allez finir vos jours à récurer les latrines de votre ménagerie à la brosse à dents, gamin, je vous le dis !

Une machine se mit à crépiter avec plus d'affolement que les autres et cracha un ruban de papier noirci. Le responsable de la succursale, porteur d'un masque de bois jaune, arracha le document et vint le présenter au gradé.

— Où est le numéro de désignation de l'expéditeur ? gronda le militaire.

— Ici, monsieur, fit le chef de bureau en prenant la charge du dossier.

— A-3 ?!!! s'étrangla l'officier. Mais bande d'inconscients ! Vous notez l'importance que peut avoir un colis destiné au troisième atlas de l'Histoire à avoir reçu un mort ?

Le capitaine de la Garde impériale fumait de colère. Il repoussa de sa morgue tous les singes et les employés des postes qui se pressaient dans le bureau de l'aéropostale.

— Je dois inspecter ce colis ! lança l'homme en pointant un doigt accusateur sur l'objet.

— Capitaine, sauf votre respect, fit le responsable de la succursale en libérant le singe de son paquet, le bordereau nous commande une prise en charge immédiate. Ce paquet contient un agent biologique qui ne doit souffrir d'aucun retard de livraison, et...

— On ne badine pas avec la sécurité, postier ! *A-3* est l'atlas du Notaire en personne ! Un des quatre Cardinaux ! Alors vous allez me donner ça ! hurla le militaire en arrachant le paquet des mains du chef de bureau.

Mais l'objet cracha en réaction à son branlage, manifestant par là une objection inattendue.

— Mais ? C'est quoi, ça ? tempêta le gradé en rabaissant son heaume en métal impérial.

Le postier étudia le bordereau d'expédition et annonça tout haut la nature du contenu :

— Un *Felis margarita*...

— *Felis margarita* ? Mais c'est quoi ce putain de charabia de jargon scientifique ?!!!

Le colis cracha devant une nouvelle tentative d'inspection, achevant de prouver son innocuité.

— Regardez vous-même, annonça penaudement le postier en lui tendant le bordereau.

— *Felis margarita*... Autorisation code 810-P-N375-P-P-417-HhWtX3..., lut le gradé à travers le tamis de son heaume. Bref ! Ça grogne, ça griffe, mais ça n'explose pas ! traduisit l'officier en reposant sèchement l'objet du délit.

» Virez-moi ça de ma vue, avant que j'en fasse du tartare !

Mais l'homme, devant une nouvelle grimace du vieux singe, rattrapa ce dernier par son harnais et cria dans son émetteur :

— Vous, le soigneur ! Vous me priverez ce sac-à-joue de ses quartiers de pomme ! La peste, ces macaques..., ajouta le militaire en arrachant des mains du postier son énorme tampon.

L'homme leva l'objet d'autorité...

... et appliqua le timbre de l'aéropostale avec force.

Arrachant, de la part du colis, un dernier crachat.

Chapitre 2

Paris-Capitale, le 2 juin 1910, 15 h 58
Le livreur des Cuprifères

« Le masque est l'identité du mort. Tout n'est que masque, aux Cuprifères. Il détermine la classe, l'ordre, l'affectation du serviteur. Il détermine l'importance et la valeur du locataire. »
Notes extraites du *Petit Traité de sociologie ténébrale.*

Vanural Bergeret venait de sangler des échasses de classe trois pour bien se parer à sa présente mission de livraison. Ainsi équipé, il pouvait allégrement multiplier sa cadence de marche par cinq, une vitesse nécessaire pour traverser les longs couloirs du hall académique avec toute la célérité requise. Il évoluait avec grâce sous les arches de verre d'une galerie aérienne. Les fers plats aux reflets de suie qui dessinaient ici les décors et entrelacs géométriques défilaient à chacun de ses pas. Toute l'architecture de ces ponts aériens se fondait sur ce même principe : la répétition infinie et l'assemblage systématique d'un vocable de base. Une ferme métallique faite d'acier pour la structure, des fers forgés pour la décoration, des parois de verre pour séparer les espaces intérieurs des espaces extérieurs.

Le commissionnaire faisait claquer sa queue-de-pie vermillon à chacun de ses pas, agitant sa clochette de bronze d'une main gantée pour signaler sa présence et sa haute priorité. Usagers des tours, professeurs, et étudiants, s'écartaient devant le masque peint dans une routine bien établie. Les tampons de bois et de caoutchouc de ses échasses articulées frappaient les dalles de verre de la passerelle principale, avant de s'immobiliser, cinq cents mètres plus loin, au point de contrôle du Grand Dôme. 15 h 58. Bloqué dans la file d'attente, l'employé-livreur eut soudain la crainte d'arriver pendant le changement de quart du personnel… Il piaffait sur place, du haut de ses extensions mécaniques, non loin de la borne de contrôle. 15 h 59. C'était un de ces instants, dans la vie, où l'on perdait vite de précieuses minutes en attente inutile. Il vérifia l'alignement des aiguilles de sa montre sur celles de la grande horloge. C'était un réflexe, aux Cuprifères, de s'assurer de vivre toujours au rythme de l'heure officielle.

16 h.

Changement de quart.

Changement de quart et changement de huit.

Les usagers des tours, atlas et porteurs de masque, visiteurs, ou ombres spectrales, s'accumulaient derrière les portiques du point de passage. Certains trouvaient à se régaler du spectacle de la relève des employés du contrôle, de cette chorégraphie maîtrisée à la perfection, faite d'habitudes et de rites éprouvés. Mais Vanural Bergeret n'avait que faire de ces valses de velours aux masques pourpres. Salamalecs et courbettes, échanges de plaques et coups de tampons, restait aux contrôleurs à finir leur manège par une série de réglages multiples. Hauteur de lampe, inclinaison d'assise, capteurs de signatures périspritiques.

Pour qui voulait tuer le temps de manière instructive, des cartels éducatifs distillaient un savoir aussi précieux que pointu. Le panonceau de la présente barrière représentait une baleine à bosse de type *Megaptera novaengliae*, une étude en eau forte monochrome exécutée par Georg Heinrich Borowski, du département germanique des sciences naturelles. Le savant exposait ici en détail ses découvertes concernant ces cétacés, sur fond d'enregistrement de leur chant, ainsi que des études anatomiques de *Cyamus boopis*, ces crustacés parasitaires qui avaient le mauvais goût de se concentrer sur les plis génitaux de ces géants des mers.

— Visez-moi la taille de ces morpions ! s'esclaffa un étudiant en physique ondulatoire.

Mais le commissionnaire Vanural Bergeret préférait ronger son frein seul, du haut de ses appendices mécaniques. Il regardait le soleil jouer avec les résilles d'or et de cuivre, ces précieux torons qui couraient tout le long des parois extérieures des Cuprifères, et leur donnaient toute leur flamboyance. Leurs fonctions étaient aussi mystérieuses que précises : conduire, des racines aux cimes des tours, ondes périspritiques et énergie Vril.

Une minute supplémentaire passa.

16 h 03.

Intolérable.

Les éclairages auxiliaires commençaient à pulser doucement entre les voûtes métalliques, pour compenser la baisse de luminosité naturelle. Le commissionnaire caressa son torque de bronze, d'un geste machinal, et se fit violence pour quitter des yeux la course des aiguilles de l'horloge impériale. Il chassa un faux pli de sa livrée vermillon, faute de pouvoir accélérer le temps, ajusta son masque de bois peint, et se concentra sur les fins rideaux de pluie qui tombaient en cascades depuis les plafonds. L'eau cristalline s'écoulait en chantant entre les lianes et suspensions végétales, arrosant des kokédamas plantés de mousses et de fougères. Les plus petits tenaient dans une main d'enfant. Les plus grands, en revanche, étaient ceinturés par des anneaux de bronze et portés par des chaînes capables de lever ces tonnes silencieuses.

— Commissionnaire, vos nom et matricule, fit soudain le contrôleur en téléscriptant la moindre de ses paroles.

— Bergeret C-20974, articula l'employé-livreur par automatisme.

La réponse fut aussitôt accompagnée par le cliquetis métallique du contacteur.

— Motif de votre passage, continua l'agent sans lâcher la poignée de son appareil de transmission.

— Livraison prioritaire. Expéditeur anonyme ; destinataire A-3 ; autorisation 810-P-N375-P-P-417-HhWtX3, récita le commissionnaire en prenant soin de détacher un à une lettres et chiffres de son code.

— Je ne suis pas habilité à traiter des ordres de classe « *810-P* ». Je vais devoir appeler mon chef de section. Veuillez patienter, Bergeret C-20974.

L'employé-livreur serra imperceptiblement les dents, contenant une irritation émergente, et prit sur lui de pratiquer vingt cycles de respirations synchroniques. Son regard courait sur les quelques dizaines de visiteurs non autorisés qui attendaient leur ordre de passage sur des banquettes de cuir. L'un d'eux, une pipe à vapeur coincée entre les lèvres d'un masque de cuivre bleu roi, était absorbé par la lecture d'un journal. *Le Temps officiel*, édition du soir. La première page donnait toute sa place à l'événement médiatique du moment, la mission arctique du commandant Charcot à bord de son géant des airs, le *Pourquoi Pas*.

— Mon supérieur arrive dans un instant, prévint le contrôleur derrière son masque pourpre.

Un bruissement de mécontentement se fit entendre dans la file d'attente, avant de mourir dans un souffle de soulagement. Le chef de section venait d'entrer. Il visa le document présenté par son subalterne, vérifia le numéro de matricule gravé sur le torque du commissionnaire, puis le bordereau d'expédition sur le colis tenu bien droit devant les optiques de son masque de courtoisie.

— Vous avez sept minutes de retard, C-20974, reprocha le contrôleur en chef en téléscriptant sa présente intervention.

Son subalterne encra l'ordre d'un coup de timbre retentissant et lui ouvrit enfin le passage.

Le commissionnaire lança de nouveau ses grandes jambes. Il faisait résonner ses tampons de bois et de gomme sur les marbres du Grand Dôme de l'Académie impériale, en direction de l'aile nord. Il s'autorisa alors à perdre une poignée de secondes en aventurant un regard en contrebas. Il venait d'atteindre la rosace centrale, cette place immense et souveraine dont les dalles, faites d'un cristal des plus purs, paraissaient s'ouvrir sur le vide. Un gouffre qui, vertigineux, donnait ici à voir la pointe de la tour de monsieur Eiffel, et le parfait assemblage de treilles de fer qui se perdait de ses quatre pieds vers la surface du lac. Le centre de cette dalle était marqué par une rosace, un chrysanthème de bronze qui figurait ce que le pouvoir central appelait « l'Omphalos des Cuprifères ».

Le nouveau nombril du monde.

Le point de passage de l'onde ténébrale, ce champ ondulatoire propre à réveiller les morts.

Le commissionnaire Bergeret tourna sur lui-même, imaginant qu'à partir de là, dans un rayon de huit cents mètres, l'air vibrait de ces ondes résurrectionnelles. Au-dessus de lui, pendue à ses chaînes de bronze, se tenait l'horloge monumentale des Cuprifères. Elle avait la particularité de n'avoir jamais fonctionné. D'aucuns affirmaient qu'un mécanisme des plus complexes perdait le temps dans ses rouages…

Mais un officier de la Garde impériale vint droit sur l'employé-livreur, juché sur la plate-forme de son giroporteur magnétique.

— Veuillez circuler, usager ! Vous n'êtes pas autorisé à stationner ici, tonna le militaire derrière son masque de fer.

Le commissionnaire s'inclina devant le représentant de l'ordre, traversa l'esplanade à grands pas, en direction des ascenseurs de la tour nord, et prit place sur la rampe des échassiers. Il s'assit sur une des sellettes réservées aux classes trois, déchaussa ses appendices mécaniques, et fit sonner à deux reprises le timbre du vérificateur.

— Voilà, voilà, j'arrive, fit un petit homme à la calvitie galopante et au crâne luisant. Une paire de classe trois, une..., ajouta le réceptionnaire en faisant jouer les ressorts de la mécanique. Vous avez le formulaire de prêt ?

— Elles sont en parfait état, avança le commissionnaire en présentant le papier réclamé.

— C'est à moi d'en juger, employé-livreur, siffla le petit homme en abaissant une des loupes de son masque de bois sombre sur le faux reflet d'une barrette de cuivre.

— J'ai six minutes et cinquante secondes de retard sur l'horaire de livraison, lâcha tout haut Vanural Bergeret en tapant sur le carreau de sa montre.

— Et n'espérez pas me voler une seconde sur mon temps de vérification, employé-livreur, ou j'en prendrai trente de plus pour faire un rapport sur votre tentative d'intimidation.

— Pardonnez-moi cette maladresse, couina le commissionnaire en regrettant ses commentaires.

— Vous aviez vu que cette vis était desserrée ?

— Non, mais je n'ai pas remarqué de gêne à l'usage.

— Mon collègue des Servantes aurait dû mentionner cette faiblesse du matériel sur le formulaire de prêt... Mais sans doute aura-t-il, devant votre empressement, manqué de temps ? Comprenez que je doive tirer cette affaire au clair...

Le petit homme releva les loupes vissées au bois sombre de son masque de vérificateur, et décrocha un téléphone de service.

— Opérateur ? Ici RV-12-610. Je voudrais le poste des prêteurs-vérificateurs des Servantes, secteur nord-ouest.

— ... ..., crachota le combiné.

— Oui, je patiente. Je ne dirais pas que j'ai tout mon temps, mais je patiente.

— … … …! s'emporta l'opérateur des communications.

— Ne… Ne prenez pas cette peine, monsieur, bafouilla soudain le vérificateur.

— …! … …, fit cette fois la voix de la responsable du bureau des communications.

— Mes hommages, madame, fit le vérificateur en se redressant vivement.

— … … .

— Oui, madame. Pardonnez ma méprise, madame.

— … .

— Mon numéro de matricule ? RV-12610…

— … …?

— Affirmatif. Je reconnais ma bévue.

— … … …

— Tout à fait, madame, j'aurais dû m'abstenir de toute remarque. Votre temps est plus cher que le mien, madame.

Le petit homme prit soin de vérifier qu'il avait bien raccroché le combiné, s'essuya le visage derrière son masque de bois sombre, et revint vers l'employé-livreur en attente.

— Ça ira pour cette fois, C-20974. Mais prenez garde, à l'avenir, de mieux respecter le matériel des Cuprifères.

Le commissionnaire Bergeret serra les dents, le temps d'obtenir le coup de tampon libérateur, quitta la rampe des échassiers, et franchit à pas pressés les dix mètres qui le séparaient du premier ascenseur. Un garçon d'étage, porteur d'un simple touret de nez en bois blanc peint de lignes noires, allait appeler la cabine quand il fut vivement interrompu par un caporal de la Garde impériale. L'homme de bas grade, du haut de son masque de fer, fit ronfler sa petite autorité. Il se posta devant l'employé-livreur, tourna lentement, très lentement autour de lui, inspectant la régularité de sa tenue, la qualité des reflets de son cirage, le lustre de ses boutons, puis siffla :

— Vous n'êtes pas sans savoir, matricule C-20974, qu'il est formellement interdit de courir dans les espaces publics des Cuprifères ?

— Non… oui, bégaya le commissionnaire en comptant les secondes que le zèle de ce garde lui faisait encore perdre.

— Oui, ou non ? gifla le militaire conscient de son pouvoir de nuisance.

— Ayez l'assurance, fit le jeune homme en se courbant, que je veillerai doublement à respecter les cadences en vigueur.

— C'est une question de sécurité, répliqua le caporal en faisant cliqueter le fer de son masque. Une question qui nous concerne tous, depuis les plus haut logés jusqu'aux forçats de votre trempe, ne put s'empêcher de souligner le militaire en visant d'un doigt accusateur le torque de bronze qui brillait au cou de Vanural Bergeret.

Les cadences de marche n'avaient rien à voir avec la sécurité. Marcher plus vite que la norme ne l'autorisait indiquait que l'on manquait de temps. Le temps étant la plus grande des richesses aux Cuprifères, courir revenait simplement à crier à tous combien on était pauvre. À l'inverse, prendre patience, donner de son temps ou céder sa place dans une file étaient autant de marques de luxe et d'opulence...

Le commissionnaire resta courbé de longues et précieuses secondes, le temps que le tempétueux militaire se délectât des maigres miettes de son vain pouvoir, avant d'être autorisé à faire le dernier pas vers l'ascenseur. La porte qui se dressait devant lui était composée de huit plaques de marbres bruts. Au-dessus, une marqueterie de style constructiviste figurait une scène de laboratoire. Un savant tenait un phylactère en tôle d'or scandant la promesse du message suivant :

« Tout homme plus haut que son prochain se doit d'éclairer le chemin. »

Prendre un ascenseur, aux Cuprifères, donnait la sensation au dernier des usagers d'être le plus grand des privilégiés.

Même quand il s'agissait de livrer un simple colis.

La cabine arriva dans le tintement d'un timbre clair. Les portes s'ouvrirent sur un quatuor à cordes qui se mit aussitôt en mouvement, pour laisser monter un air écrit jadis par Wolfgang Amadeus Mozart. Ainsi s'exerçaient journellement les membres de l'Académie impériale de Musique.

— À la plate-forme sommitale, je vous prie, demanda le commissionnaire sur un ton las.

— La sommitale ? fit le garçon d'étage. Mais il me faut une autorisation de niveau 810-P !

— Que voilà présentement, s'impatienta Vanural Bergeret en dépliant son ordre prioritaire.

— Que vous avez vous. Mais que je n'ai pas moi ! Je ne suis qu'un simple liftier, un masque de bois clair, vous comprenez ? Je ne peux pas prendre sur moi la responsabilité de vous conduire à la sommitale ! C'est un coup à perdre ma place, cette affaire-là ! Il me faut l'aval du central..., fit encore le garçon en agitant son touret de nez peint aux motifs du service des ascensoristes et élévatoristes.

Le quatuor ne relâcha rien de son entrain musical, donnant toutes leurs noblesses aux présentes formalités. Le garçon d'ascenseur prit la peine d'épeler deux fois le matricule du commissionnaire, et patienta le temps que son supérieur vérifie que l'employé-livreur avait franchi les postes de contrôle en toute régularité. Puis il répéta à trois reprises le numéro d'ordre de livraison pour, enfin, se faire confirmer le caractère prioritaire de ce transit postal. La procédure promettait de se conclure favorablement, quand un atlas de première classe se présenta avec deux collègues de seconde classe. Le commissionnaire ne put que reculer d'un pas pour laisser passer cet aréopage que l'ascendance plaçait au-dessus d'un certain respect des règles. Comme celui d'emprunter sans plus d'égard un ascenseur normalement réservé aux employés de service.

Vanural Bergeret n'avait plus qu'à attendre l'arrivée d'une autre cabine, tout en priant les Dieux des Cuprifères de lui être favorables...

Dôme central, 16 h 47. Le commissionnaire matricule C-20974 venait de passer avec succès le point de contrôle du hall des Cardinales. Il avait aux pieds des échasses de classe cinq qui démultipliaient par dix ses enjambées mécaniques. Ses pas frappaient les dernières dalles de verre d'un sol suspendu au-dessus du vide, avant d'atteindre les carreaux en marbre blanc de Carrare serti de platine de la place centrale. Des arches de bronze et de verre s'élevaient de toutes parts, renvoyant de flamboyantes coupoles à plusieurs dizaines de mètres de là. La lumière inondait l'endroit de reflets d'or, répétant à l'infini les ombres délicates des motifs en géométrie fractale.

Vanural Bergeret aurait pu être sensible à ce spectacle, mais il accusait un retard de huit minutes et cinquante-quatre secondes.

Son rapport quotidien laisserait une trace indélébile dans son dossier, et cette perspective le navrait. L'esprit encombré, il prit place sur l'assise d'acajou d'une sellette de service.

— Votre formulaire de prêt, monsieur, le pria le vérificateur derrière son masque de bois sombre.

Le commissionnaire sursauta, avant de se ressaisir. La moindre erreur de sa part lui coûterait à coup sûr encore des poignées de ces précieuses secondes. Il sortit le papier de sa sacoche, en silence, et le présenta au grand homme sévère.

— Que vous vaut ce tampon orange au niveau des Académiques, monsieur ?

— Une vis mal serrée, répondit le commissionnaire.

— Négligence sur du matériel de classe trois ? Voilà qui aurait pu vous coûter cher, C-20974.

— Je ne peux que mesurer l'extrême clémence dont a fait preuve à mon égard le réceptionnaire vérificateur RV-12610, déclara le jeune homme d'un ton des plus réglementaires.

— Et vous comprendrez, je suppose, que je prenne à mon tour toutes les précautions d'usage quant à la parfaite vérification du présent matériel...

L'homme sévère abaissa devant ses yeux un jeu d'optiques de précision riveté au bois de son masque, et se livra à la plus minutieuse des inspections. Il se permit encore de contacter à deux reprises son homologue de la sommitale pour confirmer l'antécédence d'une éraflure ou commenter la dureté problématique d'un extenseur, avant de faire claquer le timbre de son tampon en bas du formulaire. Vanural ne put se retenir de regarder la course de ses aiguilles, constatant avec bonheur que le contrôle du matériel avait demandé sept secondes de moins que prévu.

— Vous voyez, jeune homme, lui fit remarquer le vérificateur, rien aux Cuprifères ne prend plus de temps que de raison quand les choses sont faites dans le respect le plus strict des normes établies.

Le commissionnaire ne risqua pas de réponse, de peur de perdre le maigre bénéfice qui venait de lui être accordé. Il rangea le formulaire dans sa besace, et resta un instant interdit devant la réaction du colis dont il avait la charge. L'homme sévère braqua sur lui le feu de son regard.

— Que transportez-vous là, employé-livreur ?

— Un agent biologique. Mais j'ai toutes les accréditations, se défendit C-20974 en faisant cracher son colis de plus belle.

— Je ne saurais trop vous recommander de livrer ce paquet au plus vite, commissionnaire, chuchota le vieil homme. Croyez-en la sagesse de mes artères, une course qui sort de l'ordinaire ne peut que vous attirer des ennuis.

— Merci de me faire don de vos conseils, réceptionnaire vérificateur.

— Allez, filez, jeune inconscient !

Vanural Bergeret prit grand soin de ne pas précipiter plus que de mesure la cadence de ses pas, et se dirigea droit vers le poste de la Garde impériale.

— Quelle est votre requête, usager ? questionna sèchement l'officier de service derrière son masque de fer clouté d'or.

— Ici le commissionnaire C-20974, fit le jeune homme devant le dispositif d'interphonie. J'ai un ordre de livraison. Code prioritaire *810-P*.

— Et ? demanda le militaire en agitant son stylographe en signe d'impatience.

— Et je requiers les services de la Garde impériale, continua Bergeret, pour localiser le destinataire de ce colis. J'ai pour mission de le remettre en mains propres, monsieur.

— Quel est le numéro de désignation du destinataire ? interrogea le militaire entre deux lèvres de métal.

— A-3.

— Tudieu ! laissa filer derrière son masque l'officier de garde. Mais vous voulez notre mort à tous ?

— Je sais, bredouilla le commissionnaire, je ne peux pas dire que ce soit mon jour de chance...

— Seul un général du Renseignement a les habilitations nécessaires pour divulguer la position de l'atlas du Notaire, réfléchit tout haut le militaire. Pour obtenir de parler à un tel général, il faudrait que je m'en remette à mon commandant. Mais à cette heure, il s'exerce au sabre... Il me faut donc contacter la salle d'armes des officiers...

» Veuillez patienter, commissionnaire C-20974, conclut l'homme en refermant le dispositif d'interphonie.

Vanural Bergeret prit sur lui la liberté de s'asseoir sur la banquette de courtoisie. D'après son ordre de mission, la présente procédure pourrait lui coûter jusqu'à cinquante minutes de ce temps qui ne lui appartenait pas. Il se laissa aller à regarder autour de lui. Il n'avait jamais gagné le Dôme central. Ses courses les plus prestigieuses l'emmenaient au mieux au cœur de quelques Académiques. Un défilé de beaux masques peuplait ces parties nobles des Cuprifères, toute une population d'hommes et de femmes qui jamais plus ne redescendaient à terre, ni ne respiraient l'air du Paris d'en bas. La première chose qui frappait le visiteur de passage, outre la richesse des couvre-faces de cette belle société, était l'absence d'ombres dans les couloirs. Pas un mort, dans ces hauts quartiers, ne sortait de ses appartements sans son atlas, tant l'inverse aurait été aussi indécent que paraître nu en public. La seconde chose observée était l'extrême variété des livrées. Une diversité de modes et de tenues qui conférait à son uniforme un exotisme confondant... Aucun des locataires ne portait un vêtement qui ne fut cousu main par quelque grand couturier. N'évoluaient sur ces marbres blancs que des pièces uniques, marquant des modes d'époques parfois lointaines, bottines à boucles et perruques poudrées, ou de contrées toutes plus improbables les unes que les autres. Les Cuprifères, en Babel moderne, comprenaient en leurs murs toutes les nations de la Terre. Chaque pays, chaque culture, pour ne pas dire chaque époque de leurs Histoires respectives, se trouvaient représentés quelque part dans ces flèches d'or et de cuivre.

Ainsi, Vanural s'étonnait seul de voir un chef africain, porteur d'un masque traditionnel, marcher avec deux hyènes à ses côtés.

Ainsi Vanural se retourna seul devant la beauté typique de femmes mongoles...

... et la beauté plus typique encore de leurs colliers en or.

Ainsi Vanural...

— Commissionnaire C-20974, veuillez me suivre.

L'employé-livreur sursauta une fois de plus. En passe d'être saturé d'étonnements tous plus variés les uns que les autres, le jeune homme n'avait pas vu couler les heures. Il se ressaisit à temps pour saluer comme il se devait un général de l'Empire.

— C-20974 à votre service, monsieur !

— Il semblerait, jeune homme, que ce soit moi qui sois à votre service, fit avec malice le haut gradé. Car vous voilà, monsieur le livreur, avec un général d'Empire pour vous guider ! Enfin... ce doit être ça la magie des Cuprifères.

» Mais j'aimerais avant tout vérifier votre ordre de mission.

Le commissionnaire Bergeret tendit en tremblant son bordereau de livraison.

— Je ne suis pas certain, jeune homme, d'avoir vu de toute ma carrière un formulaire autant de fois tamponné, fit le militaire en conclusion de son inspection minutieuse. Souffrez néanmoins que j'y ajoute le mien.

Le général Joseph Léopold Sigisbert Hugo frappa la feuille de son timbre impérial et sonna la charge. Le lustre de son grade et de son masque d'argent finement ouvragé permit, pour la suite du voyage en ces hautes sphères, de réduire la litanie des procédures à sa plus simple expression. Un néant absolu qui parut abyssal aux yeux du commissionnaire. Couloirs, points de contrôles, ascenseurs : l'employé-livreur gagnait le bénéfice de tant de minutes et de tant de secondes qu'il en avait le vertige.

Les deux hommes filaient maintenant dans un ascenseur, appuyés contre les dossiers d'une luxueuse cabine. Une musique s'élevait d'un authentique phonographe de Cros, relayant à la perfection les envolées d'un orchestre symphonique.

— Berlioz, fit le général en caressant les broderies de son col.

— Pardon ? répondit Vanural Bergeret, soudain sorti d'une profonde rêverie.

— La musique, reprit le général en levant un doigt. C'est le grand Berlioz. Il dirige l'Orchestre impérial.

— C'est beau, fit l'employé-livreur pour ne pas paraître désobligeant.

— *Marche de Rakoczy*... rhapsodie numéro quinze... de *La Damnation de Faust*, poursuivit le militaire en fermant les yeux. Saviez-vous que Franz Liszt a composé ce morceau de bravoure près de vingt ans après ma mort ?

» Écoutez-moi ce final !

Le timbre de l'ascenseur sauva le commissionnaire de ces égarements musicaux. Les portes s'ouvrirent sur le hall de la salle du Conseil résurrectionnel, et C-20974 hésita entre trembler, s'évanouir ou s'enfuir. Dans le doute, il se contenta de mettre un pied devant l'autre et de laisser le général Hugo lui ouvrir les portes.

— Une fois à l'intérieur, jeune homme, prévint le général, vous n'aurez pas le droit de faire le moindre bruit ou de proférer la moindre parole. Vous ne devrez en aucun cas rompre les discours ni attirer l'attention, intima encore l'officier en paraphant plusieurs décharges et en faisant claquer les talons sur son passage.

» Quand le Notaire vous y invitera, vous vous approcherez de sa tribune, glisserez votre bordereau de livraison sur son pupitre, et, et seulement et, vous poserez votre colis.

» Vous serez ensuite escorté hors de l'enceinte de la salle du Conseil, d'où vous pourrez rejoindre vos quartiers des Servantes. J'imagine que vous passerez la nuit sur votre rapport de mission, jeune homme !

Le général fit ouvrir le double battant de la salle du Conseil. Vanural Bergeret avança, les jambes cotonneuses, avec la sensation d'entrer dans un bain de lumière blanche. La verrière du dôme sommital, tout juste couverte d'une peau d'or et de cristal, semblait accueillir dans la salle toute l'immensité du ciel. Des colonnes de fonte descendaient depuis ces cimes, accompagnant des forêts de verdure jusqu'aux loges des conseillers de l'Empire. Chacun des balcons de cet hémicycle était occupé par un esprit fort. Une individualité réputée à travers le temps et l'Histoire pour la clarté de sa position, pour son humanisme, ou pour la puissance de ses valeurs. Les conseillers, à l'abri derrière leurs masques, se tenaient attentifs au discours d'un des leurs.

— La situation économique de l'Empire est florissante. Notre monopole technologique nous offre une domination sans partage et, malgré les tentatives timides des puissances concurrentes, nul ne peut rivaliser avec la CCN pour ce qui est d'exploiter les ressources ténébrales de l'humanité. Aucune métropole n'est en position d'égaler Paris, et nos services de déshantification sont appelés dans le monde entier. Toute ville qui veut se moderniser et passer à l'ère électrique doit auparavant se départir de ses spectres… Même si certains font d'autres choix. Je pense à Londres qui ne souhaite pas se séparer de ses fantômes, arguant que loin d'être des pollutions, ces ombres anciennes font partie de leur Histoire et ne peuvent être arrachées à leurs murs.

— Les Anglais préfèrent rester au gaz et à l'huile de baleine ?

— Du moins présentent-ils la chose ainsi jusqu'à maintenant. Mais devant le développement des quartiers britanniques au sein des Cardinales, il est raisonnable de penser que leur position évoluera bientôt.

— Envoyer nos experts dans le monde entier est certes réjouissant, mais qu'en est-il de la déshantification de Paris ? La Périspritique semble marquer le pas, monsieur. Pouvez-vous nous dire quand nous serons en mesure de circuler dans tous les quartiers de la capitale sans croiser une de ces malfaisances des anciens temps ? La population se lasse de cet état de couvre-feu, et certains n'hésitent pas à lancer des brûlots contre le pouvoir central, prétextant que pendant que le riche danse sous les feux électriques, le pauvre se terre dans le noir, terrorisé, barricadé au fond de quelque trou !

— Vous savez qu'il n'en est rien, madame. Les brigades du Tigre sillonnent chaque jour et chaque nuit les quartiers les plus mal famés, et confinent en nombre ces ombres pour le moins infréquentables.

— Le sont-elles moins, fréquentables, que les Goules noires ?!

— Voilà un autre sujet de discorde. Faut-il encore tolérer dans nos murs ces chasseurs de primes sans foi ni loi ?

— Assurément. Tous participent activement à rendre nos rues plus sûres. Sans être idéale, nous pouvons dire aujourd'hui que la situation est sous contrôle.

— Puis-je oser une question ?

— Nous ne sommes là que pour ça, ma chère.

— Qui veut encore voir son nom figurer sur une pierre tombale ?

— Voilà qui est pertinent !

— Que proposez-vous, messieurs-dames ?

— De voter ce jour un décret conduisant à la fermeture des derniers cimetières de Paris. Ils ont tous été soigneusement vidés de leurs morts, à ce que je sache !

— Et pour les citoyens de l'Empire encore récalcitrants à l'idée de confier leurs morts aux Cuprifères ?

— Il ne doit échapper à personne que le Pouvoir central a l'exclusivité de tout ce qui touche à la mort. Et là où il est question de loi, il n'est pas question de choix !

— Nous sommes d'accord sur ce point.

L'hémicycle sombra soudain dans un complet silence. Le Notaire en personne venait de parler depuis sa tribune. L'homme restait immobile, derrière un masque blanc fait de plaquettes d'ivoire et de volutes en or. Il incarnait le pouvoir. Chacune de ses paroles, chacun de ses silences, plus encore qu'un vote du Conseil résurrectionnel, avait valeur de décret.

Le commissionnaire Bergeret crut bon de choisir cet instant pour décrocher le cordon de courtoisie, et aller livrer son colis. Mais C-20974 ignorait qu'en franchissant ce seuil, il mettrait en branle un carillon de cloches claires, immortalisant ainsi son entrée en scène. Les conseillers de l'Empire tournèrent leurs masques vers l'intrus, comme un seul homme. La foudre venait de s'abattre sur le jeune employé. Dire qu'il tremblait en cet instant, dire qu'il ne sentait plus ses jambes, ses pieds, ou son troisième coude en partant de la gauche n'était rien face au sentiment de vide absolu qui venait de s'emparer de son corps. Il aurait tout aussi bien pu être dans l'instant expulsé du forçat qui l'hébergeait si gracieusement...

C'est alors que le colis se rappela à lui. L'agent biologique s'impatientait fort de voir la fin de ce transit. Vanural avança dans l'hémicycle de son pas le plus digne. Il foula de ses bottes noires le tapis incarnat qui couvrait ici les marches, et descendit, degré après degré, en direction de la tribune du désigné A-3. Arrivé à destination, il glissa le bordereau d'expédition sur le pupitre du grand homme, entendit un stylographe exécuter une signature énervée, et récupéra le double du feuillet ainsi paraphé. Puis, l'âme en deuil de se défaire d'un paquet dont sa vie semblait dépendre depuis plus de trois heures, il posa le colis sous le masque blanc du Notaire, recula d'un pas, et se précipita doucement vers la sortie...

L'agent biologique manifesta une fois de plus son impatience. Sans succès. Le Notaire venait de pousser l'objet perturbateur d'un revers de main, et appela l'assistance à reprendre le travail. Un rai de soleil fit briller en cet instant la double bague de cuivre de sa prothèse dactylaire.

Le rapporteur réclama l'attention de l'auditoire, et annonça d'une voix forte :

— Messieurs, le point suivant, inscrit à notre ordre du jour, est la proposition de révéler au peuple certains des aspects les plus sombres de notre chaîne de recyclage coronal.

— Je m'y oppose, réagit aussitôt un conseiller impérial en se levant de son fauteuil.

— Moi aussi, répondirent d'une seule voix les trois quarts de l'hémicycle.

— C'est une honte ! Qui a osé proféré pareille motion ?

Un raclement de gorge se fit entendre depuis les hauteurs d'un balcon bien connu. Un conseiller venait de se lever. Il portait un masque d'ébène finement incrusté de chaînes d'argent aux maillons brisés. Son nom était Victor Schœlcher, un esprit vif et brillant, toujours prompt à prendre le parti des faibles et des opprimés.

Sa voix s'éleva donc en un long plaidoyer :

— Cette proposition, aimable assemblée, est de moi. Car il est utile de ne pas oublier que chaque jour, au plus profond des Cuprifères, nous privons les plus humbles de nos morts de leur enveloppe coronale. Nous privons les démunis de ce que nous appelions, en d'autres temps, des *âmes*. Et pourquoi ? Au prétexte qu'ils pourraient devenir des spectres polluants prêts à envahir nos rues ? Ou encore, afin de récupérer, par un recyclage honteux, leur coronium ? La réalité, honorable assemblée, est que nous privons ces petites gens de leurs droits à la sur-vie.

» Aussi, messieurs, mesdames, sommes-nous coupables d'abuser de l'ignorance de ces gens, et de les tuer une seconde fois.

Le silence répondit seul à l'éloquent pourfendeur d'injustices. L'argument portait. Tous connaissaient ici la gravité de ce tribut versé par les plus modestes.

Trois classes.

Ainsi se divisait le monde des morts sous la gouverne des Cuprifères.

Trois classes, et pas une de plus.

Les *Importants*. Reconnus d'utilité publique pour la grandeur de leur âme et la réalité de leur œuvre, ces derniers se voyaient proposés des contrats d'après-vie des plus avantageux.

Ils étaient les véritables maîtres des Cuprifères. Ils évoluaient dans des atlas de première classe, des donneurs à très haute compatibilité périspritique. Il arrivait même parfois que les plus grands de nos contemporains reçoivent en leurs chairs ces Importants pour une cohabitation d'un nouveau genre.

Les *Fortunés*. Forts de richesses accumulées de leur vivant, ces Fortunés se devaient de convaincre les actionnaires de la CCN afin de se voir offrir de précieuses minutes de sur-vie dans les Cuprifères, et poursuivre par là leurs activités d'antan. Les mieux-disant bénéficiaient des meilleurs services, atlas de première classe, logement de luxe aux derniers étages des Cardinales, et toutes les garanties d'une agréable sur-vie. Pour les plus précaires, une lutte de tous les instants se livrait pour ne pas perdre un privilège payé par le salaire d'une vie, soldant le plus souvent jusqu'au dernier louis un héritage bien insuffisant...

Alors ces Fortunés basculaient dans les rangs de la dernière classe.

Les *Humbles*.

Leurs cohortes contenaient tout ce que la Terre comportait de modeste. Une population infinie par son nombre, mais par trop limitée, selon les critères de la CCN, pour venir gonfler, une fois morte, les rangs des Cuprifères. La mémoire de ces Humbles était conservée, consignée, archivée. Mais le reste, cendres physiques et enveloppe coronale, était détruit. Tout juste les plus riches pouvaient différer quelque temps certains transferts...

— Vous avez conscience, conseiller Schœlcher, que votre demande n'est pas réaliste ? souligna une conseillère en emportant l'approbation de l'assemblée.

— Souffrez que je veille à voir aborder cette question de fond aussi souvent que possible.

— Une fois l'an, si je ne m'abuse, réagit un autre conseiller.

— Absolument, confirma Schœlcher. Car il me semble que, parmi tous les autres, ce point soit le plus en désaccord avec nos principes. Comment, alors que nous détruisons l'essence des plus faibles, pouvons-nous nous prévaloir de visées humanistes ?

— Ne versez pas dans une fausse pudeur, conseiller Schœlcher. Nous connaissons tous ici le prix qu'il nous revient collectivement de payer pour voir le prodige de notre siècle se réaliser.

— Le recyclage des Humbles, insista Schœlcher, est une source de danger pour notre société. Un secret qui menace de fissurer de l'intérieur notre bel Empire.

— Il est de plus en plus difficile pour nos espions d'étouffer les rumeurs, confirma un autre conseiller. Anarchistes, nihilistes, fanatiques religieux : les bas-fonds transpirent et les esprits s'échauffent ! Nous avons eu trop à souffrir, par le passé, des soulèvements du peuple de Paris, pour ne pas être inquiets aujourd'hui !

— Messieurs, mesdames, intervint le Notaire, je vous rappelle qu'il n'existe nul monde idéal sur cette Terre, et qu'il nous incombe chaque jour de le bâtir. Notre devoir, en l'état de nos connaissances et de notre technologie, est de favoriser le meilleur de l'Homme tout en refrénant ses pulsions les plus basses. Nous autres, Importants, devons atteindre les cimes pour qu'un jour ces Humbles, que défend le conseiller Schœlcher, puissent également accéder à leur Paradis.

» N'oubliez pas que pour la première fois de notre Histoire, nous luttons à armes égales contre la mort…

— En attendant, nous privons le peuple de la jouissance de son âme !

— Pas plus que la nature ne le faisait autrefois en nous laissant tous dans l'ignorance de l'existence de la vie après la mort.

» Messieurs, mesdames, insista le Notaire en élevant plus encore l'éclatante blancheur de son masque d'ivoire, en ma qualité de premier magistrat, j'ai veillé à ne faire reculer aucun des droits acquis. Nous parlons ici de droits nouveaux, de droits qui ne sont réservés, pour l'instant, qu'aux Importants de ce monde.

» C'est un fait : le coronium recyclé est indispensable pour nourrir notre cause. Mais se trouve-t-il dans nos rangs une voix pour regretter de voir Descartes, Voltaire, Diderot ou Lamartine échanger leurs idées autour d'un café ?

— J'avoue apprécier mes conversations nocturnes avec Pascal et Montesquieu, souligna le conseiller de Tocqueville derrière un masque aux patines de bronze.

— Ou avec de Condorcet !

— En bref, messieurs, nous ne pouvons pas le matin accueillir en grandes pompes et cérémonie le retour de par les morts du médecin oriental Avicenne, et le soir nous plaindre des moyens employés pour y parvenir. Il nous faut tenir notre cap et accepter ce sacrifice.

— Mais pourquoi ne pas dire à ces Humbles combien leur sacrifice importe ? Combien leur rôle est grand ? Il faudra plus que quelques statues pour honorer la mémoire de ce sacrifice anonyme, le jour où il nous reviendra de le payer !

— Le conseiller Schœlcher a raison. Qu'offrons-nous à ce peuple en échange de son ignorance ?

— Une énergie illimitée ?

— Une cité fabuleuse !

— Des technologies inédites...

— Un accès sans frein à la connaissance et au savoir !

— Du pain et des jeux, oui !

— Nous lui offrons un avenir, conclut le Notaire.

» Nous lui offrons la perspective de réaliser ses rêves...

Une cloche tinta et fit résonner le dôme en cristal de l'hémicycle, signalant à tous la suspension de la présente séance. Les conseillers se levèrent de leurs fauteuils, s'inclinèrent vers la tribune du Notaire, et sortirent, en une procession de masques, de la salle du Conseil résurrectionnel.

Le Notaire le savait.

Son monde idéal n'avait rien d'une démocratie.

Et sur ses épaules reposait cette part de noirceur indispensable à toute mise en lumière...

— L'empereur me demande de vous rapporter qu'il a reçu la confirmation de l'entrée du Tridacne *dans l'estuaire de la Seine.*

La voix d'outre-tombe qui venait de faire grésiller le récepteur ténébral du Notaire était celle d'une ombre. Une simple enveloppe coronale que d'aucuns appelleraient *fantôme*. Le spectre se tenait un peu en retrait du pupitre notarial, la tête courbée. Il attendait une réponse.

— Dites à l'empereur de l'Abey de se joindre à moi dans la soirée pour évoquer cette question.

— *Bien, monsieur*, fit l'ombre en se retirant.

Le Notaire coupa son récepteur ténébral et se prit à caresser l'ébène qui protégeait sa prothèse dactylaire. Il arrivait, parfois, que le poids de sa mission assombrît son humeur. Que le doute s'immisçât. Qui pouvait lui dire, en vérité, s'il était dans le juste ? Il souffla, conscient de sa grande solitude, et se leva enfin de son fauteuil.

Alors seulement le colis se rappela à lui. L'objet remua sur le pupitre, et ce qui ressemblait à une griffe sortit d'un des trous de respiration, comme pour tenter d'explorer le dehors de la boîte. Le Notaire visa le code de l'expéditeur, ou plutôt de l'expéditrice, et, le sourire aux lèvres, décida de rendre son corps à son atlas. D'un geste forgé par l'habitude, il libéra les baïonnettes de ses bagues ténébrales...

... et retira sa prothèse dactylaire.

Un léger vertige s'ensuivit.

Rien d'extravagant.

Un brin de routine, en réalité.

Du moins... aux Cuprifères.

Louis Bertillon secoua la tête, recouvrant dans l'instant tous ses esprits, déposa le masque d'or et d'ivoire du Notaire sur le bureau, et laissa le temps à l'ombre du grand homme de se réfugier dans sa capsule de cristal. Puis il glissa la prothèse dans l'étui de sa loge dorso-palmaire, et remplaça ce vide annulaire par un doigt racorni qui se faisait jadis ses chairs.

Alors, seulement, il vit le colis posé devant lui. Ainsi que le code dénonçant l'identité de l'expéditrice. Il caressa la soie de sa barbe ronde, et échoua à retenir une larme d'émotion. Clémence lui envoyait un paquet. Sa femme, sa tendre femme si avare en attentions conjugales, avait pris le temps de penser à lui, Louis Bertillon, et de le gratifier d'un présent...

Mais l'homme au cœur mou venait de retirer sa main. Une griffe s'était aventurée hors d'un trou d'aération et cherchait vivement à percer encore cette peau imprudente. Louis souleva le paquet, prenant soin de tenir ses doigts loin de tout danger, et étudia de plus près le bordereau d'expédition. L'objet venait d'Égypte. Non, de Libye. Il avait transité par Alexandrie, à en croire les nombreux tampons qui racontaient son histoire, et avait traversé la Méditerranée pour débarquer à Marseille, quelques jours plus tôt.

Felis margarita...

Louis Bertillon se décida à poser son pouce sur la serrure périspritique, libérant les sangles qui maintenaient le couvercle, et resta un instant interdit.

La chose qui sortit la tête du colis venait dans l'ordre de cracher, de miauler, puis, sans plus de considération pour son libérateur, d'entreprendre de se lécher une patte en ronronnant.

Une enveloppe était collée sous le couvercle, avec un « *Très cher époux...* » tracé d'un élégant trait de plume.

« Cher Louis,

Ce chaton s'appelle Loche. Pas par amour des limaces, non, mais en l'honneur du naturaliste Victor Loche qui le premier décrivit et baptisa ce chat. Nous devons en quelque sorte, à ce monsieur, son invention. Notez qu'une fois atteint l'âge adulte, cette charmante bestiole se nourrit exclusivement de vipères à cornes et de vipères des sables, deux espèces des plus venimeuses que vous ne devez pas manquer de croiser quotidiennement dans vos Cuprifères.

Voilà, n'allez surtout pas croire que je pense à vous tous les jours, mais un je-ne-sais-quoi dans le faux-air-fragile de ce matou vous a fait surgir d'entre les morts que ce Maspero s'amuse à chatouiller au fin fond de ce désert.

Vous découvrirez par la même occasion qu'étant encore capable de vous écrire, je n'ai pas succombé à la piqûre de quelque scorpion jaune ! Même si ces saloperies investissent mes nippes chaque nuit avec insistance...

Oups... vilaine fille. Je m'étais pourtant promis de ne pas vous inquiéter inutilement. Apprenez, pour vous rassurer, que ces scorpions, des Leiurus quinquestriatus *pour la plupart, ne sont normalement pas mortels pour des adultes en bonne santé.*

Encore faut-il être en bonne santé...

... vilaine fille.

Bref... À défaut de m'avoir sous la main, vous pourrez toujours caresser ce petit chat en pensant à moi.

Perdue quelque part entre deux dunes, votre petit démon, Clémence Brunet.

Pardon... Clémence Brunet-Bertillon.

Post-scriptum : j'ignore si ce chat peut supporter de manger autre chose que des gerbilles ou des vipères... Vous me raconterez ! »

L'ombre du serviteur rejaillit d'entre les morts, tout juste révélée par un rai vaporeux de lumière ténébrale.

— *L'empereur confirme qu'il a bien reçu votre invitation, monsieur.*

— Pardon ? sursauta Louis Bertillon en levant les lorgnons de son courrier.

— *Votre invitation, monsieur. Elle a bien été acceptée*, confirma le serviteur de l'ombre.

— Ah ! vous devez parler d'une invitation donnée par l'autre monsieur, vous savez, celui qui prend parfois ma place, avec ce doigt..., annonça l'atlas en dressant son annulaire gauche...

Chapitre 3

Cercle polaire, un mois, trois jours et
quelques heures plus tôt
Changement de mission

« Il existe un secret ténébral. Parler de ce secret, l'évoquer ou, pire encore, menacer de le divulguer, est passible d'une peine qui va bien au-delà de la mort : le recyclage définitif de son périsprit. »* Notes extraites du *Petit Traité de sciences ténébrales.

Le commandant Charcot découpa une lanière de morue qu'il présenta à Rita. Rita était une mouette des plus intelligentes, capable de venir trouver le grand homme quand elle avait faim ou quand un membre de l'équipage était en difficulté. Il ne lui manquait plus que la parole, à cet oiseau. Du moins Charcot le pensait-il chaque fois que l'animal tentait de communiquer en poussant ses cris affreux. Ou de le remercier, comme à présent, en recevant un de ses trop nombreux repas.

Le commandant rangea son couteau, enfila ses gants en peau de phoque, et sortit sur les coursives de service du *Pourquoi Pas*. Voilà deux jours qu'ils avaient quitté le fjord de Fáskrúðsfjörður, en Islande, au bénéfice d'une accalmie qui avait tardé à venir. Charcot avait accepté de livrer à cet hôpital français, perdu sur ces terres boréales, courriers, matériel et provisions. Mais, le destin faisant parfois bien les choses, il avait dû se contraindre à prolonger son escale, pour laisser passer une tempête tardive. Il avait pu alors prendre le temps d'apprécier le courage et l'engagement d'une femme étonnante, une infirmière bretonne qui, parlant toutes les langues des marins du nord, avait choisi de venir donner un sens à sa vie aux confins du monde connu. Mademoiselle Marie Baudet... Puis une nuit, une nuit qui en cette saison voyait à peine le soleil se coucher, le vent était subitement retombé, laissant un ciel pur et dégagé.

Le commandant avait alors ordonné de lever les amarres.

Et depuis, le *Pourquoi Pas* avait repris sa route, dépassant le cercle arctique en direction du Groenland. La mission première de cette expédition était de nature scientifique. Relevés météorologiques, étude de la dérive des glaces et de la fissuration de la banquise à l'approche de ce solstice d'été. Mais bien d'autres réjouissances étaient au programme. La plus excitante, outre le fait de tester du matériel à la pointe de la technologie, était de localiser et de prélever les périsprits de quelques natifs. Paris avait à cœur de comprendre et d'étudier le passé des peuples autochtones, ainsi que de protéger leur mémoire, autant que la mémoire du monde. Les sciences ténébrales, rebaptisées pour moins effrayer le *dandy* « *sciences coronales* », avaient quelque peu redéfini le sens du mot « patrimoine ».

Le *Pourquoi Pas* longeait les côtes sombres et montagneuses d'anciennes terres vikings, faites d'à-pics et de surplombs croulants dans les eaux profondes de l'Arctique, quand le commandant demanda de ralentir la cadence. Il devait donner corps à un autre aspect de sa mission qui consistait à établir un décompte de la faune du Grand Nord. Du moins, celle observée sur sa route. Or, présentement, un groupe de rorquals bleus se donnait en spectacle sous le ventre fuselé du *Pourquoi Pas*, pour le plus grand plaisir de Jonas Braarud, le biologiste du bord. Le savant se prit aussitôt d'étudier les chasses de ces vénérables. Les baleines moissonnaient des champs de krill avec une grâce qui conférait à l'instant une magie propre à enchanter toute une vie. Elles passaient et repassaient à travers des nuages roses, bouches grandes ouvertes, fanons en action, sans jamais se lasser.

Comment ne pas voir en ces géants des montagnes de sagesse ?

Et comment pouvoir encore les destiner aux têtes de nos harpons explosifs... ?

Après deux heures d'observations, le commandant ordonna de reprendre la cadence de croisière. Il vérifia une à une les données du carnet de route.

Altitude moyenne, 1 734 mètres.

Vitesse moyenne, 83,8 kilomètres par heure.

Poids estimé du givre et de la glace embarqués, 423 tonnes.

Le *Pourquoi Pas* était un dirigeable militaire de classe archdeacon, un prototype assemblé par les ateliers Astra-Surcouf, une aile volante gonflée à l'hélium, de deux cent vingt mètres de long pour cent quatre-vingts de large et quatre-vingts de haut. Près de trois millions de mètres cubes étaient ainsi emprisonnés dans cette double peau de soie aciérée, signant un record qui n'avait pas manqué de défrayer les unes de toutes les presses du monde. Surcouf, inventeur et constructeur de ce géant des airs, devait ses prouesses à la technique dite de « l'alvéolage », une structure en os d'oiseau qui formait le bâti de l'aéronef, faite d'un alliage en tungstène et magnésium, légère et résistante. Ainsi le *Pourquoi Pas* pouvait-il accueillir dans ses soupentes moteurs et machineries, communs et cabines privées, salons et laboratoires : le navire embarquait à son bord près de quatre cents tonnes de matériel et devait, selon les calculs théoriques de Surcouf, être en capacité d'arracher au sol une charge totale de cinq mille tonnes.

De quoi rapporter de cette expédition plus d'échantillons et de prélèvements que les savants des Cuprifères pourraient en traiter ces prochaines décennies.

Température moyenne, –18 °C.

Soit un relevé de deux points supérieur par rapport aux dernières observations menées dans la région voilà dix ans, lors du vol expérimental.

Une tendance qui, selon les climatologues les plus optimistes, irait dans le sens de théories alarmantes : la Terre se réchaufferait. La Terre se réchaufferait à cause des activités humaines. Une inquiétude qui avait poussé Paris à financer l'expédition de Charcot et à équiper le *Pourquoi Pas* d'appareillages aussi coûteux que révolutionnaires.

Pourtant, quelle magie…

Quelle beauté que ces glaces dérivantes scintillant au soleil, ces blocs sculptés par le vent, ces reflets bleutés d'une pureté immaculée ! Le commandant venait de rejoindre Paul Tissandier, son navigateur en chef qui prenait sa pause sur la plate-forme d'observation. Charcot retira ses gants, déploya sa longue-vue télescopique, et balaya l'horizon. Un franc sourire lui fit remonter une petite barbe au bout d'un menton pointu.

— Nous approchons de la ligne de front !

Les hautes falaises de la banquise se dressaient à l'infini, bordant les frontières de ce royaume de glace. Le commandant visa un point sombre et mobile, affichant plus encore sa bonne humeur :

— Voilà Roger qui revient de son vol de reconnaissance !

— Commandant ! Commandant !

Ce cri soudain venait de la bouche en laiton du mariphone. Charcot se rembrunit et attrapa l'émetteur radio.

— Charcot à passerelle, parlez.

— Commandant ! Nous avons reçu un ordre de Paris ! Un ordre de déroutage !

Chapitre 4

Paris-Capitale, le 2 juin 1910, 19 h 21
La fille de l'atlas

« On appelle périsprit une concentration de coronium muée par une conscience propre qui, lorsque soumise à un feu de lumière intense, absorbe certaines longueurs d'onde du spectre lumineux et laisse apparaître le dessin d'une ombre.

Chaque périsprit a sa cartographie fréquentielle, dite **"signature infraondémétrique"** ***ou*** **"signature périspritique". »**
Notes extraites du *Petit Traité de sciences ténébrales.*

Le Notaire rangea un à un les dossiers du jour, vérifia les chiffres du rapport sur la déshantification des sous-doges de Paris, et relut les minutes du Conseil. Le dernier huit-temps avait été houleux. Le droit des Humbles s'invitait de plus en plus dans les débats politiques, menaçant de rompre ce principe érigé en rempart : nul ne pouvait remettre en cause les lois ténébrales, fondement de la nouvelle Constitution.

L'Empire résurrocratique de Paris-Capitale n'était pas une démocratie...

L'homme biffa quelques ordonnances et consulta sa montre. L'heure du relais approchait.

— Adalbert ?

— Oui, monsieur le Notaire? s'empressa de répondre le secrétaire en soumettant un dernier document.

— Auriez-vous l'obligeance de vous renseigner sur l'état d'avancement des préparatifs du repas de mon atlas M. Bertillon ?

— Oui, monsieur, fit l'homme en se retirant.

Le téléscripteur choisit cet instant pour relayer un message. Le ruban de papier s'enroulait doucement, au rythme des crépitements de l'instrument. Le Notaire fit défiler le texte entre deux doigts, arracha le tout, et se leva.

« Authentification du chargement.* Le Tridacne *confirme le succès de la mission du* Pourquoi Pas. *Terminé. »

Louis Bertillon reposa le masque blanc de son mort, referma l'écrin de cuir de sa loge dorso-palmaire, et avala un verre d'eau. *Toujours à l'heure*, pensa-t-il en vérifiant la course de ses aiguilles. Admirant une dernière fois l'ordre parfait qui régnait dans le bureau du Notaire, l'atlas prit la direction de ses appartements privés. Si le confort de ses quartiers compensait le peu de jouissance qu'il avait de son propre corps, il lui arrivait tout de même de regretter ce temps où il menait ses chairs selon son bon vouloir. Depuis vingt ans, le Notaire lui abandonnait quatre heures à vivre chaque jour, que Bertillon devait consacrer à l'entretien de son apparence, toujours impeccable, et à ses dîners. Il prenait ces derniers en compagnie de sa fille, Prune, lui accordant par là le plus clair de son temps libre, et parfois aussi de sa femme, Clémence. Quand une subite envie de voyage ne la portait pas durant deux ou trois ans à l'autre bout de la Terre. Le Notaire, lui, jouissait pendant seize heures de ce corps empli de jeunesse, pendant lesquelles il exerçait son influence sur le monde connu. Un monde partagé entre les vivants, et les morts.

Restait quatre heures consacrées au sommeil.

— Bonsoir, monsieur Louis. Veuillez recevoir les salutations de l'ensemble du personnel du second quart vespéral, commença le maître d'hôtel derrière un masque en porcelaine. Vous serait-il aimable de valider nos formulaires de service ?

Louis Bertillon prit soin de signer la liasse de documents dûment présentés. Les uns attestant l'excellence des dispositions de chaque membre du personnel du second quart vespéral, et les autres du plus parfait respect de l'Horaire.

— Le dîner de monsieur Louis et de mademoiselle Prune est dressé dans l'échauguette, monsieur, assura le maître d'hôtel en confiant la liasse de formulaires au Contrôleur du noble-étage.

Le battant de chêne s'ouvrit sur un diadème de vitrail baigné par la lumière du soir. Au milieu trônait la plus haute des vitres, bordée de part et d'autre de baies descendantes. Une banquette en bois faisait le tour de cette paroi semi-circulaire, invitant de-ci et de-là une fesse à venir se poser sur un coussin de velours. Chaque étage, chaque quartier noble avait son échauguette, un de ces perchoirs en saillie qui offrait à ses locataires une vue imprenable sur la capitale. Au centre se dressait une table mise avec soin, un service liant autant que possible richesse, goût, et un certain parfum d'intimité. Sans doute ce dernier émanait-il des bouquets de violettes discrètement disposés sur des serviettes brodées.

L'atlas entra. Un domestique au torque de bronze tira un siège, veillant à voir le propriétaire des Cuprifères s'asseoir à la distance idéale, et recula d'un pas. Un timbre sonna, au loin, dans les appartements. 19 h 43. L'héliosomnumètre avertissait, au détour d'un de ses savants balanciers de bronze, qu'il ne restait que cinq minutes avant le dernier rayon de soleil.

— Oh, père ! Que ce chaton est mignon !

Prune, la fille du grand atlas, venait d'entrer. Elle chassa le domestique qui voulut lui avancer un siège et s'installa à table.

— Il s'appelle Loche.

— *Loche* ? Mais pourquoi lui avoir choisi ce nom ridicule ?

— C'est une idée de votre mère, répondit Louis Bertillon en acceptant de se voir servir une eau rougie dans un cristal de Bohème. À propos, n'auriez-vous pas des nouvelles de cette dernière ?

— Si, fit la jeune fille avec une de ces moues adorables que seules les jeunes filles savent faire.

— Et ? Vous dit-elle où elle est ? Vous dit-elle ce qu'elle fait ? reprit l'homme avec plus d'empressement que voulu.

— Elle me dit surtout de n'en rien dire, lâcha l'adolescente en faisant fondre un sucre Candy dans sa citronnade.

L'atlas A-3 Louis Bertillon allait répondre à sa fille, quand une sirène se mit à retentir.

19 h 48.

L'alerte montait dans le ciel de Paris-Capitale en un cri lancinant qui s'amplifiait à chaque tour de manivelle.

Elle annonçait l'heure des morts.

L'heure des ombres et du couvre-feu.

Les bas-quartiers, les sous-doges, les faubourgs de Paris devenaient autant de zones interdites au quidam, qu'un champ de bataille sous le feu du canon. Quiconque avait déjà été confronté à une ombre, quiconque avait déjà senti sur sa nuque le souffle fétide d'un de ces monstres, tremblait en voyant l'air de Paris se givrer subitement. La peur gagnait les innocents à l'idée qu'une de ces ombres parasitaires, un de ces chancres ténébraux, pouvait prendre possession de leur corps.

La capitale retenait sa respiration...

19 h 49.

La sirène laissa mourir ses derniers pleurs dans la nuit naissante.

La vie s'était arrêtée dans la moitié de la ville, pendant qu'elle se poursuivait dans l'autre...

— Ce tocsin, père, est un véritable enfer. Et ce couvre-feu !

Louis Bertillon se concentrait sur son entrée de crudités. Il laissa éclater en bouche les saveurs d'une tomate bien mûre avant de répondre, pensivement :

— J'ai encore le souvenir de ce temps où, jeune homme, je goûtais aux nuits parisiennes...

— Eh bien justement, père, j'aimerais bien y goûter moi aussi, fit la demoiselle en reposant son verre de citronnade.

— Vous n'avez aucune idée du danger qui règne dans ces bas-fonds, ma petite Prune.

— Mais qui vous parle d'aller dans les bas-fonds, père? s'empourpra la jeune fille. Je ne rêve que de doges scintillants, de grands magasins, de hauts boulevards...

— Prune...

— ... de terrasses verdoyantes, d'opéras, de théâtres ! Tout Parisien ne peut-il pas aller là où veille la Garde impériale ?

— Prune !

— Père ! Vous ne pouvez pas me tenir enfermée dans vos Cuprifères ! Je ne suis plus une enfant ! explosa l'adolescente.

— Nous y revoilà..., se rembrunit Bertillon qui sentait venir l'orage quotidien. J'aurais préféré, ma très chère fille, que vous me fassiez le conte de cette journée passée dans nos Académies.

— Je m'ennuie, moi, dans vos tours de verre ! Je veux sortir ! Voir du pays ! Voyager ! Respirer !

— Dois-je vous rappeler que vous avez un héritage à consolider, jeune fille ? Une éducation à parfaire, un rang à tenir ? Sans un minimum d'efforts quotidiens, les Cuprifères ne vous feront pas de cadeau !

— Mais je m'ennuie, vous dis-je ! Je m'ennuie de vos horloges qui tiquent et qui taquent, de vos cloches qui donguent ! Je m'ennuie de vos protocoles, de cette vie sur formulaires ! À quoi rêviez-vous donc, du haut de vos quinze ans, père ?

— D'insectes.

— D'insectes ? De forêts vierges ? D'Amazonie ? D'aventures au fin fond de l'Afrique ?

— De muséums d'histoire naturelle, de bibliothèques.

— Père ! Vous ne pouvez pas me garder enfermée toute ma vie !

— Avec un détachement de la Garde impériale, je le puis.

— Assez ! Je vous parle d'air, de respirer, pas de Garde impériale !

— La seule vertu que je trouve à vos emports, ma petite, est qu'ils me rappellent madame votre mère…

— Madame ma mère ?!! Mais elle, à mon âge, elle visitait le Japon en compagnie de son père ! Elle ne restait pas à moisir à une table bourgeoise au quantième étage d'une prison dorée !

L'homme songea un instant à quelles aventures coquines Clémence s'était livrée lors de ce fameux voyage au Japon.

— Et vous êtes le premier prisonnier de ces tours ! tempêta encore la jeune fille.

— Ma petite Prune, que voulez-vous ? Que je passe ce doigt pour vous laisser entendre de la bouche du Notaire pourquoi je vous confine aux Cuprifères ? Faut-il que je parle à travers un masque pour me faire obéir ?

— À croire que la sécurité de votre monde dépend de moi !

Prune reposa sèchement sa fourchette, essuya ses lèvres, le tout sans cesser un instant de défier son père du regard, et quitta la pièce.

Un carillon s'égaya joyeusement, au loin, dans le grand salon, marquant les vingt coups de 20 heures comme il marquait les vingt ans de cette vie familiale décousue. La cloche de changement de quart tinta à son tour. L'homme serra la mâchoire et se ressaisit. Ce n'était pas un de ces soirs ordinaires qui allait avoir raison de lui. Son maître d'hôtel lui fit signer les registres de relève, avant de quitter son poste et de laisser place à la nouvelle équipe. Atlas et porte-torques changeaient, mais les masques restaient identiques : des porcelaines d'une éclatante blancheur.

— Monsieur Louis, veuillez recevoir les salutations de l'ensemble du personnel du troisième quart vespéral, fit un valet en s'inclinant.

Bertillon ignora ce salut protocolaire égrené avec un ton de métronome. Il avala une gorgée d'eau rougie, le breuvage préféré de Clémence, un chaton agrippé à son pantalon. Le félin se servait à loisir de ses griffes pour compenser ses erreurs d'appréciation, avant de bondir sur les genoux de l'atlas.

— Au moins, pour toi, ma Clémence m'a donné un mode d'emploi, soupira Bertillon en prenant soin d'éloigner ses mains.

Prune venait de se réfugier dans la nacelle de sa chambre-bulle. Un sanctuaire interdit à tout autre orteil que les siens. L'endroit ne comportait que l'essentiel. Une plate-forme circulaire suspendue à un ballon en tissu aciéré, une paroi de verre, tenue par des colonnettes de fonte aux allures de kiosque aérien, et un balcon extérieur protégé par un grillage doré. La jeune fille s'était amusée, avec les années, à percher ici une collection de plantes ayant appartenu à un botaniste japonais, donnant aux lieux des airs de jardin suspendu. Au beau milieu de cette végétation luxuriante voletait une autre collection, des colibris aux couleurs toutes plus singulières les unes que les autres, rapportés de Panama par un ami de la famille. Gustave Eiffel.

La jeune fille alluma ses lampes-sphères opalines, remplit les nourrices d'eau sucrée, et se jeta sur sa banquette pour observer le ballet des oiseaux-mouches. Alors qu'elle sentait ses yeux se fermer, son héliophone se mit à sonner. Elle décrocha le combiné de cuivre :

— Prune, j'écoute ?

— *Je t'attends au salon, très chère*, répondit une voix chaude au gré des variations lumineuses.

La mystérieuse messagère coupa aussitôt la communication. Prune sortit sur le balcon, prenant soin de refermer derrière elle le rideau de perles, pour ses oiseaux-mouches, et s'installa à bord de sa balancelle. Le sommet de cette tour se voyait si haut perché qu'il lui était impossible de souffrir du vertige. Elle tournait sa manivelle de descente, survolant le vide, entre ses deux câbles, avant de regagner la terrasse de sa chambre.

Une grande et belle femme l'attendait sur le parquet Versailles de son salon privé. Elle se tenait droite, dans une robe-sirène d'un velours rubis, faisant onduler le tissu d'un déhanché langoureux. Des rivières d'or et de pierres coulaient de ses cheveux de jais, ajoutant la dernière touche d'exotisme à cette créature sortie d'un livre de contes orientaux.

Elle fit signe à la jeune fille de tirer les rideaux.

— Je ne peux pas rester, petit oiseau, prévint la femme en sortant une lettre de son sac de soirée.

— Oh, Mata ! Quel dommage ! Vous m'auriez rafraîchi l'humeur de vos commérages mondains ! soupira la jeune Prune en prenant le pli d'entre les doigts gantés de Mata Hari. Je me sens toute fanée...

— Allons, une pousse comme toi ne peut pas flétrir. Tu rassembles en toi toute la beauté de ta mère et toute l'innocence de ton père !

— Mère lui a fait livrer un chaton, le saviez-vous ? enchaîna l'adolescente en espérant gagner quelques minutes de compagnie.

La montreuse de charmes remonta sur ses épaules le satin de son châle et souffla un baiser vers sa protégée :

— Je te laisse, petit oiseau, car Mata doit se produire dans quelque boudoir prestigieux. Je ne veux pas être en retard. Tu connais la rigueur des vérificateurs ? Eux et leur respect de l'*Horaire*...

» Quant au chaton, je me demande parfois si madame ta mère n'est pas plus belle garce que moi..., ajouta l'artiste en tournant ses talons.

La danseuse disparut, ne laissant, en souvenir de son passage, que les fragrances d'une eau de pivoine.

Ainsi qu'un pli.

Prune s'empressa de rejoindre son bureau. Elle s'installa dans son fauteuil en osier avant de faire jouer un coupe-papier et de plonger ses narines dans l'enveloppe, se laissant envahir, comme à chaque fois, par ces parfums d'ailleurs... Les odeurs se mêlaient, transportant la rêveuse dans les ports orientaux, les souks persiques, les oasis... Puis, ivre de tant d'effluves, elle déplia les feuillets d'un papier jauni, et se jeta sur son lit.

L'écriture énergique de sa mère se mit alors à danser :

« Ma très chère Prune,

Ma chérie,

Nous arrivons enfin au Caire après trois longues semaines de navigation sur le Nil. Gaston n'a eu de cesse que de visiter et de contrôler la bonne marche de ses équipes de collecteurs. Porter au registre de la connaissance chaque ombre d'Égypte est une œuvre colossale qu'une vie de directeur général des Mémoires et Antiquités égyptiennes ne suffira pas à achever. Maspero le sait. Il a réclamé de Paris des moyens impressionnants. Ma fille, tu verrais de quelle beauté est le spectacle d'un archdeacon en vol stationnaire dans les brumes matinales du Nil, au-dessus de l'île de Philae... Ou celui, captivant, d'un ingénieur du service des Mémoires égyptiennes opérant avec minutie l'archivage d'une momie royale dans la vallée de Deir el-Bahari... Quel contraste que ces appareils hauts en technologie avec les ruines de ces déserts de roche ! Et Maspero, avec sa figure de professeur, qui n'en finit pas d'inspecter, de superviser, d'organiser la sauvegarde de ce patrimoine sans limites ! Notre égyptologue national ne peut pas faire un pas en plein désert sans se voir abordé ! Tous connaissent ici sa passion pour les vieilleries, j'ai vu des bouts de chou de trois ans à peine lui apporter les louches et les casseroles de leurs grands-mères !

Ma petite chérie, ce voyage est bien l'un des plus excitants de ces dernières années. Que de richesses en ces terres ! Pas un rocher sans son djinn, ma toute belle... Je ne m'ennuie pas ! Je n'en finis pas d'affûter mes aptitudes médianimiques ! Ces vieilles âmes ont une telle soif de conter le récit de leur vie. Pas plus tard qu'hier, j'ai entendu un maître d'œuvre ayant vécu sous le règne du pharaon Néferhotep Ier. Des heures durant, il m'a raconté comment il a érigé des temples et des sanctuaires en l'honneur des dieux d'Égypte...

... Isis, déesse mère et protectrice des pharaons...

... Ptah, le dieu des artisans et des architectes...
... Khnoum, le dieu des cataractes, maître des crues du Nil...
Sa voix résonne encore ce matin à mes oreilles, ma chère petite !

*Mais depuis quelques jours, Maspero est plus excité que d'ordinaire. Un homme l'obsède. Un prophète des temps anciens. Un érudit ayant vécu autour du x*e *siècle avant notre ère. Il a trouvé sa trace sur un papyrus dissimulé dans une loge secrète, entre deux tombes datant des dynasties libyennes. Les Machouachs.*

Mais notre vieux directeur n'est pas bavard ! Bien moins que ces ombres d'Égypte !

Je dois te laisser, ma toute belle,

J'espère que le chat fera plaisir à ton père ! J'ai dû négocier sa garde avec sa sauvage de mère, une femelle des plus aguerries !

Baisers d'Égypte,

Ta mère. »

Prune roula sur le dos, le regard perdu dans les moulures blanches du plafond. Elle se prit, comme toujours, à rêver d'horizons lointains...

Mais elle se redressa aussitôt. On venait de cogner à sa porte. La jeune fille se hâta de ranger sa correspondance derrière un panneau de bois, vérifia que tout était en ordre, et alla ouvrir.

— Sellaïe ! Ce n'est que toi...

— Oui, mademoiselle. C'est l'heure, fit la domestique d'un ton accusateur.

— Tu as raison ! s'affola soudain l'adolescente en entraînant sa petite bonne. J'avais l'esprit ailleurs ! Je suis en retard !

Prune sautillait d'excitation.

— Il nous faut nous préparer, Sellaïe ! Défais ta coiffe, et mets une de mes chemises de nuit ! Tu dois prendre ma place !

La jeune maîtresse glissait sur le parquet ciré, courant d'un placard à un autre tout en retirant ses propres vêtements. Elle enfila les fripes de sa servante, rassembla sa chevelure sous une coiffe de bonne, et jugea du résultat dans un miroir. La maîtresse était devenue la domestique, et la domestique la maîtresse. Sellaïe se glissa entre les draps de lin, pendant que Prune vérifiait l'heure, à sa montre, soufflait les lampes électriques, et disparaissait sous un long manteau de pluie.

Elle se colla contre un carreau.

Les singes volaient, au-dehors.

Le moment était venu d'activer le leurre... Elle serra la sangle de l'engin autour de sa taille, et appuya sur un bouton.

Les trois capucins des environs décrochèrent subitement de leur position, attirés au loin par des interférences parasitaires.

— Sois prudente ! lâcha Sellaïe à mi-voix.

Prune se retourna une dernière fois vers l'intérieur de sa chambre, ouvrit la porte-fenêtre, et gagna sa terrasse privée.

La sirène du couvre-feu s'était tue depuis longtemps. La nuit avait envahi l'ensemble des faubourgs et des communes environnantes, ne laissant plus briller de leurs feux électriques que les beaux quartiers de Paris. Les hauts-doges et les galeries qui lançaient au-dessus des boulevards leurs ponts d'or et leurs rivières de diamants.

Et la pluie tombait.

Inlassablement.

Éternelles nuées ténébrales.

Prune n'avait pas connu ce temps jadis où le ciel de Paris ne pleurait pas continuellement. Pour elle, le bruit des gouttes frappant les ailes cristallines de sa marquise était une des composantes indissociables de la vie.

Elle enjamba le parapet, se tenant un instant au-dessus du vide, et cala bien vite ses pieds dans les premières entretoises d'or et de fer. Sa descente fut rapide. Elle glissait en toute agilité le long de la façade nord d'une des quatre Cardinales. Elle répétait les mêmes gestes, patiemment, passant de poutre en poutrelle, prenant garde, quand elle rasait de trop près une baie éclairée, de ne pas être vue par un riche locataire des Cuprifères.

Puis, engourdie et dégoulinante de pluie, elle se laissa couler sur le toit d'une verrière. Elle venait d'atteindre la serre du palier intermédiaire PI-7. Depuis cette position, il lui restait à longer un chenal en zinc, se faufiler entre les garde-corps d'une passerelle de service, et gagner un toit-terrasse que les architectes avaient oublié de transformer en jardin suspendu.

L'endroit, caché par une série de contreforts aveugles, se faisait le théâtre d'un curieux manège...

Il est déjà là !

La jeune fille se retint de héler son nom. Refrénant son impatience, elle se concentra sur sa course, progressant à petits pas rapides sur des caillebotis de fer. Le pilote clandestin attendait sous la pluie, près de son aérocycle, les bras croisés sur le cuir d'un blouson d'aviateur.

— Prune ! lança le jeune homme en se redressant. Je commençais à croire que tu ne viendrais pas ce soir !

Mais il n'eut pas le temps d'en dire plus. La nymphe, empêtrée dans son manteau de pluie, s'était jetée dans ses bras et lui couvrait le visage de baisers. Puis elle se détacha vivement, accompagnant son geste d'une tape sèche sur les mains.

— Tu sais bien que nous ne pouvons pas nous montrer ici ! houspilla-t-elle d'une voix étouffée.

— Il faudrait savoir ce que tu veux, souffla le pilote. Monte !

Le jeune homme installa sa passagère en contrebas de la place conducteur, ajusta ses lunettes, et mit en route le moteur de l'engin.

— Accroche-toi !

Le décollage fut brutal. Comme d'habitude. Le cycloptéron réagissait aux moindres impulsions du pilote, alignant pales et hélices selon ses désirs. Le jeune homme lança l'engin dans le vide, veillant à rester dans les angles morts de la tour Cardinale. Il devait s'assurer de la furtivité de son vol. S'éloigner des Cuprifères. Éviter les singes. Certes, ces bestioles étaient désorientées par ses brouilleurs, mais il suffisait de l'indiscrétion d'un seul de ces sapajous pour donner l'alerte et se retrouver avec un escadron de la Garde impériale sur le dos. Pour un pilote non autorisé, cette zone était le lieu de tous les dangers : l'armée pouvait abattre sans sommation quiconque osait violer l'espace aérien le plus protégé de France.

Mais Tellurien ne tremblait pas. Il se conforma à son plan de vol habituel, poussa les gaz et monta en chandelle au-dessus des Cardinales, bien au-dessus des mille sept cents mètres. La puissance des appareils civils ne permettait pas de gagner de telles altitudes, mais le pilote était sûr des performances de sa mécanique. Un assemblage de son cru. Un prototype patiemment monté, lustré, amélioré. Le résultat d'une passion dévorante pour tout ce qui volait. Pour tout ce qui n'existait pas encore...

Alors, jugeant qu'ils avaient atteint la zone de sécurité, le roméo fit grincer le cuir de son blouson d'aviateur et brancha son émetteur.

— *Pourquoi ce retard ? Je me suis fait un sang d'encre !*

— *Je suis désolée, Tellurien*, répondit la jeune fille.

— *Tu sais pourtant qu'il ne faut pas jouer avec l'Horaire ! Nous aurions pu nous faire attraper par le tour de garde de 21 h 37 !* reprocha encore le pilote avant de couper les gaz.

Mais les deux tourtereaux laissèrent place au silence. Un lever de lune venait de réveiller par mille reflets les membranes de verre de structures atmosphériques. Devant le nez du cycloptéron, bercées par les vents des hautes sphères, s'étendait un champ de bulles aériennes. Pour un court instant, les fugitifs quittaient le monde des hommes pour celui plus éthéré des Célestines, cette ville de demain aujourd'hui déserte, abandonnée depuis des mois et des ans par les ingénieurs des Cuprifères. Ici flottait doucement la promesse d'un havre plus haut et plus sûr pour les riches et puissants de ce monde, perdu au-delà des regards.

Le pilote laissa encore un instant l'appareil glisser dans les airs dans ce long vol plané...

... et décrocha.

Le cycloptéron approcha de la surface du lac Eiffel à une vitesse folle, avant de reprendre de l'altitude. Tellurien venait de redonner des gaz, amorçant un grand virage au-dessus des verrières des Invalides et d'une rive gauche endormie. Il traversa la Seine élargie et survola, tous feux éteints, les galeries hautes des beaux quartiers de Paris. Rue de Rivoli, kiosques et jardins aériens des Tuileries, avenue des Champs-Élysées... À l'abri de leurs dômes de verre, les riches Capitaliens exhibaient le luxe de leurs tenues de soirée, fêtant dans le faste l'abondance d'une société promise à des lendemains qui chantent.

Délaissant les beaux quartiers, Tellurien poussa son cycloptéron vers les cataractes du déversoir de Billancourt. Il rasa les Verseaux, ces immenses statues de bronze, colosses arcboutés, genou droit à terre, qui contenaient entre leurs bras musculeux le tumulte des eaux de la Seine. Le pilote tira sur un manche, rétrofreinant de ses quatre hélices, et se posa sur le dallage humide d'une placette isolée. C'était une des terrasses supérieures du jardin suspendu de Billancourt. Un lieu désert en cette heure tardive car interdit aux Parisiens, confinés dans les limites de leurs enceintes, tout autant qu'aux banlieusards, massés plus bas dans leurs quartiers sous couvre-feu. Les chutes se déversaient en gerbes scintillantes, illuminées par des ballons d'éclairage, des lampes à gaz tenues captives pour offrir, aux yeux du petit peuple des faubourgs, le spectacle de la puissance impériale.

Prune et Tellurien marchaient, en silence, bras dessus, bras dessous, sous une pluie de pétales. Chaque escalier, chaque tonnelle, chaque degré de cette promenade dessinée pour les tendres cœurs, était planté d'arbres et d'arbustes en fleurs.

Néfliers, tulipiers, rosiers sauvages...

... amélanchiers.

Le jour, nombre de mariages finissaient sur ces terrasses, faisant des jardins suspendus de Billancourt le théâtre de promesses de bonheurs sans fin. Des ballons prenaient leur envol depuis ces pontons enchanteurs, avec à leur bord quelques-uns de ces couples nouvellement assortis, gonflés d'espoirs, d'amour, et d'hélium.

Mais la nuit, il n'y avait que le silence et le chant des insectes pour bercer les lieux. Les nuées ténébrales restant contenues à l'intérieur des digues-remparts et de leurs déflecteurs, l'endroit devenait en tout point idéal pour une balade en amoureux...

— Tu parais soucieuse, ma tourterelle des cimes? osa Tellurien.

Le jeune homme revint sur ses pas. Prune venait de s'arrêter. Elle se tenait, immobile, accoudée à une rambarde de pierre. Elle jouait sans passion avec les vrilles desséchées d'une ipomée.

— Je me suis encore fâchée avec mon père, avoua-t-elle.

— Il cherche à te protéger. La vie est rude en dehors des Cuprifères, tu peux me croire !

— Rude ? Mais je veux être libre, Tellurien. Libre ! Enfuyons-nous ! Tu m'entends ? Le monde est vaste ! Il n'attend que nous ! s'écria soudain Prune, provoquant l'envol d'un héron jusque-là fort occupé à réguler la population de cyprins dorés d'un bassin voisin.

— S'enfuir ? Mais tu ne pourrais pas mettre un pied dehors sans avoir une armée à tes trousses, fit remarquer le jeune homme.

— Et là ? Ne suis-je pas dehors ?

— Si, admit Tellurien.

— Et ? Elle est où, ton armée ? s'agaçait la jeune fille.

— Mais je ne veux pas m'enfuir, Prune... Je veux pouvoir réaliser mes rêves..., se défendit Tellurien.

— Tes rêves ? Et moi, je n'en fais pas partie, de tes rêves ? s'indigna la demoiselle.

— Mais oui, mais si ! Mais tout autant que tu parles de déserts et de leurs mystères, tout autant que ton cœur te porte vers ces ailleurs lointains, les miens de rêves me rapprochent des Cuprifères !

— Tu vas encore me seriner avec ton test de thanatotruc ?

— Thanatocompatibilité, la reprit Tellurien. Tu habites trop près du ciel pour savoir ce que ça représente pour un petit gars des rues... Un grand homme sommeille peut-être en moi !

— Mais tu es trop jeune pour accueillir un mort ! protesta l'adolescente en cognant la rambarde du bout du pied. Tout génial qu'il soit !

— Je veux me frotter aux géants de ce monde, m'abreuver aux meilleures sources ! Je veux gagner le prix Fondation ! Je veux...

— Le prix Fondation ? Tu reviens à la charge avec ça ? Mais tu me fatigues, Tellurien ! fit la jeune fille en tournant la tête et en relevant le menton.

— Allez... ne fais pas ton ado revêche..., railla le roméo en lui chatouillant l'oreille avec un rameau de saule. Tiens, regarde plutôt ce que je t'ai rapporté...

Le jeune homme recula d'un pas, sortit une boîte de sa poche, et de cette boîte une bille. Il montra l'objet à sa belle, avec insistance, s'attirant de nouveau ses foudres :

— Eh bien ? fit-elle en haussant les épaules. Devrais-je être impressionnée au point de renoncer à fuir ma vie de princesse ?

Tellurien lâcha la bille qui, au lieu de tomber, se soutint dans les airs.

— Tu comptes rejoindre la troupe de Georges Méliès, maintenant ? se moqua l'adolescente.

— Mais, mon amoureuse des cimes ! C'est mon sésame pour le prix Fondation !

— Un tour de magie ?

— Une bille d'un métal aux propriétés diamagnétiques naturelles !

Le jeune homme referma son poing sur l'objet de sa démonstration. Il avait du mal à cacher son excitation. Tellurien Flamel, en dehors de soigner les singes de l'aéropostale, avait une passion brûlante pour tout ce qui touchait au magnétisme et aux métaux. Il suivait avec zèle, aux Académiques, tous les cours abordant ces sujets, buvant et associant paroles et savants, Coulomb, Ampère, Boltzmann, Mascart, Planck, autrement connu pour sa loi spectrale du rayonnement des corps noirs, Einstein, Langevin, Maria Sklodowska-Curie : Tellurien jonglait avec les théories, les réinventait sans complexe dans son atelier de fond de cour, faisant surgir autant de monstres magnétiques, supraconductivifs et relatifs, que d'aberrations diamagnétiques...

— D'où vient ce truc ? interrogea soudain la jeune fille.

— Je ne maîtrise pas encore l'ensemble de mon théorème, mais que dis-tu de la « loi de Flamel » ?

— D'où vient ce truc ?!!! répéta Prune à bout de patience.

— C'est que...

— Tu l'as volé ?!! s'indigna la demoiselle.

— Ce n'est qu'un emprunt ! se récria Tellurien. Un fragment de météorite perdu au fond d'un tiroir du muséum... Il ne manquera à personne !

Mais l'adolescent laissa sa défense en suspens. Il venait d'entendre un bruit suspect. Un de ceux qui n'étaient produits ni par des grillons, ni par des hérons...

— Que se passe-t-il ? s'inquiéta Prune. Tu veux me faire peur, maintenant ?

Tellurien lui imposa le silence. Il se mit à chercher son détecteur d'ombres, avant de se raviser. Dans sa précipitation, il avait dû l'oublier à l'atelier...

— Tellurien ?!! insista la jeune fille.

— Viens !

Le pilote attrapa son amoureuse par le bras et l'entraîna en courant à travers les bouquets de magnolias, réchappant de justesse aux griffes d'ombres bien matérielles. *Des Goules noires !* Les tourtereaux, affolés, escaladèrent murs et degrés, maltraitant une vigne encore vierge, et regagnèrent en hâte leur cycloptéron. L'engin luisait dans le noir, tout juste piqué par deux lampes captives et un reflet de lune. Le pilote ne perdit pas de temps en vérifications d'usage. Il mit les gaz, arrachant son appareil à la pesanteur des lieux, et sauta dans le vide relatif qui s'ouvrait devant les chutes de Billancourt.

Deux des poursuivants stoppèrent leur course en se raccrochant à une treille.

— Il semblerait qu'ils se soient échappés, monsieur Brumaire.

— Ce n'est que momentané, monsieur Pluviôse, que momentané.

— Sans doute mon idée de saboter l'engin de ce jeune homme n'était-elle pas si mauvaise…

— Eh bien voyez-vous, l'idée venant de vous, j'ai préféré l'écarter, monsieur Pluviôse… Suivez-moi.

— Nous retournons dans les égouts, monsieur Brumaire ?

— Instamment, monsieur Pluviôse.

Les deux silhouettes firent claquer leurs capes noires et or, et disparurent dans la nuit.

Tellurien amorça un nouveau virage au-dessus du port en eau profonde de la commune d'Issy. La zone était plongée dans cette obscurité qui condamnait les quartiers pauvres au sommeil. Le pilote vérifia une dernière fois que leurs agresseurs n'avaient pas les moyens de les suivre dans les airs, avant de se décider à rentrer dans le périmètre des déflecteurs. La pluie ténébrale frappa de nouveau les ailes du cycloptéron.

— *Mais qu'as-tu volé ?!* s'écria Prune dans l'émetteur radio.

— *Rien qui nous vaille cette chasse, crois-moi !* répondit Tellurien. *Mais chut… nous allons entrer dans la zone militaire des Cuprifères.*

Le pilote rasa la surface de la Seine élargie, remontant son cours jusqu'à la pointe de l'île aux Cygnes, avant de lancer son engin à pleine puissance vers les Cuprifères. Les singes vrombissaient de toutes parts autour des Cardinales, comme autant de sentinelles aériennes. Heureusement qu'au milieu de cette fuite chaotique l'efficacité des brouilleurs parapithétiques restait solide : les sapajous détournaient un à un leur regard à mesure que le cycloptéron montait vers la zone d'atterrissage.

L'engin se posa en silence.

Sous une pluie battante.

— Rentre vite te mettre à l'abri ! intima Tellurien sans prendre le temps de lui envoyer un baiser.

Le pilote relança immédiatement sa machine et disparut dans le vide.

Deux voiles noires triangulaires surgirent de l'ombre en silence. Elles glissèrent un instant entre les nuées ténébrales, en contrebas des étages nobles, avant de plonger en direction de l'aérocycle...

Prune frissonna. Elle voulut prévenir son amoureux du danger, mais il avait coupé sa radio. Elle se retint de hurler dans la nuit. Cette soirée ne serait donc jusqu'au bout que colère et frustration !

La jeune fille se hissa sur les chenaux du dôme PI-7, attrapa à pleines mains les résilles d'or des Cuprifères, et entreprit son ascension le long des contreforts. L'eau des nuées ténébrales ruisselait sur son manteau de pluie et rendait glissant l'immense maillage de métal. Sa décision se renforçait, de poutre en poutrelle. Dès le lendemain, elle demanderait à son père de rejoindre sa mère dans son expédition. Elle n'en pouvait plus de cet enfermement. De ces singes qui voletaient dans ses jupes jour et nuit, de cette vie dictée par la course des aiguilles.

Mais un incident se produisit. Un de ces riens, insignifiants sur le moment, capables en réalité de bouleverser une vie... Loche, le chaton de son père, était en équilibre sur une échelle de service. Il miaulait dans la nuit, à en tirer des larmes à un huissier. Prune décida de lui porter secours.

— Qu'est-ce que tu fais là, boule de poils ? Tu t'ennuies déjà de tes déserts ?

La jeune fille tendit une main et attrapa un chaton terrorisé. L'animal se débattit, lui griffant les avant-bras, provoquant un raté. Un pied glissa, manquant de peu un barreau pour aller se caler brutalement sur le suivant, un peu plus bas. Prune était bonne pour quelques bleus et un manteau déchiré... Pire, elle sentit un objet s'échapper de son cou. Elle venait de briser la chaîne de son médaillon, et elle le devinait, rebondissant contre des tubulures de fer, tombant jusque sur une terrasse à une dizaine de mètres en contrebas.

Soucieuse avant toute chose de rapporter son chaton, la jeune fille ne fit pas attention à cette petite silhouette qui se détacha d'un massif en béton imprimé. C'était un sapajou à la démarche empesée par les ans. Un vieillard du genre simiesque à l'œil encore vif et au pas alerte. Le singe leva vers Prune sa figure blanchie par son grand âge, fit une grimace, et s'empara du médaillon avant de disparaître dans la nuit.

Prune arrivait au terme de son ascension, la gorge griffée par sa boule de poils. Mais elle ne put s'empêcher de s'aplatir derrière un parapet. Une ombre glissait dans sa chambre. Pas une de celles qui provenaient de l'au-delà, non, mais une de celles que la chair projetait en dansant dans la nuit avec un rai de lune.

L'ombre se tenait maintenant au-dessus de son lit…

Sellaïe !

Chapitre 5

Paris-Capitale, le 2 juin 1910, 22 h 26
La rançon

« "Faites de la mort une ressource, et elle sera votre corne d'abondance."
Le commerce des morts deviendra le secteur industriel le plus lucratif au monde, et la CCN en détient à ce jour le monopole total. »* Notes extraites du *Petit Traité de capitalisme ténébral.

Chaque appartement, dans les Cardinales, était aménagé de manière à respecter les moindres exigences de ses hôtes, atlas de première classe et Importants. Ces derniers, ces morts de choix, ces esprits jugés essentiels pour l'élévation de la conscience de cette civilisation occidentale, recevaient toute l'attention de la compagnie au chrysanthème. Les intérieurs reproduisaient une époque, celle du mort, une culture, un chez-soi des plus intimes où l'hôte pouvait retrouver l'illusion de poursuivre sa propre vie. Les plus heureux retrouvaient jusqu'à leurs meubles. Un bureau, un fauteuil en bois, un miroir fétiche. Des trésors amassés en secret par l'ordre ténébral, durant des siècles et des décennies, rapportés des quatre coins de l'Europe et du monde. Provenant de tombes, de musées, de caves ou de greniers, de rebuts ou d'intérieurs cossus, de galions naufragés, ces objets et effets personnels furent activement recherchés par le Chrysanthème Noir à travers les âges et l'Histoire.

Mais depuis que la Compagnie était devenue Empire, et que Paris était devenue Paris-Capitale, la société au Kamon impérial devait répondre, devant les plus grandes nations, d'accusations de pillage.

Cependant, nul n'ignorait que ces luttes étaient perdues d'avance par qui les engageait.

Car les crimes commis jadis par le Chrysanthème Noir se trouvaient aujourd'hui tous approuvés par des ayants droit d'un nouveau genre.

Les morts en personne.

Car lequel de ces Importants logeant ce jour aux Cuprifères aurait l'idée de se plaindre de son retour à la vie ?

Aussi, en vertu du *droit international des morts et revenants*, livre noir rédigé par le Notaire en personne, la CCN poursuivait ses collectes à travers le monde, plaçant l'empire des ombres au-dessus de celui du concert des nations.

Son or servant à huiler les rouages de sa diplomatie…

Parmi ces appartements, aux Cuprifères, il en existait quatre pour dominer les autres.

Un au sommet de chaque Cardinale.

La tour nord était celle de l'Entreprise. Le pilier de l'industrie et de l'ingénierie. L'occupant de son dernier étage était l'homme sans qui les rêves ne prenaient jamais forme, Gustave Eiffel.

La tour sud était celle du Savoir. Le pilier des arts, des sciences et des lettres. L'occupant de son dernier étage était une femme parmi les plus brillantes de son temps, Maria Sklodowska-Curie.

La tour est était celle du Pouvoir. Le pilier de la politique, des finances et des arts militaires. L'occupant de son dernier étage était l'empereur de Paris-Capitale, Karl Emmanuel de l'Abey.

La tour ouest, enfin, était celle du Devoir. Le pilier du droit des morts et des vivants. L'occupant de son dernier étage était l'homme qui achevait présentement de lire son édition du soir. Son nom était Ernest Lacassagne, mais pour tout le monde, et ce depuis fort longtemps, il était « le Notaire ».

En plus de son appartement, le Notaire occupait le corps de son jeune atlas, Louis Bertillon. Personne ne savait exactement ce qu'avait été la vie de cet Important. Une vie parsemée de voyages, d'Afrique et d'Indochine, une vie passée à planifier des successions, à un point tel qu'il fut un jour en mesure de bouleverser toutes les règles établies.

Établir le droit des morts.

Régir le retour des uns parmi les autres.

L'endroit sentait le luxe et le raffinement. Le moindre détail, boule d'escalier, carreau de ciment, vitrail, rideau de fer forgé, sortait de l'atelier d'un artisan expert de son art. Le mobilier ici rassemblé venait pour la plupart de l'*Albus-Altus*, l'antique dirigeable du Notaire. L'homme, après avoir emménagé dans ses quartiers des Cuprifères, avait choisi de démanteler l'aéronef. Il remettait à plus tard l'objectif de vivre dans les airs. De vivre dans les *Célestines*. Pour l'heure, ces hautes tours lui offraient une garantie : celle de ne pas croiser de spectres indésirables. Celle de ne pas saturer ses dons médianimiques.

22 h 30.

L'horloge de métal aux motifs art déco sonna la demi-heure dans le grand salon. La pièce s'épanouissait sous un plafond fait de carreaux d'albâtre, éclairés en leurs cœurs par des lampes électriques. Contre les murs descendaient des piliers en béton, imprimés de trames labyrinthiques et de fractales géométriques. Un large balcon en fer forgé s'ouvrait à l'étage, distribuant des pièces en enfilade, avant de se lancer vers le rez-de-chaussée, en rampes harmonieuses, enlaçant les vitres épaisses d'un aquarium. La cage de verre de ce bassin haut de huit mètres était contenue dans une armature de métal. Fer blanc et laiton reprenaient à l'envi les motifs et le vocabulaire architectural des Cuprifères. Dans l'eau, sous la lumière douce d'orbes aquatiques, nageaient lentement des *Hydrolagus*, ou requins-fantômes. Des chimères plus que rares qui évoluaient dans les eaux profondes d'océans perdus. Sur un coussin de velours, le chaton de Bertillon séchait tranquillement.

L'animal méditait sur son escapade du soir, incapable d'expliquer à quiconque la raison de son état.

22 h 35.

L'horloge sonna sa demi-heure pour la seconde fois. Le passage du temps, dans les Cuprifères, était affaire d'État. Jamais ce temps n'avait eu autant de valeur. Chaque minute comptait double. Une pour le monde des vivants. Et une pour le monde des morts. Le Notaire avait repris possession de son atlas au tournant du quatrième quart vespéral. Depuis il s'entretenait avec l'empereur, Karl Emmanuel de l'Abey. Ce dernier lisait un article sur l'édition du soir du *Temps officiel* :

« Attentat déjoué.

Un opposant au pouvoir central de Paris-Capitale a été arrêté par les brigades du Tigre alors qu'il projetait d'installer des charges explosives sous le plancher du lac des Halles.

La rupture d'un tel blindage de verre aurait menacé des milliers de vies, allant jusqu'à inonder les sous-doges des premier et quatrième arrondissements de Paris.

De source policière, cette arrestation tient à la collaboration ténébrale d'une ombre des Cuprifères.

Le pouvoir central se refuse à commenter les motivations du coupable, mais assure qu'il subit d'ores et déjà* "une peine à la hauteur de son crime". *»

Karl de l'Abey reposa son journal et s'empara d'une tasse de café.

— Il devient de plus en plus difficile de cacher la contestation sous le tapis, cher Notaire, fit l'empereur en relevant d'un doigt une de ses fines moustaches. Le fossé se creuse entre les élites et la base de notre société. Et je suis chaque jour plus contraint de renforcer la présence policière dans les rues de la capitale.

— Nous savons que nos intentions ne sont pas égalitaires. Mais nous devons poursuivre l'effort. Nous avons l'obligation de réussir. De construire notre utopie.

— Malgré toute la beauté de notre projet, cher Notaire, nous ne pourrons pas lutter contre cette réalité : l'Homme pense à son plaisir avant de penser à son devoir.

L'empereur quitta un instant le moelleux de son fauteuil club anglais en cuir blanc. Son téléscripteur venait de se déclencher sur la table basse. L'homme arracha le ruban, lut le message, et se rassit.

— La Garde impériale me signale la possibilité d'une intrusion dans l'espace aérien des Cuprifères.

— Du sérieux ? s'enquit le Notaire.

— Pas de quoi ajourner notre entrevue. La dernière alerte avait été causée par un pigeon qui s'était coincé le bec dans un détecteur...

— Il faudra réfléchir à un moyen d'entraîner aussi vers le haut le règne animal, suggéra le Notaire en ajustant son masque en or blanc.

— Vous parlez de cette graine de génie ? fit de l'Abey en pointant du menton le chaton de Bertillon.

— Ce bienheureux ignore tout des vicissitudes de notre monde...

— Quel était l'ordre du jour, au Conseil résurrectionnel? rebondit l'empereur.

— L'approbation de mesures mineures, répondit le Notaire en confiant un extrait des minutes parlementaires. Et le renfort de collaborations internationales, au chapitre des indemnisations compensatoires.

— Je vois que vous avez voté une nouvelle élévation des Cardinales, remarqua de l'Abey en étudiant les dessins d'architecte.

Les Cuprifères, flèches d'or et de cuivre, n'avaient pas pour vocation d'être achevées un jour. Elles n'en finissaient pas, au contraire, de grandir, de s'épaissir, d'enrichir le complexe impérial de nouveaux appartements, de nouveaux services, de nouvelles ailes pouvant profiter du bienfait des ondes ténébrales. Dans leur génie, les architectes avaient conçu ces croissances successives comme des fractales, faisant en plus grand ce qui hier existait en plus petit, répétant à l'infini l'expression d'un vocable de base.

— Mais le plus passionnant a été le débat du Conseil des sept.

Le silence retomba. Il en était ainsi à chaque fois que le Notaire évoquait une décision prise par le fameux Conseil des sept, ces sages choisis par le sort parmi les Importants, à chaque lever de soleil. Ils avaient pour fonction de statuer les discussions les plus sensibles. De l'Abey parcourut les minutes rapportées par les spectroscripteurs... « *Limiter le nombre de revenants en fonction de leurs origines, de leur époque, de leur filiation* » ; « *Empêcher toute situation monopolistique au sein des Cuprifères* ». Le décret visait à interdire à un Attila, à un Gengis Khan, ou encore à un Jules César de rassembler de nouvelles troupes parmi les morts et menacer de déferler de nouveau sur les terres émergées...

Il fallait empêcher des pouvoirs anciens de dominer de nouveau le monde...

— Le modèle de l'heptagone? interrogea tout haut l'empereur.

— Une division heptadécimale de la société, en effet. Inspirée du Conseil des sept. Trois, trois, plus un pour casser toute parité et obliger la prise de décision. Pour interdire toute immobilité.

— Un schéma des plus complexes, conclut de l'Abey. Presque ésotérique.

— Un schéma imparable, rectifia le Notaire. Un devient sept. Et sept devient un. Imposant un partage infini et hiérarchique du pouvoir...

— J'attendrai de voir des modalités d'application, conclut de l'Abey en refermant le dossier.

— Le Renseignement extérieur a-t-il obtenu des preuves contre Edison ? demanda subitement le Notaire.

L'empereur répondit à cette question par un long silence. Thomas Alva Edison. Le génial inventeur ne se contentait plus de décliner les fréquentes invitations des savants des Cuprifères. Il déposait par dizaines des brevets concurrents, tous plus ingénieux les uns que les autres : révélateurs coronaux, *pour rendre les spectres visibles aux profanes*, nécrophones, *pour communiquer sans peine avec ses proches disparus*, spectroréducteurs, *pour inhiber les corps noirs devenus menaçants pour votre entourage*. Mais l'Américain ne maîtrisait pas encore les champs les plus subtils de ces sciences coronales. Il n'avait qu'une approche empirique de la discipline, restant aux portes de toute résurrection, de toute métempsychose contrôlée par des moyens scientifiques et technologiques.

Pourtant, il en connaissait son secret le plus intime. Le secret de l'existence du Soleil Noir, la pierre des Égyptiens, but inavouable de la campagne de Napoléon. Ce Soleil Noir, métal ancestral, alliage unique et non reproductible, était le seul capable de générer cette longueur d'onde propre au coronium. L'onde ténébrale. L'onde des morts. Le cœur des Cuprifères. Edison savait que le cristal métallique était confiné dans un bunker, un sarcophage de dix mètres de béton, de fer et d'or, dans les sous-sols interdits de la tour Eiffel. Mais ce qu'il savait, surtout, c'était l'existence de ce pacte remontant à la fin du siècle des Lumières, entre le plus grand des Américains et le peuple de France...

Le pacte de Benjamin Franklin.

Franklin, ambassadeur américain, avait conclu en 1778 un marché historique avec la France. L'appui de la France pour l'indépendance des États-Unis d'Amérique contre un secret ancestral. L'envoi de vaisseaux de ligne, de canons et de troupes, ainsi que la promesse de céder la Louisiane française, contre le secret du Soleil Noir et les services *post-mortem* du grand savant.

Et toutes les promesses furent tenues.

Le 3 septembre 1783, après avoir apporté son soutien, Paris fit signer à la Grande-Bretagne la reconnaissance de l'indépendance des États-Unis d'Amérique.

En septembre 1801, un brin revanchards, les Britanniques renvoyaient en France les débris de l'armée d'Orient.

Mais deux ans auparavant, le général Bonaparte était déjà rentré au pays avec dans ses bagages l'objet de cette expédition d'Égypte, le Soleil Noir...

Le 30 avril 1803, Napoléon se résolvait à vendre en retour la Louisiane française à Thomas Jefferson.

Et le 2 mars 1889... plus d'un siècle après son serment, Benjamin Franklin honorait sa part du marché en se faisant enfermer dans l'enceinte de confinement du sarcophage de la tour Eiffel. Il venait de se condamner à veiller sur le cœur stratégique de ces installations coronales...

... pour l'éternité.

Sort qui provoquait, aujourd'hui encore, l'inconsolable colère de Thomas Alva Edison. Mal lui en avait pris de faire l'acquisition de la correspondance scientifique du grand Franklin, et d'apprendre de la main même du maître, la nature de cet étrange traité. D'apprendre qu'en ce jour lointain, le monde avait décidé d'élire Paris, plutôt que Washington, pour capitale.

Edison connaissait ces secrets, et n'avait eu depuis de cesse que de chercher à en découvrir davantage...

— Vous pensez que l'Américain est responsable du silence de notre Crypteur ? aventura l'empereur.

Le Notaire tressaillit. Le Crypteur, cet informateur mystère qui, depuis des décennies, des siècles même selon certaines sources, distillait des messages codés à l'intention des membres de l'organisation ténébrale, n'avait rien émis depuis 1905. Cinq longues années de silence qui commençaient à peser sur les humeurs. Car le Crypteur, à lui seul, avait guidé l'ordre ténébral depuis le fond des âges jusqu'aux puissantes Cuprifères.

— Nous ne sommes pas censés en parler, s'émut le Notaire en posant une main à plat contre la vitre de l'aquarium.

Un requin-fantôme vint danser près de lui, agitant avec grâce ses longues nageoires.

— Ce silence est sans doute normal, relativisa l'empereur. Il ne faut pas écarter cette hypothèse. Notre entreprise est stable, ses développements assurés.

— « *De l'or, beaucoup d'or* » ; « *Dresser des arches entre les Cardinales, aux niveaux T4, T16 et T32* » ; « *Doubler les torons or-cuivre au point d'intersection des ponts inférieurs des Académiques* » : le résultat de ses derniers messages a été une amplification immédiate du périmètre d'action de notre onde coronale ! s'emporta le Notaire. Puis plus rien ? Plus un cryptage ? Plus la moindre instruction ? Je l'affirme : ça n'a rien de naturel.

Le Notaire tremblait. Les deux hommes, par cette conversation, bravaient un interdit. Les ordres du Crypteur étaient restés inchangés depuis la nuit des temps. Personne ne devait chercher à l'identifier. Personne ne devait chercher à le localiser. Et personne ne devait s'opposer à ses commandements.

— Nous aurions fait quelque chose de nature à lui déplaire ? osa encore de l'Abey.

— Non.

— Il a peut-être changé de mode opératoire ? Il a déjà procédé de la sorte par le passé, précisa l'empereur.

— Non ! La situation est inédite ! rugit le Notaire en refermant son poing sur la vitre de son aquarium.

Il était rare, unique, de surprendre un accès de colère chez cet homme qui était la pondération incarnée.

— Comment savoir s'il ne lui est pas arrivé quelque chose ? S'il n'a pas besoin de notre aide ? reprit le Notaire, un ton plus bas. Rien ne me permet de penser que nous pouvons nous passer du Crypteur !

— Que préconisez-vous ? Que l'on désobéisse à ses ordres cardinaux ?

— Mais c'est ce que nous faisons à l'instant même !

— Voulez-vous que je lance des recherches sur lui ? Que l'on interroge les ombres ? Que l'on fasse parler les grands de ce monde ? Les Importants ? avança l'empereur en se dirigeant vers les hauts vitrages de la baie.

» Que l'on fasse appel au *Triumviratus* ?

— Non. Laissez tout le monde en dehors de ça, conclut le Notaire.

La pluie ténébrale frappait les carreaux, inlassablement. Répondant aux discrets cliquetis métalliques de l'horloge art déco. Et aux bulleurs de l'aquarium. Voilà des années que durait cette attente, et que rien ne semblait vouloir y mettre un terme.

Mais les deux hommes sursautèrent soudain. Le timbre de service de monsieur le Notaire venait de sonner. Un chasseur entra, s'inclina, fit signer les formulaires d'usage, et déposa un pli. Le message était enfermé dans un étui à serrure périspritique, que le destinataire fit sauter en apposant son index sur le capteur de cuivre.

Le Notaire se figea soudain sous les traits d'ivoire de son masque blanc.

— Qu'avez-vous, monsieur ? s'alarma l'empereur.

L'homme déglutit avant de trouver la force de répondre.

— On…

» On me fait part d'une demande de rançon.

Chapitre 6

Paris-Capitale, le 2 juin 1910, un peu plus tôt
Le retour du Tigre

« La nuit est la préfiguration de l'enfer. Elle est le territoire de la peur, de l'inconnu, des monstres primordiaux. Elle est le royaume de l'irrationnel, du mystère, de l'inconscient. Et elle est surtout, et tout autant que la mort, un monde à conquérir. »* Notes extraites du *Petit Traité de psychologie ténébrale.

L'automobile déboucha à l'angle de la rue des Petits-Champs et de la rue de la Paix. Le moteur ronflait de toute la puissance de ses chevaux, de toute la puissance de sa compression. La carrosserie, en bois sombre et métal brossé, offrait à voir des courbes racées. L'engin mordait les pavés de ses pneus Édouard Michelin, achevant sa course sur la place de l'Opéra. Une paire de candélabres impériaux venait de s'allumer, pendant que les autres, en arrière du cortège, s'éteignaient deux à deux et replongeaient les sous-doges dans le noir. Le chauffeur de la voiture, une Dalphine Eiffel modèle 1909, se gara entre deux atlantes de bronze, deux de ces sculptures aux inspirations verniennes, qui figuraient ici des scaphandriers aux prises avec les tentacules de poulpes géants. Les membres démesurés de ces céphalopodes abyssaux se dressaient en colonnes herculéennes, allant soutenir le plancher de verre du miroir de l'Opéra, un lac qui s'épanouissait devant l'édifice rehaussé de Charles Garnier.

La représentation venait de se terminer, au niveau des doges, et les spectateurs quittaient les lieux à bord de gondoles privées, ignorant par bonheur la nature du combat en passe d'être livré quelques mètres plus bas.

Deux camions de la Périspritique se rangèrent à côté de la berline. Ils éteignirent leurs phares, et attendirent le signal. L'impulsion de leur chef. Un ordre sourd, comme à l'ordinaire. L'homme, le préfet, le chef des services de la Sûreté impériale, ouvrit la porte de la Dalphine. Il posa un pied à terre, sur les pavés secs, et se dressa tout entier en dehors de l'habitacle. Il portait un demi-masque de cuir noir, sillonné de veines d'argent, un manteau d'officier de l'Empire, en toile noire brodée de fils d'argent, et un haut-de-forme en soie brossée. Son œil, professionnel, fit le tour de la place, notant la régularité des lieux et le plus parfait respect des normes, et actionna machinalement les pistons de compression de sa pompe palmaire.

Mais un bruit suspect attira son attention au-delà de la première ligne d'atlantes. D'un réflexe tout consommé, il avait déjà libéré le quillon de sa canne-épée, et faisait valser les doigts de sa main gauche... Mais l'alerte baissa d'un cran : deux badauds sortirent un peu penauds de derrière le pied d'un colosse. Ils se tenaient bras et mains en avant, pour se protéger du faisceau d'un phare à induction que la brigade pointait sur eux depuis le toit d'un de leurs camions.

— Qui va là ? tonna le préfet en brandissant le pommeau poli de sa canne impériale.

— Seulement deux honnêtes citoyens que la nuit aura surpris en ces lieux interdits, noble représentant du pouvoir central.

L'officiel nota aux vêtements et aux manières des deux compères qu'il avait affaire à des Goules noires égarées, des chasseurs que leur proie avait menés en zone infestée.

— Vous êtes dans un quartier sous couvre-feu, tempêta le préfet. Et qui plus est au beau milieu d'une opération policière ! Déguerpissez ou je vous mets à l'amende !

— La livraison d'un message quelque peu urgent nous aura mis en retard. Notre course étant faite, il nous convient de respecter les désirs de l'Empire. Bon couvre-feu, messieurs de la maréchaussée.

» Monsieur Pluviôse ? Veuillez vous hâter.

Les deux Goules noires s'avancèrent au milieu de la rue, levèrent une plaque d'égout, et disparurent dans les profondeurs du sous-sol parisien. Le bouchon remis en place, le silence retrouva aussitôt ses droits.

Alors un vieux tigre sortit de la berline, d'une démarche chaloupée. Un animal au poil blanchi par le grand âge, aux dents et aux griffes élimées. Le félin, à lui seul, avait valu au préfet son surnom de *Tigre de Paris*, et aux services de la Périspritique le nom de *brigades du Tigre*. Le chef de la Sûreté impériale posa sa main gantée sur le crâne de l'animal, et le gratta pensivement. Il avança lentement au milieu de la place, les sens aux aguets, scrutant cette fois les recoins les plus sombres. Il balaya les pavés de sa torche ténébrale, révélant l'errance de spectres inconscients, de ceux qui ne se mêlaient pas encore des affaires des vivants... L'officiel les délaissa. Il cherchait quelque chose de précis. Quelque chose qui se nourrissait de l'air électrisé des abords de l'Opéra. Une ombre malfaisante et terrifiante. Un assassin multirécidiviste.

Le préfet leva une main. Son équipe sortit au pas de course des véhicules pour déployer le matériel de traque et de capture. Les uns dressaient les canons de lumière noire, ou montaient les écrans de verre des révélateurs ténébraux, pendant que les autres ajustaient la puissance des appareillages.

Un dernier passager osa enfin s'aventurer hors de la berline impériale. Un gazetier dépêché par *L'Indépendant* pour faire un article sur le Tigre. Offrir au public un portrait avenant du grand homme.

Le rendre plus humain.

Le journaliste amorça une question :

— Monsieur le préfet...

Il se racla la gorge, espérant dégager cette gêne, cette boule d'angoisse qui lui serrait le gosier, et reprit sans plus d'assurance :

— Monsieur le préfet... Ne regrettez-vous pas ce temps où la police opérait sans médiums ou sans entendre les morts ? Ne regrettez-vous pas ce temps où l'on pouvait marcher dans les rues de Paris sans couvre-feu ?

— Vous voulez parler de ce temps où l'on se faisait égorger en plein Paris pour une paire de souliers ou un sou pas assez vite dépensé ? Vous n'avez pas d'autres questions ?

Le préfet ponctua son agacement en actionnant sa pompe palmaire, dans un jet de vapeurs soufrées.

— D'autres questions..., marmonna le journaliste en fouillant dans les pages de son carnet. Bien sûr... Que pensez-vous, par exemple, de ces citoyens de Paris qui affirment que les ombres ne sont qu'une invention du pouvoir central pour instaurer le couvre-feu et asseoir par là son autorité ?

L'officiel ne répondit pas. Il ôta une épingle à tête de serpents enlacés de l'une des veines d'argent de son demi-masque, et la planta dans le revers de son col.

— Monsieur le préfet..., insista le journaliste dans un éraillement, que pensez-vous de ces honorables Capitaliens qui affirment que les ombres ne sont qu'une invention du pouvoir central ?

— Ce sont des ânes.

— Bien... voilà qui devrait éclairer l'esprit des plus sceptiques..., commenta le gazetier en se massant la gorge.

Mais l'homme déglutit. Le tigre du préfet venait de tourner vers lui sa lourde tête et semblait soudain manifester un vif appétit.

— Que... Que pensez-vous, monsieur le préfet, reprit le journaliste avec prudence, de ceux qui affirment que la mise en service de la tour de monsieur Eiffel est la cause du retour des morts parmi les vivants ?

— Ce sont des ânes.

— Sans doute pourriez-vous étoffer un peu cette réflexion première ? risqua le journaliste.

Mais devant le silence inquiétant de l'officiel, l'angoisse d'avoir la sensation que la température baissait, et la crainte d'être la proie potentielle d'un tigre édenté, le poissard qui avait tiré au sort le mauvais client du jour prit sur lui de cacher ses petites contrariétés. Il devait agir en professionnel. Et quoi de mieux, pour chasser une réponse insipide, qu'une nouvelle question ?

— Que pensez-vous, monsieur le préfet, de ceux qui soutiennent que ces ombres, que vous traquez avec vos brigades, ne sont que des monstres importés de l'étranger par les services de la CCN ?

Le Tigre observait en silence la course des aiguilles de sa montre.

— Vous avez ma réponse.

— ... Ce... Ce sont des ânes ?

— Affirmatif.

— Mais on dit, insista le journaliste, que certaines de ces monstruosités se seraient échappées de caissons de confinement de la CCN. Vous n'avez pas d'informations à ce sujet ?

— Une ombre d'ailleurs ne peut être un danger pour Paris. Il faut au mort la plus parfaite connaissance d'un lieu pour pouvoir s'y déplacer avec cohérence.

— La « théorie de l'Atomon », c'est cela ?

— C'est plus qu'une théorie, fit le préfet en actionnant sa pompe palmaire dans un nouveau jet de vapeur.

— On dit que ce ne sont que des bonimenteries, les relents d'une propagande bien montée ?

— Il est toujours plus facile de croire quelques rumeurs simplistes que de faire fonctionner son cerveau. Vérité et réalité empruntent des voies complexes et tortueuses. Elles obligent le commun à faire preuve de nuance, elles s'appuient sur des assemblages fragiles faits de justifications et d'approximations. Alors que cette rumeur venant de la rue... elle se comprend en trois mots, elle peut se clamer sur des barricades, être colportée de bouche en bouche sans souffrir d'être déformée. Les dégâts dans un cerveau trop vide sont terribles !

» La bêtise file en ligne droite et ne rate jamais sa cible !

— C'est bon, ça... Je reprends... Donc, conclut sans doute un peu vite le journaliste, vous admettez qu'il existe une possibilité de croiser dans les rues de Paris des ombres venues de l'autre bout du monde, libérées par la négligence du pouvoir central ?

— Après on me reproche d'être avare en paroles, fit le préfet en resserrant sa poigne sur le pommeau de sa canne-épée.

— La possibilité existe ? insista le gazetier.

— Elle existe. Mais une ombre étrangère, à compter qu'elle s'échappe d'un caisson de confinement, ne serait qu'une âme errante perdue dans un Atomon sans aucune correspondance avec notre environnement.

— Mais alors, poursuivit le journaliste, pour que nos lecteurs comprennent bien la valeur de votre travail, monsieur le préfet, que feriez-vous dans ce genre de bévue ?

— Le cas ne s'est jamais présenté, siffla le chef de la Sûreté impériale. Mais nous avons de nos jours des procédures pour parer à toutes les situations.

— Et comment les ombres en viennent-elles à croiser notre route ?

— Une ombre, reprit l'officiel en s'accordant silencieusement avec ses brigadiers, une ombre vit seule dans un monde peuplé de souvenirs, une projection parfaite de ce qu'a été son existence. Le mort est un prisonnier condamné à errer pour l'éternité, condamné à revivre à l'infini certains passages de son existence. Parfois, ses errances se superposent à notre réalité matérielle. C'est là que le promeneur d'aujourd'hui peut croiser un promeneur d'antan. Et croyez-moi, vous n'aimeriez pas en croiser certains.

— Comme ce démon des Halles ? Pouvez-vous me dire quelques mots, monsieur le préfet, sur celui qui inquiète le Tout-Paris ? reprit le gazetier.

— C'est une ombre majeure. Un prédateur. Son appétit dépasse celui de toutes les ombres connues à ce jour. Pour le reste, l'enquête est en cours et je n'ai qu'une recommandation à faire à vos lecteurs : qu'ils respectent les couvre-feux.

— Mais on dit qu'il serait capable de passer à travers les résilles de sécurité ? De traverser les murs d'or ? De se déplacer à la lumière du jour ? s'emballa le journaliste.

— Je n'ai pas d'éléments qui me permettent d'être aussi affirmatif.

— Monsieur le préfet..., fit soudain le gazetier, si je peux me permettre, il semblerait que votre tigre ait faim.

— Impossible. Il a eu ses quatre poulets ce matin.

— Mais... son ventre gargouille, insista l'homme, mal à son aise.

— Ce sont ses intestins. C'est un vieux tigre, il a des gaz, expliqua l'officiel en observant un angle de la place avec attention.

— Pourtant, il me regarde d'un drôle d'air...

— Il vous regarde avec un air de tigre, et sans doute apprécie-t-il votre après-rasage ? Qui peut dire ce qui passe par la tête de ces bestiaux ? ... Mais vous voilà à me parler de chat, vous en avez donc fini avec vos questions ?

— Oui..., concéda le journaliste en reniflant discrètement le col de sa veste.

Mais l'officiel imposa cette fois le silence. Il avança vers le centre de la place, provoquant l'allumage d'un nouveau couple de candélabres. Des atlantes porteurs de globes, en puissantes allégories de la connaissance, repoussaient les ténèbres à la force de leurs gicleurs. Ils tenaient sur leurs épaules de lourdes sphères aux lueurs opalescentes, et tiraient contre leurs corps musculeux des chaînes de boules incandescentes. Le préfet restait immobile, les yeux rivés sur l'horloge qui trônait au centre de ce lieu maudit. « *Heure officielle* », pouvait-on lire en lettres dorées au sommet du cadran. Et « *Heure de Paris* », précisait encore une écriture peinte à la main sur le carreau circulaire... Une dernière gravure sur le piédestal donnait au promeneur un conseil péremptoire : « *Passant, synchronise ta montre* ».

Ce que fit l'homme en ajustant la position de sa trotteuse.

— Avec qui avons-nous rendez-vous, monsieur le préfet? s'enquit le gazetier d'une voix blanche.

Mais le représentant de l'ordre impérial n'était plus là pour personne. Il jouait avec ses doigts, comptait ses alliés, et se préparait à effectuer une invocation ténébrale dans les règles de l'art. Dans son dos, chaque membre de son équipe exécutait ses tâches dans la perfection de gestes mille fois répétés. Ajuster les bornes dimensionnelles, pour superposer et confondre l'environnement de l'Atomon ciblé à la réalité. Activer les amplificateurs ténébraux, pour trahir la présence de l'ombre quand elle viendrait à se manifester depuis l'au-delà. Positionner les arcs à décharge, pour ioniser l'atmosphère et renforcer la matérialité de cette coupable enveloppe de coronium, et l'empêcher de se dissoudre sous la menace.

Pour pouvoir la capturer.

Le journaliste fouillait dans ses notes, cherchant à répondre par lui-même à la dernière de ses questions. Plus tôt, dans la voiture, le préfet lui avait fait part de l'objet de la présente mission.

— Vous voyez ce coffre de fer blanc ? Il contient les restes de l'ombre que nous traquons ce soir.

— Comment pouvez-vous en être sûr ?

— Chaque mort, tout comme chaque vivant, laisse derrière lui des traces de son passage. En langage policier, on parle d'« ombretrace ». En langage scientifique, de « signature périspritique ». La présente enquête mobilise la moitié de la brigade depuis six mois. Dernièrement, nous avons relevé une ombretrace exploitable, et il a été possible de recourir au Triumviratus.

— Le Triumviratus *? Qu'est-ce que c'est ?*

— Un collège de trois médiums. Trois lucides capables de plonger dans les Atomons de notre collection de référence, et de repérer les ombretraces de nos cibles inconnues. Comme celle de l'ombre que nous sommes venus traquer ce soir.

— Je ne comprends pas.

— Retenez que nous avons authentifié l'identité du errant grâce à l'Atomon d'un de ses contemporains. Il nous a permis de découvrir où ce coquin était enterré, et, à partir de là, de mener des fouilles raisonnées. Ce coffre en fer blanc contient les restes d'un maréchal-ferrant ayant vécu à Paris peu avant l'an mil, à l'endroit même où est construit l'opéra de monsieur Charles Garnier.

» Pour lui, c'est terminé.

— C'est le maréchal-ferrant ! s'anima soudain le journaliste en relevant le nez de son carnet de notes.

— Pardon ? fit le préfet un instant déconcerté.

— Vous avez rendez-vous avec le maréchal-ferrant ! L'objet de votre traque ! L'homme de la boîte en fer !

L'officiel leva un doigt ganté pour réclamer l'attention de son interlocuteur.

— Vous vouliez savoir si les ombres étaient une invention du pouvoir central, gazetier ?

— Oui… ?

— Eh bien tournez la tête à trois heures, ouvrez grand vos yeux, et taisez-vous. Dans très exactement cinquante secondes, vous ferez la connaissance du très fameux fantôme de l'Opéra…

Le préfet écarta ses deux mains de son manteau d'officier, escamota son annulaire gauche, d'un geste vif, et engagea un nouveau doigt. Parmi tous ses auxiliaires, l'homme choisit celui que la circonstance imposait.

Jean-Joseph Surin.

Un prêtre jésuite exorciste du XVIIe siècle.

Un chasseur d'ombres hors pair.

L'officiant, d'un calme olympien, consulta le carnet noir du préfet. Pour se remettre en mémoire l'exacte nature de la présente mission. D'un ordre de la main, il fit amplifier la puissance des ionisateurs, posa devant lui le coffre de fer blanc, et commença son rituel d'invocation…

— Jean Malfeu ! fit le prêtre en ponctuant chaque mot de ses poings. Jean Malfeu ! Fils de Jacques Malfeu et de Jehanne Louison ! Je te nomme et te commande !

Il ne se passa rien au centre de cette place déserte. Rien de sensible. Rien de notable. Les gondoles de quelques riches Parisiens croisaient toujours paisiblement dans les doges des étages supérieurs, et les atlantes transpiraient toujours autant de porter sur leurs épaules les lourds plafonds de verre...

Le prêtre jésuite reprit son invocation, d'un ton plus péremptoire. Un ton impérial.

— Jean Malfeu ! Je tiens en mon pouvoir tes restes charnels !

» Je peux te détruire !

» Émerge des limbes ! Manifeste-toi !

» Manifeste-toi !

Le prêtre hurlait ses incantations. Les ionisateurs, poussés au maximum de leur puissance par les opérateurs de la Périspritique, crachaient dans son dos des décharges de plasma. Des boules de foudre s'élevaient au-dessus des pavés et roulaient le long des tentacules herculéens d'atlantes par ailleurs fort impassibles.

Alors la température baissa.

— Nom de Dieu...

Le journaliste avait du mal à refermer sa mâchoire face au spectacle qui se dessinait devant lui. Une manifestation blanchâtre se matérialisait le long des ionisateurs impériaux, trahie dans ses moindres mouvements par le phare des projecteurs ténébraux. L'ombre, déformée par des siècles d'errance et d'oubli, n'avait plus rien d'un maréchal-ferrant. Elle se fendait de mille dents, dévorant avec un appétit sans frein cette énergie offerte par les services impériaux...

Oubliant la présence des vivants...

... et d'un danger plus grand.

— Jean Malfeu ! commanda l'officiel par la voix de l'exorciste. Par les pouvoirs qui me sont conférés, au nom du royaume des morts et du royaume des vifs, je mets fin à ton errance coupable !

» Soumets-toi !

L'ombre hurlante faisait désormais trembler l'air de colère. La foudre frappait la moindre pièce de cuivre, sans prévenir, hublots, chaînes, atlantes, porteurs de lampes et candélabres, aiguille de montre... Le combat contre ce spectre ancestral s'engageait sur le plan physique, psychique, et périspritique.

— Soumets-toi !

Des éclairs semblaient sortir des doigts du jésuite alors que le monstre rugissait de plus belle et abattait sur lui ses griffes et ses sabres... Le préfet se réfugia à l'abri du tissu cousu de métal impérial de son manteau d'officier.

Alors les brigadiers jouèrent du canon.

À l'unisson.

Comme à l'exercice.

Trois filets aux câbles d'or se déployèrent au-dessus de la place et retombèrent sur l'ombre. Les pesons firent le reste, forçant le monstre à s'incliner et s'incliner encore, jusqu'à mettre genoux à terre. La manifestation sifflait comme une vague de lave surprise par l'étreinte de la mer, elle fumait de toute sa fureur, hurlait toute son impuissance à nuire plus avant.

— Soumets-toi...

Le prêtre jésuite, l'exorciste victorieux, referma la caisse en fer, en tremblant, et rendit son doigt au préfet. L'endroit était de nouveau silencieux, purgé d'un de ses chancres, d'une de ses ombres malfaisantes, avides de vie, d'esprit et de périsprit. Ces monstres gavés d'essences électriques s'enhardissaient chaque nuit, menaçant de franchir toutes les limites et d'investir toujours plus de corps, possédant, abusant sans retenue les plus faibles, sans contrepartie. Sans pitié. Une ombre qui avait goûté à la chaleur d'une vie retrouvée devenait une chasseresse impitoyable, et ne reculait devant rien.

Sauf devant Eudes Anatole-Faust Lacassagne.

Le préfet impérial et chef de la Sûreté de Paris-Capitale.

Le Tigre.

Le Khan.

L'homme se redressa de toute la hauteur de sa stature, posa un pied sur la masse récalcitrante, et laissa crépiter les flashs au magnésium de la préfecture. Il voyait déjà les légendes dans les archives des Cuprifères « *Eudes Anatole-Faust Lacassagne, préfet impérial, 3 juin 1910, capture du fantôme de l'Opéra* »...

Mais l'officiel n'attendit pas que les fumées se dissipent pour donner ses ordres.

— Coupez les ionisateurs. Remballez le matériel. Et où est la bouteille de confinement ? Ce monstre ne devrait déjà plus être là !

— Ça... ? Un maréchal-ferrant... ? fit le journaliste en titubant.

— Vous avez retrouvé l'usage de la parole, vous ? gifla le Khan.

Le gazetier s'épongeait nerveusement le front à l'aide d'un mouchoir bon marché.

— Je... J'ignore si ce que je viens de voir est pure mise en scène ou pure réalité, mais c'est juré ! Je ne violerai plus un couvre-feu !

— Mon cher, il va falloir vous montrer moins émotif. Ce n'est qu'un travail de routine, fit le préfet en grattant le crâne de son tigre. Cette piteuse raclure n'a rien de la dangerosité d'un démon des Halles !

Le journaliste allait rebondir sur ce sujet brûlant, mais un oiseau s'élança depuis une poche du préfet, et vint voleter en pépiant autour de son haut-de-forme.

— Qu'est-ce ? interrogea le gazetier, presque malgré lui.

— Mon moineau mécanique, répondit machinalement Lacassagne. Une affaire urgente.

Le préfet localisa le téléphone de service le plus proche, se dirigea à grands pas vers une colonne de fonte cachée entre deux atlantes, déverrouilla une armoire métallique, et apposa son pouce sur le lecteur périspritique.

La conversation fut courte.

— Messieurs, fit l'officiel à l'attention de sa brigade, poursuivez seuls le programme de cette nuit. Mettez le paquet sur notre enquête prioritaire.

— Le démon des Halles ? s'enquit un commissaire.

— Le démon des Halles, confirma le préfet.

» Et virez-moi ces brûlots !

Le Khan frappa du bout ferré de sa canne deux tracts qui souillaient un pied de candélabre. L'un disait « *Les Cuprifères, c'est l'enfer !* » et l'autre : « *Citoyens, vous avez plus de valeur morts que vifs...* »

Le préfet fit siffler sa canne, et ouvrit la portière de sa Dalphine Eiffel.

— Vous, intima l'homme en désignant le gazetier d'un coup de menton, montez.

Le journaliste ne s'opposa pas à l'ordre du Khan. Il se permit juste de ramasser ses jambes au passage du vieux tigre, pendant que le chauffeur s'enquérait de leur destination. Le préfet rétracta son haut-de-forme, fit valser un de ses doigts, et prit place sur le siège arrière.

— C'est curieux cette manie que vous avez de jouer avec vos doigts, remarqua le gazetier tandis que la Dalphine bondissait.

— Ce n'est pas un jeu, objecta l'officiel. Eudes n'aime pas les voitures. Je prends donc la relève.

— Attendez... vous êtes en train de me dire qu'en ce moment même je ne parle pas au préfet Eudes Lacassagne en personne ?

— Vous parlez à Chrysostome, son frère, confirma l'homme en flattant l'encolure de son tigre. Comme je le disais, Eudes n'aime pas les voitures. Il m'arrive parfois de le remplacer.

— Mais... alors c'est vrai, ce que l'on raconte à votre propos ? Vous seriez un genre d'atlas autonome ? Avec la capacité d'agir en dehors des Cuprifères ?

La Dalphine allait grand train dans les sous-doges endormis, filant entre les colonnes et les atlantes de bronze. Les plafonds de verre des canaux de Paris laissaient parfois deviner la vie débordante des quartiers supérieurs.

— Eudes est un prototype en marche, admit finalement l'officiel. Un modèle unique et non reproductible.

Le tigre se redressa soudain et rugit à la face d'une ombre qui venait, au débouché de la rue Pierre Charron sur la place d'Iéna, de s'accrocher à la carrosserie de la Dalphine Eiffel.

— ... Il est... impressionnant, votre chat, déglutit le gazetier.

— Il a son caractère, confirma l'officiel.

— Revenons à vos... capacités. Comment pouvez-vous opérer des possessions contrôlées en dehors des Cuprifères ? En dehors du champ ondéal ? C'est fantastique ! s'emballa le journaliste en agitant la pointe de son stylographe.

— C'est surtout confidentiel. Ce matériel est confidentiel. Tout, en Eudes, est confidentiel.

— Comme le programme *Jouvence*, dirigé par Pasteur pour le compte de la CCN ? digressa le gazetier.

— Je n'ai pas de commentaire à faire à ce sujet, répondit l'officiel en faisant signe au chauffeur de ralentir.

— J'ai pourtant en main une photographie de... vous, si je puis m'exprimer ainsi, tirée par Nadar en décembre 1888, et force est de constater que vous n'avez pas pris une ride, précisa le journaliste.

— Notre entretien s'arrête là.

La Dalphine venait de s'immobiliser devant le portail inférieur du palais du Trocadéro. Le chef de la Sûreté impériale sortit, son haut-de-forme à la main et son tigre au côté.

— Et vous ne publiez rien sans m'avoir fait valider avant la moindre virgule. Compris ? lança-t-il encore au gazetier.

Le Khan fit valser ses doigts, pensif, et confia ses ordres à son chauffeur :

— Monsieur René, reconduisez cet individu à ses appartements. Et dites à la préfecture qu'ils me fassent envoyer un autre pisse-copie. Celui-ci pose trop de questions.

— Bien, monsieur, répondit l'homme avant de redémarrer.

La berline contourna la colonne aquatique de la place du Trocadéro, et disparut dans les sous-doges sombres de Paris. Le préfet ajusta son haut-de-forme, et s'élança dans les marches d'un grand carrousel. Ces structures, faites de dentelles de fer et d'entrelacs signés Jules Lavirotte, occupaient toutes les places névralgiques de Paris. Leur rôle était de permettre au piéton de gagner tous les étages de la ville. Le Khan montait le long de blindages vitrés, sans jeter le moindre regard aux fonds scintillants du parc subaquatique, et franchit la frontière symbolique de la barrière impériale. Passant ainsi du monde d'en bas au monde d'en haut, le préfet fut aussitôt saisi par l'animation habituelle des doges du Trocadéro. L'homme joua des coudes, écartant ces messieurs-dames en promenade, ignorant chansonniers et refrains à la mode. L'officiel gagna l'embarcadère qui longeait ici le canal, et héla les services d'un gondolier.

— Les Cuprifères, quai central. Sans escale.

— Vous avez une habilitation ? se renseigna le batelier en réglant le ralenti de son moteur à compression.

Le Khan sortit son écharpe noir et or de préfet impérial. L'autre s'inclina.

— Le tigre vient aussi ?

— À l'évidence.

— Bien, monsieur. Il vous en coûtera un supplément, ajouta le gondolier en branchant sa durite sur le réseau général.

L'homme remettait les bonbonnes de sa mouchette en pression, en sifflotant et en astiquant ses cuivres.

— La nuit est belle, n'est-ce pas ? fit le batelier en rangeant ses accessoires.

Mais le Khan ne répondit pas. Malgré un travail long de vingt ans sur le sujet, ses aptitudes et sa sociabilité ne lui permettaient pas encore de converser sur un ton badin avec le premier venu. Le nocher n'en prit pas ombrage. En professionnel, il adaptait toujours sa course à l'humeur du client. Il écarta sa barque de la berge, glissa entre les arches de rehausse du palais du Trocadéro, et rejoignit le grand bassin. Des galeries de fer Horeau survolaient l'endroit, sous un ciel de verre, reliant un semis d'îlets artificiels plantés d'arbres et de candélabres. Certaines de ces terrasses flottantes accueillaient des restaurants et des guinguettes, offrant aux Capitaliens autant de tables de choix que d'airs de violons ou de cuivres.

Mais une fois passé les derniers piédestaux, le silence retombait et la vie semblait tout entière happée par les hautes flèches or et fer du pouvoir central. Les passerelles disparaissaient au profit d'un pont unique, qui, du haut de ses piles, menait aux Servantes, les premières tours des Cuprifères. Le gondolier chantait à tue-tête sous les massifs sombres de cette architecture monumentale. Toute de fer et de béton, cette ceinture de contreforts avait pour vocation de contenir le poids et la pression des quartiers supérieurs, ces aiguilles bâties pour défier à la fois les cieux et les siècles.

Des sapajous de l'Armée impériale approchèrent de l'embarcation.

— *Alerte !*

— *Eaux à navigation restreinte...*

— *... veuillez décliner vos identité et autorisation,* crachèrent les haut-parleurs officiels.

— Eudes Anatole-Faust Lacassagne, préfet impérial, répondit le Khan d'une voix forte.

Ces formalités remplies, les singes s'écartèrent et permirent à l'homme de poursuivre sa route. La mouchette dépassait maintenant la ceinture des tours Académiques, et si les élévations sans cesse grandissantes de ces façades, de ces ponts haut perchés et de ces passerelles aériennes gainées de résilles d'or livraient un spectacle saisissant, les profondeurs du lac n'étaient pas en reste. Les fondations de chaque tour s'enfonçaient sous l'eau, percées de baies et de hublots, jusqu'aux feux tremblants de la gare subaquatique du Champ-de-Mars. Cette dernière, immense, se déployait sous sa coupe de verre, entre deux pieds de la tour Eiffel.

Le gondolier venait d'atteindre le carré central des Cardinales. Il poussa sa mouchette vers un quai de béton isolé discrètement aménagé en pied de tour. L'endroit n'avait d'autre fonction que d'offrir un accès sécurisé aux Cuprifères, et n'était que sommairement équipé. Bollards, passerelle, canons à infrasons. Le préfet mit pied à terre, remercia son nocher, et se posta devant l'unique ascenseur de la place. Il confirma son identité en posant un doigt sur la cellule du capteur périspritique, et attendit en silence, son tigre assis à ses pieds. Deux portes en laiton lui faisaient face. Leurs motifs finement ciselés se répondaient de part et d'autre de la ligne d'ouverture, dans une symétrie parfaite. Au milieu de grandes plages de métal poli, par-dessus une tour Eiffel stylisée, était figurée l'envolée triomphale des Cuprifères, entourée d'un arc-en-ciel en fuseaux de fer et de cuivre. Mais ces ornements disparurent avec le tintement d'une cloche de service, en s'ouvrant sur un intérieur tout aussi riche.

Le préfet entra, avec son tigre, et donna ses ordres à travers le grillage de l'électrophone.

— Cardinale ouest. Étage noble. Appartement de l'atlas A-3 Louis Bertillon. Habilitation : Eudes Anatole-Faust Lacassagne, préfet impérial.

— *Bien reçu, monsieur le préfet*, répondit une voix dans un grillage métallique.

Les portes de l'ascenseur se refermèrent dans un claquement métallique et la cabine s'éleva en silence le long de ses crémaillères.

Le tigre gronda.

— Ne te plains pas, Shere Khan, ils ont déjà coupé la musique. À ma demande.

Rouages et mécaniques se mirent à crisser, au terme de cette première phase d'ascension, immobilisant bientôt la cabine. Elle était prise en charge par une chaîne de translation, passant d'un corps de tour à un autre, afin de mieux repartir vers les cimes. La cage d'ascenseur, désormais entièrement vitrée, s'ouvrait sur les extérieurs pour offrir une des vues les plus imprenables sur la Capitale. Et sur les Cuprifères. Ce paysage aérien n'était que ponts de fer et galeries d'or, peuplé de dômes et de verrières, de terrasses, de jardins suspendus. Des cascades, gonflées par les nuées ténébrales, se lançaient depuis les paliers intermédiaires, arrosant de leurs pluies de diamant des nymphes dénudées dansant sous leurs oxydes de bronze.

Le préfet planta une troisième aiguille dans les veines d'argent de son demi-masque de cuir, puis se lissa la moustache. Il souffrait, comme chaque fois, de la montée en puissance des ondes ténébrales. Pour un peu, les Cuprifères lui mettraient les sangs en ébullition. Mais l'homme était soucieux. Cette voix au téléphone, l'empereur de l'Abey en personne, résonnait encore dans son crâne. « *Monsieur Louis Bertillon a besoin de vous. Il vous attend dans ses appartements.* » Le préfet devait voir son jeune ami trois fois par décennie. Il fallait vraiment que l'affaire soit urgente pour le faire appeler au milieu de ses traques nocturnes !

L'aiguille en cuivre ouvragé de l'altimètre indiquait 1 678 m. La cabine surplombait désormais tout le bassin parisien. Les doges illuminés de la capitale brillaient entre les digues, avant de s'éteindre pour laisser place aux faubourgs et communes voisines, plongés dans l'obscurité du couvre-feu ténébral.

La cabine ralentit et s'immobilisa une nouvelle fois. Tintement de cloche. Ouverture. Un chasseur drapé d'une livrée aux couleurs de l'étage noble s'inclina et présenta un formulaire de satisfaction au préfet impérial.

— Si monsieur veut bien se donner la peine de remplir le bulletin d'évaluation du service des ascensoristes et élévatoristes des Cuprifères.

Mais le Khan ne voulut pas. Eudes Anatole-Faust Lacassagne laissa le tigre gronder à sa place, et s'engagea sur le feutre d'un couloir de desserte. La galerie, bordée de panneaux en bois noir incrustés de chrysanthèmes en or, menait aux appartements de l'atlas Louis Bertillon. Quatre officiers de la Garde impériale se raidirent, arrachant au tigre un autre de ses grognements.

— Laisse, Shere Khan, je m'en charge.

Le Khan leva lentement sa main sous le masque de fer du chef de quart, et la posa sur la cellule du lecteur périspritique. Le militaire fit claquer ses talons en voyant s'afficher un code prioritaire, et s'effaça pour laisser le passage. Le préfet pénétra dans le salon de réception et se présenta au responsable du protocole.

— Préfet Lacassagne. Je suis attendu.

— Maître d'hôtel Eusèbe Galien, en charge du quatrième quart vespéral. Je note la validité de votre ordre de mission. Mais... monsieur compte entrer avec cet... animal ? s'inquiéta le domestique en se crispant sur son torque de bronze.

— Oui. Sauf si monsieur souhaite apprendre à lustrer les griffes d'un tigre du Bengale.

— … Non, répondit le maître d'hôtel en regrettant de s'être ainsi aventuré en terre inconnue. À moins que monsieur ne me l'ordonnât.

L'estomac de l'animal choisit cet instant pour émettre un terrible gargouillement. Le Khan fit grincer le cuir de ses gants et reprit :

— Sans vous commander, gentilhomme, auriez-vous l'amabilité de voir ce que vous pouvez trouver en cuisine pour satisfaire l'appétit de ce gentleman, avant qu'il ne s'attaque aux fauteuils de monsieur Bertillon. Ou à son manteau.

Le maître d'hôtel aurait bien émis quelques protestations, mais il préféra ne pas prendre le risque de perdre le statut d'un masque si durement acquis. Le domestique porte-torque invita l'officiel à le suivre, et ouvrit les deux battants menant au grand salon.

L'endroit était désert.

Rien ne venait troubler la douce musique des nuées ténébrales qui martelaient, au-dehors, le verre de quelque marquise.

Une tête timide passa soudain dans l'entrebâillement d'une porte de service.

— Monsieur ? Pardonnez-moi d'enfreindre les règles en usage, mais monsieur Louis est au plus mal, monsieur. Je ne sais que faire !

Le Khan claqua des doigts. Le tigre s'allongea aussitôt sur le tapis du salon et laissa reposer sa lourde tête sur ses deux pattes croisées.

— Je vous suis, madame, assura le préfet en prenant son haut-de-forme à la main.

La cheffe de cuisine entraîna l'officiel dans ses laboratoires.

— Voilà, monsieur. Je ne sais plus quoi faire !

Au milieu d'un personnel en pleine effervescence, au milieu d'une valse savante de casseroles et de mises en place, se tenait un homme que le chagrin perdait dans un bol de chocolat.

— Monsieur Louis, laissez-moi au moins réchauffer votre cacao…, insista une pâtissière dans un visible effort de diplomatie.

— Non, fit l'homme sans enthousiasme.

— Ou ajouter une petite larme de lait chaud ? suggéra une autre en approchant une casserole frémissante.

— Non, fit l'homme de la même voix atone.

— Je serais vous, je ne toucherais pas à son chocolat, conseilla le préfet en faisant grincer le cuir de ses gants.

Louis Bertillon releva vivement la tête de son bol.

— Monsieur Lacassagne ? C'est bien vous ? Vous venez à mon secours ?

— Quelle est donc cette affaire si terrible qui me vaut de vous trouver dans les cuisines des Cuprifères au beau milieu de la nuit ?

Bertillon retomba aussitôt dans son apathie. Un chaton au poil roux et aux manières un peu bravaches s'aventura sur la table, pour la plus grande exaspération de la cheffe de cuisine. L'animal fit le dos rond et cracha sous l'intensité du regard du Khan, et, le cou gonflé de colère, s'approcha du bol de chocolat.

Au milieu d'un silence de plomb, entre deux lapements et autant de claquements de langue, Bertillon se confia.

— Ma fille a été enlevée.

L'annonce roula et alla se perdre dans les batteries de cuisine.

— Votre fille ? Enlevée ? répéta le préfet. Mais par qui ? Comment ? La Garde impériale n'est pas censée faire de ces lieux l'endroit le plus sûr de Paris-Capitale ?

Le pauvre père ne sut répondre.

— Comment pouvez-vous être certain qu'il s'agisse d'un enlèvement ? réagit le Khan en professionnel.

— J'ai reçu une demande de rançon, monsieur Lacassagne.

En cet instant, Louis Bertillon paraissait vingt ans de plus que le célèbre policier.

— Louis, il va falloir vous montrer fort.

— Vous allez me la retrouver ?

— À l'évidence, Louis. Je vais travailler jour et nuit sur cette affaire.

— Ma petite Prune...

» Elle n'a que quinze ans...

» Ramenez-la-moi en vie, monsieur Lacassagne...

Laissant le père à son chagrin, le préfet avait choisi de commencer son enquête par l'étude du lieu de l'enlèvement. Depuis près d'une heure, les quartiers de la jeune Prune Bertillon étaient passés au crible des meilleurs techniciens de la préfecture. Des analystes rompus aux expertises les plus fines, prêts à se tuer à la tâche pour se distinguer. Le Khan supervisait l'opération sans desserrer la mâchoire. Il enregistrait mentalement chaque élément porté au dossier, notant sur son carnet noir les faits les plus irréfutables. Il était aidé par ses lieutenants ténébraux...

Des plantes, des colibris, mais peu d'indices.

Que disent les bandes simiétographiques ?

L'analyse est en cours, les visionneurs sont dessus...

— Monsieur le préfet ?

Le Khan émergea de ses réflexions collégiales. Un analyste du laboratoire central se tenait devant lui, sous un masque de cuir blanc.

— Monsieur le préfet, reprit l'homme, les ravisseurs ont utilisé des gants en or et une bombe à périsprit.

— Pardon ?

— La scène de crime a été souillée, monsieur le préfet. Nous n'aurons pas d'ombretraces exploitables.

L'officiel arracha le rapport des mains de l'expert et parcourut le détail des résultats.

Le nom de l'occupante des lieux n'apparaît même pas sur cette liste...

Rien ne vaut les bonnes vieilles méthodes !

Eudes se tint le front de son poing ganté et souffla un instant.

— Un de vos malaises, monsieur le préfet ? s'inquiéta l'analyste.

Mais Eudes Anatole-Faust Lacassagne ne répondit pas.

Il venait de retirer une épingle des veines de son demi-masque de cuir, frôlant la crise d'hyperesthésie pour affûter ses sens.

Il entendait battre le sang contre les tempes de ses collègues.

Il avait sur le bout de sa langue le goût de leur dernier repas.

Et se concentrait sur son nez...

Le Khan isola les effluves qui se bousculaient dans le creux de ses narines, classa les odeurs... Essences florales, baumes de corps, savons, poudres pour les cheveux... L'homme tournait dans la chambre...

Cire d'abeille...

Le parquet !

Eau sucrée, nectar...

La nourriture des colibris !

Alcool, savon de Marseille, craie, avec une note légère de vernis à bois...

Ça, c'est un violon, old chap !

Le regard du professionnel fila à travers la pièce et s'arrêta sur un violoncelle d'exercice posé sur les feutres d'un stand torsadé.

Bien vu, monsieur Pinkerton.

Mais le Khan n'en avait pas fini. Une odeur plus que les autres le perturbait depuis le départ. Il balaya la bibliothèque de l'adolescente, redescendit le long d'un panneau de bois, et s'arrêta. Son émoi olfactif provenait de derrière ces boiseries.

Une encre artisanale, mâtinée de quelques senteurs exotiques.

Le préfet lissa sa moustache, et posa délicatement ses doigts sur la surface du panneau.

La paroi est éraflée dans le bas...

Ainsi que cette baguette !

Eudes nota ces remarques, relevant l'ordre et le sens des escamotages, avant d'opérer. Une clameur s'éleva de l'assemblée.

— Une cache secrète !

— Mais comment l'a-t-il découverte ?

— C'est le *Tigre* !

Le préfet sortit un paquet d'enveloppes de derrière la cloison, ficelées à l'aide d'une cordelette de chanvre, puis une dernière isolée du lot, comme écartée par manque de temps.

Mais l'homme chassa l'idée.

Il devait en rester aux faits. Ne pas lancer de passerelles hasardeuses sur la foi de quelques suppositions.

Ses doigts gantés relevaient déjà, dans une valse étourdissante, le caractère allochtone du papier tramé.

Origine orientale.

Africaine.

Les deux ? Pourquoi pas une région bordant la Méditerranée ?

L'enveloppe ne portait aucune mention de destinataire ou d'expéditeur. Aucun cachet d'un quelconque service postal. Là, c'était un fait, le courrier avait été convoyé de la main à la main... L'officiel commença sa lecture au hasard.

« Ma très chère Prune,

Ma chérie,

Nous quittons ce jour le port d'Alexandrie à bord d'un navire britannique à destination de Tobrouk. Maspero préfère laisser l'archdeacon aller seul dans les airs, pendant que nous suivons la route maritime, entre le golfe de Syrte et l'Égypte. Officiellement, il évoque l'envie de redécouvrir Cyrène, une colonie grecque devenue riche grâce au commerce d'une plante des plus rares... Le silphium.

La plante de longue vie.

Mais je soupçonne notre directeur général des Mémoires et Antiquités égyptiennes de ne pas me dévoiler complètement son jeu. Il est toujours obsédé par son prophète des anciens temps ! »

Le Khan abandonna là sa lecture. Il reconnaîtrait cette écriture entre mille.

Clémence...

Le préfet classa cet élément supplémentaire dans un recoin de sa cervelle dendritique. La fille de Louis Bertillon entretenait une correspondance avec sa mère, sous plis privés, depuis l'étranger. Mais son nez n'était pas entièrement satisfait par cette découverte. Il fit disparaître la liasse de courriers dans l'immensité de ses poches intérieures, remettant son analyse à plus tard, et se concentra sur des odeurs plus piquantes. Il palpa le bureau de la jeune fille, ignorant les tiroirs cent fois inventoriés par ses inspecteurs, et ridiculisa une fois de plus son équipe. Il venait de faire apparaître un double plateau. Une loge se tenait en son centre, et accueillait un cahier au cuir usé par une manipulation quotidienne.

Un journal intime.

L'officiel parcourut quelques pages, ne s'intéressant pas à cette écriture régulière qui décrivait les sages journées d'une fille de bonne famille, mais plutôt à cette odeur vinaigrée qui s'échappait d'entre les lignes...

Je pencherais pour du sel de saturne...

Vous voulez parler de l'acétate de plomb ?

Une encre sympathique. Il nous faut le bon révélateur pour la rendre lisible.

Le Khan attrapa un de ses inspecteurs.

— Belin, portez cet élément au laboratoire. Journal intime, encre sympathique, acétate de plomb. Faites-moi prévenir quand il sera lisible.

— Bien, monsieur le préfet, répondit un jeune homme à la moustache fine et alerte.

L'officiel allait repartir en chasse d'un nouvel indice, un cheveu à se mettre sous la loupe, une miette, quand une estafette du Renseignement entra dans la pièce et avança sans se présenter.

— Monsieur le préfet, vous êtes attendu à la morgue centrale. Le matériel est prêt pour entendre le message.

— Le message ? À la morgue centrale ?

L'écoute en question promettait d'être originale.

Car le support de ce message était un mort…

Chapitre 7

Paris-Capitale, le 3 juin 1910, 00 h 07
Le message

« La Materia est la sphère matérielle, celle dans laquelle, vous autres vivants, vous évoluez.

L'Anima est la sphère spirituelle, celle dans laquelle, nous autres, morts, nous évoluons.

L'Atomon est un fragment d'Anima propre à chaque mort. Il est le salaire d'une vie terrestre, une mémoire absolue de tout ce que l'individu a vécu et aperçu durant sa vie. Il est indissociable du périsprit.

L'Imago est une photographie pentaesthésique d'un Atomon, sa version physique et matérielle.

En l'état actuel de nos connaissances, seuls les médiums du* Triumviratus *sont capables de lire Atomons et Imagos. »
Notes extraites du *Petit Traité de physique ténébrale.*

Le Khan regardait descendre l'aiguille de l'altimètre, en caressant le crâne de son tigre. Ce geste l'aidait à rassembler ses idées quand une enquête s'annonçait difficile. Quelqu'un s'attaquait aux plus hauts appareils de l'Empire. Enlever la petite Prune. Quel fou, non, quel inconscient avait osé commettre ce crime ?

Et pour quelle rançon ?

La cabine changea brutalement de crémaillère, entraînant son occupant à l'horizontale sous le tablier d'un pont aérien, avant de reprendre sa descente sous les niveaux immergés, vers les quartiers de la préfecture. Morgue centrale, Archives impériales, laboratoires de la police scientifique, bureaux centraux des chefs de brigade, Recensement : l'ensemble de ces services avaient été regroupés sous l'autorité de l'empereur, dans cette aile subaquatique des Cuprifères. La moindre fenêtre, ou la moindre baie, donnait ici sur les eaux cristallines du lac Eiffel, renforçant le sentiment de confinement de ces services. L'architecture folle de ces lieux portait à son paroxysme les formes les plus baroques de l'Art nouveau. Les portes s'ouvraient en oves circulaires, les lignes étaient courbes, le métal fondait sous les doigts sans jamais offrir le moindre relief saillant ou le plus infime des angles. Spirales et vrilles de fer guidaient les pas du préfet à travers le couloir principal. Le tigre validait d'un grognement toutes les formalités administratives, comme de coutume, laissant au Khan le soin de se concentrer.

Morgue centrale.

Salle des audiences mortuaires.

L'endroit ressemblait au grand hall d'une usine d'Europe de l'Est, sous la voûte de son immense plafond en carreaux de verre dépoli. Des plaques de cuivre oxydé tapissaient des murs par ailleurs percés d'ouvertures circulaires. Un fronton monumental dominait la verrière qui donnait sur l'extérieur, livrant, au travers de vitraux constructivistes, le conte et l'historique d'une discipline, celle de la médecine légale.

Au centre de la salle des audiences mortuaires se dressait un appareillage des plus complexes. Un mort de première fraîcheur était étendu sur le marbre blanc d'un sarcophage. C'était un Capitalien d'âge moyen, plutôt *dandy*, qui avait pour fonction de constituer la base du message. Le support même de ce communiqué contre-nature.

Une cloche de confinement, faite de plaques en cristal de roche et de bagues en or, isolait le corps de l'extérieur. Le mort, ainsi maintenu dans un vide relatif, était entouré d'un grillage en mailles de platine, véritable antenne médianimique, de laquelle partaient des torons en métal impérial. Ces connectiques traversaient le sarcophage, au niveau des bagues, pour rejoindre un opérateur comme il n'en existait que trois. Faidherbe Quintard.

Faidherbe Quintard était ce que l'on appelait un *médium naturel amplifié*, et faisait partie du *Triumviratus*. Pour qui n'avait jamais rencontré un médium du *Triumviratus*, le spectacle promettait d'être en soi assez saisissant. L'homme, enfin, ce qu'il en restait, était dépourvu de tout poil. Le crâne rasé, la peau translucide, les veines bleutées car en constant état de cyanose, le lucide voyait son corps greffé d'amplificateurs périspritiques sous-cutanés. Une légende affirmait qu'ainsi doté, un médium du *Triumviratus* était capable de lire les pensées des morts, et des vivants…

Ainsi, au détour de ce premier quart ténébral, Faidherbe Quintard était confortablement installé dans son fauteuil de médiation périspritique, prêt à livrer sa lecture. Les torons en or s'enfonçaient dans ses chairs, certains en provenance du sarcophage, d'autres partant vers les appareils de transmission sensorielle. Un animascope, qui projetait les images perçues sur un écran de satin blanc. Un spectrophone, qui retranscrivait les sons issus du témoignage périspritique, amplifiés par les membranes d'un haut-parleur Edison. Et un spectrographe, qui, de manière discrète, enregistrait les variations périspritiques afin de permettre aux techniciens de la préfecture d'isoler, dans la dimension du mort, empreintes et signatures.

Ainsi, alliés par les sciences ténébrales, les médiums du *Triumviratus* et les appareillages de la CCN traduisaient les mémoires naturelles et spirituelles d'un Atomon en une version technologique et archivique nommée *Imago*.

En d'autres termes, ils produisaient une photographie pentaesthésique de la vie d'un mort.

Et Faidherbe Quintard se proposait de réaliser ce prodige sous les yeux des plus hauts responsables des Cuprifères.

L'empereur en personne venait d'entrer dans la salle, accompagné du Notaire. La lumière du plafond fut aussitôt baissée, laissant briller les lampes du sarcophage de cristal, et reluire les torons d'or. Faidherbe, en professionnel, ne perdit pas de temps en mise en scène. Il ferma les yeux, respira profondément, et plongea dans les souvenirs du mort.

L'écran de satin se mit aussitôt à scintiller, renvoyant une image en noir et blanc et contrastes inversés des derniers instants de la vie de Gédéon Fortineau, cadre dans une fabrique de verre industriel, et malchanceux de son état. Le *dandy* allait en effet rencontrer la mort, ce 2 juin 1910, à très exactement 23 h 09, dans le seul but de porter un message. Faidherbe se concentra sur l'instant fatidique. Peu après sa descente de train, en gare d'Austerlitz, la victime se fit chloroformer. Elle se réveilla dans une cave humide, prise d'une panique fort compréhensible, trahie par une respiration saccadée, des mouvements oculaires incontrôlés, et des gémissements primaux.

— Mon cher, émit un des ravisseurs, pouvez-vous placer notre colis au centre de cette bâche ?

— Le colis est bien cette chose dans le sac ?

— Affirmatif, mon cher.

— Pourquoi cette bâche, monsieur B...

— Chut ! Pas de nom, mon cher !

— Pourquoi cette bâche, monsieur ?

— Pour faciliter le nettoyage. Il nous faut opérer avec ordre et méthode.

Les ravisseurs retirèrent le sac de toile qui rendait la victime aveugle, révélant dans le même temps leurs deux silhouettes drapées comme des fantômes.

Le second couteau lança un seau d'eau à la figure du prisonnier.

— Pourquoi ce geste, mon cher ? s'avisa le premier des deux.

— Pour s'assurer de la parfaite fonctionnalité de notre enregistreur, répondit l'autre avec aplomb.

Le haut-parleur transmettait le son avec son lot de parasites périspritiques, occasionnés par la maîtrise somme toute balbutiante de cette chaîne technologique.

— Maintenant que, grâce à vous, notre enregistreur est fonctionnel, je vais pouvoir commencer la lecture du message.

Le ravisseur sortit un papier de dessous son drap de fantôme, s'éclaircit la gorge, et clama d'une voix forte :

— « *Nous avons votre fille.* »

— Mais, je n'ai pas de fille ! hurla la victime en se débattant.

— Mon cher, commanda le premier ravisseur, auriez-vous l'obligeance de faire taire notre enregistreur ? Il cause de fâcheuses interférences.

La victime se prit un terrible coup de poing dans le creux de l'estomac. L'écran devint noir, l'espace d'un instant, et le haut-parleur relaya les hoquets d'un souffle coupé.

— Voilà qui est fait, attesta le second ravisseur.

— Voilà qui est peu urbain envers notre enregistreur, mon cher, rectifia le premier.

— Mais vous m'aviez demandé de le faire taire, s'offusqua le second. Alors je moleste !

— De le faire taire, oui, mais pas de maltraiter le matériel. Veuillez le redresser, mon cher. Et avec doigté !

L'écran recentra l'image sur les ravisseurs. Le premier reprit son discours.

— « *Nous avons votre fille.* »

Cette fois, l'enregistreur se contenta de gémir.

— « *Cette dernière, du nom de Prune Émérence Faustine Bertillon, ne vous sera rendue que contre le paiement d'une rançon. Rassemblez trois tonnes d'or en lingots et une pierre, la pierre de Flamel, pour demain soir. Je répète, trois tonnes d'or en lingots et la pierre de Flamel.*

» *L'or devra être chargé dans le train de 23 h 02 en partance pour Orléans, wagon P - Mbuwf - 16 312, en gare d'Austerlitz.*

» *La pierre, elle, devra être livrée en mains propres via mouchette sur le lac Tolbiac, à 23 h 09 précise.*

» *En cas de manquement de votre part, un message de rappel vous sera envoyé avec de nouvelles instructions.* »

Le ravisseur rangea son papier, puis compléta :

— Faites en sorte, messieurs, que tout soit prêt pour demain soir. Notre client est quelqu'un qui aime la précision.

Puis il se tourna vers son comparse.

— Mon cher, veuillez exhiber la preuve de vie.

Le second ravisseur sortit une grande photographie de dessous son drap de fantôme, et l'approcha très près de Gédéon Fortineau. On pouvait voir à l'écran, dans les nuances outrées du contraste inversé, le visage endormi de la fille de Bertillon. Ainsi que la première page de l'édition du soir d'un *Temps officiel*.

— Bien, reprit le premier ravisseur, je crois, mon cher, qu'il est temps de couper la ligne.

Le second ravisseur rangea la photographie et resta les bras ballants.

— Eh bien ? s'enquit le premier.

— Il se trouve que ne voyant pas de ligne à couper, et ne vous trouvant pas d'une grande clarté dans votre commandement, je préfère ne rien faire.

— C'est une image, mon cher, s'exaspéra le premier. La ligne, c'est l'enregistreur. Alors faites ce que vous savez faire.

— Voler... Torturer... Arracher des ongles... Noyer...

— Veuillez épargner à notre honorable auditoire la somme de tous vos vices. Contentez-vous présentement de suriner.

— Je ne puis molester, mais suriner, oui ?

— C'est en effet ce que recommande la procédure.

— C'est à n'y rien comprendre.

— Considérez que c'est de l'oblitération, mon cher. De *l'oblitération*.

— Je prends mon couteau...

— Par le manche, oui.

— Et je le plante dans le ventre de ce monsieur ?

— Par la pointe, mon cher, en effet.

— Jusqu'à ce que mort s'ensuive ?

— C'est la condition même de cette oblitération, mon cher.

— Parfait. C'est que je ne voulais pas que vous me fassiez le reproche de maltraiter encore notre enregistreur.

La victime, saisie d'effroi, tenta de reculer...

— Vous êtes des malades ! De grands malades !

Le premier des ravisseurs leva un doigt.

— Vous savez, chère victime, il vous aurait été utile, dans d'autres circonstances, d'apprendre qu'il ne faut jamais insulter des individus portant de longues cagoules et un surin.

— Bon, vous avez fini, tous les deux? Je peux procéder à l'oblitération ?

— Procédez, mon cher. Procédez.

Le médium se tordit sous la violence du coup de couteau. Non qu'il ressentît véritablement la douleur, ou revivait à proprement parler la scène dont il témoignait de l'intérieur, mais il ne pouvait contraindre son corps à se soustraire à certains réflexes.

— Voilà qui est fait, monsieur B...

— Chut ! l'arrêta le premier ravisseur en faisant crachoter le haut-parleur.

— Mais l'enregistreur est coupé, monsieur Br...

— Mon cher ! l'arrêta encore le premier ravisseur, vous devez avoir la confirmation de la plus complète inopérance du matériel avant de briser la règle de l'anonymat ! Nous en avons déjà parlé, vous vous souvenez ? Nos messages sont anonymes.

— Mais, monsieur Br., insista le second en donnant encore du couteau, vous noterez que le témoin étant parfaitement oblitéré, il ne sera pas en mesure de répéter tout ce que je dis. J'ai tout de même un minimum de conscience professionnelle.

Cette fois, l'écran se noircit définitivement, et le haut-parleur ne cracha plus qu'un son blanc caractéristique. Gédéon Fortineau avait succombé des suites de sa fonction morbide.

L'équipe de techniciens s'affaira autour du sarcophage afin de permettre le transfert administratif et physique du mort dans le département des pompes périspritiques des Cuprifères. Pendant ce temps, le défunt se voyait informé de ses droits.

— Pour commencer, souligna un ténébraliste du service juridique de la CCN, vous recevrez une indemnisation compensatoire.

— *Une indemnisation ?* s'étonna le mort par le biais d'un spectrophone portatif.

— Oui. Votre décès est la conséquence d'une défaillance des services de sécurité de l'Empire et nos lois prévoient que tout acte criminel non empêché par les représentants du pouvoir central ouvre droit à une indemnisation proportionnelle.

— *Une indemnisation proportionnelle...*, répéta le mort encore sous le choc de son état.

— Dont la valeur est fixée en fonction de votre *quotient périspritique*, précisa le juriste en suivant le brancard de la morgue. Vous allez donc maintenant vous soumettre à la Pesée, qui déterminera de manière définitive le poids de votre âme.

— *La Pesée ?*

— Rassurez-vous, vous recevrez toute l'attention du corps des Accompagnants aux mourants. Ils vous guideront dans les méandres des formalités administratives que vous devrez remplir avant votre éthérisation périspritique.

Le mort chercha bien encore à avoir de menues précisions sur le concept d'« éthérisation périspritique », mais le convoi quitta la grande salle des audiences mortuaires pour disparaître dans l'un des couloirs des Cuprifères.

Eudes Anatole-Faust Lacassagne caressait le crâne de son tigre. Le commissaire en charge de l'enquête lui révélait les détails relatifs à la mort de Gédéon Fortineau, pendant que la salle était évacuée de ses officiels.

— Le corps a été retrouvé par la Périspritique à 23 h 19, au milieu de la chaussée des sous-doges de la rue Mogador.

— Curieux... J'opérais moi-même à deux rues de là, du côté de l'Opéra..., remarqua le Khan. Que disent les relevés ? Des ombre-traces ? Les coupables sont-ils fichés ?

— Ces gredins connaissent tout de nos méthodes d'investigation, monsieur le préfet, répondit le commissaire. D'après le laboratoire central, ils auraient fait usage d'une bombe à périsprits. Les ombretraces sont inexploitables. Le service des Identifications ne pourra pas faire de miracles.

Comme sur la scène de l'enlèvement, old chap.

— Un élément me frappe, réagit le Khan.

— Lequel ?

— Il est coutumier qu'un ravisseur, lors de son premier contact, mette en garde la victime de ne pas prévenir les autorités, lâcha le préfet en serrant la mâchoire.

— Or... dans le cas présent, ces ravisseurs s'assurent au contraire que nous soyons les seuls en mesure de lire leur message..., commenta le commissaire en suivant le raisonnement de son supérieur.

— Non seulement ils ne nous craignent pas, mais ils nous mobilisent. Messieurs, je vais vous demander de ne négliger aucun détail, ordonna le préfet en rangeant son carnet noir.

» Ces escarpes vont mettre nos fondamentaux à rude épreuve...

Le Khan prit congé de ses subalternes, d'un hochement de tête, et rejoignit un secteur aux ambiances plus feutrées.

Chapitre 8

Paris-Capitale, le 3 juin 1910, 1 h 01
Premiers pas

« Nuées ténébrales. L'onde ténébrale émise par la tour Eiffel provoque la mise en vibration des grains de poussière contenus dans l'atmosphère. Ce phénomène engendre une condensation spontanée entraînant la formation de gouttes d'eau. La pluie ainsi générée est continue et calibrée.

Seuls les apports extérieurs, d'ordre climatique, peuvent perturber les nuées ténébrales, augmentant temporairement son débit. »* Notes extraites du *Petit Traité de climatologie ténébrale.

Les pas du préfet étaient amortis par le moelleux d'un tapis ras. L'homme se dirigeait vers le salon d'entretien *SE-3*. Un corps de la Garde impériale s'écarta et le laissa accéder à la porte. Louis Bertillon attendait, assis près d'une baie semi-circulaire ouverte sur le fond du lac Eiffel. Des sphères d'éclairage diffusaient dans la pièce une lumière tamisée.

— Vous l'avez retrouvée, monsieur Lacassagne ? bondit aussitôt l'atlas, les traits ravagés par l'inquiétude.

— Nous rassemblons les éléments avec ordre et méthode, répondit froidement le préfet en claquant des doigts.

Le tigre s'allongea dans un coin de la pièce en poussant un gros soupir.

— Avant toute chose, reconnaissez-vous de manière formelle votre fille ? questionna calmement Lacassagne en montrant une photographie à Louis Bertillon.

— L'objet est flou…

— Le procédé n'est pas encore optimal, convint le préfet. Faidherbe a dû se concentrer de toute son âme pour permettre le tirage argentique de ce fragment d'Atomon. Faites un effort.

— Cette… Cette figure ressemble bien à ma petite Prune… Mais ces vêtements, en revanche…

— En quoi vous dérangent-ils, ces vêtements ? insista le préfet.

— Ils sont ceux de la bonne de mademoiselle ma fille, monsieur Lacassagne.

Le Khan consulta rapidement son carnet et releva un sourcil.

— Sellaïe Ladrait ? suggéra-t-il en soulignant le nom de son stylographe.

— Sellaïe, oui, confirma Bertillon. Elles ont le même âge.

Un échange de vêtements ? Pourquoi ?

Ce n'est pas le comportement d'une jeune fille qui n'a rien à se reprocher.

Lacassagne opinait du chef, en parfait accord avec ses conversations dactylaires…

— Louis, reprit le préfet sans ambages, il n'est pas rare, dans ce genre d'affaires, que la victime connaisse le coupable. Voire qu'elle soit complice des ravisseurs.

— Prune ? Mais vous n'êtes pas sérieux ! s'offusqua Bertillon en bondissant sur sa chaise.

— Notez juste que la chose est possible, tempéra le Khan. Je ne peux écarter aucune piste à ce stade de l'affaire. Avait-elle un petit ami ? Quelqu'un en mesure de l'influencer ?

— Elle ne sort pas des Cuprifères…

— Ce qui ne l'empêche pas de faire des rencontres, Louis. Même moi je dois admettre que c'est de son âge.

— Elle ne me rapporte pas ce genre de choses, concéda Bertillon. Prune est très secrète.

Le Khan griffonnait la moindre réponse, jouant avec trois de ses prothèses dactylaires…

L'interrogatoire se poursuivait.

— Avez-vous noté, ces derniers temps, un changement de comportement de la part de votre fille ?

— Rien d'inhabituel…, soupira l'atlas, la tête entre les mains.

— Le personnel du troisième quart vespéral relève dans son témoignage que le ton, durant le dernier repas partagé entre vous et votre fille, a été houleux. Un chasseur, parfaitement évalué par ses pairs, a même précisé, je cite, que ce ton a *dépassé la mesure.*

— Vous connaissez sa mère ? Alors, imaginez son double âgé de quinze ans...

— Quel était l'objet de la querelle ?

— Ma fille s'ennuie. Elle veut voir du pays, voyager...

Des envies de fugue !

— Aurait-elle parlé de rejoindre madame sa mère ? suggéra le préfet en relevant son stylographe pour ponctuer la question.

— Non...

— Votre fille reçoit une importante correspondance de cette dernière, correspondance qu'elle tient soigneusement cachée.

— La situation est délicate, monsieur Lacassagne.

L'officiel nota une remarque dans son carnet : « *Le mari est clairement dépassé par sa femme, et le père, par sa fille* ». Il souligna le tout trois fois.

— Autre chose, Louis. Pensez-vous que quelqu'un pourrait vous en vouloir personnellement ? Avez-vous des ennemis ? Des dettes ?

— Monsieur Lacassagne... Vous pensez que quelqu'un peut m'en vouloir ?

— Non. Mais je devais poser la question.

— Vous me faites peur, monsieur Lacassagne, se lamenta Bertillon en se tordant les mains.

— Louis, écoutez-moi, reprit le Khan, je vais devoir poursuivre l'interrogatoire avec l'autre, vous comprenez ?

L'affaire pouvait tout aussi bien concerner le Notaire. L'atlas le comprenait. Il opéra la permutation, en tremblant. Le magistrat souffla, appliqua son masque d'or et d'ivoire, et se redressa tout à fait sur son fauteuil.

— Avez-vous reçu des menaces personnelles ? attaqua sans détour le préfet.

Le Notaire porta à ses lèvres un grand verre d'eau cristalline, but une gorgée, et le reposa.

— Moi aussi je suis content de vous voir, mon fils.

— Je relève une note d'amertume dans votre voix, père, piqua le Khan.

— Disons que j'apprécierais fort, Eudes, de vous rencontrer en dehors du cadre strict d'une affaire d'État, grinça le Notaire en refermant sa main sur la sculpture d'une chimère en bois poli.

— Vous parlez d'affaire d'État? Vous écarteriez donc toute cause personnelle dans cette histoire? recentra le préfet. Et pour quelle raison?

— C'est évident, affirma l'homme en se tournant vers l'officiel. Prune Bertillon est sur le plan de la sécurité le maillon le plus faible. Sa disparition ne peut avoir qu'une portée stratégique.

— Enlever la fille de votre atlas pour vous atteindre, reformula le préfet en prenant des notes. Vous évoquez la cause politique, monsieur le Notaire, mais il ne faudrait pas écarter trop vite la piste criminelle. Une rançon conséquente a été exigée.

— Enlever Prune Bertillon pour de l'or et une pierre? Grotesque, cracha le premier magistrat de l'Empire à travers son masque d'ivoire.

— Grotesque, mais la demande est là. Vous pouvez payer cette rançon?

— Pour l'or, oui.

— Et pour... *la pierre de Flamel*? s'enquit le Khan en s'aidant de ses notes.

— Non.

— « *Non* » car vous ne voulez pas la donner, ou « *non* » car vous ne l'avez pas? questionna le préfet.

— Vous êtes sérieux? Vous savez seulement ce qu'est cette pierre de Flamel? C'est la pierre philosophale! Sincèrement, s'emporta le Notaire, vous pensez que nous aurions défié le monde pour bâtir les Cuprifères s'il nous avait suffi de mettre la main sur un caillou? La pierre de Flamel n'existe pas plus que les licornes ou les farfadets!

— C'est malheureux, regretta le préfet en se relevant. Car payer la rançon aurait été le moyen le plus rapide de résoudre cette affaire.

» Ce qui m'aurait bien arrangé, voyez-vous, monsieur le Notaire, car mes services et moi-même sommes en ce moment très pris par une autre enquête.

» Celle du démon des Halles.

Le Khan claqua des doigts, intimant l'ordre à son tigre de le suivre, et quitta l'alcôve. Mais il n'eut pas le temps de faire deux pas dans le couloir du département de la préfecture, que trois commissaires lui emboîtèrent le pas.

— Monsieur le préfet, Girard vous demande au laboratoire central. Le journal de mademoiselle Prune est lisible.

— Bien, nota l'officiel en prenant aussitôt la direction *ad hoc*.

— Voulez-vous entendre ce que nous avons sur la pierre de Flamel, monsieur le préfet ? proposa le second commissaire.

— Faites, accorda le Khan en allongeant le pas.

— Les alchimistes de tous les temps ont couru après cette pierre, commença le commissaire en épluchant ses feuillets. La pierre philosophale permettrait la transmutation du plomb en or et apporterait la vie éternelle.

— Si ce que vous me dites est vrai, les ravisseurs auraient demandé des lingots en plomb, et non en or, remarqua le préfet en levant un doigt.

— Sans doute, oui, ça paraît logique..., admit le commissaire en suivant l'officiel dans les escaliers.

— Et pourquoi « *pierre de Flamel* » ? s'enquit le Khan.

— Car, d'après nos renseignements, un seul homme serait parvenu à produire cette pierre philosophale...

— Flamel ?

— Nicolas Flamel, oui, un bourgeois parisien ayant vécu entre les XIVe et XVe siècles. Mais nous n'avons en réalité que peu de choses sur lui.

— Dites toujours, suggéra le Khan sans ralentir sa course.

— Cet homme n'aurait plus de tombe ni de restes.

— Fâcheux, ponctua le Khan.

— Le seul objet officiel que nous avons de lui est sa pierre tombale.

— Les ravisseurs voulaient peut-être la *pierre tombale de Flamel* ?

— Je crains qu'elle ne soit sans valeur. Le Chrysanthème Noir l'avait achetée en son temps à une marchande de quatre saisons qui s'en servait comme étal pour vendre ses poireaux.

— Peu engageant, en effet, admit le Khan. Mais si je vous suis bien, vous me dites que nous n'avons pas d'archives périspritiques sur ce Nicolas Flamel ? Pas de périsprit, d'Atomon ou d'Imago ?

— Non, monsieur le préfet, confirma le commissaire.

— Ni même de signature, d'empreinte ?

— Pas à notre connaissance, monsieur le préfet. Nous n'avons rien sur Flamel, en dehors d'un nom glané auprès du chef archiviste du second quart ténébral. D'après lui, la personne ressource à Paris pour parler du cas Flamel est un certain Gérard Encausse, dit « *Papus* », précisa le commissaire un brin essoufflé par la course.

— Ce qui fait de ce spécialiste un suspect, nota le Khan en suspendant un instant ses pas. Nous sommes arrivés au laboratoire de Girard. Qu'aviez-vous pour moi, jeune homme ? demanda le préfet au dernier des trois commissaires.

— L'adresse de Sellaïe Ladrait, répondit avec aplomb un grand gaillard. J'ai pensé que vous voudriez rapidement entendre la famille de la petite bonne...

— J'écoute, engagea le Khan en rouvrant son carnet noir.

— Monsieur Jacques Ladrait habite au 41 de la rue Berger, dans le 1er arrondissement.

— C'est noté. Très bon travail, messieurs.

L'officiel lissa le bord de son haut-de-forme et poussa la porte du laboratoire central. Il traversa à grandes enjambées les différents départements d'analyse, et retrouva Charles Girard penché sur un banc d'extraction d'essences coronales, une installation fumante de vapeurs bleutées qui permettrait d'isoler, sur des objets datant parfois de plusieurs siècles, des empreintes périspritiques. Des techniciens surveillaient comme du lait sur le feu une batterie d'indicateurs. L'objet en cours d'analyse tournait dans une centrifugeuse, dans le but de provoquer un déphasage entre matière et éther. Un coronotaume isolait une à une les empreintes ainsi détachées, dans l'espoir de permettre un jour l'identification du propriétaire.

— Bonjour à vous, monsieur le préfet ! salua Charles Girard en relevant les optiques fumées de son masque en corne d'oryx.

— *A-32112* ? Cette pièce se rapporte à l'affaire des Halles ? s'enquit le Khan en pointant le numéro du dossier sur l'échantillon en cours d'analyse.

— Tout à fait, monsieur Lacassagne. J'essayais de tirer une ombretrace laissée par un fantôme, là où les vivants me tiennent encore en échec ! Je crains qu'il me faille développer de nouvelles méthodes ! Mais que je vous présente ! Voici mon nouvel assistant, Ferberin Tyrand.

Un jeune homme à la peau encore transparente s'inclina en rougissant, impressionné de voir le préfet impérial en personne.

— J'espère que vous n'allez pas nous le tuer à la tâche, celui-ci, fit le Khan en se lissant les moustaches.

— Il me supplée sur le terrain des opérations extérieures, précisa Girard. Mais vous venez pour votre journal intime, je suppose ?

— Celui de mademoiselle Prune, rectifia le Khan.

— Cela va sans dire. En suivant vos instructions, mon cher, je n'ai eu qu'à laisser le papier s'imprégner des humeurs d'une liqueur de Boyle. On peut dire que vous avez du flair !

» Voici l'objet.

Le Khan s'installa sous une lampe à vapeur de sodium, et entama sa lecture. L'écriture millimétrique de la jeune fille, tracée de cette encre de plomb aux relents de sulfhydrate d'ammoniaque, décrivait entre les lignes la réalité de sa vie aux Cuprifères. La belle, en un âge où la sagesse se faisait rébellion, écrivait en lettres de feu ce qu'elle avait sur le cœur, n'épargnant rien ni personne. Elle se comparait volontiers à ses colibris…

« Eux et moi avons un point commun. Nous sommes des fragments de nature tenus dans des prisons de culture, des forces sauvages dépérissantes, poussées hors sol, privées de nos racines. Privées de terre. »

Eudes glissait de réflexion en réflexion, cherchant des éléments à rattacher à l'enquête. Prune parlait encore de sa mère, de sa frustration de ne pas pouvoir lui répondre, de ne pas découvrir le monde à ses côtés.

La fugue reste possible, boys…

Dans ce cas, que faites-vous de la théorie de monsieur le Notaire ? L'affaire politique ?

Le Khan fit taire ses doigts d'une simple valse. Certains de ses lieutenants ténébraux savaient se montrer bouillants… Comme Eugène-François Vidocq, ou Pinkerton. D'autres étaient plus réservés, à l'image de Charles Louis Schulmeister. Louis Canler, lui, avait même la prudence d'un limier…

Mais tous étaient suspendus au doigt du préfet. L'adolescente évoquait en ces lignes l'existence d'un jeune homme…

« … il a des yeux noisette, un nez à la retrousse et des dents de la chance…

Son grand-père était serrurier. Et son père ferronnier.

Son oreille droite est plus décollée que celle de gauche. Mais il s'énerve quand je lui fais la remarque ! »

Le Khan notait tout élément relatif à ce jeune homme. Prune parlait d'escapades audacieuses dans le ciel de Paris, de rêves et d'évasion, mais elle restait avare en informations pratiques.

Rien sur l'endroit où loge ce garçon.

Sur son métier ou son état civil.

Rien qui puisse l'identifier !

Vous oubliez ce « T » perdu au détour d'une envolée platonique...

Jusqu'à cette dernière ligne :

« *Ce soir, je vais proposer à Tellurien de partir loin des Cuprifères... Mais me suivra-t-il ?* »

Le Khan se lissa la moustache. Il avait un nom. Ou tout au moins, un prénom.

Tellurien.

— Pouvez-vous me dire à qui est ce chaton ? s'exclama soudain Charles Girard à la cantonade. Nous ne sommes pas au cirque, ici !

Mais le chef de laboratoire se ravisa aussitôt, en visant le tigre du Khan...

— Je ne voulais pas dire ça pour vous, monsieur le préfet...

— Il n'y a pas de quoi offusquer son homme, rassurez-vous, fit l'officiel en refermant son carnet de notes. Mais pouvez-vous me dire où vous avez trouvé cet animal ?

— Le jeune Tinzène ici présent prétend l'avoir attrapé dans la réserve, s'agaça Girard.

— Je jure, monsieur, qu'il n'est pas à moi ! se défendit aussitôt l'intéressé.

— Il appartient à Louis Bertillon, confirma le préfet en lissant sa moustache. Mais comment est-il arrivé jusque-là ?

— Il miaulait de l'autre côté de la grille d'aération ! précisa le commis de laboratoire.

— Il est passé par les réseaux ? Incroyable..., commenta le Khan en visualisant la complexité du chemin parcouru. J'hésite encore... Qu'en dites-vous, Girard, vous qui avez l'œil expert, ce chat est con ou tout simplement prodigieux ?

— Je crains de devoir passer ce sujet d'étude au coronotaume pour avoir une réponse, fit Girard en tapotant le rebord de son masque.

» Vous autres, reprenez le travail !

» La récréation est terminée...

Chapitre 9

Paris-Capitale, le 3 juin 1910, 2 h 23

Le bureau du Recensement et autres petits papiers

« Chaque individu, mort ou vivant, a un indice de valeur au regard des lois ténébrales, appelé "quotient périspritique". Ce quotient périspritique ("kop" en argot, "*copper*" en anglais), définit l'échelle de traitement du mort, une fois le trépas attesté. »* Notes extraites du *Petit Traité d'évaluation ténébrale.

Le Khan s'enfonçait avec son tigre dans les couloirs sombres du département de l'Intérieur. L'homme, tout autant que l'animal, grondait sourdement en se faisant dépasser par des opérateurs des Cuprifères, de ces employés zélés qui, au prétexte d'avoir un temps plus précieux que celui des autres, usaient de ces échasses mécaniques qui démultipliaient la longueur de leurs pas. Pas un ne pouvait se vanter d'avoir autant marché que lui. Pas un.

Le préfet suivait personnellement l'avancée de tous les aspects de l'affaire Prune Bertillon. Son équipe se chargeait de collecter les dernières informations possibles sur la pierre de Flamel, objet de la rançon. Les indices rassemblés dans les quartiers de la victime, eux, étaient en cours d'analyse. Le Renseignement travaillait de son côté à identifier, parmi les ennemis de l'Empire, ceux qui seraient les plus à même de s'en prendre aux proches des dirigeants des Cuprifères. Restait un point.

Restituer l'emploi du temps de la victime avant son enlèvement.

Lacassagne ressortait à l'instant du bureau des admissions périspritiques. Il avait consulté le fichier central et mobilisé toutes les forces vives de cette administration pour vérifier un point : savoir si un volontaire prénommé Tellurien avait déjà souscrit au programme d'évaluation des Cuprifères. Les services concernés avaient, après une heure de franche agitation, répondu par la négative. Ce Tellurien n'avait pas cherché à rejoindre les Cuprifères en usant de l'ascenseur ténébral. Sa cartographie phrénologique lui aurait peut-être valu de belles compatibilités périspritiques ? De quoi accueillir un savant de renom ou le roi du Mali ?

L'officiel n'avait pas obtenu plus de résultats du côté du fichier central des travailleurs des Cuprifères. Aucun Tellurien ne figurait dans le personnel.

Tellurien, prénom rare inspiré par le tellure.

Voilà Tissandier qui ramène sa science...

Le tellure est un élément chimique identifié pour la première fois dans du minerai d'or en provenance de Transylvanie.

J'espère qu'il n'use pas d'un nom d'emprunt.

Eudes l'espérait également. Il ficha une aiguille supplémentaire dans les veines de son demi-masque, calmant jusqu'aux pulsations de son cœur, et entra dans le hall du département des Archives. L'endroit, dessiné de concert par Horta, Gaudi et Guimard, se développait sur trois niveaux colossaux, qu'une galerie aérienne permettait de survoler.

Sous terre venait le niveau inférieur. Le *Mnémothéon*. Contenu dans une enceinte de fonte et de béton, bâti pour supporter le poids des flèches supérieures, l'endroit n'était que courbes de bois, de pierre et de fer. Tout rappelait en ces lieux un passé ancien, les racines des peuples. Le *Mnémothéon* était la cave d'un musée dédié aux morts. Il rassemblait les restes des Importants du monde entier, ainsi que leurs effets personnels.

Sous l'eau venait ensuite le niveau intermédiaire. La *Dactylothèque*. Faite de verre, de bois, de bronze et de cuivre, elle tournait l'ensemble de son vocabulaire subaquatique vers les abysses, à l'image de ses gigantesques hublots ouverts sur les fonds du lac Eiffel. Ici étaient rassemblées et classées les prothèses dactylaires de ces mêmes Importants, en plus de celles des vivants qui remettaient ainsi entre les mains de la CCN le sort de leur après-vie.

Puis venait le dernier niveau des Archives. S'élevant au-dessus de l'eau en ponts et plates-formes, ces dentelles de fer et de verre supportaient les lourds rayonnages du bureau du Recensement.

Le Khan monta dans un ascenseur aux allures de sous-marin, et régla la vis de pression qui commandait les étages. La cabine s'éleva avec un bruit de circulation d'eau dû au délestage, et se stabilisa bientôt au niveau demandé.

Le tigre gronda pour s'acquitter des premières formalités, et le préfet se présenta au guichet central du Recensement. Un jeune préposé au torque rutilant se redressa et s'adressa à lui d'une voix crâne.

— Bonjour, monsieur. Puis-je avoir votre formulaire de requête ?

— Je n'ai pas de formulaire, répondit l'officiel d'un ton sec. Je voudrais d'urgence que vous...

— Ah ! je vous arrête tout de suite, il ne peut y avoir de requête au guichet central sans formulaire approprié, ânonna l'employé en affichant l'insupportable rictus de celui qui a le pouvoir du tampon administratif en main.

— Jeune homme, grogna le Khan en faisant grincer le cuir de ses gants sur le comptoir en bronze martelé, quand le préfet en personne se déplace pour une affaire d'État, on se passe de formulaire.

— Dans ce cas, je dois en référer à mon supérieur. Car voyez-vous, je ne suis pas habilité à prendre la responsabilité d'enregistrer une requête sans formulaire.

Le jeune employé s'éloigna de deux pas pour exposer son problème au centralisateur des cas spéciaux. Ce dernier encoda un feuillet de doléances intermédiaires, le fit signer au préposé, et le transmit au responsable de plate-forme. L'homme, la barbe courte et le cheveu poivre et sel, ajusta son lorgnon en or et descendit de son plateau aérien.

— C'est ce monsieur, s'empressa d'expliquer le préposé, il n'a pas de formulaire de requête.

— Est-ce exact, monsieur? demanda le responsable de plate-forme en ergotant.

— Je suis Eudes Anatole-Faust Lacassagne, répondit le Khan en réprimant un mouvement d'impatience, préfet impérial. Et je n'ai pas à justifier mes ordres, surtout dans le cadre d'une affaire d'État.

— Sans formulaire, monsieur, nous ne pouvons engager de requête. C'est la règle en ces lieux d'autorité.

— *D'autorité* ? Je suis le supérieur du supérieur qui dirige ce service, monsieur. Alors pour ce qui concerne l'autorité, vous avez devant vous un de ses plus parfaits représentants.

— Ah mais ! Il ne faut pas le prendre comme ça, monsieur ! Je pourrais tout aussi bien demander à la Garde impériale de vous faire évacuer pour manquement aux procédures !

Préférant agir avant de laisser déferler un raz-de-marée dévastateur sur cet excès d'inertie bureaucratique, le Khan se pencha par-dessus le comptoir, attrapa le combiné d'un téléphone de service, et appela une tonalité.

— *Opérateur Petersite, que puis-je faire pour vous ?* demanda une voix à l'autre bout des Cuprifères.

— Lacassagne, préfet impérial. Je voudrais être mis en relation avec la responsable du Recensement.

— *Le Recensement...,* fit la voix en décroisant ses fils... *Vous êtes connecté, monsieur. Bonne communication et merci d'utiliser les services téléphoniques des Cuprifères.*

— *Madame Amédine Delugat, cheffe de bureau du Recensement pour ce qui est de ce second quart ténébral, j'écoute,* fit aussitôt une voix gouailleuse dans le haut-parleur du combiné.

— Madame Delugat, ici Eudes Lacassagne, préfet d'Empire. J'ai une requête sans formulaire à faire aboutir au plus vite.

— *Au plus vite ? Au Recensement ?* ironisa la cheffe de bureau.

— C'est une urgence d'État, insista le Khan.

— *J'entends bien... mais devant le peu de cas qui est fait des procédures,* je vais devoir agir en personne, termina une madame Delugat en chair et en os tout en faisant pivoter son fauteuil. Une chance pour vous que je sois la Papesse de ces lieux !

La cheffe de bureau fit rouler son siège sur des rails huilés pour venir se placer devant le comptoir d'accueil. Elle portait sur le nez pas moins de trois paires de lunettes, et autant à ballotter à son cou. Ses cheveux frisés, d'un gris lumineux, formaient un halo surnaturel autour d'un visage ascétique. Elle ne semblait pas vouloir plaisanter trop souvent, madame Delugat. Pas plus que de perdre son temps.

Et... elle ne portait pas de masque.

— Objet de la requête informelle ? demanda-t-elle sans détour.

— Je veux la liste de tous les Tellurien de Paris, intima le Khan en lissant sa moustache entre le pouce et l'index.

— Rien que cela ? Vous parlez d'une requête..., siffla la cheffe de bureau. Mais rien n'est trop beau pour vous, mon mignon. La Papesse va officier !

Madame Delugat claqua doublement des doigts et mit son personnel au garde-à-vous.

— Trébuchet ! Broussard ! Je veux les combinés 1, 4, 2, 6 à disposition. Perreuse, la Rasmus, et plus vite que ça !

Ses subalternes s'agitèrent pour dresser tout autour du fauteuil papal une forêt de téléphones sur bras mécaniques, avec, en prime, une antique boule à dactylographier. Amédine Delugat but un petit verre d'eau comme on s'en jette un derrière le comptoir, ficha un fume-cigarette entre ses lèvres jaunies, et fit jouer ses dix doigts et autant d'ongles avant de décrocher un à un ses téléphones. Ses ordres filaient et se faisaient sans appel, relayant dans les hauteurs, de secteur en sous-secteur, la requête du préfet impérial. Jusqu'à atteindre la fameuse salle des trieurs. Un bruit assourdissant se fit alors entendre, celui de milliers de tiroirs et d'intercalaires métalliques soumis à la question par des employés entorqués. La maîtresse femme avait réveillé jusqu'au dernier les endormis du quartier...

— Revenons-en à nous, fit madame Delugat en troquant deux paires de lunettes. Mille petites mains et autant de petits yeux exécutent vos quatre volontés, reste à régulariser la procédure...

La Papesse attendit que le dernier téléphone eût fini d'osciller en couinant sur son bras mécanique, avant de frapper de ses ongles curves les touches de sa boule à dactylographier. Des formulaires entiers naissaient devant les yeux ébahis du grand Khan.

— Pour vous, monsieur le préfet, je dresse des procès-verbaux simplifiés. De quoi accélérer les routines administratives.

Madame Delugat aligna quatre piles de feuillets sur le comptoir en bronze, et frappa du poing.

— Il faut me signer tout ça. Et en double exemplaire !

Le tigre se mit à gronder...

— Eh bien ? Il n'a pas eu ses croquettes, le matou ?

— Il se fait le reflet de mon humeur, cracha le Khan en acceptant le stylographe tendu par la cheffe de bureau.

— Faut vous y faire, mon mignon ! Car sans un minimum d'ordre et de rigueur, comment est-ce qu'elle tourne, la boutique ?

Le Khan posa sa griffe en bas des fiches de routine. Satisfaction des services du second quart ténébral, demande d'introduction dans le bureau des Archives, demande d'assistance administrative, et autorisation d'accès au guichet central.

— Et maintenant, conclut la Papesse avec un visage plus fermé que jamais, le formulaire de requête.

Les doigts de Delugat disparurent un instant à la vue du Khan, le temps de frapper un nouveau document.

Quatre exemplaires furent alignés devant le préfet.

— On ne devient pas cheffe de bureau en se limant les ongles, fit madame Delugat en réponse au silence qui suivit quelque peu sa démonstration.

Eudes Lacassagne prit soin de signer chaque feuillet selon les indications de la maîtresse femme, et tendit le tout.

— Vous nous faites faire de la paperasse supplémentaire, mon cher, ronchonna la Papesse en engageant une nouvelle fois la boule de Rasmus. Eh oui, mon mignon, je dois maintenant justifier le pourquoi du comment la requête est parvenue avant son formulaire.

Le préfet choisit de s'enfermer dans son silence, en attendant que passe ce mauvais moment. Il se laissa aller à regarder les affiches d'Élisabeth Sonrel et d'Alfons Mucha, qui figuraient avec force couleurs les mérites de l'administration du service des Archives. Le moindre objet, dans les Cuprifères, était dessiné ou taillé par un artiste ou un artisan de renom. Les bureaux étaient signés Serrurier-Bovy, belge et facteur de meubles. Les séparations, des paravents en vitraux véritables, avaient été montées par le célèbre L. C. Tiffany, directement dans ses ateliers de New York. Les appliques, elles, venaient de chez Lalique, et les stylographes, comme celui que le Khan rendait pour la troisième fois à madame Delugat, étaient des Mont-Blanc. Depuis les appartements de monsieur le Notaire jusqu'au guichet central des Archives, tout n'était que l'expression d'une noble matière.

Ainsi en allait-il aux Cuprifères.

Un son mat se fit entendre depuis l'auget de réception du réseau pneumatique. Puis un second.

— Trébuchet ! Broussard ! La cavalerie sonne la charge ! fit Amédine Delugat en frappant ses mains pour rallier une fois de plus ses troupes. Les secteurs 1, 4 et 2 sont au rapport, faites sauter les pneumatiques !

Le petit personnel s'empressa d'exécuter les commandements de la Papesse, vidant les augets avant de poser les navettes sur le comptoir de bronze, avec ordre et précision.

— Pourrions-nous aller au plus vite ? osa demander le Khan en faisant grincer le cuir de ses gants.

— Ce que je fais, mon cher. Ce que je fais. Mais notez qu'il manque encore le secteur 6, souligna madame Delugat en parfaisant l'alignement des trois navettes à l'aide d'une règle en fer. Le département de Seine. Vous n'imaginez tout de même pas avoir un résultat sérieux sans le département-roi ?!!

La Papesse entreprit, pour tuer l'attente, de nettoyer une poussière qui venait de se déposer sur l'un des carreaux de ses six paires de lunettes. Eudes croisait et décroisait ses doigts sur le comptoir, quand son regard s'attarda sur les lettres brodées d'or des cols de la cheffe de bureau.

« La Papesse ».

— Pourquoi ce surnom ? questionna le Khan.

— Ça, mon mignon, fit madame Delugat en décoinçant son fume-cigarette d'entre ses lèvres jaunies, ça s'appelle avoir été jadis mariée au Christ, et avoir des collègues de bureau.

Le Khan serra la mâchoire en se demandant s'il arriverait un jour à savoir s'il devait vraiment s'intéresser à la vie d'autrui... Puis il perçut un bruit, un hoquet mécanique. Le dernier pneu venait d'être expédié. Le préfet suivit la course de l'objet, du regard et de l'oreille, à travers un réseau des plus impressionnants : des tuyaux de cuivre filaient en tous sens dans l'immense hall des Archives, se rejoignant parfois selon une science faite de nœuds, de boulons et de vannes, d'aiguillages savants, pour finir leur course dans les augets du bureau central. Comme ce curseur qui venait de rebondir dans l'un d'eux à l'instant.

— Et voici le secteur 6 ! tonna la cheffe de bureau en faisant claquer sa règle en fer.

Le dénommé Trébuchet sauta sur la navette, la posa à la suite des autres, et recula vivement pour se mettre à l'abri de la Papesse. Cette dernière, en pythie des temps modernes, déploya bras, doigts et ongles, à grand renfort de moulinets, avant de dévisser les capsules de cuir et de cuivre, de poser d'un côté les comptes-rendus, et de jeter de l'autre dans une panière prévue à cet effet les coquilles vides devenues subitement inutiles.

— Entendez, mon mignon, le rapport de nos chefs de section..., commença madame Delugat en permutant la paire de lunettes numéro trois avec la numéro deux. Nous avons quatre-vingt-douze Tellurien dans le département de Seine, et trente-cinq en ce qui concerne le reste de la France.

— Je n'ai besoin que de l'un d'entre eux, lâcha le Khan entre ses dents.

— Vous avez conscience que ce n'est pas là l'objet initial de votre requête ? fit la Papesse en pointant un long doigt vers sa boule de dactylographe.

— Je sens peser comme une menace, nota l'officiel en retenant ses flèches.

— Nooon… Pour vous, monsieur le préfet, la Papesse est prête à défier les règles et les lois. Pour vous, et pour… disons… un dîner en tête-à-tête et en terrasse dans les doges du parc de Monceau ?

Le Khan reçut le coup dans l'estomac. Il encaissa, dissimulant son malaise derrière son demi-masque de cuir et d'argent, retenant avec effort, l'une après l'autre, ses répliques les plus désobligeantes.

Puis il prit le temps de peser la situation.

D'apprécier toutes les nuances de la demande.

De trancher.

Après tout, troquer des heures de paperasse contre la promesse d'un repas n'avait rien d'aberrant. Et il trouverait bien à confier cette mission à l'un de ses doigts.

— Dois-je prendre ce silence pour un *oui*, mon mignon ? fit la Papesse en lançant une œillade par-dessus ses trois paires de lorgnons.

Le Khan éprouva discrètement la vertu thérapeutique de quelques respirations orientales, avant de répondre :

— Le Tellurien que je cherche, madame, a les dents de la chance, les oreilles décollées, et un grand-père serrurier.

— Je vous attends ce vendredi 17, à 19 h, au *Cochon élégant*, doge de Monceau. Et soyez ponctuel, acheva Amédine Delugat en rassemblant les rapports entre ses ongles curves. Des grands-pères serruriers…

La Papesse fit glisser la pointe de son stylographe le long des listes, en quête de profils concordants, en quête de Tellurien plus Tellurien que les autres. Et claqua des doigts.

— Trébuchet ! Téléphones 2 et 6 !

La cheffe de bureau devenait un peu trop pressante, avec ses œillades, au point que le préfet dut réagir. Prenant son courage à deux mains, il permuta deux doigts et confia à l'un de ses collaborateurs ténébraux la gestion de cette affaire.

Son choix s'était arrêté sur le père jésuite.

L'exorciste.

Mais le prêtre, moins insensible qu'escompté aux charmes ésotériques de la Papesse, fut aussitôt troqué contre un espion rompu aux passes les plus fourbes, un homme qui avait autrefois brillé au service de Napoléon dans les cours les plus raffinées d'Europe. Charles Schulmeister.

L'argus moucherait la cheffe de bureau au premier écart.

— Ah ! fit la Papesse. Venons-en au verdict !

Amédine Delugat sortit de ses navettes les dossiers demandés.

— Les dents de la chance, me dites-vous... un peu comme ce jeune homme que voilà ? lança la cheffe de bureau d'un sourire triomphant.

Elle posa sous le nez du préfet la photographie d'un gavroche du siècle dernier.

— Attendez... mais elle date de quand, votre fiche ? cracha l'officiel en se penchant sur le comptoir.

Le portrait donnait à voir un gosse de sept ans, tout au plus, la bouille ronde, des taches de rousseur jusque sur les oreilles, et un large sourire dévoilant, en effet, deux énormes incisives dotées d'un bel écartement.

— Vous ne seriez pas en train de me dire que je fais du mauvais boulot, mon mignon ?

— Madame, auriez-vous l'obligeance de cesser d'envoyer du « *mon mignon* » ? cingla l'officiel. Nous sommes dans une respectable administration de l'Empire, ici. Pas dans un troquet populaire.

— Eh bien, mon cher, maintenant que vous êtes servi, vous me jouez les effarouchés ?

— Il n'est pas plus de « *mon cher* » que de « *mon mignon* » qui tienne, répliqua l'homme en faisant claquer ses mains sur le comptoir. Pour tout le monde ici, ça sera « monsieur le préfet » !

— Dois-je en conclure que vous rompez notre marché ? demanda la cheffe de bureau en se crispant sur ses fiches.

— Comprenez que je peux à l'envi faire un rapport sur vos agissements, madame Delugat. Et lâchez ces documents, voulez-vous ?

La Papesse fit crisser ses ongles sur le comptoir avant de se résoudre à obéir.

— Voyons voir..., fit l'officiel, ce Tellurien-ci serait né le 31 mars 1889, à 23 h 58, au numéro 4 de feu la rue Buenos-Ayres. Mais attendez un peu ? *Tellurien Flamel* ?

Flamel ? C'est bien écrit Flamel ?

Voilà qui ne peut pas être une coïncidence !

— Nom de nom ! conclut l'officiel.

— Alors, monsieur, fit la cheffe de bureau en recalant une à une ses paires de lunettes sur son nez, qui a dit que la Papesse était bonne à mettre au rebut ?

— Madame, vous êtes à n'en pas douter la reine de ces lieux. Je vous serai reconnaissant de bien vouloir me fournir un duplicata de ce document.

— C'est que, monsieur le préfet, il va me falloir une demande dans les formes.

— Fort bien, madame, faites donc trembler votre Rasmus de vos doigts experts, tonna l'officiel en se lissant la moustache.

La Papesse s'exécuta, un formulaire en quatre exemplaires fut prestement aligné et tout aussi prestement signé, et une machine infernale cracha des rais de lumière avant de livrer une copie fumante du dossier.

Un énorme tampon s'abattit sur le document.

— Encore une petite signature par ici, monsieur le préfet..., réclama la cheffe de bureau, l'œil humide. Je vous aurais été très fidèle, vous savez...

— Madame, vous servez magnifiquement l'Empire, répliqua le Khan en remettant son haut-de-forme.

L'homme lissa le bord de son chapeau entre le pouce et l'index, selon une vieille habitude, et quitta les Cuprifères.

Chapitre 10

Paris-Capitale, le 3 juin 1910, 3 h 10
Les retrouvailles

« Division impériale d'une journée. Une journée est composée de trois huit. Le huit journéal, le huit vespéral, et le huit ténébral. Le huit journéal, centré sur le 21 décembre, débute à 8 h heure solaire, et se termine à 16 h. Le huit vespéral va lui de 16 h à 0 h, et le huit ténébral, de 0 h à 8 h.

Chaque huit est à son tour subdivisé en quatre quarts, rythmant d'autant les journées des Capitaliens. »* Notes extraites du *Petit Traité de sociologie ténébrale.

Le livreur de journaux roulait au pas sur les pavés du boulevard Murat. Il régnait encore une nuit noire en cette fin de second quart ténébral, une obscurité poisseuse que les réverbères impériaux repoussaient avec peine. Mais l'homme, un intrépide que la faim amenait à braver les dangers du couvre-feu pour quelques pièces de salaire, connaissait son affaire. Il posa pied-à-terre, laissant tourner le moteur de son monocycle à air comprimé, courut vers la porte d'immeuble du 111, et glissa en toute hâte les trois exemplaires de *La Rumeur nocturne*. Un rai de lumière permit d'entrevoir la une du canard avant qu'il ne disparaisse dans la fente.

« On tue vos morts ! »

Mais le livreur n'en avait cure, des unes. Il tenait seulement à sauver sa peau. Surtout en cet instant où son détecteur ténébral bon marché s'était mis à striduler.

— La poisse ! cracha l'homme en courant vers son monocycle pétaradant.

Le pilote plongea dans le cerceau, une botte fichée dans le cale-pied, un gant sur la manette des gaz et une fesse accrochée à un bord de sa selle... Il peinait à rabattre sur lui sa cage de protection en métal impérial, emporté par la vitesse de l'engin, mais finit par stabiliser sa course. Il alluma ses phares à lumière noire, pour révéler la présence des ombres. Il avait le cœur bien accroché, le livreur de journaux. Ce n'était pas un de ces *dandys* des quartiers bourgeois. La vue de quelques fantômes affamés n'allait pas le faire défaillir ! Mais il ne devait pas risquer de casser le matériel du journal. Le directeur n'était pas un philanthrope, et la moindre ampoule grillée ne manquait pas de grever d'autant son salaire de livreur !

— La peste soit ces ombres ! lâcha l'homme en se recalant sur sa selle de cuir.

Trois spectres déformés par la perte de conscience de leur essence humaine scintillaient maintenant sous ses feux ténébraux. Ces parasites en quête de restes électriques, de cette énergie que les hommes se plaisaient à gaspiller, allongèrent soudain leurs membres griffus pour moissonner un peu de cette vie qui leur faisait défaut... Mais sans succès. Le pilote ne manquait pas de ressources. Dans le même élan, il coucha l'immense couronne de gomme et de cuivre de son monocycle airmotorisé, glissa sous les créatures, et se redressa juste à temps pour remettre les gaz et fuir la zone de danger.

Fridolin Charbonnier, lui, était le concierge du 111 boulevard Murat. Il prit soin d'attendre la fin de l'alerte avant de sortir le nez de sa boutique. Certains osaient braver le couvre-feu, mais Fridolin n'était pas de ceux-là. Il préférait la sécurité de son emploi, là, bien à l'abri de ses murailles dorées à l'or fin et de cette porte dont il se sentait le maître. Une fois le calme et le silence revenus, le gardien d'immeuble sortit dans la cour sombre, avec sa lampe à gaz, et ramassa en bougonnant les trois exemplaires de *La Rumeur nocturne* dans le bac à courrier.

— Fi de chienne... me faire déranger pour des babillards ! Je te leur ferais bouffer, moi, ces torche-culs !

Fridolin avait des idées politiques bien arrêtées. Il ne supportait pas qu'on vienne lui ternir la médaille, de celle qu'il tenait accrochée à son veston, achetée au grand magasin officiel du pouvoir central. Il ne fallait pas toucher à son empereur, le grand-duc Karl Emmanuel de l'Abey. D'ailleurs, pensa l'homme en lisant le nom du destinataire sur le bandeau d'expédition, il dénoncerait bien un de ses pensionnaires, un propriétaire du second dont la compagnie lui moisissait l'humeur depuis plus de dix ans. Mais il n'était pas comme ça, Fridolin, du genre à balancer. Même si ce Goron, avec ses goûts politiques, avait de quoi lui refiler des hémorroïdes !

Ce scribouillard de seconde zone...

Un journaliste...

Un monsieur bien-pensant qui, le cul propre, de la morale plein la bouche, et une langue fleurie de jolis mots, aimait à fricoter avec les miséreux...

Fridolin soufflait dans les marches du grand escalier. Il râlait, maugréait de bonne grâce, mais jamais ne manquait à sa tâche. Et livrer le courrier de monsieur Goron avant que sonne le début du troisième quart ténébral faisait partie de son travail. Ainsi, la tête encore pleine de ses récriminations, il jeta les journaux sur le paillasson, et tira le cordon de la cloche de service.

La porte s'ouvrit au même instant sur le bourgeois qui occupait la place.

— Bonjour, monsieur Charbonnier. Encore une belle journée en perspective, n'est-ce pas ? fit l'homme, en accompagnant sa bonne humeur d'un grand sourire.

— Oui, bonjour, répondit le gardien. Moi, ce que j'en dis de la météo, coincé entre cave et sous-doge...

— Ah, mais je ne parlais pas de la météo, assura monsieur Goron en ébouriffant ses grosses moustaches.

Le concierge haussa les épaules. Il ne comprenait décidément pas ce qui sortait de la bouche de cet homme. Un monde les séparait, songea silencieusement Fridolin en redescendant son escalier.

Goron allait fermer sa porte, ses journaux à la main, quand son voisin du dessus l'interpella.

— Monsieur Goron ! Monsieur Goron, dites, vous pouvez me rendre un immense service ?

Le journaliste resserra un peu plus la ceinture de son peignoir, espérant que l'autre comprendrait que l'heure était plus que matinale pour parler de service, mais rien n'y fit.

— Monsieur Goron, poursuivit le voisin en dévalant les dernières marches, il se trouve que je suis témoin pour une sale affaire, et que je voudrais prendre de vos bons conseils !

— Ne restez pas sur le palier, mon cher. Je venais juste de me faire un petit noir...

Marie-François Goron soupira intérieurement. Quelle fable son voisin allait-il encore lui raconter ?

— Je vous en prie, assoyez-vous, fit le journaliste en présentant un fauteuil de salon.

— J'aime bien, chez vous, monsieur Goron, répondit le voisin en s'attardant sur les hublots du balcon.

Goron habitait un de ces entre-doges subaquatiques aux ambiances abyssales, un de ceux dont les fenêtres en hublots donnaient contre les flancs des canaux de verre de la ville. Le voisin, lui, habitait à l'étage, au-dessus. Depuis ses fenêtres, l'homme pouvait deviner les hauts remparts de la capitale, ainsi que ses déflecteurs, ces écrans en nid d'abeille qui contenaient les nuées ténébrales dans l'enceinte de la Ville Lumière.

— Qu'est-ce qui vous amène ? pria le journaliste en glissant sa tasse de café entre ses moustaches.

— Ah ! pensez-vous ! Une affaire terrible, je vous dis ! Me voilà témoin pour un cousin bien offensé ! Et comme je vous sais un peu spécialiste des bons usages, je m'en viens vous demander conseil !

Goron se demanda encore une fois pourquoi il avait accueilli ce voisin...

— Je vous écoute, mon cher, fit-il de mauvais gré.

— Mon cousin s'est trouvé insulté publiquement par un fort mauvais gentilhomme, commença le voisin.

— Il est gentilhomme comment, votre gentilhomme ? se renseigna Goron en s'essuyant une moustache.

— Disons qu'il est plutôt très gentilhomme, se borna à répondre l'importun. Il me faut donc votre aide pour rédiger mon billet, avant de me ridiculiser devant les témoins de l'offenseur.

— Vous me parlez de duel ? releva Goron en attrapant au col les bords de son peignoir. Pouvez-vous me conter le fil de cette histoire ?

— Elle est fort simple. Mon cousin a fait remarquer tout haut à quel point une dame se montrait disgracieuse...

— Aïe..., pressentit Goron en attendant la suite du discours.

— Il s'est vu souffleté par ladite dame d'un coup d'éventail ! Il en conserve une cuisante rougeur sur la joue, peu en dessous de l'œil ! dit le voisin en se frottant la pommette. Aussi s'est-il défendu en écartant cette harpie de lui !

— Voilà qui est assez, abrégea Goron en reposant sa tasse vide sur la table du salon. Votre cousin devrait vous faire rédiger une lettre d'excuses, et non un billet faisant étalage de ses récriminations.

— Mais que dites-vous ? s'offusqua le voisin.

— Votre cousin, mon cher, s'est montré parfaitement indélicat. Un homme qui se fait souffleter en public, et ce, quelle que soit la valeur de cette petite société, pour avoir atteint à la dignité d'une femme, ne peut demander réparation, mais se doit de présenter des excuses !

— Mais le mari de cette dame s'est fendu d'expressions fort offensantes, protesta le voisin.

— Mon cher, mon cher..., reprit Goron en levant un doigt. Avant d'envoyer des témoins, il convient de savoir si c'est l'honneur qui est froissé, ou simplement son amour-propre. Il ne peut être reproché à un mari de se faire le chevalier blanc d'une épousée prise à partie. Raisonnez vite votre cousin, et rédigez une belle lettre d'excuses.

— Vous croyez ? s'étonna le voisin.

— Assurément. Je vous le redis, cette petite société ne s'en portera pas plus mal, insista Goron en regardant ostensiblement sa montre.

Mais le voisin ne comprit pas le message. Il attrapa le journal, fit glisser le bandeau d'expédition, et s'exclama :

— « *On tue vos morts !* » Ah, mais dites-moi, il faut quoi de nos jours pour que le peuple se soulève ? Au moins du temps du général Boulanger on savait montrer les muscles ! Mais attendez un peu... C'est vous qui avez signé cet article ?

Goron fit la moue sous ses grosses moustaches. Il venait de perdre une chance de se débarrasser rapidement de cet envahissant voisin qui se prenait à lire l'article à haute voix...

— Mais écoutez-moi ça ! « *Pendant que l'on ramène d'entre les morts des Newton et des Pythagore, les Cuprifères se feraient le théâtre d'un massacre silencieux. Marie-François Goron, l'ancien chef de la Sûreté de Paris, mène l'enquête : la CCN détruirait des âmes humaines.* » C'est vrai, ça, monsieur Goron ?

— Personne n'a jamais réussi à obtenir la moindre preuve de tout ça, répondit le journaliste en se tenant le menton.

— Non, je veux dire, vous avez vraiment été le chef de la Sûreté ? s'extasia le voisin.

Le timbre du téléphone se mit à vibrer.

— Veuillez m'excuser, cher voisin, mais vous allez devoir prendre congé, fit Goron en pressant l'importun.

La sonnerie se montra plus insistante.

— C'est que..., continua le voisin en se faisant pousser vers le vestibule, votre vie est autrement plus passionnante que la mienne !

— Vous m'avez pourtant l'air de ne pas vous ennuyer, répondit le journaliste en ouvrant en grand sa porte d'entrée. Bonne journée, cher voisin. Et dites bien à votre cousin de ne plus salir l'honneur de ces dames.

— Pardon ? répliqua l'autre en se tenant de nouveau la joue.

L'ancien policier avait déjà refermé sa porte et se précipitait sur son téléphone. Il décrocha le combiné :

— Marie-François Goron, j'écoute ?

— Bonjour, monsieur Goron. Ici Gaspard Levaillant, du journal L'Indépendant. *J'ai une mission pour vous...*

Les nouvelles halles de Baltard surplombaient le miroir d'un lac scintillant sous les premiers rayons du soleil. L'architecte, revenu d'entre les morts, avait fait de ces nefs modernes des envolées de fer et de verre, des vagues triomphantes qui venaient protéger, des nuées ténébrales, le plus grand marché de la ville. À chaque angle de ces gigantesques structures se tenaient les carrousels du quartier des Halles, ces dédales d'escaliers aériens qui permettaient aux usagers de gagner à loisir tous les niveaux. Les sommitales, étages nobles plantés de kiosques et de jardins aériens, les intermédiaires, avec leurs restaurants sous dômes et verrières, leurs promenades et leurs grands magasins, ou bien, encore, les inférieurs... Situés sous le lac, ces quartiers accueillaient les caves et les entrepôts des halles nouvelles qui, avec leurs étals et autres échoppes, étaient le véritable cœur de la ruche.

Au pied du carrousel qui faisait l'angle de la rue Berger et de la rue Vauvilliers, à la terrasse d'un bistrot, se tenait attablé un homme de haute carrure. Eudes Anatole-Faust Lacassagne était son nom. Il venait de refuser, d'un geste sec de la main, les services d'un garçon de café. L'employé, de manière imprudente, avait osé insister, avant de se raviser, devant les grincements d'un gant de cuir, et les grognements d'un tigre.

La Semelle de plomb. Le troquet s'appelait ainsi, car construit dans le soubassement d'un de ces atlantes colossoïdes qui peuplaient les sous-sols de Paris-Capitale. Un géant vernien, un scaphandrier tout de bronze vêtu qui, en plus du carrousel, soutenait les bras mécaniques d'un gigantesque manège. Une plaque de cuivre laissait à lire le nom des concepteurs : *Courcoult père & fils, entreprise nantaise*. Alors que partout ailleurs dans la capitale les tentacules herculéens de ces monstres marins restaient inertes, ici le tout se trouvait mué par la force de pompes de compression, de pistons, ou de vérins hydrauliques. Durant le premier quart du huit vespéral, des légions de gavroches se ruaient hors des cours d'école, prenant ce géant d'assaut pour grimper dans les plus hautes nacelles. Ainsi logés dans les ventouses reines de cet infâme kraken, ainsi armés de cornets de glace ou de biscuits secs, ils gueulaient tout leur content d'engraisser le ventre de Paris. Les gosses venaient dépenser ici jusqu'à leur dernière pièce, ne laissant la place aux adultes qu'une fois entendues les sirènes du couvre-feu.

Alors l'endroit se peuplait d'une faune plus bigarrée, faite d'amoureux, de touristes, de *dandys* masqués à la mode des Cuprifères, une population en quête de la jouissance d'une vie douce, avinée et, parfois, teintée de poésie. Les nacelles du manège tournaient des heures durant, envoyant ces graines d'aventuriers dans les airs, bien au-dessus des verrières de Baltard, jusque tard dans la nuit...

Mais au détour du troisième quart ténébral, le phare du scaphandrier s'éteignait, ne laissant plus briller que les baies vitrées de son restaurant panoramique. Le colosse et son monstre hadalique se figeaient alors, au gré d'une dernière décompression, pour deux quarts de maintenance et un bon huit de sommeil. Ainsi, depuis une vingtaine de minutes, les techniciens du manège sondaient les entrailles de la bête, donnaient des tours de clef, faisaient briller ses cuivres.

Le Khan, lui, attendait. Il attendait que vienne l'heure légale. Celle qui mettait fin au couvre-feu. Il avait choisi ce troquet non pour y boire un petit noir, n'en déplaise à ce garçon de café qui le regardait en coin, mais parce qu'il était situé non loin du numéro 41 de la rue Berger. Le préfet consulta sa montre, serra la mâchoire, et se replongea dans sa lecture. Il tenait entre ses mains un des derniers courriers de Clémence, la mère de Prune. L'aventurière. Madame Brunet-Bertillon. La garce qui avait fait de lui, Eudes, un homme. Mais ça, c'était de l'histoire ancienne : madame Louis le lui avait bien fait comprendre voilà plus de quinze ans, au détour d'un de ces camouflets dont elle avait le secret.

Ce courrier faisait partie de la liasse retrouvée chez Prune. À l'image des autres, il ne portait nulle mention de date ou de cachet d'expédition...

« Ma très chère Prune,

Ma chérie,

Je sais depuis ce jour que Gaston ne cherche pas dans ces sables libyens les racines antiques d'une plante aujourd'hui disparue, mais bel et bien son prophète, et veut s'enfoncer plus loin dans le désert.

Pourtant, que les ruines de Cyrène sont belles, ma chère enfant ! Les morts chantent dans le vent leur gloire d'antan, ils dansent toute la nuit sous les rayons de la lune, avant de regagner leurs tombes, aux premières lueurs du jour... Ces hommes et ces femmes des anciens temps, ma toute belle, étaient doués d'une mémoire qui nous dépasse. Ces ombres, âgées de plusieurs millénaires, ont plus de conscience et d'esprit que les fantômes dégénérés des sous-doges de Paris ! »

Le Khan releva un instant les yeux de son feuillet. Les tombereaux des éboueurs passaient dans la rue Berger, arrêtant et redémarrant leurs machines dans des jets de vapeur et d'air compressé. Des slogans en lettres peintes vantaient sur les flancs du camion les mérites du tri universel : « *Durable, recyclable, remobilisable ! Avec les établissements Eugène Poubelle, vos ordures reprennent vie !* » Mais l'allure blasée du chauffeur mettait à mal l'enthousiasme de la réclame... L'homme, qui peinait à trouver cet épanouissement professionnel promis le jour de son embauche, faisait avancer l'attelage mécanique de cinq mètres en cinq mètres, au rythme des éboueurs, participant à l'évacuation de ces matières secondaires des rues de la Cité-Empire...

Derrière suivaient des ballets de balayeurs, d'ouvre-vannes et de techniciens de la ville, les uns chargés de la propreté, les autres de la maintenance et des ampoules cassées. Le Khan regarda les aiguilles de sa montre, puis celles de l'horloge impériale. Il lui restait un peu plus de six minutes avant la levée du couvre-feu. Il replongea donc dans le courrier de Clémence.

« Un des morts s'est montré bavard, cette nuit. Il nous a parlé d'un homme mystérieux arrivé par un jour de tempête, d'un prophète aux discours eschatologiques, damné parmi les damnés, qui aurait, par ses récits, inspiré des Ézéchiel ou des Jean le Presbytre...

Ce mort, ma toute belle, nous a raconté comment, un jour lointain, il a accompagné dans le désert ce damné et son disciple.

Maspero est comme un fou. Il veut partir dès demain dans ce désert, à dos de chameau. Il dit que c'est là l'augure qu'il cherche, ce prophète qui, le premier, bien avant la naissance des religions... ... aurait annoncé la fin des temps... »

— Vous attendez le démon des Halles ?

Le Khan se redressa soudain. Un homme se tenait à sa table.

— Monsieur Goron ? C'est bien vous ?!! s'exclama le préfet en se levant de sa chaise.

— Il paraîtrait que vous avez fait demander un autre pisse-copie ? répliqua le visiteur avec un large sourire. Rôle que le patron de *L'Indépendant* m'a naturellement donné.

— Mais comment m'avez-vous trouvé ? s'étonna le Khan.

— Vous oubliez que c'est moi qui vous ai appris le métier ? s'amusa l'ancien policier. Je vois que les journaux disent vrai, vous avez fini par l'adopter ? fit encore l'homme en pointant du doigt le tigre assoupi.

— Oui. Il est très attaché à mon frère. Et ma foi, je me suis accommodé de son caractère.

— Il est toujours amateur de manteaux d'hiver ? s'amusa Goron en commandant un café.

— Tant que monsieur a ses quatre poulets par jour, il reste tranquille, répondit le Khan en rangeant les courriers de Clémence. Je note que vous avez toujours l'œil aussi rieur, monsieur Goron.

— Oui, mais pour ce qui est du reste, le temps a fait son œuvre ! Mais vous, en revanche, vous n'avez pas pris une ride !

— Vous savez, ce n'est plus le même homme, là, sous ce masque, fit remarquer le Khan en se rasseyant.

— Je sais surtout, d'après les notes de mon prédécesseur, que l'on teste sur vous un traitement de longue vie.

— Disons qu'ils tiennent à moi, aux Cuprifères.

Le garçon de café apporta sa commande au journaliste, non sans lancer un coup d'œil anxieux sur le préfet et son tigre. Il avait eu le temps de discuter avec le patron, et d'en apprendre de belles sur cet officiel aux méthodes peu conventionnelles. L'homme au haut-de-forme avait la réputation de se charger des basses besognes de l'Empire. Il n'était jamais bon de le voir sur ses terrasses.

— Vous lui avez fait quoi, à ce garçon ? demanda Goron en voyant le jeune serveur s'éloigner.

Le Khan resserra ses poings, faisant grincer le cuir de ses gants.

— Je vois, commenta le journaliste. Vous avez changé, mais vous conservez la main sur les fondamentaux...

— Je suis content de vous voir, Goron, lâcha le Khan.

— Ah ! ça, c'est nouveau ! Vous exprimez votre contentement, maintenant ?

— Ne vous réjouissez pas trop vite sur mon compte. Je ne dois ces améliorations qu'aux uns et aux autres de ces doigts, fit Eudes Lacassagne en tirant sur la manche de son manteau d'officier.

L'homme révéla à la vue de son ami une série de logettes en cartouchière, contenant chacune une prothèse dactylaire aux reflets cuivrés, ainsi qu'une capsule en or et cristal.

Puis le Khan pointa l'horloge impériale de son doigt ganté.

Et la sirène retentit dans les rues de Paris-Capitale, mettant fin au couvre-feu nocturne. La vie allait pouvoir battre son plein jusque dans les sous-doges de la ville. Les barrières de sécurité se rétractaient et du bruit s'élevait déjà de part et d'autre de la rue Berger. Les trottoirs se peuplaient des dignes représentants de toutes les classes laborieuses de l'Empire, et du vrombissement des moteurs à air comprimé. Sans oublier celui, plus agaçant, des sapajous.

Eudes devrait ce jour encore prendre sur lui de ne pas réserver sa pointe ferrée à l'un d'eux...

— Paris s'éveille..., commenta Goron en reposant sa tasse vide. Mais qu'avez-vous à m'observer ainsi, mon cher Eudes ?

— Je me disais que puisque vous voilà, autant vous faire reprendre du service.

— Moi ? Mais vous n'y songez pas ?! Je me suis retiré de la fonction publique ! protesta l'homme en s'essuyant les moustaches.

— L'affaire qui m'occupe est sensible. Elle ne doit pas être ébruitée, poursuivit le Khan.

— Je suis journaliste ! Je traque les affaires sensibles, et plus particulièrement celles qui ne doivent pas être ébruitées !

— J'ai besoin d'hommes en qui je peux avoir confiance, Goron.

— Sérieusement, Eudes ! Vous vous entendez ? Il est loin ce temps où je levais de l'escarpe au petit matin ! Je suis rouillé ! Tenez, mon cher, regardez cette main ! Je n'ai pas tenu ni de pistolet ni de collet depuis près de vingt ans !

— Vous ne pouvez pas refuser.

— Ah, mais bien sûr que je peux refuser, mon grand ! gronda l'ancien policier.

— La fille de Bertillon a été enlevée, lâcha le Khan.

Le préfet était sûr de son effet. Goron se frottait les deux joues.

— Mazette..., finit par souffler le journaliste, la fille de Bertillon ? Et que voulez-vous me voir faire ? Je devais juste écrire un petit reportage mignon sur vous et sur les services de la préfecture !

— Ce que vous ferez, confirma le Khan. Mais rien ne vous empêche, au passage, d'aller poser quelques questions à un certain Papus.

— Pourquoi Papus ?

— Il est considéré comme spécialiste et suspect.

— Toujours aussi disert, mon cher, se plaignit Goron.

Eudes Anatole-Faust Lacassagne se releva de toute sa stature.

— Je vous charge de trouver des informations sur la pierre de Flamel...

Chapitre 11

Paris-Capitale, le 3 juin 1910, 4 h 01

Sellaïe et Tellurien, complices, coupables, ou victimes ?

« Les lois ténébrales de l'Empire ne tolèrent pas la cohabitation entre morts et vivants en dehors de la protection des Cuprifères. »* Notes extraites du *Petit Traité des lois ténébrales.

La chaussée des sous-doges de la rue Berger résonnait sous l'intense circulation des automobiles à air comprimé. Heureusement que les échevins des différents arrondissements de Paris-Capitale veillaient à n'autoriser que les véhicules les plus propres et les plus légitimes... sinon la Cité-Empire serait déjà tout entière livrée à ces engins de malheur !

Enfin, voilà ce que pensait le Khan en traversant la rue pavée. L'homme était un de ces Capitaliens à regretter ce temps où la ville se pratiquait encore à pied. Il n'existait pas, dans l'Histoire, de préfet qui eût autant usé ses semelles sur les trottoirs de Paris... L'homme contourna une pile de fonte et s'arrêta précisément devant le 41 de la rue Berger. Il ouvrit la porte de l'immeuble et, à peine entré sous le porche, se fit aussitôt accoster par la gardienne.

— Ah mais, ah mais ! On ne rentre pas ici comme dans un moulin !

— Car vous le savez, vous, comment on entre dans un moulin ? répliqua le Khan en mettant son haut-de-forme sous le bras.

— Non..., avoua la mégère qui ne s'attendait pas à entendre cette question.

— Entrer dans un moulin est une expression, madame, qui date d'un temps où l'on menait encore des ânes à la badine. Des ânes qui ne prenaient pas la peine de dire crotte ou merde en entrant dans ces moulins qu'ils avaient la charge de faire tourner.

Auriez-vous l'impudence, madame, de comparer un préfet d'Empire à un âne ?

— Non, monsieur, enfin, je n'aurais jamais osé, pensez-vous ! Mais ce tigre, en revanche...

Le Khan claqua des doigts. Le fauve feula doucement et se contenta de se coucher de tout son long sur le dallage de la cour.

— Shere Khan ne bougera pas.

— Et qui me le garantit ? s'inquiéta la bonne femme.

— Madame, ce tigre a reçu la meilleure éducation qui soit. Le grand monsieur Loyal en personne lui a taillé les ongles.

— Ah, si monsieur Loyal lui faisait les ongles... Mais, et mes locataires ? Il ne faudrait pas que votre animal s'en prenne à l'un de leurs chiens ! s'inquiéta encore la concierge.

— Des chiens ? Il existe toujours des gens assez stupides pour avoir des chiens dans Paris ?

— Chut ! Mais enfin, monsieur le préfet ! Vous voulez vous faire des amis, vous ! Et puis, qu'avez-vous contre les chiens ? Vous avez bien un tigre, vous...

— Ça, voyez-vous, c'est pour me simplifier l'administration..., précisa le Khan.

— J'y penserai, répondit songeusement la concierge. Et entre nous, je vous rejoins en ce qui concerne les chiens. Ces bestioles ne sont bonnes qu'à me semer des touffes de poils dans les escaliers, des colombins dans la cour, quand ce ne sont pas des puces à vous anémier une colonie de rats ! Et vas-y que j'aboie, et vas-y que je hurle à la mort ! Saletés de clébards... Non, je préfère de loin mon birman.

— Un chat ? aventura le Khan.

— Un python. Une femelle très affectueuse.

— Je n'en doute pas, fit l'homme en sortant son fameux carnet noir. Mais venons-en à l'objet de ma visite en ces lieux. Je voudrais parler à la petite Sellaïe Ladrait. D'après mes informations, elle habiterait au second étage de cet immeuble ?

— Dites... son père avait donc raison de s'inquiéter ? Il lui est arrivé quelque chose ?

— Pourquoi cette question, madame ?

— Mais parce que monsieur son père parlait d'appeler la police ! Elle n'est pas rentrée après son service, vous savez ? Elle est pourtant très précise dans ses horaires, notre petite Sellaïe. Elle profite toujours du passage de la patrouille, à la fin du dernier quart vespéral, pour traverser la rue sous couvre-feu. Croiser des spectres sans escorte n'était déjà pas fait pour les faibles cœurs, mais avec cette histoire de démon des Halles, c'est la panique, dans le quartier.

Le préfet consigna ces informations, non sans contrariété. Il venait ici dans le but de retracer au mieux l'emploi du temps de mademoiselle Prune, pas pour multiplier les départs de piste.

— Elle ne découche jamais? s'enquit le Khan en levant un sourcil au-dessus de son demi-masque afin d'accentuer sa question.

— Découcher? Sellaïe? Cette petite est plus droite et plus blanche qu'un cierge dédié à la Vierge Marie!

Le préfet impérial joua avec ses prothèses dactylaires, pensivement, et décida de confronter les éléments les plus épars de l'enquête. Il sortit une photographie.

— Avez-vous déjà aperçu ce garçon dans le secteur?

— Montrez voir... Mais c'est Tellurien! Il était d'un choupinou à cet âge! Où avez-vous trouvé ce daguerréotype?

— J'en déduis que vous connaissez ce garçon, conclut le Khan en prenant des notes.

— C'est un petit gars très bien! Tenez, monsieur le préfet, si vous voulez bien me faire l'honneur d'entrer dans ma loge, que je vous montre tout un bout de vie!

Ce qui frappa aussitôt l'officiel, une fois passée la porte vitrée, c'était la grande quantité de livres qui reposaient en pêle-mêle dans tous les coins de la pièce. Ils envahissaient l'espace, couvraient le sol, en piles anarchiques, s'appuyaient contre les murs, montaient le long des meubles, gagnaient chaises, tables, vaisseliers, et semblaient ne vouloir arrêter leur marche que sous la contrainte d'un plafond trop bas.

Mais l'homme, son instinct de chasseur toujours en alerte, ne manqua pas d'apercevoir un mouvement langoureux entre les piles de livres. Il pouvait jusqu'à distinguer le bruit de chaque écaille alors que le long serpent approchait, venant satisfaire sa trop grande curiosité.

— Ah, je vois que vous avez déjà fait connaissance de mon birman! fit la concierge en déplaçant deux pyramides anarchiques pour accéder à un tiroir du buffet. Elle s'appelle Pâquerette.

— Voilà qui me semble approprié, répliqua le Khan en maîtrisant une envie subite d'effeuiller ce serpent de quelques pétales.

Le préfet impérial toisa le python royal, et se décida à détendre l'arc de sa musculature. Il posa le bout ferré de sa canne sur les tomettes usées de la loge, et bomba le torse devant le serpent.

— Elle vous aime bien, commenta la concierge en sortant une enveloppe en papier jauni de son tiroir. Je le vois à sa manière de vous sentir.

Le Khan fit grincer le cuir de son gant droit, réprimant cette fois l'envie d'arracher cette langue bifide et stridulante. Il se passa également de dire à quel point il connaissait ces constrictors... Un câlin, un excès d'affection, et c'en était fini.

Comme avec les femmes.

— Tenez ! fit la gardienne. Voici notre petit bout à l'âge de six ans ! C'était un peu avant la mort de sa mère... Faut dire que la vie ne l'a pas épargné, notre Tellurien !

— Quelle est cette tenue? demanda le Khan sans quitter l'ophidien du regard.

— Il travaillait pour un dératiseur, le père Georges...

— Il travaillait ? À six ans ?

— Bien sûr ! D'aussi loin que je connaisse Tellurien, il a toujours travaillé ! Un actif, ce petit bout d'homme. Si tous nos Jules et nos Marcel étaient comme ça, sûr qu'elles pousseraient plus vite, vos Cuprifères !

— Dératiseur, à six ans..., s'étonnait encore le préfet en observant la photographie.

— Oui, pensez, avec sa petite taille, il s'infiltrait dans les greniers, les caves, les entre-cloisons des vieilles maisons... Et courageux, avec ça ! Il a passé son enfance à traîner sur le carreau des Halles, à offrir ses services, livrer, laver, surveiller, porter les courses des vieilles dames : rien ne lui faisait peur ! Tenez, c'est lui qui m'a ramené Pâquerette ! Il me fait penser à un aventurier d'un de ces romans que j'aime à lire...

Le Khan vit s'accumuler des clichés de Tellurien, habillé en ramoneur savoyard, en groom, en commis de boulanger.

— Ça, c'était chez le père Ladrait ! Il portait les sacs de farine, les bûches, le charbon.

— Il a travaillé pour le père de Sellaïe Ladrait ? demanda l'officiel sans cesser de prendre des notes. Fréquentait-il sa fille ?

— Oh, elle était encore toute gamine, à cette époque…

— Et ce Tellurien, l'avez-vous vu ces derniers temps ?

— Non. Mais c'est que vous m'en posez, des questions, monsieur le préfet ! Vous ne lui voulez pas des misères, au moins, à notre Tellurien ? se rembrunit soudain la bonne femme.

— Je ne le sais pas encore, répondit le Khan en toute franchise. Il pourrait avoir des informations utiles à partager. Avez-vous connaissance de l'endroit où il loge ?

— Non… mais d'après ce que je sais, il est du genre à camper.

— Un grand merci, madame. Je vais devoir prendre congé, mais apprenez que je suis ravi d'avoir fait votre connaissance. Ainsi que celle de Pâquerette, fit le préfet en saluant la gardienne. Vous faites honneur à ceux de votre profession.

Eudes Anatole-Faust Lacassagne resta un instant la main en suspens, cherchant une autre formule, mais il était à son maximum. Il avait ici enchaîné autant d'amabilités qu'il en connaissait, au risque de provoquer la rupture.

— Pour les Ladrait, c'est au second entresol, palier de gauche, fit encore la concierge.

L'officiel remercia une dernière fois la bavarde et s'extirpa de la loge sans faire s'effondrer le moindre de ses murs de livres. Il avala les deux étages, et sonna sans ménagement à la porte des Ladrait. Sa montre lui indiquait un peu plus du troisième quart ténébral, soit près de 4 h 12 du matin.

— C'est pour quoi ? fit une voix aiguë derrière le panneau.

— J'ai à vous parler de mademoiselle votre fille.

La voix aiguë tira un verrou et la porte s'ouvrit sur un homme solidement charpenté.

— Eudes Anatole-Faust Lacassagne, préfet impérial et chef de la Sûreté de Paris-Capitale. Puis-je entrer un instant ?

L'homme s'était tout d'abord montré peu disert envers cet officiel, tout préfet qu'il soit, qui empiétait sur ses maigres heures de sommeil. Il confirma son inquiétude de ne pas avoir vu rentrer sa fille, à la fin de sa journée de service aux Cuprifères. Et indiqua que sa femme était déjà sur le carreau, à vendre la fournée du second quart ténébral.

Mais le boulanger se réveilla tout à fait quand le Khan lui montra un tirage périspritique, cette fameuse extraction argentique d'Imago.

— Reconnaissez-vous les vêtements de travail de votre fille, Sellaïe, la femme de chambre de mademoiselle Bertillon ? questionna le Khan en sortant son stylographe.

— Si je reconnais ses vêtements ? Mais d'où tenez-vous ce mauvais cliché ? s'emporta le boulanger en montant plus encore dans les aigus.

— Ma source est confidentielle, répliqua le préfet. Reconnaissez-vous ses vêtements ?

— Je reconnais surtout ma fille ! s'étrangla l'homme en abattant un poing épais sur la table de la cuisine.

— Êtes-vous certain de ce fait ?

— Si je suis certain ?!!! crailla le boulanger. Où est ma fille ?!!!

— Monsieur, je vous demanderai de recouvrer votre calme, fit le Khan en proposant le plus diplomate de ses doigts. L'enquête que je mène touche seulement au lieu de travail de votre fille.

— *Seulement* ? *Un lieu de travail* ? Et cette photographie ?!! N'allez pas croire que vous pourrez m'enfariner le goujon avant de me passer à la poêle à frire !

— Laissez là ces chiquenaudes à votre voisin poissonnier, et baissez de deux tons, fit le Khan en soufflant dans son demi-masque en cuir de buffle. Vous vous adressez à un préfet d'Empire.

— Pardonnez-moi, se lamenta soudain le bonhomme en s'effondrant sur une chaise. Elle a été enlevée, c'est ça ? On lui a fait des misères ? Mais dites-le-moi !

— Allons... Reprenez-vous, mon cher, réagit le Khan. Ce que j'essaie de vous dire, c'est que je suis simplement ici pour débrouiller une affaire.

Mais le préfet était tout de même face à un sérieux problème, souligné par chacun de ses lieutenants ténébraux.

Une photographie.

Deux pères.

Deux filles reconnues.

Toutes deux disparues.

Se pourrait-il que ce soit la fille du boulanger, et non celle du Notaire, qui se soit fait enlever ?

— De quelle nature étaient les rapports entre votre fille et le jeune Tellurien Flamel ? reprit le préfet.

— Tellurien ? Il connaît ma Sellaïe depuis le berceau.

— Votre fille était-elle secrètement amoureuse de ce jeune homme ?

— Écoutez, monsieur le préfet, j'ai quatre filles. Pas une de plus, pas une de moins. Et s'il y en a bien une qui n'est pas amoureuse, c'est bien Sellaïe ! C'est la rigueur même, ce bout de femme !

Une des voix du Khan osa tout de même noter un mot sur le carnet.

Jalousie ?

— Monsieur, afin de ne rien négliger, je voudrais inspecter la chambre de votre fille...

La chambre de Sellaïe n'avait rien révélé. Pas de journal intime ni de notes cachées. Ses sœurs, interrogées au saut du lit, ne lui connaissaient pas non plus de relation amoureuse, pas même avec ce Tellurien. D'un autre côté, la mère, rencontrée dans sa boulangerie, avait fait part de certains doutes sur la question. Elle disait que sa fille était suffisamment secrète pour se cacher à elle-même le plus petit début d'un amour naissant...

Le Khan traversait à grands pas le carré central des Halles. L'endroit, calé contre les murailles de verre des canaux de Paris, offrait une relative fraîcheur aux poissonneries, boucheries, et autres primeurs qui tenaient ici leurs boutiques. De toutes parts s'élevaient les tentacules de ce kraken qui vivait dans les sous-doges pour tenir les voûtes de ce marché couvert, ou s'enrouler autour de hublots géants. Les appendices de bronze de ce monstre marin donnaient aux lieux des allures de plate-forme immergée.

L'officiel interrogea un à un les commerçants, collectant toujours plus d'informations et d'anecdotes sur le jeune Tellurien.

Que de bavards.

Que de rumeurs sans fondement.

Certains racontaient comment ce jeune homme tombait ces demoiselles, se faisant un véritable bourreau des cœurs.

D'autres qu'il n'existait pas de garçon plus sérieux que lui dans Paris. Qu'il ne vivait que pour le travail, la science, ou sa passion des singes.

Le Khan sortit des Halles avec plus de questions que de réponses, le signe que cette affaire ne partait pas du bon pied. Il se pencha sur son félin et lui flatta l'encolure.

— Toi, tu aurais bien chipé un ou deux lapereaux de plus sur les étals, n'est-ce pas, mon grand ?

Le moineau mécanique s'activa au fond d'une des poches du Khan, sortit au grand air, et se mit à voleter autour de son haut-de-forme.

— J'y suis, j'y suis..., fit l'homme en se dirigeant vers la borne impériale la plus proche.

Il ôta son gant droit, posa son pouce sur la cellule du capteur, et déverrouilla le panneau de bronze. Il décrocha un combiné d'urgence, en bois bordé de laiton, et envoya une tonalité.

— *Opérateur, j'écoute ?*

— Ici Eudes Anatole-Faust Lacassagne, préfet de Paris. J'attends un appel en urgence.

— *En effet, monsieur, je vous mets en ligne,* fit le technicien avant de disparaître sous un bruit blanc.

Le Khan patienta en caressant les ailes métalliques de son oiseau. Il lui donna un peu de poudre de graphite à becquer, assurant la bonne lubrification de ses rouages, quand, après un nouveau déclic, la conversation reprit.

— *Verdier, service des Archives périspritiques de Paris, j'écoute ?*

— Ici le préfet Lacassagne. Vous avez quelque chose pour moi ?

— *Vous devez me prouver que vous êtes bien le préfet, monsieur,* exigea l'homme à l'autre bout du fil.

Le Khan confia un instant le combiné à son tigre, qui se mit aussitôt à grogner.

— *Qu'est-ce que c'était que ça ?* maugréa le Verdier du service des Archives périspritiques.

— Ça, c'était Shere Khan, vous savez, mon tigre. Est-ce assez, comme preuve d'identité ? Ou dois-je prendre le temps de venir vous botter l'arrière-train en personne pour répondre à cet appel ?

— *Pardonnez-moi, monsieur le préfet, c'est la procédure...,* bégaya l'autre.

— Vous êtes un petit nouveau, vous. Alors ouvrez grand vos oreilles, Verdier. Quand ce pouce signe un appel, c'est que je suis en personne à l'autre bout du fil. Et il en sera ainsi tant que personne ne m'aura tué pour me le voler, entendu ?

— *Bien, monsieur. Mais... pardonnez mon zèle, monsieur, mais que fais-je si quelqu'un vous tue pour vous dérober votre pouce ?*

Le Khan fit grincer le cuir de ses gants, et pressa sa pompe palmaire pour se détendre.

— Verdier, donnez-moi la raison de votre appel, qu'on en finisse.

— *Bien, monsieur. Nous avons retrouvé une Imago dans nos archives. Celle d'un certain Herrmann Schmitt...*

— Et qu'ai-je à faire d'un Schmitt ? s'agaça le Khan.

Eudes tendit le poing et rendit son envol à son oiseau mécanique. Le piaf, grâce à la malice et à la magie de Méliès, donnait presque le sentiment d'être encore habité par son âme de moineau.

Le combiné transmit bientôt la suite du verbiage.

— *Herrmann Schmitt est le père de Tellurien, monsieur le préfet. Le* Triumviratus *a pu retrouver sa trace grâce à Annig Lebart, nom figuré sur la fiche de Tellurien Flamel comme étant celui de sa mère.*

— Je vous demande de chercher un Flamel, et vous me trouvez un Schmitt, Verdier ? s'impatienta le Khan.

— *C'est un surnom, monsieur ! Flamel, « la flamme de l'enfer » ! Pardonnez mon excitation, mais l'histoire est fabuleuse ! Écoutez plutôt. Herrmann Schmitt est arrivé à Paris depuis l'Alsace, à la fin des années 1880. Maîtrisant l'art de travailler le fer, il s'est naturellement présenté aux ateliers Eiffel. Il était un de ces forçats de la tour, un de ceux, vous savez, qui ont frappé des rivets à en devenir sourds ! Et comme il aimait à cracher le feu après avoir fait rôtir ses boulons, ses compagnons de fortune l'ont surnommé « Flame Hell » !*

» Il s'est mis en ménage avec une petite bonne fraîchement arrivée de Bretagne. Elle est tombée enceinte, lui d'un échafaudage. Il est mort sur le coup et la mignonne l'a suivi de peu. Mais avant, elle avait enregistré la naissance de son fils sous le surnom.

» À propos, monsieur le préfet, ce Schmitt possédait un entrepôt, rue Deguingand, à Levallois-Perret. L'endroit existerait toujours.

— Je n'ai jamais eu beaucoup de compliments en magasin, agent Verdier, mais vous avez fait du bon travail, au service des Archives périspritiques.

— *C'est un honneur de vous servir, monsieur le préfet.*

Mais le Khan avait déjà raccroché le combiné.

Cette fois, l'enquête avançait.

Eudes venait de traverser la moitié de la ville à pied. Voilà bien longtemps qu'il avait observé les vertus de cette activité. La marche, n'en déplaise aux modernistes, à ces tenants de la vitesse à tout prix, permettait à l'homme de laisser aller les idées. De confronter les faits aux hypothèses. De démonter les théories.

Il en dressait présentement la liste.

Que pouvait motiver un tel enlèvement ?

Une fugue ? La fuite du couple Prune et Tellurien ? Avec une rançon destinée à financer un nouvel établissement, loin, dans quelque paradis perdu ?

Une crise de jalousie ? Sellaïe, se sentant dépossédée par sa maîtresse d'un amour d'enfance, d'un amour secret, aurait organisé l'enlèvement de sa rivale contre rançon ?

Peu probable. Avec un tel manque d'expérience de cette petite assemblée en matière de crime, l'affaire aurait été dans les deux cas bien plus simple à résoudre. Même en demandant de l'aide dans le milieu de la pègre. Quelle escarpe utilisait des bombes périspritiques ? Les Goules noires ?

Pas à notre connaissance…

Il y avait aussi cette histoire de ressemblance entre Sellaïe et Prune. Qui a vraiment été enlevée dans la chambre de mademoiselle Bertillon, ce soir du 2 juin 1910 ? Prune ? Sellaïe ? Les deux ?

Et la piste politique ? Celle-ci serait la pire de toutes. Elle pourrait impliquer de gros moyens, des influences étrangères, des ennemis de l'intérieur… Mais ce message de rançon ne cadrait pas avec les méthodes de services étrangers. Trop sophistiqué. Pas assez direct. Et puis cette rançon n'avait rien de politique. Pas de tentative de déstabilisation, pas de demande de secrets industriels ou d'échanges d'influence. Rien d'habituel.

— Monsieur, votre laissez-passer, s'il vous plaît.

Le Khan sortit soudain de ses rêveries policières. Il venait de déboucher du long tunnel de la porte d'Asnières, passant ainsi sous les imposantes digues-remparts, et se trouvait devant le poste de barrière. L'officiel se contenta d'exhiber son écharpe noire, et arracha au garde un sifflement d'admiration...

— Tudieu ! Mais c'est du gros calibre qui se présente devant nous, ce matin ! Les gars, venez voir un peu par là !

— Qu'as-tu à brailler, le Bertail ? fit un autre garde en sortant de la casemate. Tu louches encore sur les arguments d'une ouvrière ?

— Arrête un peu ton char, Paumier ! C'est le Tigre !

— Le Tigre ? intervint un troisième larron avec un décrochement de la mâchoire.

— Monsieur le préfet, s'il vous plaît, nous pouvons avoir votre petite signature ?

Le Khan serra les poings, hésitant sur la marche à suivre. S'imposer. Ou escamoter...

— Appliquez-vous, monsieur le préfet, je voudrais me faire tatouer votre griffe ! Hein, dites, les gars, avoir la griffe du Tigre sur l'épaule ! La grande classe, non ?

— Pouvons-nous prendre une photo ? Vaublanc ! Apporte l'instantané ! Qu'on immortalise ce moment ! C'est Lequeux qui va faire la grimace ! Lui qui a insisté pour qu'on échange nos quarts !

Eudes n'y tenait plus. Il permuta deux doigts, puis, après un instant d'égarement, se détendit. Le préfet avait du mal à accepter son statut de légende vivante.

— J'envoie ma candidature tous les mois pour entrer dans vos brigades, monsieur le Préfet !

— Ah ! c'est Lomieux, vous vous souvenez de lui, les gars ? Lomieux ? Eh bien il est rentré à la Périspritique !

— Voilà Vaublanc avec l'appareil ! Tenez, monsieur le préfet, si vous voulez bien vous mettre à côté de la barrière, avec votre tigre...

— Serrez-vous un peu, les gars, fit l'autre larron un œil dans le viseur. Attention, gardez la pose ! intima le dénommé Vaublanc en appuyant sur la poire du retardateur et en se précipitant auprès de la troupe.

Eudes Anatole-Faust ne prit pas la peine de grimacer devant l'objectif. Il se contenta de répondre à l'impassible symétrie de son demi-masque en cuir de buffle.

L'appareil émit son déclic.

Le pathétique de l'instant était immortalisé...

Le Khan profita que la troupe fût distraite par la sortie du polaroïd pour prendre congé.

— Attendez ! Il nous faut caresser votre tigre !

L'animal poussa un grognement dissuasif, pour la forme.

— Tu es sûr de ça ? questionna un comparse en ajustant son képi.

— Oui, certain, « *caresser la tête du tigre apporte le bonheur pour un an* » !

— Non, c'était « *arracher un poil du tigre apporte le bonheur pour la vie* » !

— Attendez, il en a peut-être perdu quelques-uns dans le secteur !

Le préfet opéra un nouveau changement de doigts, lissa son chapeau entre le pouce et l'index, et s'éloigna sans se retourner. Il aurait pourtant pu constater l'ampleur des dégâts. Il aurait pu voir trois garde-barrières à quatre pattes, le nez sur les pavés, à ramasser le moindre poil...

Le soleil seul accompagnait désormais les pas du Khan. La pluie ne tombait pas au-delà des digues-remparts. L'homme entendait les ouvriers s'activer dans les ateliers, le bruit des machines-outils, ces monstres de métal actionnés grâce à la force du Vrill. Abreuvés par la toute-puissance des Cuprifères. Une énergie gratuite, qui nourrissait toute l'industrie de Paris-Capitale, pour compenser les désagréments occasionnés par cette soudaine entrée dans la modernité. Un cadeau de bienvenue dans l'ère ténébrale...

Mais au détour de la rue d'Asnières, le Tigre se fit aborder par un sapajou des plus insistants. Il allait chasser l'importun d'un coup de canne, quand il s'aperçut que l'animal était calé sur son émetteur personnel...

— *Eudes Anatole-Faust Lacassagne, vous avez du courrier en provenance du département de l'Intérieur,* annonça l'opérateur de l'aéropostale via la radio du sapajou numéro Cap-X129.

— Arrangez-vous pour que votre macaque ne me touche pas, s'agaça l'officiel.

Le petit singe reçut ses instructions. Il attrapa une colonne de réverbère, coupa ses moteurs, et attendit que le préfet prenne l'enveloppe qui lui était destinée dans le coffre de l'aéroporteur.

Elle contenait trois photographies. Une de la victime, Prune Bertillon, une de sa servante, Sellaïe Ladrait, et une de ce Tellurien Flamel…

Quelle est cette note ?

Un rapport d'embauche ?

Tellurien serait soigneur à l'aéropostale ?

— C'est vrai, ça ? fit le Khan en attrapant l'émetteur du sapajou.

— *Pardon ?* fit le préposé.

— Tellurien Flamel ? Ça vous parle ?

— *Oui, monsieur. Il est soigneur à la ménagerie,* confirma le préposé.

— Je veux lui parler.

— *Il ne s'est pas présenté à son travail ce matin, monsieur. C'est une véritable pagaille à la ménagerie !* se plaignit l'opérateur.

— Et vous savez où je peux le loger, votre Tellurien ?

— *C'est un original ! Il lui arrive de dormir avec les singes…*

Le Khan prit ces nouvelles informations en note.

Il faudra tirer cette affaire au clair.

Et envoyer un inspecteur à la ménagerie des Invalides.

Le Khan se lissa la moustache, approuvant ses lieutenants, et congédia le sapajou, au grand dam du tigre.

— Tu sais bien que tu es au régime, mon vieux, fit l'homme en flattant l'encolure de son fauve. Tu as déjà croqué du lapin aux Halles…

La rue Deguingand était une de ces artères ouvrières qui s'appuyait contre les remparts de la ville. Une venelle sombre et étroite, aux pavés noirs encroûtés de mâchefer. Le préfet entrait dans les cours, posait ses questions, menait son enquête. Il commençait à désespérer, quand un vieil homme habillé avec un bleu de marinier lui apporta enfin la réponse attendue.

— C'est l'entrepôt de Schmitt, que vous cherchez ? cria le vieillard en tendant l'oreille.

Le Khan se demanda comment ce débris pouvait encore entendre quelque chose à travers une telle forêt de poils, mais s'approcha.

— Vous connaissez ?

— Je connaissais le père. Le jeune, lui, il veut de la solitude. Comme s'il n'avait pas le temps de la voir venir, la solitude…

Le vieillard avait les yeux ternis par un épais voile blanc.

— Vous regardez ma triste figure ? Je suis aveugle. Brûlé par l'explosion d'une chaudière. La vapeur, ça pardonne pas. Pourtant, vingt ans que je l'entretenais, ma petite Séguin…

— Où est l'atelier de ce Schmitt ? abrégea le Khan sans la moindre émotion.

— À deux pas d'ici, vous verrez une fabrique de pneus. Ne me demandez pas à quoi elle ressemble… Mais ce que je sais, c'est qu'après cet atelier, vous trouverez à vous faufiler entre les murs, pour atteindre une cour désaffectée.

— Merci, vieillard, fit le préfet en refermant son carnet noir.

— Attendez ! Je vois bien que vous allez partir… mais je dois vous prévenir. Vous êtes suivi, monsieur. Par des ombres. Beaucoup d'ombres !

— Non. Ne vous affolez pas. Mes ombres, elles sont dans leurs capsules.

— Je ne vois rien et j'entends peu, mais je peux ressentir ceux de l'au-delà ! insista l'homme. Faut les éradiquer, ces chiures de morts !

Le vieillard cracha par terre et leva un poing déformé par l'âge et la colère. Le Khan, lui, lissa le bord de son chapeau, salua la compagnie d'ouvriers ici rassemblés, et se retira. Paris n'en finissait pas de compter des lucides de pacotille, des pauvres hères à l'esprit brouillé par les ondes des Cuprifères…

Eudes suivit les instructions du vieillard à la lettre. Il dépassa la fabrique de pneus, et se faufila, comme indiqué, entre les hauts murs d'entrepôts en brique. Il fut aussitôt submergé par l'odeur piquante de l'urine humaine, puis celle, plus fade, des merdes de rats. Peste était cette hyperesthésie qui ne lui apportait que rarement des réjouissances… Il ficha une aiguille dans les veines d'argent de son demi-masque pour calmer ses sens, et déboucha dans un fond de cour oublié. L'endroit se faisait le théâtre d'un étrange spectacle. Tout un fatras de tubes, tubulures et d'hélices tordues gisait droit devant, contre une pile de béton. Le policier se pencha au sol, aux prises avec ses instincts primordiaux, et analysa l'aire de crash…

Voilà beaucoup de semelles pour un lieu désaffecté, old chap.

Chercher un témoin, trouver un écrasement ?

La scène est récente. Les fluides échappés du moteur ne sont pas encore évaporés, et la chambre de compression est encore chaude.

L'appareil ne doit pas figurer dans la liste officielle des homologations. Un prototype.

Pas de cadavre ?

Le Khan referma son carnet. Il venait d'entendre un bruit. Quelqu'un l'épiait? Depuis l'intérieur de cet atelier? Était-ce un mouvement furtif aperçu derrière ces vitres sales, ou juste un mauvais reflet? L'officiel intima à son tigre l'ordre de se coucher, d'un claquement sec des doigts, libéra le quillon de sa canne-épée, et s'approcha de la porte de l'atelier.

Le verrou est brisé.

Eudes poussa le panneau, qui joua sans bruit. D'un regard circulaire, il nota que les lieux avaient subi une fouille en règle. Les auteurs n'avaient pas ménagé leur peine... Les tables d'étude, les étagères, les meubles, l'antique poêle à charbon : tout avait été renversé, saccagé, éventré pour extraire de là jusqu'à la dernière goutte d'information.

Méthode de la pègre.

Travail d'escarpes.

L'objet de cette quête furieuse devait être minuscule : un grand soin a été pris à briser jusqu'aux plus petits des contenants.

Le Khan approuva cette dernière remarque. La fouille menée en ces lieux avait été aussi violente que précise... Le résultat consistait en un désolant capharnaüm. Reposaient pêle-mêle, au milieu des meubles renversés, des plans tracés avec finesse, des feuilles de calculs aérodynamiques, des équations de physique des fluides, du matériel de dessin, des échantillons de poudres métalliques, un four de céramiste, des balances de précision... Mais aussi des restes de vaisselle et de nourriture périssable. Comme ces quartiers de pomme fraîchement découpés.

Quelqu'un vivait là.

Le Khan débusqua encore une lampe à gaz, une paillasse de fortune, de quoi se faire une toilette de chat. Le périmètre de l'atelier était sécurisé avec des matériaux de récupération. Résilles rafistolées, tiges et barreaux de fer plaqué de feuilles d'or, juste de quoi interdire à des ombres inconscientes de pénétrer dans la place... Mais le Khan cessa soudain de faire valser ses doigts, et retira une des aiguilles à têtes de serpents enlacés de son demi-masque de cuir. Il accusa la vague de douleur qui accompagnait ses sursauts d'hyperesthésie, et se concentra sur son ouïe. Il avait entendu un bruit.

— Mais nom d'une purge ?!!! Qui m'a laissé traîner un tigre dans le secteur ? fit une voix, au-dehors.

— Ça ne sent pas bon, cette histoire..., répondit une autre voix.

Le Khan se tint les tympans entre les mains, le temps de jouer de nouveau avec ses aiguilles, et sortit sa lame du fourreau. Recouvrant dans une certaine mesure la normalité de ses sens, il se coula vers la porte et évalua la situation. Deux hommes reculaient devant le tigre. Ils étaient vêtus de ces harnachements noir et or si chers aux chasseurs de primes, des caparaçons de cuir cousus de tôles en métal impérial. Le plus alerte entraîna l'autre dans un renfoncement, en fond de cour, leva les yeux en direction du Khan à travers son masque de goule, et disparut.

Mais Eudes Lacassagne n'était pas décidé à les laisser filer. Il s'engagea à leur suite dans un dédale de couloirs d'usine, et les suivit dans l'obscurité d'entre-murs sordides, épée en avant.

— Préfet d'Empire ! Je vous somme de vous arrêter ! rugit le Khan avant de fondre sur le plus lent des deux fuyards.

Lacassagne envoya voler son homme contre le mur.

— Ton copain s'est fait la belle, l'ami, cracha l'officiel. Mais toi, tu vas répondre à mes questions ! Que faisiez-vous dans cette cour ?

La Goule noire se mit à trembler entre les poings du Khan, visiblement sous le coup d'une terreur qui dépassait la simple crainte d'un représentant de l'ordre impérial.

— Vous ne pouvez pas rester là, monsieur... Vous ne devez pas !

Alors il y eut un bruit. Puis deux. Suivis du concert d'une forêt de sabres que l'on tire au clair. Le Khan n'eut que le temps de lâcher sa prise et de battre en retraite sous la menace d'un assaut multiple. Il veilla à régler son jeu de jambes sur celui de ses adversaires, et recula encore. Il devait prendre une décision.

Changer de doigt.

Ou ne pas changer de doigt ?

Il para deux sabres qu'il envoya se ficher dans les briques du mur, et asséna un violent coup de poing à l'un de ses assaillants.

Changer de doigt permettrait de se mettre à l'abri des meilleurs maîtres d'armes de tous les temps.

Ne pas changer, permettrait de continuer à jouir de ce plaisir unique de ferrailler, au risque de se faire percer le cuir...

Une, deux, il enroula sa lame autour d'un dard, et perça la défense d'un de ses assaillants. L'autre poussa un cri derrière son masque de goule, sentant le fer s'enfoncer dans son cœur. Et s'effondra. Mais dix épées prirent la relève, intensifiant tant la charge que le Khan dut se résoudre à se dégager, chasser les pointes d'un dernier coup de fouet, et faire le bon choix.

La force et la densité physique de son frère ? Chrysostome ?

La finesse et la précision d'une noblesse perdue ? Le chevalier de Saint-Georges ?

Mieux... Le préfet confia au maître d'armes de ce dernier, Nicolas Texier de la Boissière, le soin de relever ses engagements. L'homme jaugea d'un œil expert les forces en présence, classa les lames selon leurs vaillances, et plongea à travers les défauts. Sa science avait inspiré les plus grands. Elle avait fait date, école. Elle était la source. Face à lui, il n'avait qu'une armée de grands-mères, une bande d'agitées du tricot. Des amateurs qui tiraient sans avoir compris l'âme de cet art... Âme que lui, Texier de la Boissière, incarnait. Alors, tel un prêtre d'une religion oubliée, il officia. Mais en lieu de baptêmes, c'était la mort qu'il offrait... Au bout de son bras accouchaient des ombres.

Les Goules noires tombaient, une à une, deux à deux. La lame du maître réduisit bientôt cette belle forêt en cure-dents. Alors se produisit l'improbable. Quand bien même l'heure officielle avait sonné depuis des quarts et des quarts, quand bien même le soleil était haut dans le ciel...

... la température baissa.

Un son s'éleva depuis les profondeurs obscures des maçonneries.

Et le sol se mit à trembler tout autant que les survivants de cet holocauste.

Le maître d'armes rendit son doigt.

Le Khan recula à temps pour éviter un coup de faux invisible aux sens communs. Un réflexe.

Une intuition salutaire...

Le préfet chaussa une paire de lunettes à vision périspritique, et fut aussitôt envahi par la puissance d'une force ténébrale. L'ombre pulsait comme un cœur d'énergie noire, dégageant une colère d'une intensité rare. Ses séides tombaient comme des mouches, euthanasiés pour ne pas avoir su vaincre l'ennemi.

Eudes fit valser ses doigts et se redressa face au monstre...

— Recule, démon ! Par la puissance de mes injonctions, je m'en remets aux forces de la science ! Mon arme a été forgée dans les laboratoires des Cuprifères, l'or est ta mort !

Mais le préfet, quelle que fût la qualité de son doigt, dut battre en retraite. Il s'agenouilla, et, d'un même geste, disparut tout entier sous la surcape de son manteau d'officier. Le couloir sembla s'effondrer dix fois sous la violence de l'assaut. Le Khan hurlait, protégé par ses plates en or d'une tempête périspritique, quand l'attaque cessa soudainement. L'endroit retrouva dans la seconde la quiétude d'un boyau de service humide entre deux corps d'usines, à la différence qu'il était jonché de cadavres. Eudes Anatole-Faust Lacassagne devait sa survie à la qualité de ses équipements. Son manteau ne protégeait en effet pas seulement de quelque bise, mais il était doublé de plus d'un tissage en métal impérial...

Les Goules noires, en revanche, avaient été surprises dans le défaut de leurs cuirasses. Le préfet s'approcha de la première d'entre elles, et tenta de lui retirer son masque noir et or. Mais la peau vint avec. L'intensité du feu périspritique avait fait fondre les visages de ces malheureux, les rendant inidentifiables sans matériel ténébral.

L'homme, épuisé par cette passe d'armes, roula sur le dos et referma ses poings. Il froissa au passage un vieux journal jauni par le temps, où figurait en première page une gravure peu ordinaire.

Le baptême du premier aéronef militaire de classe archdeacon.

Chapitre 12

Cercle polaire, un mois et quelques heures plus tôt
L'avion postal

« Sensivité naturelle et médiumnité : d'après une observation statistique, le nombre de médiums et la qualité de leurs perceptions dites naturelles sont en constante augmentation depuis la mise en service de l'antenne infraonde de la tour Eiffel. »* Notes extraites du *Petit Guide du médium officiel.

Journal de bord du commandant Jean-Baptiste Charcot

« Le navire avance à marche forcée contre le vent. Suspentes et filins vibrent avec une telle force qu'ils arracheraient la main de l'imprudent qui s'y frotterait. La glace pèse dangereusement sur l'ensemble de la voilure, ainsi que sur les murailles du Pourquoi Pas, *menaçant de rompre les structures métalliques. J'ai donné l'ordre, ce matin, de remonter le ballon de trois cents mètres supplémentaires, pour nous stabiliser au-dessus des nuages et profiter du soleil. Paul Tissandier a pu mettre en service les concentrateurs solaires d'Augustin Mouchot, un locataire des Cuprifères. Les miroirs condensent la lumière en un faisceau d'une puissance étonnante ! La glace fond sur les flancs du vaisseau ! Même perdus dans l'Arctique sous un soleil pâle, nous avons accès là à une source de chaleur gratuite et illimitée.*

La mission de sauvetage progresse. Nos deux pilotes survolent chaque heure le fragment de banquise à la dérive. Paris ne communique pas la date de l'écrasement, mais d'après les observations et les photographies prises de l'aire de crash, nous pouvons en conclure que l'accident remonte au moins à une dizaine de jours. Seule la cabine de l'avion postal est encore intacte. Le survivant a construit contre la carlingue de l'appareil un igloo de fortune. Il a reçu plusieurs fois l'aide des peuples autochtones, de la nourriture et du matériel de pêche et de chasse.

La cargaison postale semble éparpillée.

Le poste radio du survivant est en partie opérationnel. Le Pourquoi Pas *capte chaque jour un signal émis à destination du* Fram*, un navire d'exploration norvégien. Le naufragé consent à donner sa position à ce bateau, mais refuse de se montrer à nos pilotes, lors de leurs survols, ou de répondre à leurs sollicitations.*

Sans doute son récepteur est-il hors service ?

Toujours est-il qu'à vitesse constante nous devrions atteindre la zone, avec l'archdeacon, avant midi. »

Le commandant Charcot reposa son stylo-plume. Il appliqua une feuille de buvard sur ses écritures, absorbant l'encre excédentaire. Sa mouette, Rita, se manifesta. Elle avait faim. Elle avait toujours faim. Elle sautillait maladroitement dans le salon, maculant à loisir le parquet, au désespoir d'Umberto Nobile, le commandant en second. L'Italien était le représentant à bord du concepteur et constructeur de l'archdeacon, l'industriel Édouard Surcouf. Nobile se montrait pointilleux sur l'entretien du matériel. Il pouvait faire le tour du navire jusqu'à dix fois par jour, en compagnie de ses techniciens.

— Votre mouette, monsieur Charcot, va finir par nous ronger tout le vaisseau, grommela l'ingénieur armé d'un mouchoir.

— N'exagérons rien, mon cher, répondit Charcot. Ce ne sont que quelques fientes d'oiseau.

— Des fientes tout ce qu'il y a de plus corrosif ! insista l'autre avec son accent italien.

Paul Tissandier entra à son tour dans le salon du commandant. Il avait dans la main plusieurs feuillets manuscrits.

— Messieurs, je vous salue.

Paul Tissandier était un de ces hommes que la nature avait faits petits par la taille, mais grands par l'esprit et le caractère. Il compensait son manque d'épaules par sa vivacité et son audace. Et par un brevet de pilote, aussi, qui lui donnait dans les airs une tout autre envergure. Il faisait partie du très fameux Club des quinze, un cercle de prestige qui accueillait par ordre alphabétique les premiers pilotes de l'Histoire. Un « T » comme *Tissandier* lui avait valu le brevet numéro dix, là où un « B » comme *Blériot* lui aurait donné le brevet numéro un. À bord du vol expérimental du *Pourquoi Pas,* Paul Tissandier venait défier une fois de plus toutes les lois de la physique.

— Rita fait encore des siennes, releva Tissandier avec un sourire entendu.

— Elle fait ce qu'un oiseau sait faire, répliqua le commandant en reposant une tasse de thé chaud.

— Manger et chier ?

— À l'évidence, acquiesça Charcot. Que m'apportez-vous de beau ?

— La dernière épreuve de mes notes de vulgarisation. Il faudrait que vous vérifiiez le respect des clauses de confidentialité. Que je n'aille pas dévoiler les secrets de l'Empire !

Tissandier avait, parmi ses nombreuses attributions à bord, celle de rédiger des notes à l'intention du grand public. Les principaux journaux de Paris avaient fait de lui leur correspondant privilégié, lui donnant la charge délicate d'écrire des articles sur le déroulement de la mission du *Pourquoi Pas.* Ainsi avait-il déjà détaillé certaines caractéristiques de l'aéronef, tracé le portrait des hommes de bord, et, pour ce qui était des études civiles, décrit les différents programmes scientifiques ainsi que les équipements embarqués. Le volet militaire de l'expédition, lui, devait rester confidentiel. L'archdeacon n'était pas officiellement armé, mais ce détail n'interdisait pas de prendre quelques précautions, ou de mener quelques expérimentations... Amarrage et désamarrage en vol des monoplans et hydravions, depuis les nacelles de largages. Test de résistance des matériaux. Épreuves d'endurance. Autonomie.

Charcot avait pour instruction de veiller à ce qu'aucune donnée sensible ne soit divulguée dans la presse par erreur ou négligence.

— « *Les huit moteurs à compression de Dion nous propulsent à la vitesse prodigieuse de 110 km/h* », lut le commandant à voix haute.

— Vous relevez une information gênante, monsieur Charcot ?

— La vitesse. Le record officiel de vitesse des archdeacons de classes militaires est de 88 km/h.

— Je corrigerai pour la réduire à 88 km/h, monsieur Charcot.

— Non, vous la réduirez à 67. C'est déjà bien assez pour un dirigeable civil se déplaçant au-delà de l'arc polaire. Vous vous adressez au lecteur moyen, installé bien au chaud à la terrasse d'un café de la capitale. N'allez pas en plus renseigner l'ennemi !

— Vous avez raison, admit Tissandier.

— Pour le reste, Paul, c'est conforme à ce qu'attend Paris. Je vous donne mon aval, conclut le commandant en rendant le manuscrit à son navigateur.

Tissandier se retira. Nobile en profita pour s'excuser à son tour :

— Je dois inspecter les gouvernes latérales. La glace perturbe les contreventements, précisa encore l'ingénieur italien avant de refermer la porte.

— Eh bien, ma petite Rita, il semblerait que nous soyons abandonnés de tous !

Le commandant entreprit d'effectuer une vérification des rapports de routine. Il parapha la feuille d'entretien des moteurs du *Pourquoi Pas*, constatant que Nobile avait encore fait procéder à des changements de pièces.

— À ce rythme, ma petite Rita, plus une pièce d'origine ne fera le voyage retour !

Le mariphone émit un signal d'appel.

— Charcot à passerelle, j'écoute.

— *Ici le capitaine Derive, Marine impériale,* fit une voix lointaine. *Êtes-vous seul, commandant Charcot ? Terminé.*

— Ce n'est pas la passerelle ? s'étonna Charcot.

— *Négatif. Je suis le commandant de* La Confiance, *frégate d'escorte FE17. J'ai un message classé secret défense émanant des Renseignements extérieurs à vous transmettre en propre. Terminé.*

— Mais comment pouvez-vous communiquer directement avec moi sans passer par la passerelle ?

— *Commandant, vous ne connaissez à l'évidence pas toutes les installations de bord d'un classe archdeacon,* répondit le capitaine de corvette. *J'émets sur un canal crypté. Êtes-vous prêt à entendre le message ?*

— Oui...

— *« Transmettez au* Pourquoi Pas *: possibilité de tentatives d'entrave ou de sabotage de la mission de sauvetage. Restreignez la communication aux accrédités de niveau 1. »*

Le commandant Charcot confirma la bonne réception du message, qu'il répéta, selon la procédure en usage, et coupa la communication. Il ouvrit ses tiroirs, sortit le dossier des effectifs embarqués, et commença à passer en revue la liste du personnel :

- *Jean-Baptiste Charcot, commandant en chef, explorateur et médecin de bord (ressortissant français) - niveau 1*
- *Umberto Nobile, commandant en second, ingénieur aéronautique en chef et maître-mécanicien archdeacon (ressortissant italien) - niveau 2*
- *Paul Tissandier, pilote (brevet n° 10bis), navigateur en chef et homme de barre direction, ingénieur et journaliste (ressortissant français) - niveau 2*
- *Maurice Clément-Bayard, navigateur en second et homme de barre altitude, ingénieur météo (ressortissant français) - niveau 2*
- *Joseph Frantz, pilote, maître radiotélégraphiste et opérateur radiogoniométrie (ressortissant français) - niveau 2*
- *François Denhaut, ingénieur aéronautique et maître-mécanicien hydravion (ressortissant français) - niveau 2*
- *Charles Voisin, ingénieur aéronautique et maître-mécanicien hydravion (ressortissant français) - niveau 2*
- *Charles de Lambert (comte), pilote (brevet n° 8) et concepteur aéronautique (ressortissant français) - niveau 2*
- *Roger Sommer, pilote (brevet n° 29) et concepteur aéronautique (ressortissant français) - niveau 2*
- *Hilma af Klint, médium, technicienne ténébraliste (ressortissante suédoise) - niveau 2*
- *Erich von Drygalski, explorateur polaire et océanographe (ressortissant allemand) - niveau 3*
- *François-Alphonse Forel, glaciologue et météorologue (ressortissant suisse) - niveau 3*
- *Jonas Braarud, biologiste marin (ressortissant norvégien) - niveau 3*
- *Jules Reynaud, photographe, preneur de vue, et ingénieur son (ressortissant français) - niveau 3*
- *Jacques Beaulieu, trappeur, baleinier repenti, et cuisinier (ressortissant québécois) - niveau 4*
- *Léon Champel, technicien, chef arrimeur (ressortissant français) - niveau 4*

- *Louis Martinet, technicien, responsable des circuits de distribution (ressortissant français) - niveau 4*
- *Marcel Gauchet, mécanicien en second archdeacon (ressortissant français) - niveau 4*
- *Albert Féquant, pilote (brevet n° 63), capitaine de corvette de la Marine impériale (ressortissant français) - niveau 1*
- *Charles Marconet, pilote (brevet n° 90), capitaine de corvette de la Marine impériale (ressortissant français) - niveau 1*
- *Pierre Rigal, homme d'équipage (ressortissant français) - niveau 4*
- *Albert Fournier, homme d'équipage (ressortissant français) - niveau 4*
- *Lucien Dumont, homme d'équipage (ressortissant français) - niveau 4*
- *René Brunel, homme d'équipage (ressortissant français) - niveau 4*

Le commandant Charcot fourragea sa barbe en pointe et rangea sa liste. Il était fort contrarié. Pour commencer, Paris avait détourné sa mission scientifique pour ordonner un sauvetage. Porter assistance était un devoir en pleine mer, surtout dans ces régions hostiles. Mais la manière dont la demande avait été faite relevait de l'injonction. *Des méthodes toutes militaires !* L'affaire lui ferait facilement perdre quinze jours sur sa feuille de route. Et maintenant ? On lui annonçait, sur du matériel non enregistré, qu'il y avait des possibilités de sabotage ? Et que lui, Charcot, allait devoir jouer à la barbouze sur son propre navire ?

Détestable.

En dehors du commandant, seules deux personnes à bord avaient ces accréditations de niveau 1. Deux militaires qui, selon les consignes reçues au moment de leur embarquement en Islande, à Fáskrúðsfjörður, ne devaient être que des observateurs.

Le mariphone émit un nouveau signal d'appel. Cette fois, c'était bien la passerelle. Son navigateur en second, Clément-Bayard, le réclamait à la barre. Le commandant verrouilla les tiroirs de son secrétaire et, Rita en équilibre précaire sur l'épaule, rejoignit le poste de pilotage. L'endroit était disposé en saillie, à l'avant de la nacelle principale. La coque en tungstène, une double peau emplie de cellulose, était percée de grandes baies à triple vitrage. Le champ de vision ainsi libéré était de 270 °. Un plancher de verre s'ouvrait sur la mer, et se poursuivait à l'extérieur, où une coursive d'observation offrait une vue panoramique.

— Commandant, Frantz vient de capter un message étrange.

Joseph Frantz, le maître radiotélégraphiste, hocha du chef et tendit la transcription, le casque d'écoute de travers.

« Ici Fram *à* SS Southern Cross. *Sommes dépassés par archdeacon impérial. Risques de confrontation militaire. Je renonce à la course. »*

Charcot rendit le message à l'opérateur radio et se pencha sur la carte de navigation. Des punaises figuraient les bâtiments en présence dans les environs. Le *SS Southern Cross*, un phoquier britannique, était à plus de quatre jours de marche. Le *Pourquoi Pas* avait déjà eu plusieurs échanges avec lui, pour signaler la dérive de quelques icebergs. Le *Fram*, commandé par Roald Amundsen, n'était plus, quant à lui, qu'à deux jours de navigation. Roger Sommer avait confirmé sa position la veille, en le survolant à bord du *Donnet-Lévêque-75*. Les pointages indiquaient à l'évidence que le navire norvégien faisait route depuis des jours pour venir au secours du pilote écrasé. Rien d'anormal dans le cas d'un sauvetage classique.

Mais dans le cadre d'une affaire sensible ?

— Commandant ! Le *Fram* émet maintenant un message en multicanal ! Écoutez !

« Amundsen à Scott. Amundsen à Scott. Je prends la liberté de vous informer que le Fram *fait désormais route vers l'Antarctique. »*

Visiblement, le Norvégien avait décidé de reprendre sa mission première et de répondre à un vieux défi. Celui d'atteindre le premier le pôle Sud géographique.

Le commandant quitta la passerelle, suivit la coursive centrale, et déboucha dans la salle commune qui occupait le cœur de la nacelle. La pièce ressemblait à un hall de réception de grand hôtel. De hautes baies vitrées donnant sur l'extérieur, un parquet de chêne en chevrons, couvert de tapis, un piano entouré de fauteuils, une table où l'équipage prenait ses repas, des bibliothèques avec des ouvrages récréatifs, un billard français : l'endroit servait aussi de lieu de détente et d'échange.

Les hommes présents se levèrent et saluèrent promptement l'entrée du commandant.

Mais Charcot fronça aussitôt les sourcils et lança d'une voix blanche.

— Le Donnet-Lévêque *DL-124* est bien dans les airs ?

— Affirmatif, commandant.

— Dans ce cas, si messieurs Sommer et de Lambert se prélassent dans ce salon, peut-on me dire qui est aux commandes ?

Les deux pilotes se levèrent immédiatement de leur fauteuil. Et le silence fut.

— Commandant... Mais enfin... Féquant et Marconet nous ont relevés, ce matin ! répondit le comte de Lambert en retirant sa casquette.

— Pardon ?! s'étrangla Charcot. Et en quel honneur ?

Cette fois, tout le monde avait reposé, l'un sa tasse de café, l'autre son cigare ou son magazine scientifique. Même Rita, la mouette, s'abstint de tout commentaire animal.

— Mais commandant... l'ordre de mission était signé de la main de l'empereur, et Nobile, qui était de quart, l'a naturellement appuyé, compléta Roger Sommer.

— À quelle heure ?

— 8 h précise, fit Sommer en s'arrachant la moustache.

— Roger, décollez immédiatement avec le *DL-75*.

— À vos ordres, commandant.

Le pilote siffla ses mécaniciens et précipita le petit comité vers la plate-forme inférieure de l'archdeacon. Sommer enfilait des vêtements chauds, disparaissant sous d'épaisses fourrures de phoque, tandis que ses deux mécaniciens préparaient le second Donnet-Lévêque.

— Niveaux vérifiés, air comprimé en surpression..., commenta Denhaut.

— ... et les fluides sont à température, ajouta Voisin.

Les deux hydravions, comme l'ensemble du matériel stratégique, étaient constamment chauffés pour rester opérationnels. En pareille mission, tout pouvait, à chaque instant, devenir une question d'urgence ou de survie. Roger Sommer se hissa sur son siège de pilotage, effectua les tests d'usage, et, lunettes d'aviateur sur le nez, leva un pouce.

Léon Champel fit jouer le volant d'ouverture de la trappe de largage. La plate-forme descendait, lentement, présentant l'hydravion au-dessus du vide...

— *Sommer à passerelle, test radio.*

— *Passerelle à Sommer, test positif.*

— *Larguez !*

Le chef arrimeur abaissa un levier et libéra les tenailles. Les aimants lâchèrent l'hydravion qui disparut bientôt sous les nuages. Sommer mit les gaz, prenant aussitôt le contrôle du Donnet-Lévêque. L'appareil dépassa l'archdeacon, et fit route vers la position estimée de l'aire d'écrasement.

Charcot attrapa alors l'émetteur du mariphone et fit rugir tous les haut-parleurs du *Pourquoi Pas.*

— *Réunion du personnel de navigation sur la passerelle !*

La tension était palpable. Le silence, à peine brisé par les essais radio de Joseph Fritz. L'opérateur ne parvenait pas à établir la liaison avec l'hydravion des deux officiers de l'Armée impériale. Le commandant se redressa vivement à l'entrée de son second.

— Nobile ? Nos militaires prennent l'air sans que j'en sois informé ?

Umberto Nobile, déjà contrarié d'avoir dû déléguer le changement d'une dérive à Gauchet, son mécanicien, ne sut que répondre.

— J'attends vos explications ! insista Charcot.

— Mais commandant..., commença l'ingénieur italien, les lettres des messieurs Marconet et Féquant émanaient du bureau de votre empereur des Cuprifères... Comment ne pas m'y soumettre ?

— Il était de votre devoir de m'en informer, Nobile !

Charcot n'en pouvait plus de voir s'allonger cette liste de dysfonctionnements. Le cœur même de cette mission devenait de plus en plus trouble.

— Fritz, des nouvelles du *DL-124* ?

— Toujours rien, commandant. Ils ne répondent pas.

— Poussez les machines. Nous allons voir ce que cet archdeacon a dans le ventre, siffla Charcot.

L'équipe de navigation réagit immédiatement, et fit un point sur les nouvelles conditions de vol.

— Clément-Bayard, bénéfice du contreventement ? demanda Tissandier.

— Nul, monsieur.

Le navigateur en chef se tourna vers Charcot pour lui faire son rapport.

— Distance restante, 75 km. Vitesse, 135 km/h. Arrivée prévue, 33,3 min.

— Nobile, état des moteurs principaux ? demanda sèchement le commandant.

— Surchauffe possible, répondit l'ingénieur.

— Poussez encore les machines, ordonna Charcot.

— Je tiens à préciser, commandant, qu'en l'état actuel des choses, nous risquons déjà une avarie pour un maigre gain de sept minutes, s'alarma Nobile.

— Il peut se passer beaucoup de choses, mon cher, en sept minutes. Tissandier, montez à 145 km/h ! insista Charcot.

— Monsieur ! s'offusqua Nobile.

Mais l'équipage se soumit aux ordres du commandant. Le *Pourquoi Pas* tremblait comme jamais, battant des records qui ne seraient jamais homologués, pour gagner encore quelques précieuses minutes.

— *Sommer à* Pourquoi Pas, *vous m'entendez ?*

— Oui Sommer, haut et clair, à vous, répondit immédiatement l'opérateur radio.

— *Je survole la zone d'écrasement. Aucun signe de vie autour de l'épave, aucune présence du* DL-124. *Quelles sont les instructions ?*

Le commandant Charcot était un expert pour ce qui était d'organiser et diriger des missions d'exploration polaire. Pas pour mener une mission militaire.

— Quelle est la visibilité ? demanda l'homme en prenant sur lui de paraître calme.

— *Assez bonne, commandant,* répondit le pilote.

— Alors partez en cercles concentriques et tentez d'avoir le *DL-124* en visuel !

Roger Sommer accusa réception des ordres et le silence reprit ses droits sur la passerelle de l'archdeacon. Un silence qu'osa briser Umberto Nobile, dans un effort qui s'exprimait jusque dans ses mains...

— Commandant... il vous faut savoir autre chose...

— Quoi ? Vous avez mangé Rita avec des petits pois ? fit Charcot sans desserrer les dents.

— Non... Rita est une très jolie mouette, aussi belle et aussi blanche que ses petites fientes..., fit l'ingénieur en cherchant à gagner du temps.

— Alors que voulez-vous me dire, Nobile ?

— Ça ne va pas vous plaire, commandant. Ces messieurs militaires, à bord de l'hydravion...

— Mais parlez, Nobile ! s'emporta Charcot lassé par ces atermoiements.

— Ils ont installé du matériel offensif sur une petite tourelle du plan supérieur, monsieur.

— Du matériel offensif ?

— Une mitrailleuse Lewis, monsieur. Ils avaient les ordres de votre empereur !

— Nous avons du matériel militaire à bord ? s'alarma soudain Paul Tissandier.

Charcot ne répondit pas. Il ne desserrait plus la mâchoire. Il attrapa de nouveau l'émetteur radio et cracha ses recommandations à son pilote.

— *Pourquoi Pas* à Sommer, nos militaires ont une mitrailleuse et nous ignorons leurs intentions, terminé.

— *Ici Sommer, bien reçu. Euh... commandant ? Je suis censé faire quoi ? Terminé.*

— C'est vous le pilote, Sommer. Restez hors de portée.

— *Bien reçu. Merci pour la croisière, commandant.*

— Commandant, intervint l'homme de barre, l'objectif est en vue, droit devant. Je propose que l'on réduise la cadence et l'altitude.

Charcot confirma l'ordre d'un coup de menton et sortit sur la coursive d'observation. Il balaya l'horizon, l'œil vissé à sa lunette télescopique, et finit par discerner l'objectif à travers les nuages bas. Une simple plaque dérivante noircie du fuselage fatigué d'un avion postal. Tissandier vint le rejoindre.

— Monsieur, c'est quoi cette histoire ? Et ces armes ?

— Je ne sais pas tout, mon cher. J'espère seulement que nous ne sommes pas la cible de nos militaires. Faites préparer les canons d'amarrage. Nous allons descendre sur ce bout de glace.

L'archdeacon entama les manœuvres d'approche et se positionna bientôt au-dessus de l'épave à la dérive. Les coups de canon furent donnés, et les harpons d'amarrage vinrent frapper la glace pour s'y pitonner. Le fragment de banquise se trouva captif du *Pourquoi Pas*, le *Pourquoi Pas* captif du fragment de banquise. Des filins supplémentaires furent lancés pour installer le dispositif de descente. Charcot monta le premier à bord de la nacelle, accompagné de deux hommes assez gaillards pour faire la différence en cas de grabuge. Il avait choisi Beaulieu, le trappeur canadien, et Martinet, mécanicien et amateur de boxe anglaise. Tous deux avaient des fusils qui n'étaient pas faits pour aller à la chasse...

La nacelle descendit le long des câbles en sifflant.

Et accosta quelques dizaines de mètres plus bas, sans encombre.

Le commandant sauta à terre, et cria en direction de l'épave.

— Ohé ! Quelqu'un ! Nous sommes ici pour vous secourir !

L'homme esquissa l'envie de faire le premier pas, quand le Canadien s'interposa.

— Commandant, si tu permets...

Le trappeur passa devant, préférant exposer son buffet en premier plutôt que celui du capitaine. Martinet l'appuyait en arrière, le fusil prêt à tirer. La tension montait à chaque pas, malgré un silence polaire. Beaulieu pointa des traces fraîches, sur la glace, laissées par un objet lourd que l'on aurait tiré hâtivement. Puis il remarqua un mégot de cigarette.

— Fumaient pas, nos deux militaires, commandant, si ?

— Pas que je sache, répondit Charcot, la mine sombre.

Martinet entra le premier dans la carlingue de l'avion postal. La carcasse éventrée de l'appareil ne laissait entrevoir que des sacs de courrier épars.

— Rien dans l'igloo, et personne dans la cabine.

Charcot remarqua que le poste de radio avait été arraché, emporté.

— Votre conclusion, commandant ? demanda Beaulieu.

— Il semblerait que notre naufragé ait choisi sa voie.

Le commandant mit ses mains en porte-voix et cria en direction du *Pourquoi Pas*.

— Tissandier ! Descendez avec la médium et le photographe !

Une réponse se fit emporter par le vent du pôle, et la tyrolienne revint une dizaine de minutes plus tard avec à son bord la mystérieuse ténébraliste. Hilma af Klint, une ressortissante suédoise, parlait peu, restait en retrait, et mangeait seule. Elle s'habillait toujours de la même manière, avec des vêtements sombres et stricts, à peine égayés par des pièces de dentelle traditionnelle. À l'occasion de cette sortie, elle avait choisi de se protéger de la bise avec un long manteau de feutre noir doublé de fourrure.

La nacelle percuta la glace. La médium descendit sans faire de manière et planta ses yeux clairs dans ceux de Charcot.

— Madame af Klint, commença le commandant, si un homme avait tué ici, sur ce bout de glace, vous seriez capable de... sentir son âme ?

Hilma souffla un petit nuage de vapeur des plus distingués, sans répondre. Elle respirait avec calme, balayant de ses mains tout le périmètre de cette île de fortune, et secoua la tête.

— L'endroit n'est pas habité.

— Le naufragé n'a donc pas été tué ? demanda encore Charcot.

— Il a pu être tué et son périsprit enlevé, répondit la ténébraliste. Comme on l'aurait fait de son corps.

La médium affina son analyse, relevant tout au plus la présence de quelques ombretraces qui attestaient la visite d'hommes sur ce bout de glace.

— Nous nous sommes fait doubler, conclut Charcot. Assez perdu de temps. Chargez ce qui reste de courrier dans la nacelle. Nous levons le camp.

Les ordres furent exécutés. Jules Reynaud, le photographe, acheva de couvrir l'exploration de l'épave, pendant que l'équipage expédiait les sacs à travers les airs, vers les soutes du *Pourquoi Pas*. Martinet et Beaulieu se mirent à frapper les harpons d'ancrage à la masse, pour rétracter les barbelures, pendant que les autres membres de l'équipage regagnaient le dirigeable. L'équipage enfin au complet, Charcot ordonna de lever les amarres...

— Et qu'allons-nous dire à Paris ? s'inquiéta Tissandier.

— Qu'il n'y avait plus personne à sauver. Fin de mission.

Et Rita d'acquiescer d'une de ces fientes dont seules les mouettes avaient la science.

Mais Nobile arriva en courant. Le vent des pôles n'avait pas fini de souffler le froid sur l'expédition de Charcot...

— Commandant ! Sommer a repéré la fumée d'un gyroplaneur inconnu, écrasé sur la banquise, à une trentaine de kilomètres à l'ouest !

Chapitre 13

Paris-Capitale, le 3 juin 1910, 4 h 58
Un vieux renard

« Le symbolon est un médaillon circulaire en céramique de cendres funéraires. Symbole périspritique du défunt, il est confié au chef de famille ou garant du souvenir. »* Notes extraites du *Petit Guide de cérémonie ténébrale.

Goron attendait son tube à la station du Déversoir. Il était assis sous les arches Guimard, protégé derrière des barrières en fonte de la cohue qui régnait ici à toute heure. L'homme lisait un journal politique, *L'Utopie*, et s'attardait sur un article de fond. Une loi que venait de voter le Conseil résurrectionnel de Paris-Capitale interpellait sur la définition légale de *l'utile*.

« Pouvons-nous décemment produire à une échelle industrielle des marchandises dont l'utilité n'est pas établie ? Pouvons-nous, autrement dit, gaspiller des matières premières, de l'énergie et un savoir-faire pour produire des marchandises dont l'apport objectif et effectif sur le plan civilisationnel n'est pas garanti ? Le Conseil résurrectionnel a statué, et la réponse est non. Cette loi a pour vocation de consolider une motion précédemment adoptée sur la notion de durabilité, nommée "décret éternité".

Une commission composée de membres issus des forces vives du pays sera donc bientôt chargée de valider l'utilité de chaque projet d'ordre industriel avant de lancer les chaînes de production.

Les représentants de cette commission seront anonymes, désignés par la ronde stochocratique pour une durée d'un an, et indemnisés pour chacune de leurs expertises.

La loi ne concernera pas les productions individuelles ou artisanales, assure le ministre des Arts et de la Création, productions qui relèvent, elles, de la garantie sur la diversité artisanale et manufacturière. »

— Encore une mesure d'idéaliste…

— Pardon ? fit Goron en relevant le nez et ses moustaches de son journal.

— Cette loi sur l'inutile, pour lutter contre la connerie humaine…, pointa du doigt un jeune voyageur sans réserve.

— Vous, vous n'êtes pas du coin, commenta Goron.

— Je suis de Grenoble. Mais pourquoi vous dites ça ?

— À vos manières. Vous lisez le journal des autres. Regardez un peu autour de vous. Le Parisien soigne sa posture. Il se tient droit, toujours en représentation. Il ne lit que son journal, avec classe et concentration. Lui seul tient entre les mains ce qui mérite l'attention du moment. Il n'a pas une seconde à perdre en regardant son voisin. Il se doit même de l'ignorer. Qui risquerait de passer pour un de ces provinciaux en mal d'inspiration ? Rien que de converser en ces lieux suffit pour attirer sur nous tous les regards. Jugez par vous-même.

Les usagers témoins de la scène replongèrent immédiatement dans leurs lectures respectives.

— Vous croyez ? fit le jeune voyageur.

— J'en suis même certain, confirma Goron. Mais je dois vous laisser, mon carrosse approche.

Le tube venait d'arriver en station. Il s'immobilisa dans sa section de décompression. Vannes et pistons larguèrent dans l'atmosphère des jets de vapeur et d'air comprimé, et les portes s'ouvrirent sur un train de voitures publiques. L'odeur soufrée du lubrifiant resta un instant en suspens, une odeur typique qui faisait surnommer le réseau des métros d'Eiffel *les tubes de l'enfer*.

Goron se fraya un chemin au milieu de la bousculade, de voiture en voiture, cherchant celle qui se rendait à destination. Il passa sur la planche de tare, juste à temps pour monter à bord. Les portes se refermèrent derrière lui, ne lui laissant plus d'autre choix que de trouver la dernière place réglementaire. L'homme se cala contre le molleton d'une coque dorsale, les pieds posés sur les repères d'écartement, et abaissa le harnais de maintien. Les électrovannes n'attendaient que lui pour remettre la section en pression.

Les passagers sentirent la montée en vitesse de la cabine. Le boyau, bordé de prime abord de parois sombres et bardées d'appareillages de service, devint tour à tour opalescent, puis translucide. La navette venait de rejoindre le réseau central de la ligne-Seine et s'inséra naturellement entre les voitures déjà en transit. Le tube courait maintenant sur le fond du fleuve canalisé, offrant à voir, derrière les vitrages, des scènes subaquatiques désormais célèbres de par le monde. Telle cette chasse entre un brochet et un gardon malchanceux, ce nuage d'alevins qui jouait avec les rayons du soleil, entre les branches d'une forêt de myriophylles, ou la balade quotidienne des scaphandriers. Au-dessus du double tube collectif venait le réseau individuel, réservé aux courses particulières. Des capsules privées, rutilantes d'ors et de cuivres, passaient ici à des vitesses folles, avant de disparaître derrière les vibrisses d'un des systèmes de purification des eaux de la ville. Le tube plongea alors sous terre pour rejoindre la station du Pont-Saint-Michel.

Le train poursuivit sa route, mais la voiture de Goron, elle, se détacha du convoi et ralentit jusqu'à l'arrêt total. La chambre de décompression libéra les gaz, et les portes s'ouvrirent sur le quai pour laisser aller le flux et le reflux des passagers. Les places vacantes se chargèrent d'étudiants bruyants et chahuteurs, qui n'avaient rien de la réserve et du sérieux de ceux qui rejoignaient les Académiques, aux Cuprifères. Les portes se refermèrent et les buses réinjectèrent leurs vapeurs lubrifiées dans le circuit. La cabine prit cette fois la direction du Quartier latin. Goron se rappela de sa réflexion, un peu plus tôt, à l'adresse de ce jeune provincial, et laissa traîner par jeu son regard sur les unes des journaux voisins.

« Cure de jouvence.
Que font ces Péruviennes à Paris ?* La Rumeur *a la réponse ! D'après nos informations, certains locataires des Cardinales en quête de jeunesse éternelle se feraient remplacer quotidiennement leur sang par celui de ces jeunes Péruviennes ! »

La Rumeur nocturne

« Affaire de cendres.
« Une Goule noire s'est fait arrêter par les services de la Périspritique après avoir saccagé un espace public dans une

zone réputée déshantifiée. Le contrevenant aurait affirmé avoir la certitude que des ossements anciens liés à l'affaire du démon des Halles se trouveraient encore sur place, ce que démentent les représentants du pouvoir central. »

Le Temps

« Les lois du ciel.

D'après les ornithologues du muséum d'Histoire naturelle, les oiseaux de Paris-Capitale voleraient de plus en plus haut, conjointement à l'élévation des Cuprifères. »

Le Pigeon voyageur

« Alerte météo.

Préavis d'orages ténébraux sur les Cuprifères. Des pluies de singes sont à prévoir. »

L'Encre des doges

Le trajet fut de courte durée.

Le principal avantage des tubes de Paris était leur efficacité. Jamais en panne. Jamais en retard. Toujours constants. Goron se libéra de son harnais de maintien et descendit à la station Sorbonne, au milieu d'un infernal brouhaha. L'immense hall de desserte distribuait à lui seul l'ensemble des universités du quartier. Encore fallait-il choisir le bon boyau, sous peine de tourner en rond pendant des heures, suivant des indications toutes plus contradictoires les unes que les autres… Restait pour le touriste à profiter de la magnificence des lieux, avec leurs jeux d'arches en fonte, leurs décors en feuillures végétales, et leurs membranes de verres opalins rehaussées de filigranes de cuivre…

Mais Goron, qui connaissait par cœur le moindre détour d'escalier de ces dédales, coupa par la sortie Champollion. Des massifs de fougères arborescentes profitaient ici d'un puits de lumière, au pied d'une colonne cannelée monumentale. Plus haut, une verrière inondait de soleil l'intérieur de cet immense kiosque, ce manège de passerelles Horeau et de rampes aériennes qui menaient les usagers à travers les étages. Les doges s'ouvraient ici pour embrasser le carrousel de la chapelle de la Sorbonne. Le journaliste s'engagea entre les arches de fer, qui firent bientôt place aux arches de bronze, avant de retrouver les arcades aux plafonds de verre des sous-doges de Paris. Les trottoirs, en ces lieux de culture, étaient bordés de bas-reliefs signés par les plus grands sculpteurs de l'Histoire. Houdon, Rodin, David d'Angers, Marcello, Claudel ou Bugatti parmi tant d'autres offraient aux passants des scènes pédagogiques figuratives, des frises, ou des cycles évolutifs. Mais ce qui retenait le plus l'attention dans ces artères estudiantines était la présence des crieurs de rue. Certains déclamaient des poèmes destinés à dévoiler des amours platoniques : « *Toi que je n'ose aborder, toi dont j'effleure les lèvres dans mes rêves les plus fous, reçois mes murmures, entends mes caresses...* » D'autres éructaient des pamphlets politiques ou lançaient des bruits : « *Apprenez que* La Rumeur *nocturne est interdite de tirage par le pouvoir central pour avoir fait commerce de calomnie !* » À quoi répondaient des vendeurs de journaux : « *Achetez* Le Temps, *le journal de l'information honnête et juste !* » ; « *Achetez* La Voix officielle, *le journal des minutes parlementaires !* » Quand ce n'était pas le babillement des biographes... « *Biographie ! Demandez votre biographie ! Que vous soyez monsieur ou que vous soyez jeune homme, donnez de l'importance à votre vie ! Pensez au paradis des Cuprifères !* » Plus loin, deux factotums débattaient sur les mérites du service publique :

— Regardez, moi, à mon arrivée à Paris, je redoutais de vivre sous l'eau ! Mais maintenant, je peux vous le dire, toutes mes craintes se sont évaporées !

— Tout de même, lui répondit l'autre en s'appuyant sur le manche de son balai, je ne serais pas rassuré. Je préfère mes faubourgs.

— Penses-tu ! insista le premier. Regarde, l'autre jour que j'avais un hublot qui commençait à se fendiller, j'ai fait le numéro du service des doges et sous-doges, ils m'ont envoyé un formulaire, par singe, j'ai rempli l'affaire, entubé l'affaire, et paf ! dans l'heure j'avais une équipe pour intervenir ! Résultat des courses, mon cher, un hublot tout neuf et c'est reparti pour cent ans !

— Il avait cent ans, le précédent hublot ?

— Ah ça, j'en sais rien, c'est une bonne question, je n'ai pas pensé à leur demander, aux gars des doges et sous-doges. Faut dire que j'étais bien occupé à écoper mon plancher !

Goron souriait en entendant ces petits contes urbains qui faisaient le charme de ce nouveau Paris. Certains regrettaient cette époque d'avant Haussmann et d'avant Eiffel, mais lui aimait cette ville organique, ces canaux de verre, ces galeries aériennes, ces colosses : Paris était devenue un véritable hymne à la démesure ! Le sourire aux lèvres, l'homme s'écarta pour se laisser dépasser par un couple d'officiants des Cuprifères tout habillés de noir. Ils marchaient à l'aide d'échasses mécaniques. L'ancien policier repéra le symbole du caducée brodé d'or sur les revers de leurs cols. Détail qui indiquait leur appartenance au service des Pompes périspritiques. Le rôle des *amants noirs*, comme ils étaient surnommés à Paris, était de se présenter chez les familles endeuillées, et de superviser les préparatifs des cérémonies mortuaires.

Malgré une entrée en vigueur datant de près de vingt ans, certains citadins faisaient encore semblant d'ignorer la réalité des lois ténébrales... Ignorance que tentait bientôt de réduire ce couple d'officiants, en procédant, non loin de Goron, à un rappel des plus stricts des textes impériaux.

— Monsieur, nul ne peut se soustraire aux lois ténébrales, tonna l'homme en frappant contre le panneau d'une porte cochère. Ouvrez cette porte.

— Allez au diable, avec vos sornettes !

— Monsieur, nous ne sommes pas là seulement pour vous accompagner dans votre douleur, fit la femme en tentant la manière douce. Nous sommes là aussi pour accompagner votre défunte épouse.

— Partez...

— Nous allons suivre la procédure, monsieur, reprit l'homme. À commencer par un rappel des textes.

« *La mort doit être attestée par un médecin assermenté.* »

— C'est fait. Elle est morte et bien morte, ma Léodie..., se lamenta le vieux veuf.

— « *Le mort doit être confié aux services des Pompes périspritiques des Cuprifères.* »

— Laissez-moi...

— « *Le mort doit être entendu par un ténébraliste officiel.* »

— ...

— « *Toute cérémonie d'adieu doit se tenir dans une chapelle ardente des Cuprifères. L'Empire offre le service crématoire. Les options sont à la discrétion financière des proches.*

En dernier lieu, le chef de famille reçoit la responsabilité de conserver et protéger le symbolon, la signature périspritique du mort. »

— Mais je n'en veux pas, moi, de votre bazar ! Je veux enterrer ma Léodie selon les préceptes de l'Église !

— On n'enterre plus personne, monsieur, tonna l'homme d'une voix autoritaire.

— Et pourquoi ? fit le gardien d'une voix blanche.

— Le pouvoir central ne l'autorise plus depuis vingt ans, monsieur, précisa la femme.

— Mais dites-moi pourquoi ! s'emporta le veuf derrière son panneau de bois.

— Monsieur, reprit l'officiante d'un ton docte, nous avons tous à cœur de ne pas voir de nouveaux morts gonfler les rangs des ombres. Vous ne voudriez pas que votre Léontine soit capturée comme un vulgaire lapin ?

— Ma Léodie, un lapin ?!!

Les deux officiants se tournèrent vers Goron qui se tenait patiemment à côté d'eux.

— Vous désirez quelque chose, monsieur ?

— Juste entrer, fit Goron.

— Vous connaissez monsieur Joubert? s'enquit l'homme des Cuprifères d'un air sévère.

— Non, je rends visite à monsieur Encausse, qui habite cet immeuble.

— Le gardien vient de perdre son épouse, précisa la femme en noir, et il refuse de nous ouvrir.

— Vous lui avez parlé de la pension impériale ?

— Quelle pension ? fit le veuf en ouvrant aussitôt la porte cochère.

Goron retira son chapeau melon, le temps de présenter ses condoléances au concierge, et entra dans la place. Une place tenue comme un château peut l'être contre un ennemi invisible. Les feuilles d'or réglementaires étaient ici renforcées d'une treille de sécurité des plus épaisses. Le dispositif se poursuivait le long d'escaliers XVIIIe, pitonné sans soin dans des moulures d'époque.

Goron monta jusqu'à une porte en bois sculpté de l'étage noble, où une petite plaque en laiton brossé annonçait : « *Gérard Encausse, dit* Papus, *occultiste* ».

Il frappa.

Un plancher grinça.

Et la porte s'ouvrit.

Le bourgeois qui se tenait là dans un costume en velours dégageait un air bonhomme. Il avait des rondeurs bien placées, de celles qui vous mettent immédiatement en confiance. Le tout souligné d'une barbe presque forestière, un attribut viril qu'un bûcheron vosgien n'aurait pas renié.

— Que me vaut cette visite ? s'enquit l'érudit.

— Je suis ici en tant qu'envoyé officiel de la préfecture, commença Goron en présentant son ordre de mission.

— Une carte de Sûreté temporaire ? Ce n'est pas banal…, s'étonna l'occultiste.

— C'est que je suis un retraité de la fonction, précisa Goron. Mais les Cuprifères font appel à moi pour une affaire un peu particulière.

— Et ça vous suivra bien après votre mort. C'est une manie, avec les Cuprifères. Nul repos pour les braves, et nul sommeil pour les humbles. Suivez-moi dans mon bureau.

Papus entraîna son visiteur dans un couloir sombre, puis dans des escaliers étroits aux boiseries usées par le frottement des passages quotidiens. L'ancien policier observa les becs de gaz, aux murs.

— Vous vous éclairez encore au gaz ?

— Oui, ma femme craint les revenants. Il faut dire que certains d'entre eux sont peu fréquentables, dans le quartier.

— J'ai aussi remarqué les treilles de sécurité. C'est du sérieux. Vous avez eu des intrusions forcées ? demanda Goron.

— L'immeuble a subi des attaques, ces derniers temps. La moitié des locataires a quitté les lieux, expliqua Papus.

— Je n'ai vu ce genre d'installations que dans le musée Guimet, remarqua Goron.

— Vous avez rencontré Émile Guimet ? C'est un homme de valeur.

— Non, je n'ai pas eu ce plaisir, répondit Goron. Mais j'ai fait un article de fond sur son conservateur en chef, Natrojar Racoques.

— Mais ? Vous êtes un agent de la préfecture, ou vous êtes journaliste ? s'enquit l'occultiste en s'arrêtant entre deux marches.

— Pardonnez-moi, je ne me suis pas présenté. Marie-François Goron, reporteur indépendant.

— Marie-François Goron ? Mais j'y suis ! Natrojar Racoques, le musée Guimet, le trafic de statues birmanes ! C'était un très bon article ! s'enthousiasma Papus. Tenez, c'est par ici... Installez-vous où vous pouvez.

L'occultiste retira à la hâte d'un fauteuil de volumineux ouvrages traitant d'astrologie orientale, chaldéenne, ou ptolémaïque. Le bureau de l'érudit ressemblait à un placard de musée. Livres et objets hétéroclites se côtoyaient dans une anarchie des plus ésotériques.

— Thé ? Café ? Eau rougie ? Citronnade ?

— Juste quelques renseignements, si vous le voulez bien, répondit Goron en s'asseyant.

L'ancien policier nota que la pièce, plus encore que le reste de l'immeuble, voyait sa sécurité renforcée. Tôles d'or vissées contre les parois extérieures, vitres armées de métal impérial...

— Eh bien, monsieur ? Que me vaut le déplacement en personne d'un retraité de la fonction publique ?

— Je voudrais que vous me parliez de Nicolas Flamel, engagea Goron.

— Flamel ? L'alchimiste de légende ? Que vient-il faire dans une affaire policière ?

— Un ennemi de l'Empire réclame la pierre de monsieur Flamel comme paiement d'une rançon.

— Ils ne sont pas capables de vous renseigner, aux Cuprifères ? s'étonna Papus.

— Si. Ils nous ont donné votre nom.

— J'ai bien peur de vous décevoir. Celui qui réclame une pareille rançon est soit très mal informé, soit un naïf qui croit aux contes pour enfants, affirma Papus.

— Dites toujours ce que vous savez sur le sujet, encouragea Goron.

— Nicolas Flamel..., engagea l'occultiste comme s'il ouvrait un vieux dossier. Le personnage historique était un bourgeois de Paris vivant à la fin du XIVe siècle. Un copiste de talent. Il produisait des enluminures pour de riches familles et travaillait comme écrivain public, en faisant profiter à ses clients de ses notions de droit.

Un joli mariage, une belle dot, des biens qu'il sut faire fructifier et des appuis choisis lui ont permis, au fil du temps, d'amasser une fortune remarquable.

» Maintenant, la légende. Sans enfant ni héritier, sentant la mort approcher, Nicolas Flamel se mit à faire des dons à l'Église, ou à bâtir des maisons pour les indigents. De manière officielle, c'était juste une manière de se montrer bon chrétien et d'acheter sa place au paradis. Mais cette générosité soudaine, ajoutée à sa passion pour de vieux livres traitant d'alchimie, lui a valu une autre réputation...

» « *Flamel aurait découvert le secret de la transmutation des métaux !* »

» « *Flamel aurait découvert la pierre philosophale !* »

» « *Flamel aurait découvert le secret de la vie éternelle !* »

— Donc, vous n'y croyez pas ? demanda Goron en se fourrageant les moustaches.

— Absolument pas. La pierre de Flamel n'est qu'une légende sans fondement.

— Et sur quoi repose votre raisonnement, monsieur Encausse ?

— Un grand nombre d'incohérences.

» Pour commencer, la pierre de Flamel permettrait de transmuter les métaux en or. Flamel était un besogneux, et sa fortune, en rien colossale, s'explique par son labeur. Pouvez-vous me dire qui, en capacité de produire des montagnes d'or, ne laisserait en héritage que quelques frontispices pour acheter la paix de son âme ?

» Ensuite, toute découverte scientifique a la vertu d'être reproductible ! Or pas un alchimiste n'a pu se vanter d'avoir de nouveau percé les secrets de la transmutation...

» Et enfin, Pernelle ! s'enflamma cette fois l'occultiste. La pierre philosophale permettrait aussi de produire l'élixir de longue vie ! Quel alchimiste maîtrisant cet art accepterait de voir mourir celle qu'il aime plus que tout au monde ? Pernelle était le soleil de sa vie ! Et en place de vie éternelle, il n'a su lui offrir qu'un tombeau au cimetière des Innocents !

» Flamel est mort, monsieur Goron. Flamel est mort et enterré, et c'est bien la seule chose vraie dans cette légende !

— Je ne suis pas sûr que l'on puisse satisfaire l'avidité de nos criminels avec ça, monsieur Encausse.

— Je ne vais pas inventer ce qui n'existe pas, monsieur Goron. J'ai passé la moitié de ma vie à tenter de décrypter les mystères de Flamel... J'ai même la bibliothèque la mieux fournie au monde sur le sujet !

Papus se leva et déverrouilla les portes d'une grande armoire. L'érudit mit des gants blancs et présenta des ouvrages dotés de précieuses enluminures, datant de l'Antiquité tardive ou du haut Moyen Âge. L'homme parlait avec passion et s'éloignait volontiers du sujet, emporté par les élans de son savoir. Mais au milieu de ces effusions, l'ancien policier en apprenait toujours plus sur ce Flamel. Comment le copiste avait habité à l'angle de la rue de Marivaux et de la rue des Écrivains. Comment il ne restait rien de cette échoppe jadis adossée à l'église Saint-Jacques-la-Boucherie. Comment il ne subsistait rien non plus de l'œuvre de Flamel, pas même ses frontispices. Si ce n'était quelques dessins et autres relevés, comme ceux de Bernier ou du comte de Saint-Germain, dont le *sachant* montrait les originaux.

— Et sa tour ? réagit soudain Goron, sortant l'érudit de sa transe. Vous ne parlez pas de sa tour ?

— Quelle tour ? Ah ! Vous voulez sans doute parler de la tour Saint-Jacques ! La vérité est qu'elle ne doit rien à Nicolas Flamel. Elle a été construite un siècle après sa mort... Non, tout ce qu'il nous reste de l'aventure de Flamel est dans cette bibliothèque. Traductions de l'antique, textes apocryphes écrits à plusieurs mains : rien de la plume du maître, et rien pour nous prouver qu'un alchimiste ait pu un jour percer le secret divin de la transmutation !

— Puis-je me permettre de poser une question ? aventura Goron.

— À l'évidence, monsieur le policier retraité.

— Votre bibliothèque ne recèle pas le secret de Nicolas Flamel, mais vous semblez tout de même prendre de sérieuses précautions contre les voleurs, y compris contre les ombres...

Goron fit remarquer les tôles en or qui fleurissaient jusqu'à l'intérieur de l'armoire.

— La valeur de cette collection d'ouvrages est grande. Certains de mes confrères guettent ma mort pour en hériter.

— Ce n'est donc pas seulement pour rassurer votre femme, tout ce toutim, conclut Goron en balayant le bureau de la pointe de son stylographe.

— En vérité, monsieur le policier, je n'ai pas de femme. C'est moi qui subis ces attaques. Ça dure depuis plusieurs mois. Des attaques qui se concentrent plus particulièrement sur cette bibliothèque...

— Avez-vous prévenu les autorités ?

— À la mort de Léodie, seulement.

— La femme du gardien ?

— Celle-là même. Le médecin légiste a conclu à un arrêt du cœur. Mais moi, monsieur Goron, c'est de terreur que je l'ai entendue crier, la Léodie. C'était il y a deux nuits de ça. Mes résilles ont subi de sacrées surchauffes ! J'ai fait un signalement, mais avec cette affaire de démon des Halles, la Périspritique m'a fait comprendre qu'elle avait d'autres chats à fouetter. Donc je me protège comme je peux.

Marie-François Goron n'avait en rien perdu son flair de policier. Personne ne pouvait diriger la Sûreté pendant si longtemps sans garder quelques réflexes.

— Si je résume, monsieur Encausse, la pierre de Flamel est une légende, mais quelqu'un s'intéresse de près à vos ouvrages sur le sujet ?

— C'est une évidence.

— Monsieur Encausse, les autorités me réclameront des éléments tangibles. Des *faits*, comme aime à les appeler le préfet.

— Je ne vois pas comment mieux vous aider, répliqua l'érudit.

— En me donnant, par exemple, la liste des anciens propriétaires de ces ouvrages que vous tenez sous clef ?

Chapitre 14

Paris-Capitale, le 3 juin 1910, 11 h 39
Le repas du Khan

« "Programme Jouvence" : *Pasteur travaille sur l'introduction d'une bactérie dans le corps humain qui aurait pour action principale d'interdire la division cellulaire en obligeant les cellules existantes à assurer une régénération perpétuelle. Mais soumettre un homme à ce traitement cause des souffrances terribles. Un seul habitant des Cuprifères est capable d'endurer cette torture quotidienne. Son nom est Eudes Anatole-Faust Lacassagne.* » Notes extraites du *Petit Traité de sciences expérimentales ténébrales.*

L'homme défaisait une à une les douze sangles de sa gaine antébrachiale, afin de se libérer de sa cartouchière. Puis, avec des gestes relevant d'un cérémoniel parfaitement mesuré, il déposa ses vêtements sur le valet de bronze. Jusqu'au dernier. Jusqu'à révéler dans sa nudité cette infirmité, jadis objet de tant de honte.

Cette absence totale de virilité.

Ne restait que son demi-masque en cuir de buffle. Il retira une à une ses dix aiguilles d'argent, s'enfonçant peu à peu dans un bain de douleur indescriptible, et déposa le tout avec ce même souci de cérémonie. Il se toucha le visage, faisant courir ses doigts de chair sur les reliefs de sa peau torturée, un souvenir laissé par le vitriol, et souffla pour ne pas suffoquer.

Puis l'homme avança, marchant lentement au-dessus de la grille de l'aérateur, sentant le souffle des ventilateurs venir assécher cette humidité résiduelle qui colle parfois à la peau, et rejoignit son caisson de froid.

La cellule cryogène trônait au centre de la pièce, verticale, toute d'or et de cuivre. L'homme prit place au cœur de la machine, tourna le volant de fermeture, décolla les bras et les jambes du reste de son corps, et attendit.

L'induction commença. Elle était de plusieurs natures. De l'azote liquide entra en premier dans la cellule, abaissant rapidement la température jusqu'à –140 ° Celcius. Puis le haut-volteur se mit en fonction, ionisant l'air, libérant des décharges électriques, enflammant les vapeurs sous l'intensité de ses éclairs bleutés.

Et enfin, l'eau d'or, une pluie sèche faite de particules infinitésimales, fut diffusée dans l'habitacle.

Les muscles de l'homme se durcirent sous l'effet du traitement. Sa peau tressaillait, animant trait par trait le dragon oriental tatoué sur les courbes de son dos athlétique.

Jusqu'au flash final.

Un nimbe incandescent de coronium pur maintenu durant une seconde.

Alors les opérateurs, retranchés derrière les murs sans tain de la chambre, lancèrent la phase de dépressurisation. La cellule retrouva une température de confort, libérant l'homme de ce soin atypique, indissociable de sa cure de jouvence...

Eudes reprit sa respiration, ouvrit les yeux, et quitta le caisson de cryogénie. Son corps était délassé, débarrassé de tous ses miasmes, et ses muscles raffermis par le froid. Il saisit des vêtements propres, mis ici à son intention sur son valet de bronze, et se rhabilla.

Masque facial aux veines d'argent, gaine antébrachiale, gants de cuir noir, il était redevenu le Khan.

Ses quartiers n'avaient rien en commun avec ceux des locataires des Cuprifères. Eudes était en effet un serviteur de l'Empire tout autant qu'un sujet d'étude scientifique. De fait, cet appartement ne comportait pas de salon où se prélasser ou de chambre où dormir. Juste cette salle de cryothérapie, cet ascenseur privatif, et cette table d'une propreté chirurgicale devant laquelle le Khan prenait ses repas. L'homme posa ses deux mains à plat, le dos droit, le regard fixé sur l'unique porte. Il avait tout cédé aux cadres fondateurs de la CCN. À condition de conserver au moins un semblant de liberté de mouvement, et de ne jamais voir la face de ces techniciens, opérateurs, médecins et autres savants fous qui s'affairaient journellement autour de lui.

Et maintenant, il attendait.

12 h 03.

Il attendait son repas en se remémorant son entrevue avec l'empereur, plus tôt, dans la journée. Il lui avait souligné combien il manquait de moyens et d'effectifs pour traiter le cas du démon des Halles. Puis sa peine à suivre les logiques criminelles ou politiques de l'affaire Prune Bertillon. L'empereur l'avait écouté, patiemment, comprenant qu'il serait difficile de résoudre l'enquête avant l'heure fatidique de l'échange... Son Altesse avait confirmé que le Renseignement s'occupait du volet politique du dossier, et avait recommandé au préfet de se concentrer sur la pierre. Eudes avait encore confié au grand homme combien les lourdeurs administratives, au sein des Cuprifères, entravaient la bonne marche de ses enquêtes, avant que l'empereur ne mette fin à l'entretien.

Avant de replonger dans l'étude récréative d'une perle de bénitier, Karl Emmanuel de l'Abey lui avait donné une dernière information. Converser avec un mort de la Dactylothèque impériale. Un certain Éliphas Lévi, jadis en charge du dossier Flamel pour le compte du Chrysanthème Noir.

12 h 07.

Sept minutes de retard.

Eudes Anatole-Faust Lacassagne s'impatientait. Il ferma les yeux un instant, souffla lentement, et tenta d'ignorer cette porte d'ascenseur qui restait close...

... quand une voix chaude le fit tressaillir.

— Il est loin ce temps où je vous apportais vos repas à heure fixe.

La porte s'était ouverte. En place du chasseur habituel se tenait la belle Mata Hari, un plateau d'argent à la main et un sourire aux lèvres. Elle disposa les plats sur la table, face au Khan.

— Vous avez toujours ce masque ?

— Je n'ai rien trouvé de mieux, grogna le Tigre.

— Dites plutôt qu'au fond, vous êtes un sentimental...

L'espionne portait une de ces robes dont elle avait le secret. Une sculpture faite de dentelles satinées, ourlée de sequins et de pierreries orientales. Sa chevelure en elle-même était un véritable tableau ornemental.

— Quelle est cette tambouille ? fit-elle alors que le Khan retirait les cloches au-dessus de l'argenterie.

— De la cuisine nutrimentale. Ces billes contiennent l'exacte quantité de nourriture que ce corps réclame pour vivre. Et bien plus encore.

— Le secret de votre longévité ?

L'homme ne desserra pas la mâchoire.

— Toujours aussi disert, mon cher, se moqua Mata en faisant danser ses sequins d'une ronde de la main.

— Deux questions, cracha le Khan. Comment êtes-vous arrivée jusque-là, et pourquoi vous êtes là ?

— Moi aussi ça me fait plaisir de vous revoir, mon cher Eudes.

— Répondez.

— Vous ne devriez pas manger vos trucs pendant qu'ils sont chauds ?

Mais devant l'impassibilité du Tigre, Mata trouva plus sage de parler.

— Ne comptez pas sur moi pour vous dévoiler le secret de ma discrétion, mon cher. Je fais ce qu'il faut pour survivre dans ce monde cuivre et or. Ce n'est pas facile d'être baronne par les temps qui courent !

— Baronne, comtesse, duchesse… Épargnez-moi votre couplet, je sais très bien d'où vous venez, cingla le Khan. Allez droit au fait.

— Soit. J'ai rendu visite à la petite Prune, le soir où elle a été enlevée.

— Pardon ? s'étrangla le préfet impérial alors qu'il avalait sa première cuillère de billes nutrimentales.

— Vous l'auriez appris tôt ou tard.

— J'apprends toujours tout.

— C'est ce que je disais. Alors autant que ce soit de ma bouche.

— Vous êtes pour quelque chose dans cette histoire d'enlèvement ? demanda le Khan en reposant sa fourchette en argent.

— Là, vous me chagrinez.

— Oui… vous ne faites que dans le renseignement, c'est bien cela ? Une danse, une caresse à l'œil, une information…

— Vous devenez insultant, mon cher, s'offusqua la belle Mata.

— Suffit ! gifla le Khan en se redressant subitement. Il s'agit ici de la fille de Bertillon !

— Je vous rendais visite en toute courtoisie, mon cher, fit la danseuse en sortant un petit paquet de son sac à main. Mais vu que je vous indispose, vous n'aurez rien de plus que le minimum.

Mata Hari posa un lot d'enveloppes jaunies sur la table, et disparut comme elle était venue.

Le Khan déglutit. Tout, chez cette femme, lui rappelait l'homme qu'il espérait avoir cessé d'être. Ce rustre aux manières épaisses qu'il redevenait à sa simple vue.

Il reprit sa cuillère en argent et avala son repas.

Seul et en silence.

Le préfet impérial se faisait bousculer par les aiguillages un peu brutaux de son ascenseur particulier. Il se rendait au service des visionnages simiétographiques, département de l'Intérieur, Cardinale est. Il tenait à la main un des courriers livrés par la belle espionne. Un des courriers qu'elle ne pouvait plus confier à la petite de Bertillon.

« Ma très chère Prune,

Ma chérie,

Voilà quinze jours que nous marchons dans le désert. Maspero refuse toujours d'utiliser l'archdeacon de l'Armée impériale autrement que comme base arrière de nos campements… Il va finir par avoir ma peau !

En attendant, je dors très mal. Les lieux sont chargés d'ombres puissantes, que les locaux appellent des djinns. Je fais de terribles cauchemars. Cette nuit, par exemple, j'ai rêvé d'un boiteux appuyé sur un bâton, marchant avec deux serpents sifflants. Il ressuscitait les morts sur son passage, par sa science et par sa médecine. Il rendait la vie à des cadavres pourrissant au soleil ! Le ciel s'est alors ouvert en deux et un éclair est venu le frapper. Le boiteux s'est effondré, comme puni d'avoir brisé cet interdit. »

Un changement de rails des plus cahoteux fit sauter la lecture du Khan. Quand il replongea au hasard de lignes aux senteurs exotiques, il ne put se retenir de bondir…

« Louis, par téléscripteur, m'a fait part de tes interrogations. Il est très étrange, ma fille, que tu te poses des questions sur l'identité de ton père... »

Le timbre de l'ascenseur annonça la fin de la course. Eudes enfouit les courriers de Clémence dans les poches intérieures de son manteau d'officier, et claqua des doigts pour réveiller son tigre. L'animal grogna à l'ouverture de la porte, en réaction à l'odeur des tampons encreurs qui venait à flotter par là. Le préfet avait été contacté, peu après la fin de son repas, par le service des visionnages. Les techniciens avaient fini par isoler des images intéressantes. Les singes avaient parlé. Du moins l'un de ces macaques s'était révélé plus utile que les autres.

— Vous n'ignorez pas, monsieur, que vous devez signer ce registre avant de pénétrer dans le centre de visionnage ? maugréa un petit homme assis sur trois coussins.

Le Khan, ainsi interpellé, ne répondit pas. Il savait d'expérience que neuf personnes sur dix, devant le masque impassible de son visage, abandonnaient toutes velléités administratives. Mais le petit homme était de ceux qui osaient insister.

— Une signature, monsieur. Sans quoi je n'autoriserai pas l'ouverture de cette porte. Nous ne sommes pas dans un moulin, ici.

— Vous aussi, vous voulez me faire le coup de l'âne ? grinça le préfet en rangeant ses deux mains gantées derrière son dos.

— Non, je veux juste une signature, se borna le petit homme en se redressant plus encore sur ses trois coussins.

Un officier du Renseignement se tenait en arrière, profitant de ce spectacle saisissant du Khan luttant, tigre à l'appui, contre la toute-puissance de l'inertie bureaucratique des Cuprifères. Il était revêtu de cet uniforme pourpre et anthracite qui signait son appartenance à la garde rapprochée de l'empereur, ainsi que d'un masque d'acier poli tressé de velours assorti. Les étoiles de ses épaulettes faisaient de lui un général d'Empire.

— Médard ? fit l'homme en faisant claquer un talon. Vous voyez bien que c'est monsieur le préfet Lacassagne que nous recevons.

— Et ? L'empereur en personne se doit de répondre aux exigences de notre règlement, souligna crânement le petit homme en tapotant du bout du doigt la case à griffer.

— Ce même empereur a tenté de me le faire comprendre plus de dix fois ce mois-ci, monsieur, cracha le Khan en baissant de manière perceptible sa ligne de front.

— Vous voyez, Médard ? Et nous ne sommes que le trois du mois.

— Je ne vois rien du tout ! se crispa le petit homme en montant dans les aigus.

— Nous allons faire une petite exception, Médard. La même qu'hier, vous vous souvenez ?

Le Khan posa un poing sur le comptoir, et ponctua :

— Gardez mon tigre. Je ne serai pas long.

L'officiel prit alors le temps de mieux observer son sauveur, escamotant l'une et l'autre de ses prothèses dactylaires...

L'atlas change, mais l'ombre reste la même.

Sans parler de ce visage d'acier, old chap.

En effet... Peu importe le corps, il est le général Achille de Saint-Hilaire. *Chef du Renseignement.*

— Je ne vous ferai pas l'affront de me présenter, monsieur le préfet, ironisa le militaire.

— Inutile, en effet, fit le Khan en cessant de jouer avec ses doigts.

Eudes Anatole-Faust Lacassagne entra dans la salle des visionnages, avançant à pas lents aux côtés de l'officier du Renseignement.

— Je n'oublierai pas votre intervention, monsieur, souligna le Khan.

— Vous me dites ça à chaque fois, monsieur le préfet, fit l'officier en rendant un salut à un subalterne.

— Je ne l'ai pas oublié, confirma le Khan en serrant les dents.

— Il est étonnant de voir cette réticence de votre part pour tout ce qui relève de l'administration, remarqua encore l'officier derrière son masque de fer.

— C'est de la politeiaphobie, s'expliqua le Khan.

— Pardon ?

— De la phobie administrative, conclut l'homme sans s'étendre plus sur la question.

Eudes Lacassagne avait choisi jadis de traiter par hypnose ses trop nombreuses terreurs, en les regroupant toutes derrière une nouvelle, la politeiaphobie. Le handicap était grand, surtout aux Cuprifères, mais pas autant que le gain de confort de vie... Il pouvait regarder un oiseau, bavarder, s'adresser à une femme ou à un cheval, monter en voiture, être touché... Bref, il pouvait presque tout faire, sauf signer un registre sans manquer de briser en deux le scribe audacieux qui osait en faire la demande...

Le hall principal du service de visionnage était un vaste plateau métallique plongé dans une obscurité permanente. Les opérateurs s'activaient jour et nuit dans leurs loges individuelles, des alcôves exiguës envahies d'écrans et autres appareils de projection. Ils étudiaient les images enregistrées par les simiétographes Lumière, effectuaient des coupes, classaient les copies d'archive, sans relâche, de huit en quart. Chaque loge se voyait attribuer un numéro, de un à mille, selon les grades et classes de confidentialité. Les visionneurs les plus modestes traitaient d'affaires courantes, incivilités piétonnières, contrôle de circulation. Ensuite venaient les chargés de sécurité, veille incendie, inspection des structures, surveillance et criminalité. Mais les mieux dotés, eux, se chargeaient des dossiers les plus sensibles... Espionnage, écoutes politiques. Jusqu'au numéro un, le visionneur en chef, les yeux et les oreilles du Renseignement : Georges Milan. Rien n'échappait à son œil acéré. Assis derrière deux culs-de-bouteille des plus puissants, il vous faisait d'une anecdote une affaire d'État !

Alors quand on lui confiait une affaire d'État...

Eudes approcha de la loge souveraine en compagnie du général de Saint-Hilaire. Ce dernier commanda l'ouverture de la grille de sécurité, et laissa entrer Lacassagne en premier. L'opérateur qui vivait en ces lieux fit pivoter son fauteuil en arches de fer, et se leva aussitôt.

— Monsieur le préfet ! C'est un honneur de vous voir ici en personne !

— Vous m'avez vu hier, Milan, cingla le Khan.

— Mais, monsieur, votre légende est chaque jour plus grande ! Et je prends un plaisir tout particulier à collectionner, pour les Cuprifères, les plus beaux simiétogrammes de vos exploits !

— Triste époque...

— Vous dites ?

— J'ai très peu de temps, coupa le Khan. Montrez-moi vos images.

Le silence ne fut dominé durant un instant que par le bruit des curseurs dans les réseaux pneumatiques du service. Georges Milan recala ses culs-de-bouteille sur son nez, et entama sa démonstration.

— Regardez, monsieur le préfet…

L'homme abaissa un levier de contrôle, régla la puissance de ses lampes de projection, et commença le visionnage.

— Ces bandes remontent à hier, précisa l'opérateur. Étudiées séparément, elles ne montrent rien d'autre qu'un paisible ciel d'été dans les Cuprifères. Mille visionneurs en herbe se sont usé les rétines sur ces films de singe !

» Mais synchronisées et analysées dans un même ensemble…

L'écran de soie blanche se divisa en sept fenêtres animées. Des images en contrastes amplifiés, prises par des lentilles nocturnes sur film sélénoïde, dévoilaient les Cardinales en synchronie, suivant des plans de vol différents.

— Observez, monsieur le préfet. Observez bien ces images. Elles proviennent de sept singes homologués qui progressaient hier au soir dans la zone d'étude.

Eudes repéra, parmi les écrans, les terrasses privatives du Notaire et de son atlas, Louis Bertillon, avant de voir les films filer à l'opposé dans un mouvement d'ensemble.

— Auriez-vous l'obligeance de m'expliquer ce cirque ? réagit le Khan.

— C'est l'œuvre d'un signal parasite, intervint le général de Saint-Hilaire. Un émetteur qui brouille les balises de guidage, détournant l'attention de nos sapajous le temps de laisser passer un vol illégal. Artisanal, mais redoutable.

— Vous pouvez me dire qui s'amuse avec vos macaques ?

— Voilà des mois que nous soupçonnions des vols fantômes au sein de notre espace aérien, reprit le militaire. Des alertes inexpliquées, sporadiques, insignifiantes. Mais grâce à votre affaire, monsieur Lacassagne, nous avons pu identifier le pilote qui brave l'interdit impérial.

» Tellurien Flamel.

— Si c'est pour m'apprendre ce que je sais déjà, gifla le Khan, je préfère aller perdre mon temps ailleurs.

— Ce Tellurien Flamel s'est pris d'affection pour un singe de sa ménagerie. Un sapajou de la première heure, le doyen de l'aéropostale, matricule Cap-3. Tout comme son maître, ce vieillard n'est pas reparu à son poste ce matin. Mais, en revanche, nous savons qu'il a fait des heures supplémentaires la nuit dernière, avec du matériel non homologué.

» Matériel que nos plongeurs ont trouvé au pied des Cardinales, à l'aplomb des appartements de monsieur Louis Bertillon.

— Cette fois, vous m'intéressez, cracha le Khan de mauvais gré.

— Milan, faites rejouer vos films..., commanda le militaire en pointant un doigt ganté de pourpre vers l'écran central.

L'opérateur OV-1 manipula ses interrupteurs, et les sept singes officiels relancèrent les mêmes séquences.

— Ajoutez Cap-3.

Milan tendit un bras et alluma un dernier projecteur. Un dernier film se mit alors à sauter sur la soie, fatiguant les yeux sous une série de flashs et de crépitements.

— Ce sélénoïde date de quinze ans ? s'agaça le Khan.

— Il a séjourné dans l'eau, souligna le visionneur en jouant avec ses ciseaux de montage.

— Ces images ont été tournées quelques minutes avant l'heure du crime, précisa le militaire.

Eudes vit les mêmes sapajous détourner la tête, corrompus par le brouilleur artisanal.

Sauf Cap-3...

Le vieux singe continua à filmer la nuit capitalienne selon un plan de vol qui lui était propre, captant le passage furtif d'un appareil non enregistré.

— Le pilote fantôme, fit remarquer le militaire à qui ne l'aurait pas vu.

Les images suivantes montrèrent comment le sapajou s'agrippa aux résilles d'or des Cuprifères, pour commencer son ascension. Il visitait les terrasses et les chenaux, en quête d'objets perdus, longeait des larmiers en fronts de taille, violant au passage l'intimité d'appartements confortables.

Mais l'animal tourna soudain la tête, attiré par la chute d'un objet. Il se laissa couler le long d'un collecteur, rattrapa la babiole avant qu'elle ne tombe plus bas, et releva vivement la tête. Une silhouette pendait à bout de bras au-dessus du vide, au milieu de flashs blancs et de parasites.

— L'image est parfois mauvaise, s'excusa l'opérateur OV-1.

— Veuillez avancer la séquence, je vous prie, commanda le général de Saint-Hilaire.

Le film se mit à défiler de plus en plus vite, jusqu'au claquement sec d'un ordre impérieux. Le vieux singe, à l'aide de son aéroporteur, venait de s'élever un peu au-dessus d'une terrasse privative, au niveau des appartements de la victime… Trois silhouettes progressaient dans une pièce sombre. Un faisceau de lumière immortalisa la surprise de la jeune Prune, impuissante, chloroformée dans son lit, et la surprise, plus grande encore, d'une autre Prune, depuis l'extérieur…

Puis ce fut le chaos.

Le sélénoïde se brouilla, ne laissant filtrer que des images chahutées.

Avant de se stabiliser sur le portrait du vieux Cap-3. Un sapajou aux traits creusés par sa vie de singe. La bestiole fit une dernière grimace, révélant la coexistence timide de quelques chicots entartrés, et jeta ses appareils dans le vide.

L'horomarqueur du sélénoïde indiquait très exactement 23 h 09.

— Nous n'avons rien de plus, monsieur le préfet, assura le général étoilé.

Mais le Khan n'écoutait plus. Il réfléchissait, faisant valser ses doigts autant que les commentaires…

Le chef du Renseignement ne dit pas tout.

Une armée de visionneurs doit analyser en ce moment même la totalité des images de ce vieux singe.

Pourquoi ne pas avoir montré ce film plus tôt ?

Il se sert de nous !

Eudes Anatole-Faust Lacassagne serra la mâchoire, lissa le bord de son chapeau entre pouce et index, et quitta la loge. L'homme aurait préféré ne pas voir ces images. Il était lassé de s'enfoncer toujours plus dans ces marais fangeux que certains appelaient le doute. Contrarié, marchant à grands pas, il ouvrit son carnet noir et relut une note prise plus tôt dans la journée…

Pour la dernière fois, qui a véritablement été enlevé ce soir du 2 juin 1910 ? Prune ? Sellaïe ? Les deux ?

Chapitre 15

Paris-Capitale, le 3 juin 1910, 14 h 21
Les douze travaux... ou le Thanatopole

« Tout Important non mobilisé par un contrat résurrectionnel au sein des Cuprifères voit son périsprit conservé dans une capsule de confinement en or et cristal de roche, également appelée "cartouche". Les produits de ces compressions étant liquides, on parle de larmes de mort... » **Notes extraites du *Petit Traité des normes et usages ténébraux.***

La navette quitta le tube central de la ligne-Seine et s'engagea dans l'artère de décélération. Les usagers se cramponnaient aux harnais de maintien pendant que l'habitacle claquait sous le coup des décompressions successives. Le haut-parleur du métropolitain de Paris grésilla :

« Thanatopole, Thanatopole, tous les voyageurs sont invités à descendre de la navette. »

Les harnais se déverrouillèrent en même temps que les portes du compartiment, libérant sur le quai des flots de passagers étourdis par cette odeur de soufre, le sel des Enfers. Les habitués disparaissaient dans l'une ou l'autre des nombreuses artères, pendant que les visiteurs occasionnels titubaient sous l'immensité des lieux. Ce n'était pas un ciel de verre qui semblait suspendu ici au-dessus de leurs yeux, mais un océan. Le lac Eiffel reposait tout entier sur des voûtes aux membranes dentelées. Ces entrelacs métalliques, ces fractales infinies aux motifs géométriques lancés ici comme autant de témoins d'une puissance inconnue, conféraient à l'ingénieur les talents d'un artiste visionnaire, le pouvoir divin d'un créateur, pourvoyeur d'horizons nouveaux qui ne devaient plus rien au naturel. Ivres de vertige, les visiteurs revenaient de leur voyage dans ce ciel aquatique en se rattrapant aux rambardes de balcons en cascades. Ils titubaient, un instant, sur les carreaux d'un dallage en écailles, et se laissaient seulement aller à découvrir le reste du hall de gare... Horta croisait ici les fers et les cuivres de Guimard ou de Gaudi, sous le regard bienveillant de poulpes colossaux. Les oves et les courbes de leurs appendices se dressaient et se bandaient sous les verrières, pour contenir et rejeter toujours plus haut les eaux du lac. Et protéger, en leur centre, la tour de monsieur Eiffel. Fière et célèbre annonciatrice de l'ère ténébrale, la Dame de fer lançait ses trémies à la conquête des airs, se perdant sous un autre ciel : celui des Cuprifères et de ses quatre Cardinales qui coiffaient la Belle de son premier dôme de verre.

— Monsieur ? pressa soudain un jeune homme. Vous avez perdu un proche ? Vous cherchez l'entrée du Thanatopole ?

— Vous venez assister à une veille mortuaire ? surenchérit aussitôt un second.

— Ou à une réunion ténébrale ?

— Vous avez besoin d'une traduction ?

La foule qui se déversait ici jour et nuit était une véritable manne dont chacun voulait profiter. On venait depuis le bout du monde pour entendre parler ses proches et ses disparus.

— Si vous souhaitez bien préparer votre mort, je connais les meilleurs embaumeurs de Paris !

— Et moi, je puis vous commander les services d'une chaise à porteurs !

— Ou d'une barque funéraire ?

Revenant d'un spectacle qui dépassait les lois de la démesure, Marie-François Goron réalisa qu'il était la cible de ces sollicitations, et chassa la volée de guides assermentés. Il prit la direction des quartiers ténébraux, en s'engageant sur le plus rapide des trottoirs mécaniques. Les passerelles enjambaient ici les canaux subaquatiques du Thanatopole, laissant voir en contrebas des Charon des temps modernes mener leurs barques vers l'entrée du Temple des morts. Clients et officiants glissaient sous des contreforts aux formes néogothiques. Entre ces arches de béton flottaient de hautes tentures didactiques qui, selon une iconographie ésotérique, représentaient la voie des morts. Comprenait qui voulait le sort réservé aux âmes mineures, à ces gens de peu qui n'avaient pas su briller de leur vivant, et qui s'éteindraient de même après les limites de leur trépas. Pour ces Humbles, point de vie après la mort. Tout juste les prêtres des Cuprifères pouvaient-ils leur faire la promesse de ne pas totalement les oublier...

Tout au long du parcours, sur les pieds de piles mastodontes, étaient fixées des plaques gravées de messages qui sonnaient comme autant d'injonctions faites aux vivants...

« Passant, prends conscience de l'importance de ta vie »

« Fais de l'insignifiant du signifiant »

« Donne un sens à ton existence »

« Fais de la mort le salaire de ta vie »

« Passant, réjouis-toi, tu entres dans le Temple de la mort »

Face au lustre baroque de ce siècle naissant, Goron n'avait pas encore décidé s'il appréciait ou non la puissance de ce nouvel Empire. Le trottoir mécanique emportait ses usagers sous le tympan d'un haut portail, avant de les débarquer au milieu du hall du Département ténébral. Un immense étendard accueillait la foule, offrant à lire en lettres d'or :

« Visiteur, le temps est venu pour toi de parler une dernière fois aux êtres qui te sont chers »

Goron s'égara un instant devant des colonnes de marbre noir gravées de tarifs et autres listes de services mortuaires, avant de repérer un plan des Cuprifères et d'embrasser toute la complexité des lieux. Sans doute avait-il été un peu crâneur de penser qu'il pourrait trouver son chemin sans l'aide de guides officiels...

Suivant son bon sens, Goron décida d'une direction, et s'engagea entre deux rangs de statues monumentales, lesquelles semblaient vouloir représenter tous les dieux retraités de l'Histoire.

L'ancien policier avançait au gré de ses intuitions...

« Service des admissions et préengagements »

« Service central des annuaires notariaux »

« Département de thanatopraxie »

Comment ne pas trembler à l'idée que des hommes, des Importants promis à l'éternité, pouvaient choisir de commencer leur momification de leur vivant afin de mieux préparer leur mort ? Des officiants distribuaient des guides sur les bienfaits de l'ingestion de poudre d'arsenic, et des massages au baume de natron...

« Service des conseils aux mourants »

Ici, de vieux Fortunés s'assuraient d'avoir en succession les meilleurs atlas du marché, afin de poursuivre leur grand œuvre une fois sonnée la 25e heure de leur triste existence...

Goron, au hasard d'escaliers et de galeries de métal, décida de s'engager dans une file d'attente. Un préposé des Cuprifères vint le trouver en dégainant une liasse parmi ses feuillets administratifs.

— Monsieur, bienvenue au service thanatographique, merci de remplir le formulaire d'accueil.

L'ancien policier ne put réprimer un tressaillement. Il convenait de se méfier, avec ces officiants, de ne pas commander le mauvais service. Un faux pas menait vite au trépas, aux Cuprifères. L'homme s'installa sur un des pupitres bordant la file d'attente, et noircit une à une les cases de son document, avant de rendre sa copie et de se voir attribuer un numéro. « *Visiteur requérant VR-3219* ».

Goron noyait son attente en se perdant dans les hauteurs de plafonds infinis. Les visiteurs de la file se faisaient appeler un à un par l'hôte d'accueil, qui, par la force d'un haut-parleur, écrasait de temps à autre le brouhaha ambiant.

« VR-3189.

...

« VR-3218.

« VR-3220.

Marie-François Goron sursauta. Ce jeune porteur de torque venait, sans autre forme de ménagement, de sauter son numéro. L'homme sortit de la file et s'approcha du comptoir.

— Monsieur, s'il vous plaît, commença l'ancien policier.

— Que puis-je pour votre service, visiteur ?

— Je suppose qu'une erreur a été commise, monsieur. Mon numéro n'a pas été appelé.

— Une erreur, vous dites ? répondit l'autre sans lever le nez de son édition de midi. Si tel est le cas, je vous invite à remplir un bulletin de réclamation.

L'employé fit glisser un feuillet sur son comptoir. Goron prit soin de consigner l'objet de ses récriminations, et remit son bulletin.

— Ah..., fit l'homme avec un gros soupir. C'est vous, VR-3219 ? Votre demande concerne le service périspritique.

— Et ? s'inquiéta le journaliste.

— Vous êtes ici au service thanatographique. Vous devez vous rendre au bureau du fichier central. C'est là qu'ils enregistrent les archives de la Dactylothèque.

— Je crois, jeune homme, que vous êtes en train de me perdre, s'amusa Goron.

— Vous êtes perdu ? Je vais devoir établir un rapport, répondit l'hôte d'accueil sur un ton des plus sérieux.

» Nom ?

— Goron.

— Prénom ?

— Marie-François.

— Heure d'arrivée aux Cuprifères ?

— Il devait être environ 15 h 30.

— Vous pouvez être plus précis ?

— 15 h 27.

— Arrivée à 15 h 27, quatrième quart journéal..., commenta le guichetier en tapotant la pointe de son stylographe contre son rapport. Par quelle porte ?

— La porte centrale, celle des tubes.

— Avez-vous reçu l'accueil de guides agréés ?

— Je les ai renvoyés, répondit Goron.

— Nous y sommes ! Fin du rapport. Les Cuprifères ne sont pas en cause. Nos services ne peuvent être tenus responsables d'un refus de coopération de la part d'un visiteur requérant. Imaginez que tout le monde se comporte comme vous, monsieur ? Ça serait le chaos, ici !

L'ancien policier reprit son bulletin de réclamation et s'apprêta à partir, quand le guichetier le rappela.

— Monsieur, s'il vous plaît ! Vous comptez aller où, comme ça ? Vous devez remplir notre formulaire de satisfaction.

— Pardon ? fit Goron en se voyant remettre une nouvelle liasse.

— Visiteur requérant, vous avez émis un avis de réclamation. Il a été enregistré. Nos services ont produit une réponse. Il vous revient maintenant d'évaluer la qualité de cette réponse.

Marie-François Goron se plia à la demande, de plus en plus indisposé par les excès de cette administration ténébrale, et remit ce dernier formulaire.

— Cette fois, je pense que nous sommes quittes, jeune homme !

— Pas tout à fait, répliqua le guichetier. Vous devez faire appel aux services d'un guide tarifé.

— Vous avez donc une procédure pour chaque pas que l'on fait dans vos Cuprifères ? se plaignit Goron.

— C'est ce qui fait la grandeur de ces lieux, monsieur. Voici la demande à remplir en trois exemplaires. Un pour vous, un pour votre guide, et un pour notre service.

— Mais... comment font les autres ? ajouta Goron en arrachant cette fois les papiers des mains du guichetier.

— Mais les autres font de même, monsieur. Voyez plutôt !

L'ancien policier prit conscience qu'en effet, appuyés un peu partout contre les boiseries ou les colonnes et les bétons imprimés du couloir, des visiteurs requérants remplissaient des formulaires de dimensions, de couleurs et d'épaisseurs variables. Le guichetier, impitoyable, soldait tout écart de procédure par de nouvelles cases à noircir...

— Voilà qui est conforme, conclut le jeune homme en appliquant un coup de tampon sur le formulaire de Goron.

L'employé fit sonner un timbre, auquel répondit au loin une officiante athlétique. Elle s'approcha, juchée sur de hautes échasses mécaniques.

— Votre guide tarifé, monsieur, précisa le guichetier.

— VR-3219 ? s'enquit la grande et belle jeune femme.

— Marie-François Goron, répondit timidement le retraité de la chose publique.

— VR-3219, je suis GT-703. Je vous demanderai de bien vouloir me suivre. Ne me perdez pas de vue, ne vous arrêtez pas en chemin, n'engagez la conversation avec personne. Ma mission est de vous emmener à votre point de rendez-vous, et de ne pas faillir à ma tâche.

La guide tarifée fit un pas, Goron en fit cinq. La jeune femme dépassait la foule de toute la hauteur de son buste, son matricule brodé en lettres d'or aux côtés. Des grelots en forme de lanternes pendaient le long de ses manches et de sa veste incarnat. Elle fendait les flots humains, traversait les couloirs à pas lents, des pas que l'ancien policier peinait à suivre. Goron vit défiler encore une bonne douzaine de services et autres départements obscurs et ténébraux, avant de se faire abandonner par sa guide tarifée.

— Dactylothèque, service périspritique, bureau du fichier central. Vous voici à destination, VR-3219. Merci de remplir ce bulletin de satisfaction.

La guide tarifée se pencha avec une adresse de gymnaste et transmit à Goron un papier bleu filigrané aux couleurs de son matricule. L'homme ne put qu'admettre l'excellence de la présente prestation, avant de rendre son verdict. L'athlète fit une révérence pour remercier son client, et disparut à grands pas.

Goron entra dans le hall central de la Dactylothèque. L'endroit, une fois de plus, avait de quoi surprendre le visiteur par l'immensité de ses proportions. Les bureaux d'accueil flottaient sur une plate-forme métallique suspendue au-dessus de profonds rayonnages. Les archives étaient rangées ici dans des classeurs noirs numérotés de chiffres d'or. Le sol était recouvert de dalles de cuivre et le mobilier reproduisait à l'envi les motifs propres aux univers sous-mariniers. L'extrémité de la salle se terminait d'ailleurs en saillie au fond du lac, sous un dôme en verre des plus resplendissants.

L'ancien policier arrangea le col de son veston en velours noir et prit pied sur la plate-forme suspendue. Mais brisant par là une procédure inévitable, il entraîna le tangage de la structure, laquelle, ainsi que l'ensemble des bureaux et de son personnel, se fit l'espace d'un instant l'égal d'un marteau, et vint frapper une énorme cloche de bronze. L'entrée de ce requérant maladroit suspendit toute activité dans la Dactylothèque. Un colosse étouffé dans un uniforme trop serré, que Goron avait pris pour une statue de plus, se leva de sa chaise et approcha de l'importun. Il posa pied à son tour sur la plate-forme de métal, sans déclencher le moindre remous.

— Veuillez décliner le motif de votre visite, monsieur, gronda le molosse au masque de cire.

— Vous n'auriez pas un formulaire à me faire remplir, plutôt ? s'enquit prudemment l'ancien policier.

Le colosse leva alors un doigt ganté de noir qui fit reculer le requérant jusqu'à l'écriteau trônant à l'entrée du hall. Goron était passé à côté sans le lire... Il prodiguait pourtant deux consignes des plus strictes :

« Requérant, remplis ton formulaire et dépose-le dans l'urne ci-contre »

« Requérant, attends l'allumage de la lampe d'appel avant de monter sur la plate-forme »

Le visiteur requérant prit un formulaire vierge et exécuta la première des deux consignes.

Une ampoule s'alluma aussitôt dans un lanternon, une lampe d'appel soufflée à la bouche par un artisan virtuose, invitant Goron à poser un pied sur la plate-forme. Cette fois, immobilisée par une cale magnétique, la structure ne bougea pas et accepta de porter silencieusement son visiteur jusqu'au premier bureau. Un ogre à trois mentons et six ventres se tenait derrière ses lunettes, ne laissant dépasser des manches de sa chemise que deux mains potelées et fort agiles.

— VR-3219..., fit l'homme en se pinçant les lèvres, nous pouvons dire que vous savez vous faire remarquer. Votre parcours est balisé d'alertes.

— Il est rapide de faire un pas de travers, dans vos Cuprifères, répondit un peu vite Goron.

— Auriez-vous de nouvelles récriminations à porter devant nos instances ?

— Non.

— Car il vous faut savoir que nous sommes capables de produire un formulaire par situation. À moins, cher visiteur requérant, que vous ayez comme défi de créer un cas inédit ? lança l'homme en faisant sauter deux de ses trois mentons.

Les employés du voisinage tournèrent la tête vers le journaliste, l'effrayant quelque peu par cet attrait soudain.

— Vous voulez créer un cas inédit ? insista l'ogre à trois mentons.

— Je m'en garderai, répondit Goron en rétrécissant.

— Alors remplissez cette annulation de requête.

— Pardon ? réagit l'ancien policier en refrénant une brusque envie d'exploser.

— Vous avez produit deux requêtes toutes deux identiques. Une depuis le bureau des services thanatographiques, qui vient de nous parvenir par pneumatique, et une ici même, enregistrée depuis trois minutes et douze secondes. Nous devons justifier auprès de notre hiérarchie l'abandon de l'une de ces requêtes. Merci de bien vouloir me remplir ce bulletin de rétractation.

Répondant à la demande, Goron s'affranchit de cette nouvelle obligation et vit son formulaire disparaître dans les boyaux pneumatiques des Cuprifères. Combien de forêts transitaient ainsi chaque jour dans les circuits atmosphériques de Paris-Capitale ?

— Venons-en au motif de votre visite, VR-3219, engagea l'homme au triple menton.

— Merci à vous d'aborder ce point, cher ami, répondit Goron.

— Votre demande n'est pas recevable.

— Pardon ? s'étrangla le visiteur.

— À l'évidence, monsieur. Vous déclarez vouloir, je cite : « *consulter un mort dénommé Éliphas Lévi* ». Or, pour s'adresser à une personne ayant appartenu à l'ordre du Chrysanthème Noir, il faut posséder une accréditation de niveau 4. J'en suis navré, croyez-le bien, ajouta l'homme en faisant atterrir en cascade le bout de ses dix doigts sur le plateau de son bureau.

— « Navré » ?

— Affirmatif, monsieur. Vous avez fait perdre beaucoup de temps à l'administration de la périspritique, au lieu de commencer par vous assurer de la recevabilité de votre requête.

— Je veux faire une réclamation, déclara Goron avec aplomb.

— Une réclamation ? Pour un défaut d'accréditation ? Je ne sais pas si vous trouverez Éliphas Lévi au bout de votre route, monsieur, mais en attendant vous avez l'art d'allonger votre chemin. Enfin soit ! Produisons une belle réclamation !

» Nom ?

— Eudes Anatole-Faust Lacassagne, préfet d'Empire.

Goron et l'homme au triple menton sursautèrent de conserve. Aucun des deux n'avait entendu l'officiel et son vieux tigre monter sur la plate-forme administrative et approcher du bureau central. Le préposé, malgré son imposante corpulence, se mit à trembler.

— Vous faut-il le mien, de niveau d'accréditation, pour nous faire parvenir le doigt de monsieur Lévi ? piqua l'officiel.

— C'est que..., commença le préposé en se tassant derrière son bureau.

Un timbre clair retentit à travers l'immense hall de la Dactylothèque, entraînant la valse du changement de quart, et celui, plus profond encore, du changement de huit.

— Je vous prie de bien vouloir m'excuser, lâcha l'homme au triple menton en se levant subitement de son fauteuil aux ressorts renforcés.

Le préposé n'entendait pas laisser passer l'occasion de se défiler. Il disparut par la bouche d'un escalier à vis, avant de se voir remplacé par une femme à la tenue stricte. La seule note de fantaisie qui accrochait le regard était une barrette à cheveux représentant un mort dansant de tradition mexicaine.

— Violette d'Entrefeuille, bureau central. Enchantée d'effectuer avec vous ma prise de quart, messieurs.

» Je vois sur ce formulaire que la demande de monsieur n'est pas recevable, et que l'autre monsieur, derrière, avec son animal, n'a pas pris la peine d'attendre son tour.

— Nous étions sur le point d'obtenir une entente avec votre prédécesseur, para le préfet sans ciller.

— Les engagements de mon prédécesseur ne sont pas les miens. Et je ne vois aucun formulaire pour confirmer vos dires, souligna madame d'Entrefeuille en levant un doigt en direction des dix colosses aux masques de cire.

Goron se tourna vers le Khan, éreinté par ce parcours du combattant.

— Est-ce toujours ainsi, aux Cuprifères ? demanda-t-il à voix basse.

— Si vous parlez de son administration et de ses procédures, oui, confirma Lacassagne.

— Et comment faites-vous ?

— Je les soigne à coup de tigre.

Shere Khan, le poil blanchi par le grand âge et la mâchoire désertée par la plupart de ses attributs félins, répondit à l'appel. Prenant son rôle avec sérieux, il commença par faire monter de ses entrailles un grondement à effrayer un bataillon de greffiers. Puis, à défaut d'autre chose, il planta ses yeux fauves dans les pupilles rétractées de madame d'Entrefeuille.

— C'est… C'est une tentative d'intimidation d'un fonctionnaire d'Empire ! objecta la nouvelle préposée.

— Et quand le tigre ne donne pas entière satisfaction ? s'enquit Goron.

— Je fais grincer mes gants, ainsi. Puis je serre la mâchoire, le regard fixe. Parfois je donne du poing sur le comptoir, ainsi, et si la démonstration ne suffit pas à emporter le dernier des arguments, je menace ferme, ponctua le Khan.

— C'est tout bonnement inadmissible ! se révolta la responsable du bureau central.

— Je crains que vous ne soyez obligé de menacer, monsieur Lacassagne, regretta Goron.

— Je le crains aussi. Madame, sachez qu'en tant que préfet impérial et chef de la Sûreté de Paris-Capitale, il est en mon pouvoir d'ordonner d'ignorer toute demande d'intervention de la Périspritique provenant d'un d'Entrefeuille, et ce dès le prochain couvre-feu.

Cette fois, la préposée ne fit pas semblant de blanchir. L'argument porta. L'officiante décrocha un téléphone en laiton ouvragé, et aboya ses ordres.

— … …

— Éliphas Lévi.

— *… … ?*

— Il est enregistré en tant qu'ancien membre du Chrysanthème Noir.

— …

— L'accréditation est conforme.

— *… ?*

— L'entrevue est demandée par le préfet en personne. Et son tigre.

— … … …

— Loge de lecture numéro trois ? Parfait.

Violette d'Entrefeuille raccrocha son combiné et regarda le Khan droit dans les yeux.

— Écoutez bien attentivement ce que je vais vous dire, monsieur le préfet. Je prends sur moi la demande d'extraction du doigt du décédé Éliphas Lévi. Je vais devoir justifier cet ordre, je vais devoir en répondre, et je vais certainement perdre ma place pour avoir pris cette initiative irraisonnable. Mais c'est à vous que revient la responsabilité de signer cette décharge, monsieur le préfet.

La préposée fit glisser sur son bureau un formulaire de déresponsabilisation. L'imprimé, frappé du kamon impérial, informait que tout doigt extrait des coffres de la Dactylothèque restait l'entière propriété de la CCN, et que tout contrevenant, en réponse à la violation d'une des lois cardinales des Cuprifères, n'aurait pas longtemps à attendre la pesée de son âme. L'homme au demi-masque de cuir saisit le stylographe tendu d'autorité par l'officiante, et imprima sa griffe dans le papier. L'outil crissa, grinça, et cassa net, répandant sur le bas de la décharge une tache d'encre noire et visqueuse.

— Messieurs ? Veuillez me suivre jusqu'à votre loge de lecture.

Un des colosses au masque de cire s'était avancé pour guider les requérants à travers les passerelles suspendues de la Dactylothèque. Les visiteurs pouvaient observer à loisir le travail des archivistes, en contrebas, ainsi que la danse des machines, le jeu de ces bras mécaniques qui s'enfonçaient dans la salle des coffres, au plus profond de l'édifice, sous l'immense dalle de verre qui faisait ici office de sol. Une main articulée descendit, cran par cran, jusqu'au tiroir reliquaire recherché. Un étui dactylaire en fut extrait, et le bras mécanique disparut à travers une fente du béton, avant de réapparaître derrière une grille, la loge trois. Deux gardiens assermentés rejoignirent alors le colosse au masque de cire, le préfet Lacassagne, et le visiteur requérant VR-3219.

— C'est réducteur.

— Pardon ? réagit le Khan.

— Se voir assimilé ainsi à un simple numéro, c'est réducteur, développa Goron en observant la phase d'approche de leur requête.

— Je peux officier ? s'enquit l'un des deux gardiens en déroulant un extrait du règlement des Cuprifères.

— Faites..., soupira le préfet.

— « *Il est rappelé à tout visiteur requérant qu'il est strictement interdit de sortir une relique dactylaire de l'enceinte de la loge de lecture sans un engagement thanatogamique en cours de validité. Tout écart serait immédiatement interprété comme une violation majeure du droit des morts et des lois impériales, entraînant...* »

— Vous me ressortez la même soupe à chaque fois, coupa un Khan à bout de patience.

— Mais, monsieur, c'est le protocole, se justifia l'officiant.

— Les visages changent. Les voix changent. Mais pas vos fichus protocoles, constata le préfet en se lissant la moustache.

— C'est qu'ils doivent être efficaces, monsieur. Me permettez-vous de vous énumérer la liste des médiums de quart, monsieur ?

— Non. Je me passerai de ces diseurs de bonne aventure.

— Mais ? Il est d'usage qu'un médium encadre les entretiens, monsieur, insista l'officiant.

— Je ne suis pas là pour un son et lumière, cingla le Khan. Ouvrez la grille et laissez-nous seuls.

L'officiant posa sa main sur une commande périspritique. Une grille en or se rétracta, livrant l'accès à la loge de lecture. Le colosse s'écarta dans une révérence raide et parfaitement réglementaire.

— Que feraient-ils si vous en veniez à ne pas respecter une de leurs fameuses lois impériales ? demanda Goron.

— J'imagine qu'ils ne pourraient ni plus ni mieux m'exploiter qu'ils ne le font depuis vingt ans, lâcha le Khan.

Le préfet prit le reliquaire sous le bras, sans plus de cérémonie, intima l'ordre à son tigre de se coucher à l'entrée, et invita son vieil ami à monter les trois marches menant à la loge de lecture. L'alcôve s'épanouissait sur le fond du lac, en une bulle de verre et de cuivre. La pièce, bordée de banquettes aux velours pourpres, était à peine éclairée par un jeu de sphères opalescentes. De fins barreaux en or descendaient le long des parois, afin d'interdire discrètement à tout esprit de s'échapper pendant un entretien…

Eudes posa le reliquaire au centre d'une table en marqueterie de métaux, et l'ouvrit.

— Vous n'avez pas besoin de médium pour communiquer avec ce morceau de momie ? s'étonna Goron.

— Non. J'ai mieux que ça. Vous allez pouvoir compléter votre article.

— Quel article ? sursauta le journaliste.

— Celui que vous faites sur le préfet de Paris-Capitale, vous vous souvenez ? rappela le Khan sans malice.

L'homme au demi-masque de cuir disposa devant lui son carnet noir et son stylographe. Puis, d'un geste sûr, il désangla son gant gauche pour révéler au journaliste un assemblage des plus insolites. Goron poussa un sifflement. Eudes n'avait en effet pas seulement une prothèse dactylaire, à l'image de tous les locataires des Cuprifères, mais cinq. Cinq doigts, du pouce à l'auriculaire, étaient cerclés de ces anneaux de bronze propres à recevoir des relais ténébraux.

— Vous pouvez accueillir plusieurs morts en même temps, Eudes ?

— Comme vous le voyez.

Le Khan ignora les réactions de son vieil ami. Il ouvrit le reliquaire, libéra l'ombre d'Éliphas Lévi de sa capsule de cristal, et remplaça l'un de ses doigts par celui du mort.

Mais, emporté par ce soudain retour à la vie, Éliphas tenta de prendre plus de contrôle que permis sur ce corps chaud et plein de promesses. Le Khan lutta, plaquant violemment ses deux mains sur la table et, après une série de soubresauts, reprit la maîtrise de la situation.

— Suffit ! explosa l'homme en assénant un coup de poing sur le plateau.

Mais...

— Vous êtes invoqué pour un entretien ténébral, monsieur Éliphas, pas pour une séance de rodéo ! gifla le Khan en fichant deux aiguilles supplémentaires dans les veines en argent de son demi-masque.

Ses lieutenants enchérirent :

Nous avons quelques questions à vous poser.

Des observations à faire...

Des choses à comprendre !

Goron se cramponna à la table, quelque peu impressionné par les contorsions de son partenaire et par la tonalité de cet apparent monologue.

Qu'attendez-vous de moi ? Je ne suis qu'un mort que la CCN ne sort de sa caisse qu'une ou deux fois l'an ! se plaignit l'occultiste.

— Je veux vous entendre sur le dossier Nicolas Flamel, ordonna le Khan.

Je ne suis pas autorisé à parler de ce cas hautement confidentiel, geignit Éliphas.

Eudes serra une fois de plus la mâchoire, réprimant les douleurs dues à cette possession imposée, avant de plonger dans les poches intérieures de son manteau d'officier. Il extirpa un document portant la marque de l'empereur, le déplia sous ses propres yeux, et asséna dessus un nouveau coup de poing.

— Monsieur de l'Abey en personne vous invite à me parler de ce cas précis.

J'avais... à charge plusieurs dossiers sensibles, commença le mort, *dont celui de Nicolas Flamel.*

Qu'avez-vous découvert sur lui ?

Avez-vous rassemblé des faits qui ne relèvent pas de la simple légende ?

Il... Il m'avait affirmé en personne qu'il détenait le secret de la transmutation des métaux. Du moins, c'est ce qui était ressorti d'une conversation avec lui, expliqua Éliphas.

Une conversation ? Avec un mort ? Avant l'ère des sciences ténébrales ?

Oui... lors d'une de ces séances de spiritisme. C'était vers le milieu des années 1870. Nous avions à l'époque des pratiques très artisanales, rien à voir avec le professionnalisme dont vous faites preuve aujourd'hui. Imaginez-vous parler à un mort à l'aide d'une table Girardin... Imaginez-vous le travail que c'était de prendre en note une à une les lettres que l'aiguille nous indiquait depuis l'au-delà !

— Ce n'est pas une raison pour nous perdre en bavardages, cingla le Khan.

Quand c'était bien lui qui était de l'autre côté... Nombre de médiums, en nos temps, mettaient fin à leurs jours après avoir fait de mauvaises rencontres... Combien d'ombres malfaisantes, d'esprits frappeurs, de sadiques hantés par la réalité de leur condition morbide fondaient sur nos tables, trop heureux de trouver quelqu'un pour les écouter !

— Mais taisez-vous ! ordonna le Khan. Encore un mot inutile et je vous renvoie dans vos étagères !

Mais ? Que voulez-vous entendre ?

— Flamel ? A-t-il évoqué l'existence de la pierre philosophale ?

Pas exactement... Il a surtout parlé de soluté d'infinium, une eau d'immortalité capable de prolonger la vie, mais qui avait pour effet secondaire de changer les tissus osseux en or... Et il était obsédé par un vol.

— Il vous en a dit plus ?

Non. Un beau jour, il a disparu. Il est resté muet à nos efforts de contact. Et puis, je suis mort.

— Pourquoi les Archives de la CCN ne contiennent pas le rapport de vos activités ?

Mais tout était consigné ! C'était Alan Kardec qui tenait ce dossier au début de nos échanges. Et peu avant mon décès, le tout a été confié à Henri Jacob, le jeune théurge de notre ordre.

— Je ne peux pas dire que je sois enchanté d'entendre le nom de ce dernier, siffla le préfet.

Jacob ? Que lui reprochez-vous ?

— Un manque certain de probité.

» Goron ? fit le Khan à l'attention de son ami.

— C'est bien à moi que vous parlez, cette fois, Eudes ?

— Oui, mon cher. Faites demander l'inspecteur Belin, de la Périspritique, et dites-lui de chercher si le Zouave Henri Jacob loge aux Cuprifères.

— Comme mort, ou comme vivant ? s'enquit l'ancien policier.

— Qu'il commence par chercher au fin fond du Thanatopole !

— Merci de m'offrir cette balade, j'avoue que je ne suis pas très à mon aise avec vos histoires d'ombres..., fit Goron en quittant les lieux.

Le Khan sortit un dossier d'une de ses poches, et reprit le fil de son interrogatoire.

— Si j'en crois ce rapport, l'enquête sur Flamel aurait été menée jusqu'en novembre 1888, avant d'être interrompue.

Je n'étais déjà plus de ce monde...

— Il est écrit que le Chrys aurait mis fin à cette traque après avoir conclu à la destruction des restes de Nicolas Flamel durant la Révolution française.

» Or, souligna le Khan, si ces restes ont véritablement été détruits, il vous aura été impossible de communiquer avec ce Flamel, monsieur Lévi.

Et pourtant... son discours était cohérent. Il a révélé des détails de sa vie intime... Parlé de son amour pour Pernelle... Nos moyens étaient rustres, monsieur le préfet, mais nous savions déjà reconnaître la sincérité d'un revenant ! Et ce vol... Il était obsédé par ce vol.

— Quel vol ? rebondit le Khan.

Il a toujours refusé d'en dire plus...

La conclusion exacte de notre enquête, en 1888, fit Charles Bontemps, *était que les restes de Nicolas Flamel avaient été transférés, lors de la destruction de l'église Saint-Jacques-la Boucherie, depuis son tombeau jusque dans l'ossuaire des catacombes. Un endroit où il était à l'époque impossible de distinguer un fémur d'un autre !*

Eudes retira le doigt d'Éliphas Lévi et se tint un moment le crâne. Sa résistance à la douleur avait jadis fait de lui un porteur universel.

Qui est étonné de voir Henri Jacob intervenir dans cette affaire ?

Sa grande discipline physique avait permis de faire le reste du chemin, contrôle des vertiges, contrôle des stridulations, des hallucinations visuelles et olfactives, des érythèmes, et autres rachialgies aiguës.

Jacob avait d'ailleurs refermé ce dossier de manière brutale..., répondit Bontemps.

À ma connaissance, personne n'a plus entendu parler de lui depuis l'avènement de la CCN...

Il cache quelque chose !

Et ce vol ? Quel est ce vol ?

La pratique lui avait permis de porter jusqu'à quatre morts en même temps. Voire cinq, quand il se mettait lui-même en retrait.

Mais il y avait des limites à l'exercice.

Eudes resta encore un instant sous le coup de l'effort. Il respira, profondément, serrant et desserrant le poing, avant de reprendre le dessus. Il replaça le doigt d'Éliphas dans le reliquaire, intima à l'ombre de regagner sa capsule de cristal, et quitta la loge. Le tigre était couché au bout du couloir, et Goron, aux prises avec deux cerbères de la Dactylothèque, n'avait pas franchi les limites de la grille en or.

— Ah, monsieur Lacassagne ! Figurez-vous que je n'ai pas pu honorer votre demande, s'indigna l'ancien policier. Voilà plus de deux heures que je parlemente avec ces messieurs ! Ils refusent de me laisser sortir !

— « *Personne ne quitte sa loge sans avoir au préalable rendu le périsprit et le doigt du consulté* », martela le plus malingre des deux gardiens.

— Tout est là, cracha le préfet en posant le reliquaire sur la console de contrôle.

— Nous devons procéder à la vérification de la signature périspritique avant de vous ouvrir, rappela le second gardien.

— Procédez, siffla le Khan en consultant sa montre.

Eudes détestait ces moments où, sous l'emprise des ombres, il perdait la notion du temps qui passe. Deux heures venaient en effet de s'envoler, le rapprochant d'autant plus de l'échange.

Goron se confia à voix basse.

— Vous étiez raide comme un piquet, Eudes. Les yeux fixés dans le vide. J'ai voulu vous réveiller, mais votre tigre s'est mis à gronder d'un drôle d'air.

— Il veille sur moi durant mes phases de récupération, expliqua le Khan. Ce mort m'a fatigué. J'aurais dû prendre un de leurs fichus médiums !

— Du coup, papy Goron est resté durant deux heures entre tigre et cerbères ! siffla l'ancien policier. Ces animaux ne voulaient rien savoir ! Pas même transmettre un message !

Les gardiens opéraient leurs vérifications de routine.

— Numéro d'enregistrement ?

— EL-1875-48912.

— Test spectrographique ?

— Positif. Très positif.

— Parfait. Lequel de ces messieurs avait enregistré la demande de consultation ?

Goron regarda le Khan, et le Khan regarda son tigre. Un timbre sonna.

19 h 42

La sirène du couvre-feu choisit cet instant pour déchirer le ciel de Paris et sortir un instant les deux contrevenants d'une impasse administrative. Les membranes de milliers de haut-parleurs relayaient ces tours de manivelle enregistrés, glaçant les sangs des hommes, paralysant les plus enhardis, brisant les plus faibles.

La température baissait dans les sous-doges et autres quartiers interdits. Des brumes spontanées s'élevaient au-dessus des bassins et des fontaines. Des résilles de sécurité crépitaient sous les premières attaques de la nuit…

Les morts se réveillaient.

Et dans les faubourgs, le silence ne serait plus brisé que par quelques cris effrayés.

19 h 43

— Messieurs ? revinrent à la charge les deux cerbères. Il va falloir me dire auquel de vous deux je dois adresser le formulaire de retour, sans quoi je vais être dans l'obligation de produire un rapport d'incident de classe 1.

— Vous ne pouvez pas ouvrir ça ? fit le Khan en refermant ses deux mains sur les barreaux de la grille en or.

— La procédure n'est pas complète, monsieur. Je ne suis pas autorisé à lever les séquestres de la loge de lecture.

Eudes allait hausser le ton, quand un homme sortit d'une des bouches secrètes des Cuprifères.

— Monsieur le préfet ?

Le général de Saint-Hilaire s'interposa, faisant reluire le lustre de son masque d'acier aux velours de pourpre.

— Monsieur le préfet, reprit le général, devant le nombre croissant de vos entorses aux règlements, les Cardinaux ont convoqué le Conseil des sept. Ils ont décidé ensemble de vous imposer une nouvelle procédure.

— Je vous laisse voir ça avec mon tigre, lâcha le Khan en frappant la grille.

— À condition qu'il sache lire un pneu.

Le général de Saint-Hilaire présenta au préfet un curseur en or gravé des armoiries impériales, avant d'exécuter un demi-tour et de disparaître, dans un jet de vapeurs soufrées, par une autre des bouches des Cuprifères.

Le Khan dévissa le curseur et sortit le document qui s'y tenait enroulé. Le Notaire en personne avait rédigé cette note officielle, signée par les quatre Cardinaux, Gustave Eiffel, Maria Sklodowska-Curie, Karl de l'Abey, et le Notaire, son père.

« Face aux nombreuses incartades réglementaires que le préfet Eudes Anatole-Faust Lacassagne se doit de produire dans le cadre de l'exercice de ses fonctions, le Conseil des sept a décidé de valider une proposition extraordinaire : réduire toute procédure au sein des Cuprifères et dans la sphère d'influence de l'Empire au moyen d'un code de coupe.

Il suffira désormais au préfet d'Empire de présenter un code PP-1111 à toute demande du personnel administratif pour voir le destinataire se charger à sa place et en son nom des formalités d'usage, et ce avec le respect qu'il montrerait à l'empereur en personne. »

La fin de la note notariale était consacrée aux amabilités de rigueur. Et aux signatures.

— Eudes ? Si je ne vous connaissais pas, je dirais que vous êtes en train de sourire. Seriez-vous en possession d'une bonne nouvelle ?

— C'est bien possible, Goron. Les seigneurs de ces tours viennent de me donner le plus grand des pouvoirs, et je vais m'empresser de l'éprouver !

Le Khan cogna le pommeau de sa canne-épée contre les barreaux de la cage, et héla le plus hargneux des deux gardiens.

— Vous ! J'ai une procédure pour régulariser cette situation.

— Oui, fit le cerbère. Cette procédure s'appelle un rapport d'incident de classe 1, et mon collègue est en train de rédiger le billet.

Mais le préfet coupa le gardien en secouant un doigt péremptoire.

— Je voyais plutôt celle-ci... Préfet d'Empire, code prioritaire PP-1111...

— À vos ordres, monsieur ! claqua aussitôt le gardien en ravalant un hoquet.

L'homme déverrouilla immédiatement la grille et sortit de nouveaux formulaires qu'il se chargea de noircir en personne.

— ... enregistrement de retour, billet de satisfaction des services, avis de clôture d'incident de classe 1..., maronna le gardien en faisant voler ses feuillets.

Le tigre accompagna cet instant d'un ronronnement félin.

— Avez-vous encore besoin de moi, messieurs ? s'enquit l'officiel en faisant grincer le cuir de ses gants.

— Négatif, monsieur le préfet. Mais pouvons-nous, à notre tour, faire autre chose pour votre service ? minauda le second des deux gardiens.

— Transmettez un tube à la Papesse, au Recensement, qu'elle me fasse envoyer au plus vite le statut d'un certain Henri Jacob.

— Bien, monsieur ! Est-ce un *PP-1111* ?

— Affirmatif !

Le Khan serra les dents. Il pinça le bord de son haut-de-forme entre le pouce et l'index, et s'éloigna à grands pas, suivi de Goron et de son tigre.

— Quelques lettres et quelques chiffres, et me voici plus redoutable qu'avec une armée de fines lames à mes poings, maugréa l'homme.

— Monsieur ? l'interpella à tue-tête le second des gardiens. Le Recensement vient de répondre, monsieur, et il se trouve que le statut de monsieur Jacob est inconnu.

— Qu'est-ce que je vous disais, Goron ? ronchonna le Khan... Ça fait vingt ans qu'ils me serinent avec leurs protocoles, et là, ils me claquent des réponses avant que je n'aie le temps de souffler ! Ils n'auraient pas pu me donner ce code de procédure plus tôt, là-haut ? La vie de Prune est en jeu !

— Je ne voudrais pas briser la poésie du moment, mais j'aimerais soulever un problème personnel..., engagea Goron qui suivait avec peine.

— Lequel, mon cher ? fit le Khan en entraînant son ami le long d'une passerelle suspendue.

— Le couvre-feu. Le couvre-feu a sonné, et il se trouve que j'apprécierais assez de rentrer chez moi...

— Je vais vous demander une escorte. Moi, j'ai un rendez-vous qui approche...

Et le tigre de pousser un feulement approbateur...

Chapitre 16

Retour au pôle, mai 1910
La chasse à l'homme

« Autrefois, nous avions des chamans, des sorciers. Nous avions les sciences occultes, les rites païens. Puis sont arrivées les sciences ténébrales. La vie n'aura bientôt plus de mystère pour la mort, ni la mort pour la vie... »* Notes extraites du *Petit Traité d'anthropologie ténébrale.

Cercle polaire, journal de bord du commandant Jean-Baptiste Charcot.

« Voilà quatre jours que nous avons quittés le Pourquoi Pas, *et je ne trouve que maintenant le temps de remplir mon journal. Le vent hurle, au-dehors. Et je dois mon peu de chaleur aux calorifères chimiques du baron Thénard.*

Par où commencer ?

La tempête ?

Une tempête comme il est anormal, encore une fois, d'en voir en cette saison, s'est abattue sur nous et dure depuis cinq jours.

La disparition de Sommer ?

Le pilote venait de donner les coordonnées de la zone d'écrasement d'un gyroplaneur appartenant à une force étrangère, quand les transmissions radio ont commencé à souffrir des conditions météo. Je suis parti sans savoir si Sommer était rentré sain et sauf de son dernier vol...

L'appel du capitaine Derive ?

J'étais en train de faire ancrer l'archdeacon au sol, essuyant des vents d'une rare violence, quand j'ai reçu un appel d'urgence du capitaine Derive. Ce fichu militaire osait m'ordonner de me porter au secours de ses deux pilotes en détresse ! J'ai tenté de m'opposer à ses ordres, mais il m'a prévenu qu'en cas d'insubordination, c'était le conseil de guerre qui m'attendait ! Me voilà réquisitionné par l'Armée impériale comme un troufion ! Pour mener une mission qu'ils ne pouvaient pas mener eux-mêmes !

Je n'avais donc pas le choix. J'ai donné mes ordres pour l'expédition. J'ai fait débarquer du matériel, j'ai monté cette mission de secours, et j'ai confié le commandement d'un Pourquoi Pas *cloué au sol à Nobile.*

Depuis, je marche à travers le blizzard. Je tiens la position de tête, guidant notre colonne à la boussole, entre les vaux et les monts glacés de ces montagnes basses. Quatre jours à affronter un mur blanc et impénétrable qui nous donne la sensation de reculer à chaque pas. Au comble de l'épuisement, j'ai ordonné une relâche. Nous avons mis deux heures, battus par un vent cinglant, pour rassembler les traîneaux mécaniques et monter les murs de nos abris… Et maintenant que je le peux, malgré une profonde fatigue, je ne parviens pas à fermer l'œil. Je suis hanté par la lumière de ces jours sans fin.

Et par les ordres de ce Derive.

Il me fait mettre mon vaisseau et mes hommes en danger.

Pour deux militaires qui jouent du fusil et un pilote dont je ne connais même pas le nom. »

Le commandant Charcot avait ordonné de lever le camp. Il menait les quatre traîneaux mécaniques et le ravitailleur à travers les coups de fouet d'un vent chargé d'aiguilles. Le froid éprouvait le matériel et les hommes. La glace menaçait de rompre les chenilles.

Quatre jours de tempête, coupés du monde, perdus au milieu des étendues blanches de ce désert arctique. Quatre jours qui auraient eu raison de bien des intrépides. Mais Charcot était un capitaine qui savait recruter ses hommes. Et il avait avec lui les plus braves de ses braves. Clément-Bayard, Jacques Beaulieu, Albert Fournier : ces gaillards savaient endurer la douleur et la souffrance en silence. Et Hilma. La ténébraliste suédoise. Qui semblait, elle, ignorer jusqu'à la définition même de ces mots. Rien de ce qui provenait du monde de la matière n'avait de prise sur elle. Mais pour ce qui était de ressentir celles en provenance de l'au-delà, en revanche, Hilma rivalisait de sensibilité avec les appareillages savants des Cuprifères. Forte d'une autorité froide et silencieuse, il était difficile à tout homme de refuser à Hilma d'exécuter la moindre de ses volontés. Même quand cet homme s'appelait Jean-Baptiste Charcot. Même quand il concentrait l'ensemble de ses ressources pour guider les traîneaux le long de crevasses abyssales, les lunettes chargées de glace, le visage enfoui dans les poils de ses fourrures de carcajou.

— Que voulez-vous, encore, Hilma ? hurla Charcot alors que la ténébraliste avait fait arrêter la course de son traîneau mécanique.

La femme était descendue dans la neige, chahutée par les rafales, les mains tendues en avant comme pour capter des ondes imperceptibles au commun des mortels.

— Ils sont là, je peux les sentir ! hurla à son tour la médium.

— Mais qui ?!!!

— Les morts ! Les morts anciens du peuple inuit ! Des ombres puissantes, ancestrales ! Des âmes totémiques !

La ténébraliste ignorait et le vent et les vociférations du commandant Charcot. Elle dévala une pente, entre les nunataks sombres et les roches acérées, pointant des monticules de pierre sous des saillies de glace. Les bourrasques tenaient le long manteau d'Hilma à l'horizontale tandis qu'elle se laissait lentement posséder par les lieux...

— Hilma ! J'ai des ordres ! hurla Charcot en la rejoignant enfin.

La ténébraliste n'avait plus que deux globes blancs à la place des yeux. Elle parlait à voix basse une langue que seuls des esprits pouvaient encore comprendre. Le reste de la troupe arriva en glissant dans des coulées de poudre blanche, le Canadien en tête.

— Que nous fait madame Hilma ? hurla le trappeur à travers sa fourrure.

— Une transe ! répondit Charcot aussi fort qu'il le put.

— Mais ce n'est pas le bon temps, là, pour nous faire un petit caprice !

Le commandant devait prendre une décision. Il le savait. Il devait trancher entre deux maux. Traîner Hilma de force, au risque de briser sa confiance et de ne plus avoir sa coopération pour la suite de la mission. Ou donner à la ténébraliste les moyens de rester au milieu de ses pierres, au risque de diviser son expédition.

La Suédoise était d'une trempe qui n'avait rien à envier à la dureté de ce paysage de glace.

Charcot tenta une dernière conciliation.

— Hilma ! Hilma, vous m'entendez ? Nous devons poursuivre notre route ! C'est dangereux de rester ici !

— Ces tombes, humain, résistent aux tempêtes depuis des siècles et des millénaires.

La ténébraliste semblait plus grande et plus forte que d'ordinaire. Comme habitée. Charcot ne maîtrisait en rien les subtilités de cette science des Cuprifères. Il préféra reculer pour se garder à bonne distance des yeux blanchis de l'extralucide, et insista de toutes ses forces :

— Hilma af Klint ! Si je vous abandonne ici, je n'ai pas la certitude de vous retrouver vivante !

La femme ignora cette réalité. Comme toutes les autres.

— Vous n'avez pas votre matériel ! Hilma ! hurla encore Charcot. Vous n'avez pas la plus petite capsule de confinement périspritique !

La Suédoise tourna lentement la tête face aux gifles du vent, comme pour profiter pleinement de la force des éléments. Le commandant prit alors sa décision.

— Messieurs ! lança Charcot à la cantonade. Je vais devoir choisir deux volontaires parmi vous pour seconder madame af Klint !

— Il n'y a pas moyen de la raisonner, commandant ? hurla un des hommes.

— Je ne prendrai pas ce risque, Denhaut ! s'époumona Charcot. La ténébraliste n'est pas seule !

Le commandant n'était ni croyant ni superstitieux, mais il avait déjà assez d'une tempête à gérer, sans avoir en plus toutes les ombres de l'Arctique sur le dos ! Il se tourna vers ses hommes, calculant, évaluant les forces de chacun, répartissant les compétences selon les besoins vitaux de son expédition, et celle, impromptue, d'Hilma.

— Albert, Maurice ! Vous restez ! Dressez un camp, et occupez-vous de la Suédoise.

Charcot avait du mal à se faire entendre par-dessus les bourrasques. Il fit une pause pour se protéger des élans les plus vifs, et confia ses ordres de proche en proche. Il abandonna au petit groupe un traîneau mécanique, ainsi que des bidons de carburant et des rations pour une semaine. Il recommanda en dernier lieu de déployer la bâche de position, ce grand carré de toile rouge, dès que la tempête se calmerait. Et de tirer une fusée d'alarme par vingt-quatre heures. Si l'archdeacon reprenait les airs, Nobile pourrait ainsi les localiser...

Il ne voulait pas se l'avouer, mais il aimerait assez être le premier explorateur de l'ère ténébrale à rapporter aux Cuprifères des ombres du pôle...

Charcot fit arrêter la colonne de traîneaux, et escalada un sérac, en compagnie de Beaulieu. L'expédition élargissait ses cercles depuis deux jours autour de la position théorique du crash, manœuvre qui n'était pas pour enthousiasmer les membres de l'équipage. Le commandant tira sa longue-vue télescopique et balaya l'horizon glacé. Avant de s'arrêter.

— Beaulieu !

— Commandant ?

— Pointez la lunette dans cette direction !

Le trappeur exécuta l'ordre et confirma aussitôt l'impression de Charcot.

— Des débris ! C'est notre hydravion ! C'est le *DL-124* !

— Allons voir de plus près, fit le commandant en rejoignant la tête de colonne.

Les hélices dorsales des traîneaux mécaniques se remirent à vrombir et poussèrent l'expédition aux abords de la zone de crash. Mais aucun des hommes n'aurait pu s'attendre à l'horreur du spectacle présenté. Une scène de guerre d'une rare atrocité s'était déroulée ici. Les faits remontaient à plusieurs jours. Sans doute même avant la tempête. L'hydravion s'était écrasé, et la carcasse prise d'assaut. Des tirs avaient été échangés, criblant la carlingue d'impacts de balles. Les deux pilotes avaient décroché la Lewis et décimé les rangs ennemis. Si la neige recouvrait en partie les traces, des animaux sauvages s'étaient en revanche acharnés sur les dépouilles, laissant des moitiés de repas geler sous un soleil blanc.

— Des ours. Une mère qui aura profité de cette affaire-là pour nourrir ses petits sans effort, précisa Beaulieu. Les empreintes sont fraîches. Elles remontent au petit matin, pas plus loin que ça.

— Ce n'est pas le moment de nous ramener ta science, Beaulieu, grinça le comte de Lambert en frissonnant.

— Pourtant, ça peut vous être utile, à vous autres, d'apprendre que la petite famille risque de revenir à tout moment pour finir son repas.

Le photographe de l'équipe ne cessa pas un instant d'immortaliser la scène. Suivant les moindres faits et gestes du commandant Charcot. Ce dernier pestait.

— Hilma nous aurait été bien utile !

— Laissez donc cette sirène des glaces là où elle est, capitaine, fit de Lambert en inspectant la carcasse de l'hydravion.

Le *DL-124* n'était plus récupérable. Denhaut, le mécanicien, isola tout au mieux quelques pièces pouvant servir en cas de panne de son jumeau.

Si tant était que le deuxième appareil fût toujours de ce monde...

Et Sommer avec.

Quant au *Pourquoi Pas*, Charcot priait qu'il fût encore opérationnel pour les sortir de cet enfer blanc. Car la présente expédition était un voyage sans retour.

Pas assez de carburant.

Ni de nourriture.

— Commandant ? Vous pouvez venir par là, des fois ? fit le trappeur canadien les deux genoux plantés dans la neige.

Charcot rejoignit son homme et sentit un frisson d'effroi lui glacer l'échine. Beaulieu pointait du doigt des traces de découpe sur les fémurs de deux mercenaires. Des traces qui ne provenaient pas de crocs d'ursidés, mais d'un couteau effilé. Comme celui d'un militaire.

— Ça, commandant, c'est ce qu'on fait quand on a une grosse fringale, et pis qu'on est seul au bout du monde.

— C'est le trappeur ou le cuisinier qui parle, là ? demanda Charcot au Canadien.

— Les deux, monsieur.

— Quelqu'un a identifié nos deux gars de l'Impériale ? fit le commandant à la cantonade.

— Négatif. Aucune trace, ni d'eux ni du pilote de l'avion postal.

— J'en arriverais presque à l'oublier, celui-là, avoua Charcot en secouant la tête.

— Donc, si l'on résume, intervint de Lambert, soit ces trois-là sont vivants et ils ont mis les voiles, soit ils sont morts et ont servi de repas aux oursons de Beaulieu ?

— Je dirais qu'ils sont vivants, paria Denhaut en ressortant du poste de pilotage.

— Et pourquoi ? releva Charcot.

— Car les oursons de Beaulieu ne mangent pas de radios ni de piles à compression.

— Ah mais arrêtez donc avec ça, vous autres ! Ce ne sont pas mes oursons, là ! Pis allez promener vos bottes plus loin, vous me piétinez la piste...

Le commandant se rapprocha au contraire de son cuisinier.

— Vous avez relevé quelque chose, Beaulieu ?

— Oui, c'est tout frais. Il y ces poils de chien, arrachés par ce croc de glace. Pis là, ce fragment d'os ou d'ivoire poli...

— Des autochtones ?

— Et si vous me laissez un peu faire mon travail, je m'en irai même vous débusquer une petite piste...

Les deux pilotes de la Marine impériale s'étaient écrasés avec leur cargaison en terre inconnue. Sans vivres et sans espoir, ils avaient survécu en mangeant de la cuisse de mercenaire, trois éclaireurs qui avaient échoué à les surprendre dans leur sommeil. Mais ils n'avaient pas résisté à l'attaque-surprise dont ils furent victimes quelques heures plus tard, à la tombée du vent. Des renforts, des raclures de fond de cale de baleinier, étaient arrivés en masse et avaient embarqué vers la côte pilotes, radio et pile à compression.

Beaulieu avait suivi une piste. Celle de deux chasseurs inuits à traîneau avec dix de leurs chiens. Ces deux autochtones, au détour d'une traque à l'ourse mangeuse d'hommes, étaient tombés sur la carcasse du *DL-124*. L'ourse mangeuse d'hommes avait suivi les mercenaires, et ces derniers, percevant dans le vent le bruit de traîneaux mécaniques, avaient repéré la présence de l'expédition de Charcot... Tout ne semblait être qu'une question de chaîne alimentaire, dans l'immensité de ces déserts blancs.

Inférieurs en nombre et suivant un instinct des plus développés, les deux chasseurs inuits s'étaient retirés de la course. L'ourse avait essuyé une balle mortelle, de la part d'un mercenaire, et l'expédition de Charcot avait rendu les armes avant même de comprendre dans quel ordre se jouait ici la marche du monde. Tout l'équipage fut cueilli, ficelé, hissé sur les traîneaux, et convoyé vers l'est.

La troupe se dirigeait vers la mer, depuis trois jours, mangeant de la viande d'ourse gelée. Ils s'enfonçaient entre les dents de pierre des montagnes côtières, quand les traîneaux mécaniques, jusqu'au ravitailleur, tombèrent un à un en panne de carburant. Les cuves étaient vides. Charcot reçut les récriminations du chef des soudards dans la mâchoire, mais tint bon. Les mercenaires avaient dû établir un campement de fortune. Dresser des cases en blocs de neige. Envoyer des hommes en quête de pingouins à se mettre sous la dent.

— Si vous voulez sortir de cet enfer vivant, va falloir coopérer ! vociférait un homme sous sa grosse tuque.

Ce dernier, à court de ressources, menaçait de tuer un à un les membres de l'équipage, jusqu'à ce que Charcot appelle le *Pourquoi Pas*. Le mercenaire voulait par là s'emparer de l'aéronef par la force... Le commandant désespérait de trouver une solution, quand le claquement d'une arme à feu retentit. Puis deux. Il y eut encore quelques cris, puis le silence revint.

Le campement était tombé.

La peau de phoque fut arrachée de la case de Charcot, laissant apparaître le visage de la ténébraliste...

— Hilma ? Mais que faites-vous là ?

— Quand les esprits parlent, dans le Grand Nord, les Inuits savent écouter.

— Hilma, je crois que vous me faites peur, avoua Charcot.

Le commandant sortit de sa prison de glace et constata avec quelle brutalité les autochtones avaient éliminé chaque mercenaire du camp, et avec quelle sauvagerie ils étaient en train de les dépecer comme des animaux de boucherie, pour jeter leur viande aux chiens.

— C'est une démonstration de mépris, commandant, précisa Hilma.

— Et que nous vaut cette bonté d'âme ? s'informa Charcot.

— J'ai parlé aux ancêtres. Et aux ancêtres de leurs ancêtres. Les chasseurs sont venus à moi, par paires. Par dizaines. Par tribus entières. Ils sont venus écouter leurs anciens, par ma voix, par la voix de la grande chamane. Ainsi, ils ont appris comment certains des leurs avaient été abattus par ces brutes qui nourrissent maintenant leurs chiens.

— Mais comment nous avez-vous retrouvés ?

— Ici, les chiens courent plus vite que les traîneaux mécaniques. Les nouvelles filent.

Les Inuits arrivaient désormais par familles entières, apportant des denrées tirées de ces régions froides et la chaleur de leur sourire. Un réconfort sans prix au regard de dix jours de privations, ou de viande d'ourse. Charcot confia à Clément-Bayard le soin de mettre la radio en service. Mais la machine se montrait récalcitrante, et la batterie donnait des signes de faiblesse, malgré la bonne volonté de Beaulieu qui s'activait sur la manivelle de mise en pression.

Le temps fort de cette expédition pouvait arriver. Le commandant Jean-Baptiste Charcot fit libérer les deux pilotes de la Marine impériale. Leur santé était vacillante, mise à mal par les conditions infernales de leur détention. Les autochtones leur faisaient manger du foie de phoque, pour leur redonner du rouge aux joues. Seul le capitaine Féquant était en mesure de parler.

Il raconta.

Il raconta comment ils avaient en effet mené une mission officieuse et confidentielle à l'intérieur de l'officielle. Comment ils avaient équipé le *DL-124* et anticipé de quatre heures le sauvetage du pilote de l'avion postal. Et comment, après avoir récupéré le naufragé et une caisse de courriers visiblement sensibles, ils avaient essuyé les tirs aériens de deux gyroplaneurs. En pilotes experts, ils avaient rapidement donné la chasse à ces aéronefs volant sans bannière. Ils avaient bien vu, l'un comme l'autre, s'approcher le front de tempête, mais l'ordre de mission et la valeur du trésor embarqué dépassaient toute autre considération.

Alors, ils avaient défendu leur bien.

Alors, ils avaient descendu l'un puis l'autre des gyroplaneurs, avant de subir de plein fouet les premières bourrasques.

— Ces savants assemblages ne sont pas conçus pour supporter une météo pareille, se plaignit Féquant dans un râle.

— Et Sommer ? Vous avez vu Sommer ? s'inquiéta Charcot.

— J'ai entendu ses appels radio, puis plus rien. Notre hydravion s'est couvert de glace, et nous sommes devenus trop lourds, malgré le délestage de la caisse de munitions, et de...

Le militaire fit une pause avant de finir sa phrase.

— ... et du pilote de l'avion postal.

— Vous... Vous avez jeté un homme par-dessus bord ? s'étrangla Charcot.

— Il était de nature à compromettre notre mission, se justifia le militaire.

— On me fait risquer ma peau pour sauver la tête de cet homme ! s'emporta le commandant.

— Le pilote n'avait aucune importance. Il ne savait rien. C'est la caisse qui était l'objet réel de la mission, argumenta Féquant.

— Mais il y a quoi, là-dedans, pour envoyer autant d'hommes et de moyens par-delà les pôles ? fit Charcot en tentant d'ouvrir la malle.

— Ne vous fatiguez pas. La caisse est cadenassée par un verrou périspritique.

» Et si ça peut vous consoler, j'ai moi aussi risqué ma peau sans savoir pour quoi...

Le militaire termina l'interrogatoire sur cette déclaration. Il s'écroula, à bout de souffle. Charcot reprit les choses en main. Il rassembla hommes et matériel sur des traîneaux à chiens prêtés par les Inuits, et entreprit de calculer une route théorique à l'aide d'un sextant.

— Vous savez où est le *Pourquoi Pas*, commandant ? s'inquiéta Hilma af Klint.

— Vous parlez aux morts ? Eh bien moi, je parle au soleil et aux étoiles. Vous êtes ténébraliste, moi navigateur...

» Et si l'archdeacon ne vient pas à nous, il faudra bien aller à l'archdeacon !

Et Charcot de crier en fouettant le chien de tête...

Chapitre 17

Paris-Capitale, le 3 juin 1910, 22 h 39
Le rendez-vous manqué

« Un atlas ne peut opérer son œuvre qu'au sein du champ ondulatoire ténébral. Ce dernier a été fixé en 1900 par le pouvoir central à un rayon de huit cents mètres autour de l'axe central de la tour Eiffel. Il est matérialisé au sol par un rail d'or circulaire.

Il existe également un dispositif ondulatoire portatif permettant de générer un rayon d'action individuel. Mais l'inconfort majeur lié à l'usage de ce prototype et l'extrême rareté de certains de ses composants en restreint le port à l'atlas universel, AU-1. »
Notes extraites du *Petit Traité des normes et usages ténébraux.*

Le préfet impérial Eudes Anatole-Faust Lacassagne se faisait conduire à travers les rues de la capitale. L'automobile sautait sur les pavés, emportée par sa grande vitesse. L'officiel caressait le crâne de sa bête en observant les sous-doges de Paris. Ils étaient baignés de cette noirceur poisseuse si chère aux ombres, tout juste éclairés par les candélabres impériaux et les phares de la Dalphine Eiffel. Les atlantes changeaient de visage dans ces jeux de clairs-obscurs, se faisant tantôt forts et puissants, tantôt fourbes et malfaisants…

L'officiel avait donné ses ordres. Hommes et ombres de la Périspritique étaient en poste dans la gare subaquatique d'Austerlitz. Ils se relayaient dans la surveillance des voies et des quais depuis des heures, et devaient noter le moindre mouvement suspect, la moindre anormalité potentiellement liée à l'affaire. Le ravisseur se tenait tapi quelque part, à attendre son or. Il n'aurait rien. Mais à la plus petite imprudence, il donnerait tout…

Le Khan, lui, se rendait au carrousel de Mazas. L'ancienne prison avait été rasée au profit d'un manège aquatique, une de ces tours de verre aux arches de cuivre qui avait pour vocation de décorer ce quartier autrefois si austère. Le chauffeur de la préfecture fit crisser les pneus de la Dalphine dans une rue arrière, et stoppa complètement le véhicule.

— Nous sommes arrivés, monsieur Lacassagne.

La voiture rutilante se tenait immobile sous un candélabre du Second Empire. Un mélange de science et d'art datant du début du siècle dernier, animé par des feux de gaz incandescent. L'endroit était désert. Le Khan attendait. Il tapota les ors du grillage intérieur de sa berline, respira cet instant de tranquillité, à l'abri de ses résilles de protection, et se décida à sortir.

— Bonne chance, patron, encouragea le chauffeur.

— L'art n'a rien à voir avec la chance, monsieur René, confia l'officiel avant de refermer la porte.

Les sous-doges restèrent un instant encore plongés dans un silence de mort. Le Khan fit valser ses doigts, adaptant l'assemblage de ses alliés ténébraux à la situation. Deux parts de médiums exorcistes, une de policier, et une de maître d'armes. Il actionnait sans relâche sa pompe palmaire, les sens à l'affût. Puis, immobilisant sa course, il retira deux de ses aiguilles à tête de serpents enlacés qu'il ficha dans le revers de son col. La douleur le submergea aussitôt, en même temps qu'il recouvrait une partie de ses acuités sensorielles. Son ouïe se fit plus fine, sa vue scrutait le moindre des plis de ce velours fait de sombre et d'obscur. Il sentit jusqu'au ronflement de cette mécanique coronale qui dormait dans la doublure de son manteau d'officier. L'énergie partait de chacune de ses cellules de compression, et coulait le long de connecteurs en or jusqu'aux micromagnétosphères de Branly de sa gaine antébrachiale. Les ondes n'avaient dès lors plus qu'à inonder ses prothèses périspritiques pour donner à ses lieutenants ce soupçon de vie propre.

Le tigre, lui, grondait en fixant un point perdu dans le noir, les oreilles baissées.

L'animal crache, mais les lieux sont vides.

Mazas est pourtant réputé pour ses ombres…

Alors pourquoi ce silence ?

Le préfet libéra le quillon de sa canne-épée et se tint aux aguets.

Échoppes fermées. Absence de rats. Clapot paisible de l'écoulement des eaux du canal. Et crachotement régulier du gaz des becs de quatre réverbères impériaux. Pour un peu il donnerait à ce quartier de Mazas sa classification de zone déshantifiée ! Et pourtant…

Il se dégage des lieux une grande force ténébrale.

Un périsprit d'une puissance démesurée.

Moi, je ne vois rien qui vaille la peine d'être fourragé.

Quelle que soit la nature de la menace, elle resta tapie dans l'ombre et se garda de déclencher le détecteur du préfet. Eudes vérifia l'heure, sur l'horloge officielle, ajusta sa montre, et s'engagea à grands pas sous les bras protecteurs de deux atlantes de bronze. L'heure théorique de l'échange était dans dix-huit minutes. Dix-huit minutes pour atteindre en personne le lieu de rendez-vous. Il fit claquer ses bottes sur les marches métalliques, avalant volées et paliers jusqu'au passage de la barrière du couvre-feu. La gent parisienne vaquait ici à ses flâneries habituelles, profitant des guinguettes et autres réjouissances qui fleurissaient le long de la Seine élargie. Car le lac de Tolbiac n'était en réalité qu'un renflement artificiel du fleuve contenu, à l'image de tous les autres, dans un bassin de verre et de fonte. Le fond de l'eau était illuminé par la danse chaloupée de sphères d'éclairage subaquatiques, captives de leurs chaînes d'argent.

Le Khan repérait ses hommes à son passage. Les uns attablés à la terrasse de rades cuivrés, les autres au bras de femmes du monde, ou accoudés à la rambarde de quelques kiosques à musique. Le seul qui ne faisait pas preuve de discrétion, c'était lui-même, avec sa silhouette reconnaissable entre mille, et son tigre au pelage argenté. Il jouait avec le feu. Testait le ravisseur. Espérait tirer enseignement de ses réactions.

Treize minutes…

L'homme jeta une pièce au premier batelier de libre, et monta à bord de sa gondole. La mouchette quitta la ligne d'appontement et prit le large dans le vrombissement de sa machine à compression. Le Khan restait debout, son tigre au côté, le regard vissé sur la surface des ondes. Il devinait la valse stratégique des sapajous, dans le ciel. Ces singes suivaient des plans de vol ordinaires, mais un signal émanant des Cuprifères, relayé à leur insu par toutes embarcations venant à croiser sur le lac, attirait sur elles regards et simiétographes. Ces sélénoïdes ne manqueraient pas de se montrer décisifs dans la chasse aux indices.

Sauf que rien ne semblait pour le moment vouloir briser la tranquillité des lieux.

Les traits de pluie des nuées ténébrales crevaient la surface, inlassablement, sous le regard d'une voûte céleste cristalline et d'une Voie lactée scintillant d'étoiles.

Le préfet fit faire un virage au gondolier, repassant au-dessus du pont-tunnel de Tolbiac, sans quitter des yeux les aiguilles de sa montre. Il serra les poings, contenant sa frustration dans le grincement de ses gants de cuir.

23 h 10.

L'heure de l'échange était passée sans que personne ne troublât les batifolages vespéraux des quelques amoureux du secteur. Le Khan dérangea un couple, glissant un œil autoritaire sous leur chasse-pluie, et fit donner les gaz au batelier. Il devait accepter les faits. Relever le défi qui lui était proposé. Son adversaire ne s'était pas montré et menait encore le bal...

Le moineau mécanique bougea au fond de sa poche, s'ébroua, et s'envola en pépiant. Trouvant l'automate de Méliès un peu faible, Eudes tendit son poing et appela son oiseau. L'animal se posa dessus, frétillant, et pencha sa tête vers son maître. D'infimes rouages tournaient derrière les paupières en tôle d'or de l'appareil, suivant les courses cabalistiques de spirales métalliques et de vis sans fin. Un mécanisme qu'il convenait de remonter de temps à autre, ce que fit le Khan. Il tira une des épingles siamoises qu'il tenait plantée dans le revers de son col officier, inséra la tête dans une fente ouverte entre les ailes, et tourna le corps de l'aiguille jusqu'à entendre un imperceptible déclic. Le signal indiquant la tension maximale de tous les ressorts. Le Khan désengagea l'épingle, qu'il choisit de replanter dans l'une de ses veines d'argent, avant de tirer un mouchoir d'une de ses poches intérieures, et d'essuyer une larme de sang qui s'écoulait lentement depuis les profondeurs de son demi-masque.

— C'est fascinant.

Sans ses nerfs d'acier, le Khan aurait sursauté.

— J'ignore ce que fait un homme seul, avec un tigre, au milieu du lac de Tolbiac, mais encore une fois, monsieur, vos gestes sont fascinants, insista le batelier.

Le préfet ne répondit pas. Son moineau mécanique venait de reprendre son envol en pépiant de plus belle, indiquant par là l'urgence de l'appel.

— Conduisez-moi au quai le plus proche, intima le Khan d'un ordre sec.

Le gondolier dégagea sa mouchette des remous de deux barges-restaurants, et fila vers les débarcadères du quai de Charenton.

Le nouveau message des ravisseurs avait été délivré avec une extrême ponctualité.

Tout avait commencé avec cet appel de la préfecture. Une équipe de la Périspritique avait trouvé un corps sans vie, étalé au milieu de la chaussée des sous-doges de la rue Traversière. Les homicides étaient rares, dans l'enceinte de Paris-Capitale, et le préfet avait demandé à en être systématiquement informé. Mais un élément supplémentaire, dans cette routine policière, lui avait en plus heurté le tympan. Ce corps se trouvait au niveau du numéro 20 de la rue Traversière, soit à quelques mètres seulement de là où le chauffeur de la préfecture l'avait déposé trente minutes plus tôt.

Le préfet n'était pas le seul à relever la coïncidence.

C'était déjà le cas pour le premier corps, old chap *!*

Retrouvé près de l'Opéra Garnier...

Alors que nous venions de quitter la zone.

Le Khan avait commandé une grande opération. Des équipes de la préfecture étaient arrivées sur les lieux, sécurisant la scène de crime en plein quartier sous couvre-feu, dressant des ciels de résilles d'or, illuminant les alentours à l'aide de projecteurs à ampoules ténébrales.

... de quoi faire hurler tous les démons des environs...

Mais les techniciens du laboratoire central qui procédaient aux relevés d'usage secouaient la tête. Les résultats préliminaires, sur le corps, étaient inexploitables. Les criminels avaient de nouveau utilisé une bombe périspritique, polluant la scène de crime. Le Khan se redressa. Un convoi de voitures officielles arrivait, et, avec lui, le médium vedette du *Triumviratus*. Eudes avait dû parlementer dur pour obtenir, des autorités, le droit de faire sortir des Cuprifères une de ses ressources les plus stratégiques... Le chauffeur ouvrit la portière et le ténébraliste apparut, spectral, sous les feux des projecteurs. Faidherbe Quintard cachait son visage zébré de veines cyanosées sous les pans de capuches et de surcapes en soie sauvage. À son apparition, les ombres de Mazas s'affolèrent, comme excitées par la puissance particulière de son art. Elles s'accumulaient contre les barrières, crachant et déchaînant tant de force et de violence, contre les résilles, qu'elles en vinrent à menacer de rompre le périmètre de sécurité. Un cordon de la Garde impériale intervint, tirant des salves de plombs en or pour disperser les plus audacieuses, laissant le temps aux opérateurs de la préfecture de renforcer les filets de protection.

Dans ces situations, le Khan rêvait de refermer ses nasses sur ces masses imprudentes, mais il le savait. Au moindre danger, ces âmes en peine s'évaporaient. Le préfet était condamné à les chasser toutes, une à une. À trouver leurs os. À trouver leur nom. Et les invoquer.

Eudes fit valser ses doigts, saisit son stylographe, et se pencha sur la victime pour mener sa propre expertise.

Femme de quarante ans environ.

Vêtements de soirée, ganterie et maroquinerie de qualité...

Fleur de chevreuil... Cordovan...

Dentelles lilloises et guipures.

La mort... remonte à quelques minutes à peine.

Le préfet prenait des notes, frénétique.

Choix opportuniste de la victime, comme pour le premier cas.

Le photographe officiel éblouit l'assemblée sous la puissance d'un flash au magnésium, et tira immédiatement un portrait sur papier polaroïd.

— Cette femme devait passer une soirée en bonne compagnie, fit remarquer un jeune policier.

— Bien vu, Belin, acquiesça le préfet. Prenez ce polaroïd et allez chercher des témoins du côté des guinguettes, à l'étage.

L'inspecteur recruta à son tour deux brigadiers et quitta le périmètre pour mener son enquête de voisinage. Pendant ce temps, sur la scène de crime, des techniciens du département de la morgue centrale disposaient des jalousies. Toute intimité ayant été donnée à la victime, l'équipe se tourna vers le représentant de l'autorité impériale.

— Autorisation de préparer le corps ?

— Autorisation accordée.

Les praticiens déshabillèrent la défunte, appliquèrent des huiles métalliques de conduction, et placèrent à même la peau une série d'amplificateurs médianimiques. Des torons d'or envahirent bientôt le corps de la victime jusqu'aux différents éléments du dispositif de lecture. Animascope, spectrophone, Faidherbe.

— Soulevez le sujet.

Quatre hommes glissèrent une plaque d'isolation pendant que d'autres refermaient une cloche de confinement périspritique sur la défunte. Les appareils commencèrent à ioniser l'atmosphère. Faidherbe regardait les buses souffler des paillettes d'or, tandis que son préparateur assurait les branchements de ses amplificateurs, en lui susurrant à l'oreille :

— Vous devez faire le vide en vous. Concentrez votre énergie en votre centre intérieur. Ressentez votre force vitale gonfler et pulser à chacun des battements de votre cœur.

— Écran en place ! cria un technicien.

— Dispositif de projection opérationnel. Prêt pour les essais, surenchérit un second.

L'armée tira une salve de ses plombs en or pour éloigner le public parasite. Les lampes de l'animascope s'allumèrent, faisant jaillir un carré blanc entre les deux pieds d'un atlante.

— Ça va être à vous de jouer, monsieur Quintard.

Le médium du *Triumviratus* ferma les yeux, et plongea dans l'Atomon encore tout frais de la morte. L'écran de soie grésilla et des images en contrastes inversés commencèrent à danser. Mouvements oculaires révélant un état d'affolement total, gémissements bestiaux : la victime était consciente et parfaitement terrorisée. Faidherbe se concentra davantage et l'image se fit plus nette. L'endroit ressemblait à une de ces trop nombreuses caves datant du Paris médiéval.

Même seau d'eau froide en travers de la figure...

— Madame ? fit une silhouette sous son drap de fantôme. Avons-nous toute votre attention ?

La victime se mit à hurler avec tant de force qu'elle satura les capacités du spectrophone.

— Il va falloir régler notre enregistreur, fit le même drap de fantôme. Mon cher ? C'est à vous d'intervenir.

— Mais que dois-je faire, monsieur Br. ?

— Mon cher... nous en avons déjà débattu. Il vous incombe un rôle des plus importants : le contrôle de la fonction sonore.

— Ça me revient. Le molestage !

— Non ! le coupa le premier. Nous avons également abordé cette question précise, vous souvenez-vous ? Nous avons introduit une amélioration sensible à notre protocole d'enregistrement...

— Vous voulez parler des caramels ?

— Parfaitement. Je veux parler de ces caramels qui, une fois introduits dans l'appareil buccal de l'enregistreur, ont pour fonction de couper toute émission parasitaire.

— C'est que, monsieur Br... j'ai pris sur moi l'initiative de tester votre méthode avant d'arriver sur le terrain.

— Et ?

— D'après mon expertise, ils sont bons, mais inefficaces.

— Mon cher, seriez-vous en train de me dire que vous avez mangé cette partie du protocole ?

— Jusqu'au dernier. Et vous noterez que je parle toujours.

— En attendant, reprit le premier, notre enregistreur, lui, ne parle plus. Et tout ça sans molester. Vous faites des progrès fulgurants, mon cher.

— « Fulgurants » ?

— Oui... Autrement dit, plus que rapides. Nous envisagerons, à l'avenir, de vous faire ingérer aussi un dictionnaire, avec vos caramels.

— Si vous pensez que ça les rendra plus efficaces.

— Assurément. En attendant, nous allons pouvoir passer à la suite.

— Je coupe la ligne, monsieur Br... ?

— Parfaitement, mon cher.

— Vous ne vouliez pas lire votre message avant ?

— Ah, mon cher, vous avez tout à fait raison.

Mais la victime, subissant déjà les coups de surin du deuxième homme, s'effondra sans plus transmettre que des cris et des râles affreux. Les techniciens de la morgue centrale se tournèrent vers le Khan, décontenancés par autant de bêtise, quand un corps tomba sur les ciels de résilles d'or.

— Reculez le périmètre ! hurla immédiatement le préfet. Et repoussez-moi ces ombres de malheur !

L'armée opéra une nouvelle manœuvre contre les forces ténébrales en présence, pendant que la Périspritique tentait de trouver les auteurs de ce crime odieux. Mais ils durent se résoudre à l'évidence : la place était déserte et ce corps tombé de nulle part.

Pas d'indices.

Encore une victime prise au hasard.

Le préfet faisait les cent pas, fouettant l'air de sa canne-épée pour chasser sa frustration à coups de moulinets. Voilà que ces malandrins osaient leur balancer des corps sous le nez ? Une nouvelle lecture fut ordonnée. Faidherbe, épuisé par l'effort de sa première performance, transpirait à grosses gouttes, les veines gonflées d'un sang cyanosé. Mais sous son impulsion, le spectrophone relaya les bruits étouffés d'un homme bâillonné. La victime reçut un seau d'eau froide à la figure, puis son et image se synchronisèrent.

— Pardonnez-nous pour cette interruption de communication, commença la première silhouette en ajustant son drap de fantôme.

— Dites-leur que vous m'avez autorisé à couper la ligne, monsieur Br.

— Mon cher, j'ai déjà reconnu devant vous avoir fait preuve d'un certain manque de concentration.

— Mais il faut leur dire à eux que je n'y suis pour rien si vous m'avez autorisé à couper la ligne.

— Si vous y tenez, consentit le premier drap de fantôme en se replaçant face à la victime. Messieurs, acceptez mes plus plates excuses. Je voulais vous assurer, devant mon compagnon, que j'assumais l'entièreté des responsabilités de cette bévue. Comprenez que notre procédé de communication est expérimental, et que nous ne maîtrisons pas complètement ses modalités les plus sensibles. Décrocher ou raccrocher sont deux gestes qui, pourtant simples d'exécution, s'accompagnent encore de désagréments quelque peu définitifs. N'oublions pas que nos enregistreurs sont des capteurs à usage unique.

» Êtes-vous satisfait de mon allocution, mon cher ?

— Oui, mais je proteste contre un changement de méthode.

— Lequel ?

— Le bâillonnage. Remplacer le molestage par le caramel revenait à remplacer un coup par un goût. Mais le bâillonnage… C'est sans coup et sans saveur.

— Je prends note de votre doléance.

— Je ne pense qu'au confort de notre enregistreur, monsieur Br.

— ... Vous me surprendrez toujours, mon cher. Bien. Si nous en venions au cœur de notre message ?

L'homme sortit avec cérémonie un papier de dessous son drap noir, et entama la lecture.

— *« Si vous recevez cet avis automatique de rappel, c'est que vous n'avez pas honoré la part de votre contrat. Il vous reviendra d'y pourvoir dans très exactement vingt-quatre heures dans les conditions précises du premier message, majorées d'une pénalité de dix pour cent. Il en sera ainsi à chaque rappel. »*

Le premier homme replia son papier et leva un doigt ganté.

— Petite précision, notre client a souhaité vous remettre un échantillon de la marchandise, pour preuve de sa bonne volonté. Vous trouverez cet acompte dans la poche de notre enregistreur. Il nous fait aussi vous dire que dans tous les cas, le reste vous sera livré demain et qu'il ne tient qu'à vous d'avoir un colis vivant, ou un colis mort...

» Mon cher ?

— Oui, monsieur Br. ?

— Je crois cette fois que j'ai terminé.

— Je peux couper la ligne ?

— Vous pouvez couper la ligne, confirma le premier homme. Mais ? Que faites-vous ?

— Je retire le bâillon de l'enregistreur.

— Mais pourquoi diable ?

Le second homme se campa un instant devant la nouvelle victime, les deux poings sur les hanches.

— Qu'avez-vous ? questionna le premier homme.

— C'est fâcheux... L'enregistreur ne crie pas.

— Mais pourquoi diable auriez-vous envie de le voir crier ?

— Mais, c'est que j'aurais voulu tester la méthode des caramels ! Puis-je en administrer un de manière préventive ?

— Mon cher, vous tardez inutilement. Il s'agit de ne pas faire perdre de temps à nos correspondants. Ils ont du travail.

Le deuxième homme haussa les épaules, sortit un couteau effilé, et ne laissa donc pas le temps à sa victime de crier...

Chapitre 18

Paris-Capitale, 4 juin 1910, 3 h 57
La descente aux Enfers...

« Une ombre ne peut évoluer que dans un environnement connu, son Atomon, ou dimension propre, se superposant alors à la Materia.
Un lieu inconnu de tout mort est un sanctuaire.
Tout lieu susceptible de se superposer à l'Atomon d'un mort doit être déshantifié (suppression de tous les morts ayant connu ces lieux), ou protégé (la barrière la plus utilisée est la résille d'or, un des seuls matériaux à travers lequel le coronium ne passe pas). »* Notes extraites du *Petit Traité de sécurité ténébrale.

Un cri, non... un hurlement s'était fait entendre depuis les sommets des Cuprifères quand Louis Bertillon, l'atlas le plus riche et le plus malheureux de Paris-Capitale, avait reçu dans un écrin de soie le doigt de sa fille. Le Khan avait fait l'erreur, erreur qu'il ne reproduira pas, de lui présenter l'objet de l'acompte avant même d'avoir pu entamer les analyses de routine.

Devant ce vif report d'affection, devant la détresse de Bertillon, le préfet avait dû consentir à repousser l'authentification légale de ce bout de chair.

Girard, depuis les laboratoires des Cuprifères, s'était lui évertué toute la nuit à faire parler le peu et le rien. Fouillant, analysant le plus petit des indices provenant de cette odieuse scène de crime, cherchant à isoler, dans cette soupe périspritique, des ombretraces exploitables.

Jusqu'à ce cheveu.

Une erreur relevée sur la victime du second message, et qui fit fumer les réseaux pneumatiques de la capitale. Une ombretrace avait été mise en évidence et avait permis de remonter la piste d'un chasseur de primes. Abric Pandin. Une de ces Goules noires qui infestaient les sous-sols de Paris, un de ces rats puants qui se nourrissaient des déchets les plus anciens de notre civilisation…

Un détritus qu'il convenait de localiser.

3 h 58. Fin de second quart ténébral. Le couvre-feu était levé depuis près de dix minutes et le jour commençait à blanchir les dômes et les verrières de la capitale. Devant traquer les goules dans leur tanière, le Khan se préparait à une descente dans les sous-sols de Paris. L'homme fit glisser une bouche d'égout, engagea une botte sur le premier barreau de fer, et intima un dernier ordre à son animal.

— Shere Khan. Tu vas devoir patienter un peu, mon grand. Couche-toi là et tiens-toi tranquille.

Le tigre s'allongea, non sans feuler son mécontentement, et Eudes disparut bientôt dans le goulot de descente. Il referma derrière lui, alluma une torche à compression, et se laissa glisser jusqu'en bas de l'échelle. Il atterrit dans une flaque d'eau, enfin, il préféra penser que c'était de l'eau, et vérifia son détecteur d'ombre. L'appareil restait silencieux. L'endroit était ce que la préfecture appelait une « zone grise », car non répertorié sur les cartes périspritiques. Les spectres de ces lieux n'étaient que des familiers, des goules tuées par leurs proies. Et la prudence, dans ces boyaux à l'abri des rayons du soleil, restait de mise. Le Khan soigna sa composante ténébrale et retira une des aiguilles de ses veines d'argent.

Je ne sens rien d'anormal.

Moi non plus.

— Me voilà rassuré.

La voix de l'officiel résonna dans le tunnel. Son statut de préfet l'avait jusqu'ici toujours protégé des Goules noires. Ces hâbleurs étaient plus forts en gueule qu'en escrime. Et ne dédaignaient pas, à l'occasion, croquer quelques récompenses sortant des caisses ténébrales de la préfecture… Les Cuprifères, le préfet en tête, trouvaient une fonction sanitaire à l'existence de ces mercenaires de l'ombre. Ils étaient ce que la fièvre était aux médecins, des indicateurs de bonne et de mauvaise santé… Revenait aux autorités de localiser ces poussées de chaleur, et d'apporter le traitement approprié.

En attendant, comme toute compagnie de rats, ces chasseurs de primes savaient s'organiser. Ils contrôlaient tous les boyaux souterrains de la ville, depuis les catacombes, jusqu'aux réseaux d'égouts, en passant par les anciennes carrières de Paris. Le moindre de ces goulots déserts pouvait s'animer d'un instant à l'autre, et voir des dizaines ou des centaines de troglodytes cataphiles défiler dans les uniformes de leur ordre. Masque noir et or. Cuirasse en cuir bouilli, doublé de plates de fer et de résilles de métal impérial, les unes pour parer les lames, les autres pour chasser les larmes. Celles d'âmes en peine si avides de chairs chaudes... Le tout recouvert de capes à capuchon pour donner des airs de secte médiévale à ce qui n'était en réalité qu'un ramassis de soudards en quête d'argent facile.

Les pas du Khan s'arrêtèrent devant une porte boulonnée de tôles de fer. De la rouille suintait le long des fibres du bois, et une flamme vacillante crachait dans sa torchère. Eudes poussa le panneau, qui grinça affreusement, et descendit les trois marches qui menaient dans l'antichambre du purgatoire. L'entrée s'enfonçait au fond d'une caverne, entre les vertèbres de bronze de quelque créature chimérique. Le sol passa de terre à pierre, et de pierre à bois. Le Khan s'arrêta sur le seuil, révisa l'assemblage de ses humeurs périspritiques, et donna un grand coup de pied dans la porte.

Le panneau vola et claqua sans produire le moindre effet. L'entrée fracassante du préfet se perdit dans le brouhaha ambiant. L'endroit était décoré selon les fantaisies d'un goût particulier. Les voûtes du plafond, gothiques et organiques, s'épanouissaient au rythme de côtes thoraciques aux reflets de bronze. Les arêtes, elles, étaient rehaussées d'enfilades de vertèbres, et descendaient pour venir encadrer des alcôves en cul-de-four, des nids creusés dans la pierre et infestés de goules avinées. Les sièges étaient forgés du même goût, tout autant que les tables ou que tout autre meuble. Des filets et des résilles de capture tombaient des plafonds, donnant à l'endroit les atours d'un repaire de corsaires. Surtout au regard de cette foule d'objets hétéroclites qui peuplaient encore les lieux. Têtes de scaphandre très siècle dernier, bouteilles de compression, cloches et caissons étanches, capsules de confinement périspritique. Mais le clou de ce folklore viril résidait en cet alignement de tableaux de chasse, noirs et rutilants, dressés comme autant de trophées phalliques, sculptés d'encoches répondant à des codes obscurs et corporatistes.

Grande ombre, petite ombre. Ombre malfaisante, ombre complaisante. Ombre majeure, démon ancestral. Bébé frappeur, nourrisson ou mort-né parasite... Point, trait, trait, point.

Le Khan se pinça une moustache, entre pouce et index, et approcha du comptoir en cuivre. Deux goules vidèrent leur tabouret après d'avoir jeté un sort à leurs verres, et laissèrent la place au visiteur...

— Bienvenue au *Spect'Rhum*, le bar où on ne sert que du rhum ! tonna le tôlier. Qu'est-ce que je vous sers, monsieur le préfet ?

— Un rhum.

— À la bonne heure ! Un rhum pour le préfet ! Mais dites-moi, cette fois, vous allez le boire, notre rhum ?

Le Khan ne répondit pas. Il se contenta de laisser l'autre remplir un verre d'un liquide ambré et fort odorant, avant de tendre un bras et de resserrer le poing sur sa gorge. Le silence se fit aussitôt dans les lieux, tout juste entrecoupé de lames que l'on sortait ci et là des fourreaux.

— Messieurs, j'ai une enquête qui piétine et une humeur de chien errant. Libres à vous de reposer vos culs devant vos rhums, ou de me donner l'occasion de me défouler.

Le Khan, d'une main, libéra le quillon de sa canne-épée et fit reluire la base de son fer. Il avait visiblement obtenu toute l'attention de son auditoire.

Sauf peut-être d'un dernier saoulard.

— Moi, je ne comprends pas pourquoi on lui fout pas une bonne trempe, à notre préfet, fit l'homme en reculant bruyamment sa chaise et en se redressant face au Khan.

Le saoulard avait pour lui deux arguments. Sa carrure de gladiateur germain, et son haleine de cadavre frelaté.

— Eustache, rassieds-toi... C'est une vraie fureur que tu as devant toi...

Les goules bruissaient, chacun y allant de son conseil pour ne pas attiser la colère du dragon...

— Mon vieux m'a raconté comment ce gaillard séchait les garçons de boucher aux Enfers !

— C'était il y a plus de vingt ans, il a eu le temps de mollir, depuis !

— Tu le trouves molli, toi ?

— Pas fameusement, il faut bien le reconnaître.

— Qui se charge de nous calmer l'Eustache ?

— Faudrait pas se retrouver entre deux chiens enragés...

Mais le Khan, une fois de plus, trancha avec un sens de la diplomatie tout personnel. D'un geste fulgurant, il frappa les oreilles du gaillard, du plat de ses deux mains gantées, provoquant chez l'autre une perte de connaissance immédiate.

— D'autres amateurs ? interrogea le préfet en rattrapant le col du tôlier.

Le bougre s'appelait Thorian Delage. Et quand il ne servait pas des cocktails, il se faisait le fils du patron de cette guilde nouvelle ère. Sa noble ascendance était brodée sur son masque d'or noir en la présence plutôt raffinée de motifs dendritiques et synaptiques. Autre marque et attribut représentatif de sa position, les trois colliers en métal impérial qui lui sertissaient le cou, empêchant définitivement toute créature chimérique de venir le mordre par erreur. Quand il ne permettait pas à un préfet belliqueux de s'en servir comme d'une poignée de tiroir...

— Je... Je suppose que vous voulez voir mon père ? réussit à conjecturer le pauvre hère.

— Permission de passer derrière le bar ?

— Ai-je vraiment le choix ?

Le Khan vida son verre de rhum, sur la tête d'Eustache.

— Je vois bien deux ou trois raisons d'ajouter quelques paires de vertèbres à votre décoration, mais je manque de temps, tôlier.

— Mon père a une sorte de grande porte qui donne sur les doges, vous savez ? Pourquoi vous ne passeriez pas par là pour lui rendre visite ?

— Je ne raterais pour rien au monde l'occasion de venir attendrir un peu la relève, répondit le Khan en sautant par-dessus le comptoir. Histoire de tisser des liens, vous voyez ?

Le tôlier récupéra ses colliers en même temps que la jouissance de sa trachée, et tira deux rachis pour fermer les grilles d'un monte-charge hydraulique. La cage quitta le bar pour s'élever à travers une vieille cheminée d'aération. Elle gagnait les niveaux des sous-doges de l'ancien Observatoire de Paris, devenu le repaire du chef des Goules noires. Ici, les jeux de vertèbres se faisaient plus fins et la décoration plus épurée. Les oves et les courbes reluisaient sous les lampes ténébrales, révélant la nature de la clientèle des lieux. Les cocktails servis dans ce bar étaient de vulgaires feux électriques pour ectoplasmes anémiques et autres spectres à la solde des goules. Les plus pathétiques d'entre eux passaient des heures et des jours à se mirer dans la galerie des glaces, à l'abri du soleil, cherchant dans ces reflets infinis le souvenir de leurs traits perdus.

Le préfet tolérait ce commerce illicite pour le plaisir qu'il avait, de temps à autre, à venir donner un coup de botte dans la fourmilière.

La cage poursuivit son ascension jusqu'au sommet, avant de ralentir dans des grincements de métal. Thorian tira une nouvelle fois sur les rachis de bronze, déverrouillant les grilles du monte-charge sur le seuil de la coupole Arago.

— Vous savez combien il m'a coûté de faire reconstruire la lunette d'Arago ? dit un homme perché à la base d'un immense assemblage de tubes en acier brossé.

— J'en ai rien à carrer, cracha le Khan en avançant au milieu de la coupole.

— Vous n'aimez pas les étoiles ?

— Je préfère les tuyaux, fit le préfet en congédiant le fils Delage.

Le chef des Goules noires acheva de nettoyer l'œilleton de son instrument titanesque, et descendit de la plate-forme d'observation.

— Abrégez mes souffrances, intima Delage père en venant à la rencontre du Khan, qu'est-ce qui vous amène chez moi ?

— Pour commencer, je voudrais savoir pourquoi vos goules me tombent dessus par dizaines dans les boyaux de Paris. Vous faites dans l'enlèvement d'enfants, maintenant ?

— Le fait est que nous nous posons les mêmes questions, monsieur le préfet. Mais apprenez tout d'abord qu'un mal mystérieux frappe nos rangs, précisa l'homme en réajustant son masque or et noir devant un miroir.

— La cupidité ?

Delage père ne put retenir un sourire.

— Vous me semblez à chaque fois plus affûté, monsieur Lacassagne. Les effets de votre cure de jouvence, sans doute ?

Le Khan manifesta toute son impatience d'un grincement de gants.

— Notre goût de l'or ne tient qu'à des questions de survie, reprit Delage. Non, le problème est autre. Mes hommes disparaissent, monsieur le préfet. Par légions entières.

— Pas assez pour que vous preniez la peine de m'en informer, visiblement.

— J'espérais assez trouver seul la solution à ce désagrément, confia le chef des Goules. Je ne vous propose rien à boire ? Vous êtes toujours aussi sobre ?

Le Khan ne répondit pas.

— À l'évidence, fit Delage en se servant un cognac dans un ballon en cristal.

— Quand ont commencé ces disparitions ?

— Peu après qu'un riche commanditaire m'eut fait parvenir une mission que pas un chasseur ne pouvait refuser de relever.

— Quelle est-elle ?

— Trouver la pierre de Flamel. Et les candidats sont si nombreux que si l'on mettait chacun de ces crétins les uns derrière les autres, il y aurait la queue jusqu'au pôle Nord.

— Et ils disparaissent..., nota le Khan en jouant avec ses doigts.

L'information est capitale.

Elle recoupe l'enquête...

Des goules auraient mené ce commanditaire sur la piste de Louis Bertillon ?

Ils auraient découvert que le Notaire et la CCN étaient en possession de cette pierre ?

Ou ce commanditaire agit-il seulement pour nuire au maître des Cuprifères ?

Un jaloux.

Un mystique.

Ou un génie du mal parfaitement informé...

I like this...

Et pour Abric ? L'homme au cheveu ?

— Autre chose. Je cherche un certain Abric Pandin. Il est impliqué dans une affaire de meurtre avec enlèvement, cingla le Khan.

— Vous ne seriez pas du genre à trouver votre grain de sable en plein désert? répondit Delage en observant le jeu de jambes doré de son cognac à la lueur d'un bec de gaz.

— Que voulez-vous dire ?

— Certaines goules disparues réapparaissent, précisa Delage.

— Vous l'avez en magasin ? Je veux le voir, siffla le Khan.

— Ne vous emballez pas trop vite, monsieur Lacassagne. J'ai trois de ces gaillards au frais, dans mes réserves. Mais ils sont incapables de parler. Ils ont l'esprit si liquéfié qu'ils ne se souviennent même pas comment boire ou manger ! Je les tiens séparés, mais une fois ensemble, ils se livrent à un drôle de manège...

On pourrait tuer cet Abric Pandin.

Pour étudier son Atomon.

Faidherbe lirait en lui comme dans un livre ouvert !

Tuer et devenir des criminels ?

Faute de piste tangible, ça me semble honnête.

Le procédé est simplement honteux !

— Je vous invite à rendre visite à nos terreurs ? engagea Delage en reposant son verre.

Le chef des Goules noires entraîna le Khan dans un dédale d'escaliers de service. L'homme, malgré certains signes de fortune, ne semblait pas attacher d'importance aux possessions matérielles. Il ne faisait aucune démonstration de luxe, et le plus petit objet croisé avait une fonction aussi évidente qu'indispensable. Il répondait aux trois principes de la production dictés par les Cuprifères : utile, unique, durable. La cage d'escalier, au niveau des sous-doges, voyait ses murs et ses vitrages renforcés de frais de treilles d'or et de tôles épaisses.

— Vous avez subi des attaques récemment ? questionna le Khan en pointant les résilles neuves.

— Le démon des Halles. Il ne se comporte pas comme les ombres habituelles. Il est habité d'une conscience réelle, module son apparence selon ses envies, chasse de manière raisonnée. Ce n'est pas un simple prédateur en quête de corps à investir, monsieur le préfet. Et ses crimes, dans nos rangs, ne manquent pas d'impressionner les plus sensibles.

— Des goules sensibles ? Êtes-vous certain de ne pas vous tromper ?

— J'aurais bien quelques photographies qui pourraient vous faire rendre votre repas, répliqua Delage. Des corps éclatés de l'intérieur comme vous ne devez pas en voir souvent à la Périspritique... Tenez, les cellules sont par ici, monsieur le préfet.

Delage entraîna son invité au milieu d'une salle souterraine plantée de torchères. Des blocs de détention occupaient l'espace, en tôles d'acier clouées d'or. De quoi contenir des prisonniers énervés, qu'ils soient de chair ou d'éther.

— J'ai mis nos trois amis dans des cellules capitonnées. Ils avaient tendance à se taper la tête contre les murs, précisa Delage en ouvrant un clapet de visite. Votre homme est ici.

Le Khan put voir un pauvre hère, debout au milieu d'une pièce crasse aux capitons fatigués, les bras ballants et le regard fixe.

— Pas très expressif.

— À l'image des deux autres. Je vous avais prévenu. Mais je vous invite à suivre mon petit manège... Tenez, observez...

Le chef des Goules noires dévissa un bouchon en or, et approcha ses lèvres d'un cornet acoustique.

— Pandin ?

L'autre ne réagit pas de prime abord à l'appel de son nom...

— Attendez un instant, ça va se produire...

Un son se fit en effet entendre dans le haut-parleur, une syllabe répétée à l'infini, sans lien apparent avec la présente situation.

— ... mi... mi... mi... mi... **mi**...

— Terrifiant, n'est-il pas ? Les deux autres, pris isolément, sont silencieux, mais quand on les met en relation avec celui-ci, il se produit comme une sorte de réaction en chaîne...

Delage tira sur un palan, levant les murs de communication entre les trois cellules. Les trois prisonniers restèrent immobiles, tous trois prostrés et bras ballants.

— Vous les avez drogués ?

— Non, et je peux vous dire que beaucoup des nôtres sont tombés avant de pouvoir les récupérer vivants ! De vraies furies...

» Ici, vous avez Adalbert Bourmont. N'est-ce pas Adalbert ?

L'homme du centre ne broncha pas. Il restait perdu dans une dimension qui lui était propre, hagard.

Je n'aime pas ça.

— Et ici, Jules Lautier, qui ne se montrera pas plus réactif que les autres... Monsieur Lautier, vous m'entendez ?

L'homme tint sa posture dans une parfaite démonstration d'apathie aiguë...

Raideurs caractéristiques, indifférence symptomatique aux stimuli extérieurs...

— Nous avons de très bons médecins dans nos rangs, et je peux vous garantir que ces trois hommes ont subi toute une série de tests...

Hypnose ?

— Mais là où ça devient dément, poursuivit Delage, c'est quand, une fois les trois prisonniers ensemble, on joue la séquence dans le bon ordre...

» Écoutez plutôt...

» Lautier ?

— ... mi... mi... mi... mi... **mi**...

— ... le... **le... le...** le... le...

— **... va...** va... va... va... va...

Le sang du Khan ne fit qu'un tour. Si Delage n'était pas en mesure de percevoir la valeur du présent message, lui, Eudes Anatole-Faust Lacassagne, venait de replonger vingt ans en arrière.

— Vous allez bien, monsieur le préfet ? s'inquiéta soudain l'hôte des lieux. Vous semblez préoccupé ?

— Je fais une tout autre lecture de cette scène qui vous amuse, monsieur Delage. Ce qui justifie que je sois préfet, et vous, mercenaire...

Les trois goules n'arrêtaient plus de répéter chacun leur tour leur monosyllabe...

mi... le... va... ?

Est-ce bien là ce à quoi je pense ?

Que voulez-vous que ce soit d'autre, old chap ?

Mileva Varasd.

Le Khan ne cessa de ruminer ce nom derrière son demi-masque de cuir, les poings serrés par une vieille rancœur qui commençait à lui remonter le long de l'échine. Au point qu'il dut retirer momentanément le doigt de Chrysostome, le frère maudit. Une des innombrables victimes de la belle Slave.

Mileva Varasd, pour qui ne la connaissait pas, avait œuvré du temps du Chrysanthème Noir, à la Salpêtrière, sous la coupe du professeur Charcot. Elle menait des expérimentations humaines sur l'induction mentale, la manipulation, la distorsion de l'inconscient et de la psyché. Sa science était celle de l'hypnose et des psychotropes. Un cocktail qui, entre ses mains, avait valu à des milliers de personnes de travailler pour elle et le Chrysanthème, sans même en avoir développé le souvenir…

Mais elle avait disparu. Depuis plus de vingt ans. Après avoir tenté l'inacceptable, manipuler jusqu'à sa tête l'ordre ténébra! et prendre le contrôle de la CCN.

D'abord le Zouave Jacob, ensuite la chienne slave, l'ennemi commençait peu à peu à dévoiler son vrai visage…

— Vous tremblez, monsieur Lacassagne, s'inquiéta soudain Delage.

— Vous avez un téléphone ? cracha l'officiel sans desserrer les poings.

— Dans mes bureaux, à l'étage.

Delage père plongea ses trois goules dans le noir, pour les faire taire, et invita le Khan à le suivre dans les escaliers. Le préfet entra seul dans une pièce des sous-doges, et referma la porte derrière lui.

L'officiel avait lâché le nom. L'information infusait désormais dans tous les organes des Cuprifères, avant d'envahir les réseaux atmosphériques de la ville, de saturer tout autant les ondes que les esprits…

— Elle est à Paris, je vous dis ! hurla le Khan dans le tamis de l'émetteur. Alors, trouvez-moi sa putain de trace !

L'homme raccrocha le combiné et ficha ses dernières aiguilles dans les creux de ses veines d'argent. Il ne parvenait pas à faire redescendre la pression. Ses oreilles sifflaient. Ce qui le mettait en colère était que ce nom lui était apparu sans preuve et sans fait.

Ça s'appelle une intuition.

Mi… le… va…

Une hypothèse.

Le point de focale d'indices convergents.

Mais le Khan sursauta. Le téléphone s'était mis à sonner. Il décrocha.

— Monsieur le préfet ? Ici les Cuprifères…

Chapitre 19

Paris-Capitale, le 4 juin 1910, 6 h 12
Le repaire de la veuve noire

« Le jour, une ombre ne disparaît pas. Elle est juste incapable de concentrer son périsprit sous les feux du soleil, et ne peut donc interagir avec la Materia.

« La nuit, l'ombre peut concentrer son enveloppe coronale et, si elle est consciente de la dissociation Materia/Anima, elle peut avoir une interaction avec le monde de la matière.

« Une ombre consciente et bien nourrie peut aussi choisir de déconcentrer son enveloppe coronale. On appelle ce phénomène l'"éthérisation". »* Notes extraites du *Petit Traité de ténébralité générale.

Un élément préoccupait Lacassagne. Son tigre. Son tigre avait disparu. Il ne l'avait pas retrouvé en sortant de sa bouche d'égout, après sa visite à l'Observatoire de Paris. Il avait parcouru les sous-doges alentour, à grands pas. Sans succès. Personne, en ville, n'aurait osé s'en prendre à son tigre. Et l'animal était trop bien dressé pour contrevenir sans raison à un ordre reçu.

Mais tous ses hommes étaient sur le coup. Au moindre signalement, le fauve serait incapacité, et le Khan prévenu. Même ces fichus singes pourraient se rendre utiles...

Restait cet appel de Girard. La requête du préfet avait tourné dans tous les tuyaux des Cuprifères, mobilisant au-delà de leur quart la moitié des effectifs de la préfecture. Mais le travail paya. Il ressortit des archives physiques des objets manipulés par la doctoresse Mileva Varasd. Une empreinte périspritique fut extraite par les techniciens du laboratoire central, afin de la confronter avec les affaires en cours.

Un petit porteur de torque s'était pris l'envie, sous l'impulsion du PP-1111, de comparer cette ombretrace à toutes celles relevées sur les procès-verbaux de ces derniers mois. Et ce fut un simple laissez-passer qui parla. Un document administratif des plus courants, enregistré sous un faux nom, et perdu par un anonyme lors d'un viol assumé de couvre-feu, dans le quartier de la Salpêtrière.

La Périspritique était déjà sur place.

L'affaire Prune Bertillon allait basculer grâce à un papier trouvé sur la voie publique...

Eudes se tenait debout à bord d'une mouchette, à son habitude, comme si cette posture pouvait accélérer la course. Il avait rabroué à deux reprises le gondolier qui avait tenté, sans succès, d'établir une conversation mondaine. Il était concentré sur cette photographie qu'il avait à la main, un portrait de Prune Bertillon. Il ne voulait pas oublier la victime de cette affaire. Cette jeune fille de quinze ans. Cette belle âme promise à la vie. Le Khan se surprit à tenter de trouver autre chose dans les traits de ce visage...

— Vous voici arrivé, monsieur ! fit le batelier en heurtant le quai pour achever sa course.

Le préfet sauta sur le débarcadère des doges de la Salpêtrière, présenta au portier son écharpe noire brodée du kamon impérial, et entra dans l'enceinte de l'hôpital. D'après ses informations, le laissez-passer incriminé aurait été retrouvé sur les pavés de la zone interdite, lors d'une patrouille de la Périspritique. Ses hommes avaient été appelés suite à un incident majeur. Les ombres folles des anciennes pensionnaires de cet endroit chargé d'histoires s'étaient subitement déchaînées, au point de faire sauter les disjoncteurs de tout le complexe hospitalier. Seule une intervention de l'Armée impériale avait été capable de ramener le calme...

— Imaginez ! s'était envolé le portier au passage de l'officiel. Imaginez les ombres de ces vieilles folles canées du temps des quartiers pour aliénés ! Vivantes elles vous filaient déjà la courante, mais mortes ! Y'en a même qui disent avoir vu parmi elles le fantôme de la Bottard !

» Mais ? Vous ne devriez pas passer par là, monsieur le préfet !

Le Khan avait laissé le portier terminer seul la conversation, et s'était engagé sur une passerelle aérienne. Il devait encore enjamber un bras de canal pour rejoindre l'aile interdite de la Salpêtrière. Le nouveau Paris avait poussé tout autour de la bâtisse sans jamais la réaffecter. Plus personne ne s'intéressait à ces lieux abandonnés. Les grands médecins préféraient de nos jours opérer dans les flèches des Cuprifères...

Eudes arracha une première planche. La lumière peinait à entrer, malgré un soleil généreux. L'homme enjamba la fenêtre, bousculant au passage une étagère qui s'effondra sur un sol chargé de poussière. Le Khan serra les dents, contrarié de se voir maculer par ces petits témoins du temps qui passe, traversa la pièce, et enfonça une porte pour atteindre un couloir oublié. Les carreaux noirs et blancs d'antan avaient disparu sous une couche de crasse indurée. La vie avait depuis si longtemps abandonné les lieux que pas le plus petit insecte n'avait depuis lors tenté de s'y établir... L'homme passa à travers une autre porte, avant de rejoindre un escalier, et de descendre vers les étages inférieurs.

— Qui va là ?!!!

Un gardien de l'hôpital hurla en prenant par hasard la silhouette du Khan dans le faisceau de sa lampe.

— Eudes Anatole-Faust Lacassagne, préfet impérial ! répliqua l'officiel en sortant son écharpe.

— Ah... je ne pouvais pas savoir, monsieur le préfet...

— Maintenant, vous savez, siffla le Khan.

— Si vous cherchez vos hommes, ils sont juste là, dehors, au niveau des sous-doges...

C'est un spectre.

Il n'est pas seul.

L'endroit est infesté.

Vous êtes imprudent, monsieur le préfet... Passez par les extérieurs, la prochaine fois.

Le gardien s'estompa en effet, et avec lui le faisceau de cette lampe immatérielle. Eudes fit valser ses doigts, ajoutant deux parts d'occultistes à son assemblage dactylaire, et serra les dents. Il n'avait plus qu'à espérer, à l'inverse de ce gardien d'un autre temps, que ces ombres folles ignorent sa présence. Le Khan retira une aiguille de son masque, et se laissa envahir par la douleur. Des bruits de voix filtraient depuis l'extérieur, par les carreaux cassés. Des techniciens de la préfecture. Des inspecteurs de la Périspritique. Le spectre avait raison. Ses hommes étaient dehors.

Le préfet traversa une ancienne salle commune, à grands pas, ignorant les lits infestés d'ombres, de pauvresses qui gémissaient là sous le feu d'infimes rais de soleil filtrant de fenêtres condamnées. Eudes hâta le pas, dévala encore quelques escaliers, et brisa avec fracas les planches et les panneaux d'une dernière porte.

Il émergea d'un nuage de poussière, face à un mur de boucliers en or.

— Du calme, messieurs ! hurla un inspecteur en écartant un projecteur. Ce n'est que notre préfet !

» Reprenez vos postes !

Les brigadiers baissèrent leur garde et se remirent aussitôt à surveiller les abords. Cette zone interdite était classée niveau cinq, autrement dit, condamnée et plongée dans le noir de jour comme de nuit. Une sorte de couvre-feu perpétuel. Le canal, au-dessus, n'était pas de verre, mais de fonte et de béton, pour ne laisser filtrer aucun rayon de soleil. La préfecture n'avait pas les moyens, pour le moment, d'identifier toutes les ombres qui polluaient ces lieux de souffrance.

Les lampes ténébrales des inspecteurs blanchissaient les silhouettes hâves de malades oubliés, d'âmes perdues dans leurs propres dimensions.

Ferberin Tyrand, le technicien de Girard, se détacha du groupe et approcha du Khan.

— Vous prenez goût au terrain, jeune homme ? demanda le préfet en faisant tomber des paquets de poudre grise de son manteau d'officier.

— C'est surtout que le grand chef voulait vous offrir la primeur d'un matériel expérimental, monsieur Lacassagne, expliqua Tyrand en pointant du doigt un appareillage inédit.

— Un spectrographe ? s'enquit Eudes en activant fébrilement sa pompe palmaire.

— Oui, mais d'un genre nouveau ! Il permet de relever sur le terrain la présence d'une ombretrace ciblée, et ce même au milieu d'une foule de recouvrements ! s'enthousiasma le jeune homme. Enfin, sauf en cas d'utilisation de bombe périspritique…

— Et ?

— Eh bien, monsieur le préfet, apprenez que l'appareil ne se contente pas de faire des miracles en laboratoire ! Penchez-vous sur cet écran... Mais ne mettez pas de la poussière partout ! s'inquiéta le jeune homme.

Le Khan retira son haut-de-forme, d'un geste sec, et s'approcha de la machine. Il découvrit, au milieu d'une scène redessinée en contrastes inversés, des taches phosphorescentes trahissant autant d'endroits où la cible avait posé un pied ou toute autre partie de son anatomie...

— Nous avons encodé la signature de Mileva Varasd, monsieur Lacassagne. Ne vous avais-je pas dit que cet appareil était épatant ?

Eudes faisait tourner le spectrographe, analysant en silence les traces étincelantes laissées par les pas de la doctoresse. Il ajusta son haut-de-forme et commença à suivre la piste de la Slave. Les empreintes menaient à une vieille porte de service dont les premières planches avaient été arrachées.

Notre diablesse a été interrompue dans son action...

Je dirais même que ces marques font penser à une fuite précipitée...

— Monsieur le préfet..., commença doucement un inspecteur en reculant.

— Monsieur, continua un autre.

— Silence ! intima le Khan en arrachant les dernières planches.

Mais la fière brigade du Tigre peinait à rester concentrée devant l'assemblée qui se pressait soudainement sur le front arrière. Une foule d'ombres se bousculait dans les phares des lampes ténébrales, révélant plusieurs générations de vieilles folles mortes dans la solitude de leur peine ou des suites de mauvais traitements.

Les plus vindicatives se risquaient désormais à griffer les boucliers en or des policiers, faisant gicler des gerbes d'étincelles.

— Raisonnez ces bourriques, messieurs. J'ai à faire.

Les brigadiers rabattirent leurs masques d'escrime en maille impériale, tirèrent leurs lames du fourreau, et lancèrent les cris de sommation.

— Reculez devant l'autorité de l'Empire !

Mais les âmes en peine ne semblaient pas sensibles à l'argument. Elles poursuivirent leur progression, attirées par la chaleur de ces corps en vie...

— En formation !

— Première charge !

Les brigadiers repoussaient les spectres hurlants de leurs boucliers en or, et piquaient les plus téméraires de leurs fers ténébraux.

Le Khan laissa ses hommes à leurs tâches quotidiennes, et pénétra dans le couloir de l'entrée désaffectée. Tyrand osa suivre l'officiel avec le spectrographe. Il prit tout de même la précaution de rebattre sur son visage une voilette en toile d'or, trahissant l'existence, sous ses vêtements civils, d'une combinaison protectrice...

— Vous allez faire peur à nos fantômes, habillé comme ça, tança le Khan. Vous n'avez rien d'électrique sur vous, au moins ?

Ferberin Tyrand déglutit, laissant l'officiel mener une première inspection.

Personne n'a foulé ce sol depuis des décennies.

Odeur discrète de gaz, ces conduites sont pourries...

— L... L'appareil..., bafouilla le jeune homme, il détecte des traces anciennes.

— J'ai vu.

— Elles sont un peu ternes, mais elles semblent se concentrer sur ce commutateur..., fit encore le laborantin en levant la main vers l'objet de son attention.

— N'y touchez pas ! gifla le Khan en se retournant dans un nuage de poussière. Cette vieille installation contient plus de fuites que de gaz !

— Je...

— Vous tournez ce bouton, et vous nous faites tous sauter !

— Pardonnez mon imprudence..., déglutit Tyrand, plus blanc que spectre.

— Le terrain, ça ne s'improvise pas, mon cher, cingla le Khan en serrant les poings. Alors, tenez vos yeux garés dans leur boîte, et suivez-moi !

— Vous... Vous n'attendez pas les renforts ?

— Tyrand, je suis les seuls renforts.

Le Khan alluma une torche à compression, et avança jusqu'aux abords d'une grille en fer. Il fatigua un temps les broches de son passe-partout dans une serrure rouillée, avant d'enfoncer le tout à coups d'épaule. Il laissa le jeune laborantin tousser pour lui, longea un couloir, prenant soin de ne pas se frotter contre des murs transpirant de salpêtre, et s'arrêta devant la seule porte des environs. Le panneau ne présentait pas une serrure, mais dix.

Tromperies et contre-mesures...

Vous préconisez la même méthode que pour la grille, monsieur Vidocq ?

L'acier de ce panneau ne semble pas si épais, monsieur Canler...

— Que dit votre machine, Tyrand ? demanda le préfet.

— Les... Les traces se concentrent sur le troisième verrou.

Le Khan sortit de nouveau son nécessaire de parfait cambrioleur et joua de ses broches, taquinant cliquets et ressorts, avant de s'immobiliser. La serrure venait de se rendre. Eudes poussa le panneau et invita la lumière de sa torche à inonder les lieux. La pièce renfermait un ancien laboratoire clandestin où Tyrand reconnut, dans leur première génération, des appareils d'analyses ténébrales...

— Certains de ces modèles mériteraient leur place au musée du Département coronal !

Le Khan ne partageait pas cet enthousiasme. Il se concentrait sur les indices liés à l'affaire, épluchait de vieux dossiers poussiéreux, inspectait des étagères métalliques, grattait la rouille sur des malles en fer.

Avant de s'interrompre. Un nom était apparu sur l'une d'elles.

Flamel ?

Cette fois, nous tenons quelque chose.

Sans doute faut-il attendre de l'ouvrir avant de se réjouir, non ?

Eudes trancha. Il arracha serrure et cadenas, et força le couvercle en tordant les charnières grippées de la vieille caisse. L'homme sortit des ouvrages traitant d'alchimie, comme *Le Livre des figures hiéroglyphiques* ou *De la transformation métallique*, s'attardant parfois sur des notes manuscrites, au coin de vieux parchemins...

« Nicolas Flamel, de ses semences charnelles, féconda la terre et livra, par-delà son trépas, les secrets de la transfiguration. Ci-gît, sous l'église Saint-Jacques-la-Boucherie, un coffre en bois de cèdre revêtu des lames des sept métaux. Il garde, pour qui saura le trouver, un exemplaire du fabuleux livre d'Abraham le Juif, annoté de la main du maître, et des échantillons de la poudre de projection pour changer l'océan en or, s'il avait été d'argent vif. »

Une autre disait :

« Trouve les restes et la tombe de Nicolas Flamel, et tu trouveras la pierre des transmutations métalliques, le secret du temps, et l'immortalité. »

Des générations d'érudits avaient creusé le passé de ce Flamel, laissant sur ces ouvrages anciens les traces de leurs réflexions.

Jusqu'à cette note laissée par une main énervée :

« Flamel me parle maintenant d'un vol ! »

Le Khan jouait avec ses doigts, passant en revue les objets de cette malle, jusqu'à mettre la main sur un flacon de verre d'un profil étrange.

Une cornue de chimie. Ces bulles piégées plaident pour du soufflé à la bouche, et ces impuretés dans la pâte sont typiques de celles rencontrées au Moyen Âge.

Eudes joua encore un instant avec le doigt de Gaston Tissandier, avant de montrer l'objet à Tyrand.

— Jeune homme, vous allez me confier ça à votre patron.

» Je veux savoir d'où vient cette vieille fiole.

Chapitre 20

Paris-Capitale, le 4 juin 1910, 7 h 48
Le trésor de l'égoutier

« Cérémonie du rappel : certains morts errent dans l'Anima depuis si longtemps qu'ils ont oublié jusqu'à la réalité de leur Atomon. Il faut leur lire leurs mémoires et les mettre en contact avec des objets leur ayant appartenu jusqu'à ce qu'ils reprennent conscience de leur existence, et retrouvent peu à peu leur identité perdue.

Un atlas peut accueillir ces premiers retours, et permettre au mort de poursuivre en ses chairs ce travail de souvenir. »* Notes extraites du *Petit Traité des résurrections.

La vieille cornue avait livré ses secrets. Transférée aux Cuprifères et soumise à la question, l'antiquité avait révélé deux informations. La première était d'ordre physicochimique. Girard avait pu déterminer, d'après les boues desséchées prélevées dans le fond de la fiole, que la pièce avait séjourné dans un milieu saturé de matières fécales et d'éléments propres aux égouts de Paris. La seconde était le nom qui se rapportait à une ombretrace relevée sur la panse de la cornue : Alfred Groussier. Or, d'après le Recensement, ce Groussier se trouvait justement être un employé du service d'entretien des réseaux d'assainissement de la ville. Un vétéran, si l'on en croyait ses états de service, qui avait vécu le siège de 1870 tout autant qu'il avait connu toutes les transformations des sous-sols de la capitale depuis ces cinquante dernières années.

Le Khan était d'une humeur massacrante. Personne durant ce temps n'avait été capable de retrouver son animal. Et les grognements de son félin lui manquaient.

— Si je mets la main sur le précipité de fond de purin qui a touché à mon tigre, j'en fais des paillettes à poisson !

Tout le département de la Périspritique avait tremblé sous le coup de colère d'Eudes Anatole-Faust Lacassagne. De mémoire d'homme, jamais les murs des Cuprifères n'avaient été ébranlés à ce point... L'empereur en personne en était venu à proposer une forte récompense pour qui permettrait de retrouver la bête. La nouvelle s'était alors répandue dans toute la ville, couvrant les pieds de candélabre de l'avis impérial, et du portrait du tigre du Bengale.

L'humeur moisie et plus taiseux que jamais, le grand Khan descendait les barreaux d'un collecteur de la ville. Deux inspecteurs l'accompagnaient dans cette expédition au sein des égouts de Paris. D'après leurs renseignements, Alfred Groussier travaillait avec ses hommes au nettoyage d'un boyau secondaire, au niveau du siphon du pont-tunnel de la Concorde. Groussier guidait la manœuvre, poussant une imposante boule de curage qu'un costaud descendait à l'aide d'un palan. Dans un dernier effort, les hommes de l'ombre larguèrent le dispositif dans la bouche du siphon, que le boyau avala avec force bruits de succion.

— Allez, fais ton œuvre, ma belle ! On se revoit de l'autre côté !

Groussier remarqua alors seulement la présence de la Périspritique.

— Dites ? Que vient faire l'élite de la police française dans les égouts de Paris ? Vous auriez pas des problèmes de tuyauterie, des fois ?

— Préfet Lacassagne. J'ai des questions à vous poser, monsieur Groussier, fit l'officiel en rangeant son écharpe.

— Des questions ? répéta l'homme en s'essuyant les mains sur son paletot. Voilà qui semble sérieux ! En tout cas, monsieur, sachez que je n'ai pas mangé votre tigre.

Le Khan se figea et commença à serrer les poings. Un de ses inspecteurs intervint à temps pour éviter l'esclandre...

— Monsieur Groussier, de grâce, le sujet est sensible...

— Excusez-moi, monsieur le préfet, je ne voulais pas vous chafouiner. Je sais ce que c'est que de s'attacher à une bête. Tenez, moi, qu'est-ce que je deviendrais sans ma Jeanine ?

Le Khan pencha imperceptiblement la tête, comme pour attendre plus de précisions.

— C'est ma tortue, ajouta Groussier. Je l'ai ramassée du côté du déversoir de Buffon. C'est fou ce qu'on trouve comme merdier dans ce pandémonium...

— « Pandémonium » ? releva le Khan, de plus en plus intrigué par cet égoutier.

— Oui, c'est Amédine. Elle me fait lire de ces livres. À croire qu'elle aurait voulu se marier à un académicien. Mais non, moi je cure les égouts !

Le Khan sortit son carnet noir.

— Amédine, c'est ma femme, précisa Groussier. Je dis ça pour la galerie. Les gars se moquent souvent parce que je parle plus de ma tortue que de mon Amédine...

— C'est qu'ils n'ont pas de tortue, souligna le Khan en sortant la cornue d'une de ses poches intérieures.

— Mazette ! Vous avez fini par la retrouver ?!! s'exclama l'égoutier.

— Vous connaissez cet objet ? s'enquit l'officiel.

— Si je le connais ? Je savais qu'il n'y avait pas que des rapides, dans la police, mais là...

— Que voulez-vous dire, monsieur Groussier ? grinça le Khan en resserrant imperceptiblement ses poings.

— Ben pour mon histoire de vol ! Ça remonte à 1887 ! J'avais porté plainte à l'époque au commissariat de la rue Mandar, auprès de monsieur Brissaud. Oh, notez bien qu'il m'avait très gentiment reçu, mais... il m'avait aussi bien vite fait comprendre que personne ne s'intéressait à mon affaire.

— Et quelle était-elle, cette affaire ? demanda poliment le Khan, le stylographe à l'affût.

— Mais mon musée ! Des vandales avaient nettoyé ma collection de ses pièces majeures ! Quinze ans de récolte que c'était, à l'époque, ça représentait un sacré trésor ! Mais cause que tout ça provenait du trou du cul de Paris, excusez mon langage, eh bien ces messieurs de la police n'avaient pas jugé bon de venir y fourrer leur nez !

Le Khan resta un instant suspendu aux questions de ses adjudants périspritiques.

Sommes-nous bien certains, messieurs, que cet objet ait appartenu à Nicolas Flamel ?

L'expertise confirme la grande ancienneté de cette pièce, monsieur Canler.

Oui, mais pardonnez-moi de rejoindre l'avis de la police de l'époque : que faisait un tel trésor dans les égouts de Paris ?

Messieurs... la seule bonne question est : où ce gaillard a-t-il trouvé cette cornue ?

— Vous semblez perturbé par mon discours ? Ne voyez pas d'offense dans mes propos ! J'ai l'esprit bouffé par les humeurs de plusieurs générations de Parisiens !

— Vous rappelez-vous où vous aviez trouvé cet objet à l'époque ? coupa le Khan.

— Pour sûr ! Cette beauté vient de Rivoli. Je l'ai découverte en 1874 ou 1875. Mais depuis, j'en ai ramassé toute une collection !

— Montrez-moi.

— Moi, je veux bien, monsieur le préfet, mais il faudra accepter une petite balade mondaine sur nos canaux d'en bas...

— Nous vous suivons, fit le Khan d'un hochement de tête.

— Les gars ! cria Groussier à ses hommes, je vous retrouve tantôt au bateau-vanne, du côté de la *Vache noire* !

L'égoutier invita le préfet et ses inspecteurs à monter dans une barque tout ce qu'il y avait de plus traditionnel.

— Ça, c'est une affaire qui ne tombe jamais en panne ! s'amusa Groussier en poussant sur sa gaffe.

Le vieil employé du service des réseaux d'assainissement de la ville laissa glisser sa guimbarde sous la voûte sombre d'un collecteur, jusqu'à débarquer du côté du pont-tunnel de l'Alma.

— Mon musée est par ici, indiqua Groussier en déverrouillant une porte en acier. Tenez, donnez-vous la peine d'entrer...

L'égoutier augmenta la puissance des becs de gaz pour mettre les pleins feux sur ses vitrines. Un des inspecteurs poussa un petit sifflement... Une collection des plus hétéroclites courait ici d'étagère en présentoir, à l'abri de la poussière sous des globes de verre.

— Cinquante ans de collecte, ça, messieurs ! Casque de scaphandre en bronze, assiette en porcelaine XVIIe, chandelier en argent, lampe de mineur, clefs médiévales, vase romain, dentiers, montres, bagues, pipes à opium....

Le Khan n'écoutait plus. Il étudiait plus précisément une collection de flacons de chimiste exposée derrière la vitre d'une armoire. La verroterie était usée, fatiguée par un séjour hostile dans les effluents de Paris.

Ils sont aussi anciens que la cornue.

Avec moins de panses.

Et le respect d'un certain calibrage...

— ... boucles de ceinture, boutons de manchette...

— Parlez-moi de ces flacons, coupa le Khan en interrompant l'autre dans son énumération.

— Vous n'êtes pas un homme à perdre son temps, vous, remarqua l'égoutier.

— Mon temps, ainsi que chaque centimètre carré de ce corps, appartient aux Cuprifères. Et à chaque seconde qui passe, je perds une chance de retrouver ce brin de fille vivant.

Le préfet sortit un cliché de Prune de ses poches intérieures, qu'il présenta furtivement sous le nez et les moustaches de l'égoutier.

— Si c'est pas tout un malheur, ça !

— Les flacons, insista le Khan en cognant le pommeau de sa canne-épée contre le carreau de la vitrine.

Mais Groussier entendait mener sa visite à sa guise. Il se dirigea vers une étagère, fit glisser un crayon sur les tranches de ses carnets rouges, tira l'un d'eux, et se mit à en éplucher les pages.

— Ça devrait être par là... Tenez !

L'égoutier posa un gros doigt sur des chiffres illisibles, griffonnés à la mine de plomb.

— Rivoli... Collecteur de Rivoli ! C'est ce que je vous disais, monsieur le préfet, ces beautés viennent toutes du même secteur. J'en ai eu tout un paquet, durant un temps, puis d'un coup, plus rien. Un bourgeois a dû se débarrasser de sa collection dans un capteur. C'est classique, ça.

— Vous avez une date ? fit le Khan qui étudiait le meuble d'un œil en biais.

— Le 8 ou le 9 mai 1905, pour le dernier, précisa Groussier.

Un bruit sec se fit entendre. Eudes venait d'arracher la porte de la vitrine en tentant de l'ouvrir. Il serra la mâchoire, le temps de laisser passer la gêne, et posa la vitre contre le mur.

— D'ordinaire, j'ouvre avec ces petites clefs, mais faites à votre aise, monsieur le préfet.

La plupart des fioles sont ébréchées.

Les goulots n'ont pas résisté à leur séjour dans les égouts. Sauf pour ce flacon à section carrée.

Le Khan saisit l'objet en verre sombre et l'approcha d'un bec de gaz.

— Celui-ci est plutôt commun, lâcha Groussier.

— Commun, mais intact. Intact et habité, précisa même l'officiel en poursuivant l'analyse.

— Que voulez-vous dire ?

Mais le préfet resta silencieux. Il prit dans une autre vitrine un coupe-papier en laiton, non sans avoir au préalable ouvert la porte à sa manière, et commença à opérer l'objet avec soin. Il confia la tâche au chevalier de la Sarlandière, le chirurgien de sa cartouchière périspritique. Son toucher se fit immédiatement plus fin, donnant à cet antique poinçon la précision d'un scalpel. L'homme gratta les dépôts et impuretés, révélant la présence d'un bouchon de liège en travers du goulot.

— Cher monsieur, n'auriez-vous rien de plus effilé pour ôter cet objet ? fit l'officiel d'un ton qui surprit l'égoutier.

— Ceci ? proposa Groussier en sortant un tire-bouchon du fond de son paletot.

Le chevalier retira un gant, pour sentir toutes les variations de la matière, et introduisit lentement la vrille dans le liège... Il devait maîtriser l'effort, pour ne pas enfoncer la pièce, tout en donnant du mordant à la pointe. Mais le tout céda brusquement, menant l'intervention à l'échec. Le chevalier déposa ses outils et, d'une valse de doigts, rendit au Khan le contrôle de la situation.

J'espère que mon insuccès n'entraînera pas la mort du patient...

Eudes inspecta les vitrines, en silence, ne cessant de troubler le père Groussier par l'étrangeté de son comportement.

— Vous êtes tous comme ça, dans vos Cuprifères ? interrogea l'égoutier en se grattant l'arrière du crâne.

— Comme quoi ? répliqua le Khan en reposant une tête de masse empruntée dans une autre vitrine.

Groussier fut un instant sans voix. Le préfet, pour résoudre son problème, venait de briser le flacon d'un simple coup de marteau. L'homme écarta les tessons d'un revers de gant, et extirpa un fragment de parchemin tenu roulé dans ce qui était jusque-là une relique médiévale.

— Vous pouvez rayer cet objet de votre liste, monsieur Groussier, lâcha le Khan en déroulant son papier.

Mais le préfet serra la mâchoire. Le message était illisible. L'encre s'était effacée au contact de l'eau sale qui avait réussi à s'infiltrer dans la fiole, et la plume, trop douce, n'avait pas laissé de traces en surface.

— Mon flacon..., s'apitoya l'égoutier.

— J'ai dû œuvrer pour le bien commun, se justifia le préfet impérial.

— Mais il fallait me le dire, que vous cherchiez des bouts de papier..., se lamenta le père Groussier. C'est pas que ce flacon était d'une grande valeur, mais tout de même, survivre aux égouts pour finir comme ça...

L'égoutier a d'autres informations.

Il faut le faire parler.

Mais sans masses ni têtes de marteau.

— Seriez-vous en train de me dire que vous avez d'autres de ces papiers ? demanda le Khan d'un air contrit.

— Mais oui... Je les ai remisés dans ce petit coffret de nacre..., fit l'homme en ouvrant délicatement une de ses vitrines et en sortant l'objet en question. Ces morceaux de truc n'ont aucun sens...

Groussier poussa une affichette promettant de l'or à qui retrouverait un vieux tigre, et renversa le contenu sur la table. Il sortit une loupe d'un tiroir grinçant et approcha une lampe à alcool.

— Mes yeux ne sont plus très bons. Eux aussi, ils sont bouffés par les miasmes de ces boyaux. Je n'ai jamais pu rien comprendre au charabia qui est écrit là-dessus.

Eudes prit la loupe et commença à étudier les morceaux de papier.

Ils présentent tous un bord franc.

Et le reste est déchiré.

Un bord de page ?

Le Khan notait les observations de ses consultants. Certains des fragments collaient effectivement ensemble, confirmant la théorie d'un bord de page déchiré pour écrire un message. La plupart étaient illisibles, l'encre effacée par un séjour dans l'eau. Mais l'un d'eux présentait encore les restes d'une écriture fine.

48.51'29,736"
2.20'57,278"

— C'est quoi ces chiffres ? fit tout haut le préfet.

— J'en sais foutrement rien, avoua Alfred Groussier en ramassant un à un les bris de verre de son flacon supplicié.

Eudes releva la tête un instant, la bouche pleine de reproches silencieux.

— Quoi ? Vous questionnez, je réponds, se défendit l'égoutier.

Ce sont des coordonnées de navigation. Elles mènent au cœur de Paris.

— Vous avez une carte ? interrogea le préfet.

L'égoutier croisa ses gros bras et refusa cette fois de répondre. Le Khan manifesta son impatience en se redressant, et en refermant son poing sur la poignée de sa canne-épée.

— Il faudrait savoir, vous questionnez, ou vous ne questionnez pas ?

— Je vous demande si vous avez une carte de Paris, monsieur Groussier.

— Dans le bureau. À côté. Mais vous n'êtes pas facile à suivre, monsieur le préfet. Pour un peu, on croirait que vous êtes plusieurs là-haut.

Le Khan ne releva pas la remarque et suivit l'égoutier dans la pièce voisine. Plus qu'une carte, l'endroit voyait s'épanouir au milieu de la salle une maquette à l'échelle un millième. Un lacis de tubes fait de métaux hétéroclites, assemblé avec la précision d'un orfèvre, se tenait suspendu au-dessus d'un plan de Paris.

— C'est quoi, ça ? fit le Khan en pointant la structure d'un doigt ganté.

— C'est un autre de mes passe-temps, expliqua l'égoutier. Réalisé qu'avec des matériaux de récupération. Et attention, j'ai mis un point d'honneur à respecter les cotes et les angles de chaque percement ! Le tout fait un peu plus de dix-huit mètres de long !

— Je vous crois...

Le préfet confia les commandes à Gaston Tissandier pour qu'il exerce ses talents d'aérostier et navigateur. L'homme survola la carte de Paris, d'une main leste, et ficha sa punaise.

— Monsieur Groussier, pouvez-vous nous guider jusqu'à ce point ? demanda le Khan en escamotant l'un de ses doigts.

Chapitre 21

Paris-Capitale, le 4 juin 1910, 9 h 37
Le laboratoire de Nicolas Flamel

« Un médium de talent a la capacité de passer de la Materia à l'Anima par le biais de ses canaux sensitifs naturels. Mais ses sens peuvent être considérablement amplifiés au sein des Cuprifères. Ainsi, il peut entrer en phase avec les mémoires les plus anciennes, et rejouer la vie de ces morts à l'infini. » **Notes extraites du *Petit Guide officiel des pratiques médianimiques.***

Les coordonnées pointées par les messages de Groussier avaient mené les autorités non loin des sous-doges de la rue Pernelle, au milieu d'une galerie secondaire du réseau des égouts de Paris.

— Je n'avais jamais remarqué ce trou ! s'était alarmé l'égoutier en arrivant sur les lieux.

Plusieurs équipes des Cuprifères avaient rejoint le préfet impérial dans ces sous-sols nauséabonds. Dont un détachement du génie civil qui attaquait présentement le parement du tunnel à coups de barre à mine. Il s'agissait d'élargir ce trou infime d'où les messages, selon toute probabilité, avaient été expédiés.

Une fois ce goulot prolongé à travers un massif de roche-mère, il fut décidé l'envoi d'un sapajou. La petite bête commença par cisailler les résilles d'un grillage en métal impérial, et transmit, par le biais de son simiétographe, les premières images de l'intérieur. Installé sur un pont de fortune lancé au-dessus du tumulte des eaux usées de la ville, Georges Milan en personne recevait le film sélénoïde. Armé d'un casque d'écoute et de lunettes de visionnage, il procédait aux derniers réglages de ses appareils.

— Mais que fait ce singe ?! s'agaçait déjà le Khan.

— Il fait ce qu'un singe aime faire : il furète, répondit un jeune dresseur assigné pour l'occasion.

— Et ils ne peuvent pas fureter intelligemment, vos babouins ? enchérit le préfet.

— *Cebus capucinus*, rectifia le jeune homme.

— Ça ne l'empêche pas d'être con.

— Si vous me laissez faire mon travail, je pourrai sans doute le guider, reprit le dresseur en attrapant son émetteur radio.

Le Khan ne parlait plus. Il avait, comme tous les membres de l'équipe, le regard tourné vers l'écran du visionneur. Le singe venait de se laisser couler à terre, de l'autre côté du goulot, et avançait sur un sol dallé de tommettes en terre cuite. L'endroit ressemblait à première vue à une cave ou à un entrepôt abandonné. L'animal agrippa un pied de meuble et se hissa sur un établi.

— Cap-X813, tour à 360 °, commanda le dresseur dans l'émetteur.

Le singe exécuta l'ordre de manière mécanique. Un panoramique en noir et blanc offrit à voir des balances de précision, des mortiers et leurs pilons, des cornues, des alambics, des fourneaux et des pinces de forge... L'endroit était de toute évidence un laboratoire oublié par quelque savant fou des temps anciens.

Flamel ?

La suggestion est permise...

La galerie secondaire des égouts de la rue de Rivoli passait en effet, sans que personne ne le sache, à un mètre du laboratoire de Nicolas Flamel. Comme si un secret trop grand pour être découvert avait été protégé, jusqu'au bout, par une force dépassant les hommes et les Cuprifères. Le singe balaya encore une bibliothèque perdue sous des seaux de poussière, soulevant des réactions étouffées dans l'assemblée.

Le Khan, impassible, jouait avec ses doigts.

Manuscrits, volumens, codex...

Parchemins et peaux de Pergame !

Rouleaux de papyrus... tablettes d'argile piquetées de cunéiforme... Jusqu'où remonte cette collection ?

Il y a même une omoplate de dromadaire gravée...

Et des roseaux chinois !

— Suffit !

Le préfet venait de planter la pointe ferrée de sa canne-épée dans le sol bétonné de la galerie. Tous les regards s'étaient tournés vers lui, même celui de Cap-X813, depuis l'autre côté de son goulot.

— Je ne suis pas là pour voir un capus-machin-chose nous faire des inventaires ! reprit le Khan. Alors accélérez le mouvement !

— Je comprends pourquoi votre tigre vous a abandonné, marmonna le dresseur.

Eudes se tourna lentement, très lentement, vers le jeune homme, emplissant la galerie de grincements inquiétants.

— Il ne faut pas faire ça, chuchota un des inspecteurs de la Périspritique en secouant la main.

— Ne recommencez pas, conseilla un grand escogriffe.

Le Khan passa ses nerfs sur sa pompe palmaire, les deux yeux plantés dans les pupilles du dresseur.

— Messieurs..., fit Milan d'une voix blanche. Je crois que nous avons quelque chose...

Le sapajou s'approchait d'un fauteuil, laissant se dessiner sur l'écran les contours d'une présence glaçante, figée depuis longtemps selon les réquisitions de la mort. Un crâne avait roulé sur le sol, sans rien pour le retenir. Mais le reste du squelette gisait sur le siège, appuyé au dossier, les os pris dans les tissus d'un costume encore à la mode au tournant du siècle.

— Arrêtez votre singe ! intima le préfet au dresseur. Milan ? Ce simiétographe est-il équipé d'un projecteur de lumière noire ?

— Oui, monsieur Lacassagne. Il suffit d'envoyer le signal de commande. J'allume ?

— Faites. Dresseur ? Commandez un autre de ses tours à votre singe.

— Cap-X813 ? Fais un 360 °, mon petit...

Le sapajou exécuta un nouveau balayage de la pièce. Une forme blanchâtre apparut alors dans un coin, immobile, prostrée. C'était l'âme du mort, retenue prisonnière dans cette cage de résilles d'or. Perdue dans sa dimension, elle restait sourde au tapage de ces hommes de 1910.

— Est-ce... est-ce Nicolas Flamel ? osa l'un des inspecteurs.

— Rappelez ce putain de macaque avant qu'il ne se fasse bouffer, et agrandissez-moi ce trou, que j'aille faire un tour là-dedans, ordonna le préfet.

Le dresseur rappela sa petite bête, lui offrant des rondelles de banane en le débarrassant de sa poussière, pendant que deux gaillards du génie civil s'attelaient à la tâche. La brèche fut rapidement élargie grâce à l'attaque énergique d'une roche tendre et friable. Jusqu'à ce dernier coup de piolet…

— Assez ! Poussez-vous ! ordonna de nouveau le préfet sans ménager les jeunes recrues du génie civil. Chaque minute qui passe nous rapproche de l'échec. C'est une course contre la mort que nous menons !

L'officiel ôta son haut-de-forme, le confia à un inspecteur, non sans lui faire comprendre d'un regard qu'il en répondait comme de sa vie, et s'engagea dans la fente. L'homme roula sur le sol, de l'autre côté de la muraille, et toussa seul dans son nuage de poussière.

— Tout va bien, monsieur le préfet ?

— Vous voulez une lampe, monsieur ?

— Ou quelque secours ?

Le Tigre ne répondit pas. Il se contenta de se redresser, dans le noir, et de réviser ses gammes dactylaires. Trois portions d'occultistes, une de science. Et un soupçon de confiance dans le matériel des Cuprifères, car, si les mailles d'or qui couvraient l'intérieur de son manteau d'officier ne suffisaient pas à repousser les malfaisances éventuelles de cette ombre, il devait s'attendre à passer un mauvais moment… Le Khan livra les commandes à son prêtre jésuite du XVIIe, le père Jean-Joseph Surin, lequel tendit aussitôt les mains en avant, aidé dans ses perceptions par le baron Potet et le magnétiseur Charles Lafontaine. L'exorciste augmenta l'intensité d'un de ses contacteurs dactylaires, et fit surgir des étincelles du bout de ses doigts.

Ces dernières crépitaient dans le noir comme autant de friandises électriques.

Mais l'ombre ne réagit pas.

— Ô noble défunt, toi qui hantes ces lieux, reçois la révérence de ceux qui sont venus ce jour à ton chevet pour te porter assistance. Qui es-tu, mort ? Révèle ton nom afin que je puisse te libérer…

Le silence seul répondit à l'invocation pacifique du prêtre. L'homme activa sa pompe palmaire, et alluma sa lampe périspritique. Le faisceau fit apparaître l'ombre, de dos, prostrée dans une posture mortifère. L'antique résille d'or qui avait jadis protégé ce lieu d'attaques extérieures était devenue sa prison.

— Noble mort, reprit le père Surin, soulage ta peine. Permets-moi de donner à ton âme la paix d'un sommeil éternel. Viens à moi, présente-toi, fais connaître ton œuvre...

Ce mort est perdu dans son Atomon.

Il ne réagira pas tant que nous ne découvrirons pas son nom. Tant que nous ne pourrons pas l'invoquer.

Il faut inspecter les lieux.

Les sécuriser.

Le père Surin rendit la direction des opérations au préfet impérial Eudes Anatole-Faust Lacassagne. L'officiel ordonna aussitôt à ses hommes de se livrer à l'incarcération de l'ombre égarée, avant de faire valser ses doigts et de se redonner une composante toute policière. Il alluma une lampe à compression et prit le temps d'analyser l'endroit comme une scène de crime potentielle.

La pièce était une cave creusée dans la roche des sous-sols de Paris. Un puits d'aération, obturé en son sommet par une plaque d'or et d'acier, permettait jadis d'assurer la ventilation des lieux. Mais Eudes se concentra soudain sur la porte, un épais panneau de chêne renforcé par des fers datant d'un temps où l'on forgeait à la main, qui restait sourde à tout effort.

La victime s'est retrouvée enfermée !

Le bois avait été creusé à l'aide de clous, de morceaux de verre et de tout ce que le malheureux avait pu trouver de contondant, mais sans succès. Le Khan retourna auprès du défunt, un goût amer en bouche, laissé par ce sentiment que certains devaient appeler de la compassion. La victime était bien un visiteur de ce siècle. Le complet veston en sergé français qui contenait ses restes l'attestait. Ainsi qu'un chapeau melon posé sur l'établi, et des notes, jetées sur un papier épais.

L'homme témoignait en termes simples, efficaces.

« J'ignore depuis combien de temps je suis enfermé ici, mais je sens ma dernière énergie me quitter.

J'ai tout tenté. Ébranler, crier, gratter. Mais ni la force brute ni la patience n'ont pu avoir raison de cet endroit qui, pour mon malheur, est devenu ma prison. Mon tombeau. Mourir dans le laboratoire de Flamel, quelle tristesse ! »

Le Khan tournait les pages, découvrant le calvaire que cet homme sans nom avait vécu dans le ventre de la Terre. Après avoir tout tenté, il avait placé dans ces fioles ce qui lui restait d'espoir, et les avait glissées par cette infime crevasse.

Et il avait attendu.

Mais au lieu de jeter ses bouteilles à la mer, il les avait jetées aux égouts...

Et seule la mort avait répondu à sa détresse...

« Je suis le dernier crypteur. Je meurs, seul, sans avoir transmis à mon successeur ce devoir qui nous incombe depuis des siècles. Informer, guider les puissants de ce monde, selon les préceptes du premier d'entre nous, l'immortel Nicolas Flamel.

Honte à moi.

Je condamne l'Humanité.

Honte à moi... »

Le Khan commençait à trembler en comprenant que l'homme qui reposait à côté de lui, le crâne roulé sous l'établi, était le Crypteur. Eudes remonta sa lecture jusqu'aux premières notes...

« Nous sommes le 1er février 1905. J'ai de la peine à croire que je suis assis là, à cette place d'honneur, à écrire ce que j'écris. Une pièce métallique s'est brisée dans la porte du laboratoire. Une pièce, qui a servi durant plus de cinq siècles, a décidé de me lâcher, moi, maintenant, condamnant le seul accès.

Ainsi, je vais mourir, sans successeur. Rompant par ma bêtise une chaîne longue de plusieurs siècles.

Il ne restait qu'un message à transmettre, un seul sur des milliers... Qui aurait pensé à former une relève si près du but ?

Flamel, si tu es encore de ce monde, dis-moi que cet accident faisait partie de ton grand œuvre ! »

Le Khan laissa le Crypteur à sa détresse et reporta son attention sur un meuble d'apothicaire. Le double bahut occupait tout un pan de mur, et était entièrement percé de tiroirs. Eudes les ouvrit un à un, à la volée, trouvant dedans des piles de billets carrés couverts d'une seule et même écriture.

Encore du papyrus ?

Dans une cave médiévale ?

L'officiel prit le temps de lire l'un d'eux :

« François, roi des Français, en cet an de grâce 1515, apprends qu'il te faudra répondre à chacun de mes préceptes comme autant d'ordres divins. Par mes mots seront transmis les germes d'un savoir

d'une puissance telle qu'il ne peut être tenu entre les mains d'un seul, mais doit devenir l'héritage de l'Humanité. »

Eudes reposa le message, la mâchoire serrée.

Vous pensez que c'est Flamel qui a écrit ces billets ?

1515 ? N'est-il pas mort depuis plus d'un siècle ?

Date de décès, 22 mars 1418.

Donc ce n'est pas Flamel.

Ouvre le premier tiroir !

Répondant à cette suggestion de Vidocq comme à une évidence, le Khan découvrit un manuscrit. Un objet d'art, richement enluminé, dont le titre s'égrenait en lettres d'or sous le doigt du préfet impérial : *« Mémoires d'un passeur immortel, ou les secrets de la pierre philosophale. »*

Cette fois, nous y sommes…

Les pleins et les déliés de Flamel accueillaient ainsi l'œil du profane…

« Tu ne me connais pas encore, mais moi, je te connais, lecteur. Tu es encore jeune. Tu ignores quelle sera ta destinée. Mais moi, je la connais. »

L'ouvrage se poursuivait en des termes laissant à penser que l'auteur avait une prescience de l'avenir. Il annonçait avoir découpé ses lectures de l'avenir en préceptes qu'il reviendrait aux générations futures de transmettre « *aux dirigeants de leur temps* ».

« Mais attention, lecteur. Informe les puissants sans jamais te dévoiler ni les approcher. Car tu serais alors tel Icare volant trop près du soleil, avec, pour seul salaire de ton orgueil, la chute et la mort. Tu détruirais ici mon grand œuvre à jamais.

Et avec lui, l'Humanité.

Viendra sans doute un temps où il t'appartiendra de découvrir la vérité sur mon essence et mon origine.

Pour l'heure, sache que mon nom est Nicolas Flamel…

… et que j'avais une mission.

J'ai poursuivi ma route durant des siècles, levant bien des légendes sur mon passage.

Je suis le Juif errant des anciens. Sans appartenir à aucune confession.

J'avais une mission, et j'ai commis une faute. Une erreur. J'ai rencontré la plus belle des femmes… Je me suis attaché, j'ai construit un nid, consumant ce qui me restait de raison, brûlant des siècles d'efforts et de privation, laissant fleurir une autre légende... Celle de l'alchimiste riche des secrets de la transmutation et de la vie éternelle.

Une légende qu'un malandrin s'est mis en tête de me voler.

J'avais une mission.

Et un simple larcin menace aujourd'hui de tout remettre en question.

Je cours les rues et les villes depuis vingt ans, en toute discrétion, pour tenter de retrouver la trace de mon voleur, mais sans aucun succès. J'ignore jusqu'à son nom ! Et ce jour, pour comble de mon malheur, Pernelle se meurt.

Il a dérobé mon soluté d'infinium, ainsi que ma pierre. Je ne sais pas quelles vertus il s'imagine pouvoir leur prêter, mais je lui prédis de n'être jamais payé pour sa peine...

Alors je m'adresse à toi, lecteur. À toi qui, durant les siècles à venir, devras perpétuer mon œuvre. Tu devras suivre dans le plus grand secret et de la plus stricte manière chacune de mes injonctions, prélevant, dans le dernier tiroir, le billet du dessus. Une fois l'ordre exécuté, tu placeras ledit billet dans ton tiroir personnel, pour archive. À ta mort, ton successeur refermera ton tiroir pour ouvrir le sien... Car il te reviendra, lecteur, avant d'arriver à cette funeste destination, de choisir ce successeur avec le même soin que je t'ai choisi.

Jusqu'au dernier. »

Le meuble d'apothicaire comptait cinquante tiroirs. Quarante-trois d'entre eux étaient remplis de ces liasses d'instructions laissées par Flamel, archivées religieusement par ses successeurs, cette longue chaîne de crypteurs qui, du premier au dernier, avaient perpétué ses volontés.

La fin du discours interpella plus particulièrement le Khan, tant il semblait lui être adressé...

« Toi qui me lis, tu sauras s'il te revient de trouver celui qui m'a volé.

Vas.

Et ne te trompe pas.

Le sort du monde en dépend. »

Eudes se redressa, cherchant à reprendre son souffle après cette plongée abyssale. Il referma le manuscrit de Flamel et ouvrit de nouveau les tiroirs, observant l'Histoire sous un jour nouveau. Des ordres donnés à Benjamin Franklin, Louis XIV, Napoléon Bonaparte, des ordres retraçant jusqu'à sa propre destinée ou celle du jeune Louis Bertillon. La naissance même des Cuprifères était inscrite dans ces tiroirs.

L'avènement de l'ère ténébrale...

— Monsieur le préfet? vous êtes encore en vie? s'enquit timidement un de ses inspecteurs.

— Je l'ignore, Belin. Je l'ignore.

Jules Belin, une nouvelle recrue de la Périspritique, passait pour être l'un des esprits les plus brillants de la jeune relève. Qui sait, un jour peut-être, il occuperait même la fonction suprême de préfet impérial?

En attendant, le Khan ouvrit seul le dernier tiroir.

Ne commettez-vous pas un acte sacrilège?

Eudes hésita un instant sous l'impulsion de cette conscience ténébrale, les doigts à quelques centimètres de ce dernier fragment de papyrus, et haussa les épaules.

Il lut le message inscrit de cette même et éternelle écriture :

« Trouver et déterrer un coffre en bois de cèdre cloué de sept lames métalliques, un sarcophage pour contenir mes os.

48.51'29,329"

2.20'56,299" »

— Tissandier, vous allez devoir de nouveau nous montrer l'étendue de votre science...

Chapitre 22

Paris-Capitale, le 4 juin 1910, 11 h 43
Un gisant d'or et d'argent

« Les épitaphes sur nos tombes ne sont pas destinées aux vivants, mais aux morts. Elles ont pour fonction de leur permettre de ne pas oublier qui ils étaient, de garder, par-delà leur trépas, la conscience de leur existence. »* Notes extraites du *Petit Traité de sociologie ténébrale.

Trois des ombres conventionnelles parmi les lieutenants ténébraux du Khan avaient été retenues aux Cuprifères pour établir un rapport intermédiaire sur les découvertes du matin. Le laboratoire de Nicolas Flamel avait reçu plusieurs équipes de la préfecture. L'endroit avait été disséqué, son mobilier enregistré, et l'ensemble des données confronté aux fonds de la CCN. Faidherbe Quintard, du *Triumviratus*, concentrait à cette heure ses pouvoirs médianimiques sur l'ombre du Crypteur, ce messager mystère dont les causes de son silence venaient d'être découvertes. L'empereur en personne, accompagné du chef du Renseignement et du Conseil des sept, s'était rendu aux premières séances de projection animascopique. Mais les images en contraste inversé qui arrosaient l'écran ne révélaient que les habitudes d'un homme qui, depuis son plus jeune âge, avait organisé sa vie autour d'un but unique : répondre dans le plus grand secret à sa fonction de messager.

Se rendre rue de Rivoli, incognito.

Entrer dans un petit immeuble bourgeois, en toute discrétion.

Emprunter un escalier de service, gagner les caves, silencieusement.

L'une d'elles en particulier, dont le mur du fond basculait sur un pivot central, et permettait l'accès à un escalier plus ancien. En bas des marches, un épais panneau de chêne renforcé par des fers datant d'un temps où l'on forgeait encore à la main...

Ensuite, le Crypteur cryptait. Selon un rituel consommé, il prenait le dernier des coupons de papyrus dans le dernier des tiroirs, lisait deux fois les instructions, et les exécutait. Parfois, les ordres pouvaient être d'attendre un événement, ou l'avènement d'une découverte scientifique. Mais le plus souvent, il s'agissait d'une date imposant le jour de parution d'un message codé dans les journaux de Paris.

Ne pouvant assister une vie durant à la projection d'une vie endurée, le Conseil des sept, par la voix de l'empereur, avait ordonné une étude complète de l'Imago du Crypteur. Les analystes du Renseignement recevaient donc depuis 10 h 12, dans des curseurs impériaux, des fragments de vie à disséquer. Ils devaient, selon le respect le plus strict d'un protocole d'expertise, relever et répertorier des points qui, pris séparément, dans l'isolement de leurs bureaux, n'avaient aucun sens.

Mais entre les mains des autorités, une fois ces informations rassemblées dans le bon ordre et replacées dans la perspective d'un tout, ces analyses devaient permettre de donner un nom à ce Crypteur, un visage, et de remonter un jour le fil de cette lignée de messagers mystères...

En attendant, le Khan se faisait plus massacrant que jamais. Il n'avait toujours pas de nouvelles de son tigre. Même Georges Milan s'usait les yeux à lire en synchronie des milliers de simiétographes, sans succès... L'animal s'était comme évaporé.

Alors, plus renfrogné que jamais, l'officiel se raccrochait à un espoir. Récupérer les os de Flamel. Pour invoquer son âme et périsprit. Pour lire son Atomon. Pour retrouver sa pierre et son voleur... Et, après toute une file de conditions et de contorsions, en arriver à mademoiselle Prune Bertillon. Des huiles, aux Cuprifères, lui avaient fait une promesse. Celle d'être capables de voyager à travers le temps et l'espace.

L'Universalis...

Mais en attendant, il fallait commencer par retrouver les os de Flamel. Et si ce dernier disait vrai, sa sépulture était très précisément au nord de l'ancienne église Saint-Jacques-la-Boucherie.

Un lieu désert, épargné par des siècles de construction, mais également très ennoyé sous l'un des parcs aquatiques de la ville.

Détail qui demandait un minimum de préparation...

Aussi le Khan se trouvait-il très exactement agrippé au garde-corps d'un dirigeable de l'Armée impériale. Pour l'occasion, il avait réclamé l'assistance ténébrale de son frère, Chrysostome, et de Tissandier. Il s'agissait de tempérer une certaine appréhension pour tout ce qui vole. Il faut dire qu'à force de vivre dangereusement et de risquer mille fois la mort, le Khan ne cessait de développer des aversions multiples.

Voilà pourquoi il ne doit pas devenir trop humain.

— Monsieur le préfet ? Le caisson étanche est fonctionnel, monsieur. Nous allons pouvoir monter dans la cloche de plongée.

La cloche en question était une bulle de verre renforcée de fer et de laiton, fermée sur le dessus et, dans le plus parfait respect des traditions, ouverte sous le dessous.

Eudes prit place à bord de la chose, en compagnie de deux techniciens des doges et sous-doges.

— Permettez-nous de vérifier votre harnais, monsieur.

— Je n'en suis pas à ma première balade, cingla le Khan en tirant sur ses sangles.

Les techniciens se contentèrent donc de lever les pouces. Des manœuvriers ouvrirent le plancher du dirigeable, faisant coulisser des plaques sous les pieds de l'officiel, et révélant la surface du plan d'eau, en contrebas. Puis ils actionnèrent des treuils. La cloche descendait entre les verrières des doges de Saint-Jacques, le long de la célèbre tour, sous le regard des promeneurs qui flânaient dans les jardins suspendus.

— Contact..., fit l'un des techniciens aux manœuvriers.

La structure se stabilisa sur la surface, en équilibre au bout de ses filins d'acier.

— *Paré à plonger ?* s'enquit une voix dans le haut-parleur.

— Affirmatif.

— *On amorce la descente.*

La cloche s'enfonça doucement. Le niveau de l'eau montait contre les carreaux de la structure, coupant l'habitacle des bruits de la ville pour ceux, plus ronds et feutrés, de ces abysses artificiels.

— *Tout va bien, là-dessous ?*

— Affirmatif.

— *Pas de malaise en vue ?*

— Poursuivez la descente.

Le Khan pouvait distinguer les curieux qui s'attroupaient de l'autre côté des vitres, dans les sous-doges de Saint-Jacques. Les quêtes d'ossements de la Périspritique étaient souvent l'occasion de spectacles pittoresques, et pour un peu que l'opération impliquât le préfet en personne, l'attraction attirait les foules.

— Vous croyez qu'ils sont là-dedans pour le démon des Halles ?

— En tout cas, notre préfet ne va sûrement pas à la pêche au bon samaritain !

— Regardez ! La cloche est en phase d'arrimage ! Les scaphandriers vont la pressuriser !

La structure venait en effet de se poser sur le caisson étanche et les plongeurs, à l'extérieur, ralentis dans leurs mouvements par l'encombrement de leur combinaison de cuir, de cuivre et de caoutchouc, assuraient l'étanchéité des joints d'arrimage.

— *Cloche en place, vous pouvez ouvrir le sas.*

— Bien reçu.

Les techniciens se détachèrent et déverrouillèrent l'écoutille du caisson, faisant apparaître un escalier métallique.

— Si vous nous permettez, monsieur le préfet.

D'un grincement de ses gants, le Khan laissa la priorité aux deux hommes du service des doges et sous-doges. Ces derniers avaient pour mission de gérer les suceuses afin d'assurer le refoulement des eaux d'infiltration. Le caisson faisait douze mètres sur douze, et était centré sur les coordonnées livrées par feu Nicolas Flamel. Des vitres cathédrales laissaient entrer un soleil timide à travers les eaux du bassin. Une équipe de la Périspritique était déjà en place pour préparer le terrain. Ils avaient implanté le périmètre de fouille, posé des chemins de planches pour permettre de circuler au milieu de la boue, et encadraient maintenant les ouvriers dans les travaux de déblaiement.

— Bonjour messieurs, fit l'officiel en soulevant son haut-de-forme.

— À qui avons-nous l'honneur de parler, aujourd'hui, monsieur le préfet ?

— Boucher de Perthes, répondit l'Important en actionnant avec application sa pompe palmaire. J'ai ce jour le privilège de sortir des coffres des Cuprifères !

— Mes respects, monsieur de Perthes, fit l'un des archéologues de la préfecture.

— Où en sommes-nous ? continua l'officiel.

— Nous pouvons dire que nous commençons à peine à effleurer le sujet.

L'Important déroula la coupe stratigraphique de référence, et étudia rapidement le secteur.

— Eh bien vous allez devoir mettre les bouchées doubles. Nous n'avons pas le temps de finasser. Il nous faut traverser ces couches de remblais modernes jusqu'à ces sables limoneux, fit l'homme en laissant glisser le pommeau de sa canne-épée le long du relevé.

— Il aurait été plus simple de nous appuyer sur les niveaux de fondation de l'ancienne église Saint-Jacques, monsieur de Perthes.

— Je vous l'accorde, monsieur Vallet. Mais d'après notre expérience, les couches renfermant le XIVe siècle devraient se situer vers six mètres de profondeur…

Ouvriers et archéologues descendirent en escaliers successifs, sous la direction de monsieur de Perthes, ménageant des bermes de sécurité de deux mètres de large pour deux mètres de haut. Entre-temps, un second caisson fut placé contre le premier pour accueillir les quelque huit cents tonnes de déblais démobilisés. Le tout dans une valse des plus chorégraphiques. Les uns piochaient pour attaquer les fronts de taille, les autres pelletaient pour remplir les seaux, et les derniers assuraient l'évacuation des terres à la force de palans à hélium. Les sphères de levage se gonflaient et se dégonflaient au-dessus des caissons, dans une danse aquatique qui enchantait les badauds. Les deux techniciens du service des doges et sous-doges, eux, veillaient à l'assèchement de la fenêtre de fouille. L'équipe ne commença à ralentir les coups de pioche qu'au bout de cinq heures, quand un des archéologues releva les premiers indices d'un sol médiéval.

— Une monnaie, monsieur de Perthes !

— Un double tournoi…, acquiesça l'Important. Trois lis trilobés, *DUPLEX TURONUS FRANCIE*…

L'homme, des mains mêmes du grand Khan, manipulait la pièce avec frénésie. Il approcha une loupe à fort grossissement, et rendit son verdict.

— Charles VII. Début de règne. Nous nous rapprochons des années 1420. Encore un effort, messieurs !

La fouille se poursuivit au piochon, tandis que les ouvriers s'affairaient à consolider bermes et paliers à l'aide de planches et de madriers.

— Monsieur, fit un des archéologues, nous avons ici les restes d'un cinquième mort anonyme. Autorisation de prélèvement pour le service de déshantification ?

— À l'évidence. Les rues de Paris ne s'en porteront que mieux. Vallet ? Vous tenez quelque chose ?

— Possiblement, monsieur de Perthes, fit l'homme en dégageant le bord franc d'un coffre métallique.

Deux techniciens vinrent immédiatement prêter main-forte, et délimitèrent l'emprise au plus vite. L'objet était aux deux tiers enfoncé dans la berme, obligeant les ouvriers à un surcroît de travail.

— Repoussez la coupe, et doublez ces étais. Nous devons faire vite, certes, mais nous devons aussi survivre à cette journée.

De nouveaux jeux de poutres furent placés en travers des anciennes, pendant que le sarcophage présumé de Nicolas Flamel était mis au jour...

— *« Un coffre de cèdre revêtu de sept lames métalliques. »*

— Oui, je crois que nous y sommes...

Les ouvriers achevaient de sécuriser la fouille, pendant que le préfet préparait l'ouverture du cercueil. Pas de violons ni de tambours pour immortaliser cet instant historique.

Mais... ?

— Qui m'a fait entrer ce putain de singe ?

Monsieur de Perthes avait rendu au Khan la maîtrise des événements.

— *L'empereur demande des images,* fit une voix dans le haut-parleur de la bestiole.

Le sapajou, introduit dans le caisson étanche par la gaine de ventilation, courait maintenant sur les planches, avant de se percher sur un étai et de fixer le Khan de ses petits yeux vifs.

— J'aurais dû laisser mon tigre croquer un ou deux de ces animaux, du temps où je l'avais encore à mes côtés, lâcha l'homme en inspectant le couvercle. Ne serait-ce pas des clous en or ?

— Affirmatif, monsieur le préfet, répondit un des archéologues. Vous ne voulez vraiment pas procéder à l'ouverture en laboratoire ?

— Et pour quoi faire ? Vous avez peur de me voir lui briser les os, à votre macchabée ? Je vais plutôt vous demander d'évacuer le chantier. Ces vestiges sont hautement confidentiels. Et ça vaut aussi pour toi, le macaque, fit le Khan en jetant une pierre au sapajou.

— *J'ai le plaisir de vous informer que vous avez l'attention des quatre Cardinaux au complet, monsieur le préfet,* répondit le haut-parleur. *Ainsi que leurs salutations.*

Eudes leva un sourcil, derrière son demi-masque de cuir, et entreprit de retirer les clous à la pince. Un des archéologues avait disposé des boîtes de prélèvement à son intention, pour recueillir le matériel. Le Khan jeta donc dedans chacun des éléments qui venaient à sauter, se disloquer, s'arracher. Jusqu'au moment attendu où le couvercle commença à jouer librement. Le préfet saisit le tout à pleines mains, s'arc-bouta, brisant les dernières résistances, et révéla à la lumière un gisant en parfait état de conservation.

Le sarcophage est doublé de plomb.

Il était scellé avec un mélange de goudron et de cire d'abeille…

Aurait-il bénéficié d'un embaumement ?

Tout porte à le croire…

Le mort reposait dans un luxe d'habits médiévaux faits de feutres parme, de daims et de velours sombres, de boutons d'argent. Des restes de barbe et de chevelure étaient accrochés à une peau parcheminée et noircie par une lente dessiccation. Ses mains, croisées sur son torse, permettaient d'observer un phénomène étrange… Les os de Flamel semblaient partiellement transformés en or.

Je ne sens pas son esprit.

Comment est-ce possible ?

Il erre loin d'ici ?

Il faut attendre la nuit. Le couvre-feu. Pour pouvoir l'invoquer.

Mais le Khan, qui venait de regarder sa montre, n'avait en aucun cas le temps de patienter jusqu'à la fin du jour. Il fit taire les occultistes d'une valse de doigts, et s'attacha les services de ses plus fins limiers…

Une sacoche de cuir.

Ouvrons-la...

Le préfet défit les boucles oxydées de la besace et renversa son contenu dans le couvercle du sarcophage, avant de procéder à une analyse.

— Qu'est-ce que c'est que ce bazar ? réagit l'homme en poussant du doigt un jeu d'aiguilles en bronze.

Je dirais que c'est une fameuse paire de trotteuses !

Des aiguilles d'horlogerie ?

Assurément.

La sacoche contenait encore un dessin tracé sur un étrange papier.

Encore du papyrus ?

Le tracé avait été exécuté au calame avec une maîtrise du détail qui dépassait de loin les réalisations habituelles des scribes d'antan. Il figurait un assemblage de rouages des plus complexes...

Le Khan se lissa la moustache, entre pouce et index, déroula un dernier vélin, et découvrit un texte fort bellement enluminé d'ors médiévaux.

La main du maître alchimiste.

Le message était en effet signé du nom de Nicolas Flamel.

« Je ne t'abandonne pas, mon ami. Je te fais en ce jour le serment de respecter notre pacte millénaire. Nous serons bientôt réunis par-delà la mort. »

Le morceau de vélin offrait encore les chiffres de nouvelles coordonnées.

N 24°27'55.364" – E 22°43'4.98"

Cette fois, messieurs, nous quittons Paris !

— Que voulez-vous dire, Tissandier ?

Il me faudrait un planisphère, mais je dirais que ce point se situe quelque part entre l'Afrique du Nord et le Proche-Orient.

— Et quoi, maintenant ? fit le Khan en regardant droit dans les yeux du sapajou. Vous voulez que je me rende à l'autre bout du monde pour trouver un morceau d'horloge ?

— Il semblerait que vous n'ayez pas à vous donner cette peine...

Chapitre 23

Quelque part
Bien plus tôt
Au milieu de déserts de sable

« Chaque Important issu d'une nation étrangère est considéré comme une ressource stratégique de défense, au titre du programme de destruction dissuasive. »* Notes extraites du *Petit Traité de géopolitique ténébrale.

« Ma très chère Prune,

Voilà dix jours que nous sommes arrivés à Adrére Amellal, dans cette magnifique oasis de Siwa. J'aimerais tant que tu voies ça !

Je ne devrais pas te le dire, ma toute belle, mais j'avais demandé à ton père d'organiser ta venue. J'ai reçu sa réponse ce matin, depuis les Cuprifères. Imagine ces ondes parcourant la moitié du monde, d'antenne en antenne, jusqu'au récepteur militaire de l'archdeacon, pour m'apprendre à quel point le Notaire se trouvait désolé de ne pas voir comment assurer la sécurité d'un tel voyage ! Je parle à ton père de t'offrir un peu de rêve et d'évasion, et lui ne répond que par des raisons d'État !

Je pourrais sans doute me... »

— Saleté !

— Que vous arrive-t-il, ma chère ? demanda Gaston Maspero en escaladant les dernières roches à sa rencontre.

— L'encre sèche ! Vous savez, il est épuisant, votre désert ! répondit Clémence Brunet en inspectant le fond de son pot.

— Heureusement, sinon il serait aussi surpeuplé que le reste du monde... Vous écriviez à votre fille ?

— Oui.

— En plein soleil ? fit observer Maspero.

— Sous un parasol, mon cher, précisa Clémence en reposant plume et pot. Et un chapeau en jonc du Nil. Mais vous me posez la question pour cette encre qui s'évapore, ou pour ces érythèmes qui fleurissent sur ma peau de rousse ?

— Je n'avais pas remarqué que votre peau était rouge, madame, s'empressa de préciser l'égyptologue.

— Je mets tellement de crème que je ressemble à une laitière ! Ils n'auraient pas pu aller plus au frais, vos prophètes ? s'agaça Clémence en froissant son courrier.

— Mais ? Que faites-vous, très chère ? sursauta Maspero.

— Je me censure, Gaston. Je fais montre de respect envers mon mari. Je lui donne raison de garder notre fille sous clef pendant que je cours aux quatre vents. Mais que me vouliez-vous, mon ami ?

— J'aimerais pousser notre exploration jusqu'à ce petit village de pêcheurs aperçu l'autre jour, expliqua Maspero.

— Et ?

— Et... je veux bien me contenter de discuter avec des éleveurs de chèvres, mais je crains qu'ils soient...

— Trop frais ? Trop vivants ? coupa Clémence en mettant ses gants de dentelle.

— C'est que..., bafouilla Maspero en s'épongeant le front.

— Ne vous fatiguez pas, mon cher, fit madame Brunet-Bertillon en se levant de sa chaise. Je vous fais déjà assez transpirer comme ça, à me courir après. Allons voir ces tombeaux ! Et puis, converser avec quelques morts, ça ne peut que me changer les idées !

Le directeur général des Mémoires et Antiquités égyptiennes était toujours obsédé par sa quête du prophète originel. De l'inspirateur. De cet homme qui, Maspero en était persuadé, avait soufflé à Saint-Jean, plus sûrement que Dieu, sa fameuse vision de l'Apocalypse. Une vision par la suite racontée de mille manières différentes, diffusée à travers le monde entier par des cohortes de sages et de prophètes...

Maspero fit affréter une barque par des pêcheurs locaux. Le vent chaud du désert gonfla la petite voile carrée, poussant l'esquif sur les eaux cristallines d'un lac. Le village convoité était un hameau de maisons à toits plats, en roche et terre sèche, flanqué contre une de ces collines en table qui poussaient dans le paysage.

Le batelier fit s'échouer l'esquif. Clémence sauta la première à terre, où elle se mit à faire de petits pas pressés, les bottes brûlées par le sable de la berge. Elle attira aussitôt une volée d'enfants, devenant, comme à son habitude, un grand sujet de curiosité. Des cheveux roux comme… comme rien au monde. Une peau blanche comme de la crème, constellée de taches de rousseur. Des gants en dentelle… La femme, même après des mois passés dans le désert, amenait encore dans ces régions reculées un peu de sa coquetterie parisienne. Pour le reste, il ne fallait pas s'y frotter. Clémence Brunet avait les réflexes et la létalité d'une vipère des sables. Un sabre japonais en plus au côté.

— Oui, oui, les enfants…, fit la médium en levant les bras comme pour ne pas se faire ensevelir sous des nuées de petites mains. Maspero ? Vous n'avez pas des babioles à donner à ces charmantes créatures ?

L'égyptologue souriait à pleines dents devant l'embarras de la ténébraliste.

— Vous êtes plus à votre aise avec les morts, ma chère !

— Gaussez-vous, mon ami. Mais qu'est-ce qu'ils racontent ?!!!

— Ils babillent en siwi, un dialecte berbère. Je ne comprends pas un mot sur trois, mais ils s'intéressent de près à vos cheveux !

Maspero parvint à calmer l'enthousiasme de cet essaim de petits d'homme, du haut de son arabe impeccable, puis sollicita l'aide des anciens du village. De la fumée s'échappait d'un feu de bois, où une casserole en aluminium avait été mise à noircir entre deux pierres. Les deux Occidentaux furent introduits dans la fraîcheur relative d'un salon rudimentaire, et assis sur des nattes en feuilles de palme. Clémence se posait la question de savoir comment autant de mouches pouvaient survivre dans le désert, pendant que Maspero, un thé brûlant à la main, écoutait les palabres de quelques vieillards. L'érudit prenait des notes, orientait patiemment les discours, et commençait à sourire.

— Ma chère, je pense que nous touchons au but de notre quête.

— Mon ami, je ne voudrais pas vous décevoir, mais voilà au moins trois ans que vous me faites cette promesse…, répondit madame Brunet en assommant une mouche d'une simple pichenette.

Maspero passa une bonne heure à marchander le secours de deux villageois, mais l'endroit où voulait se rendre le directeur des Antiquités était considéré par les locaux comme maudit. Seul un vieil homme édenté accepta, contre une véritable fortune, de guider Maspero le long d'un étroit chemin de chèvre. L'ancêtre était un taiseux. Il tenait haut son étoffe élimée pour la garder de l'appétit vorace d'un petit cabri, et plantait ses sandales entre les blocailles, inlassablement, assurant son pas en appuyant sur un bâton tordu les restes d'un corps ascétique. Voilà bien longtemps que le soleil avait séché sur lui tout ce qui pouvait l'être.

L'homme les menait dans les vestiges de l'ancien village, plus haut contre les murailles de la table. L'endroit surplombait la vallée, offrant une vue imprenable sur l'enfilade de lacs, et les environs. Les ruines descendaient en terrasses, à l'abri d'un pied de falaise. Le vieillard expliqua que les lieux avaient été abandonnés après le départ du dernier des *alttabib almaealij*, un médecin-rebouteux, ou médecin-sorcier. Et il répéta ce qu'avaient dit un peu plus tôt les anciens du village.

L'endroit était maudit.

— Maudit? Maudit comment? demanda Clémence à Maspero qui venait de traduire.

— Il n'est pas très clair, se plaignit l'érudit. Mais je ne veux pas le brusquer. C'est déjà très gentil à lui d'avoir osé s'approcher de ces ruines.

— Vous l'avez grassement payé, mon ami, fit remarquer Clémence. Et à le regarder, il n'est plus très loin de la mort... Il n'a pas grand-chose à perdre.

— Attendez... il parle encore de zénith et de nadir...

— De nadir?

— Il nous dit de ne pas rester là après le coucher du soleil. Il dit qu'il ne connaît personne pour être revenu d'une promenade nocturne en ces lieux, finit de traduire Maspero.

— Là, vous cherchez seulement à me rassurer, ironisa Clémence.

— Oui, et notre guide n'a pas l'air serein, renchérit Maspero.

Le vieillard était moins que serein. Il venait simplement de décider d'aller user ce qui lui restait de sandale ailleurs. L'égyptologue actionna sa pile à compression et alluma sa radio. Il ordonna à l'archdeacon de se placer au-dessus de leur position, et de faire descendre une cage en or, au cas où ils auraient besoin d'un refuge périspritique.

— Vous prenez donc ce vieux bougre au sérieux, mon ami? l'aiguillonna Clémence.

— Je préfère savoir que cette boîte est là plutôt que perchée à mille mètres dans les airs, répliqua Maspero en s'assurant que la structure était correctement calée.

— Et vous pensez sérieusement que cette cage à humains est efficace ? J'aurais peur d'avoir l'air d'une friandise, là-dedans...

— Sachez que j'ai déjà fait usage de ce dispositif de secours avec succès, ma chère, assura Maspero.

Le directeur des Mémoires et Antiquités égyptiennes supervisait, avec des ingénieurs descendus du ciel, l'implantation d'un périmètre de sécurité et de capteurs coronaux. Ces appareils, d'une sensibilité infinie, avaient pour vocation de se déclencher à l'approche de la plus petite des ombres, et d'immortaliser la rencontre par un court sélénoïde. Puis, une fois ces dispositions prises, Maspero commença l'étude des ruines. Il commentait tout haut la qualité de ces maçonneries antiques, le choix de l'orientation des bâtiments, construits de manière à laisser entrer le soleil du matin, tout en se gardant des vents dominants. L'homme sautait de mur en muret, évaluait le nombre d'habitants potentiel, restituait des plans jusqu'à déterminer laquelle de ces maisons pouvait abriter la figure centrale de cette petite communauté.

— Celle-ci, finit par conclure l'érudit.

— Et pourquoi ? s'enquit Clémence de ce ton boudeur qui la faisait, malgré son âge respectable, paraître encore une enfant.

— Car c'est la seule qui possède une cour intérieure.

— Parfait. Nous voilà bien avancés. Et que comptez-vous faire, maintenant ? le tança la jolie rousse.

— Ni plus ni moins que ce qui est prévu depuis le départ : attendre la nuit.

— Vous, je vous vois venir, mon ami, s'agaça Clémence.

— Eh bien ? Pourquoi me fatiguer à retourner chaque pierre de ce désert, alors que j'ai une authentique ténébraliste sous la main ?

— Retourner les pierres, très cher, est le moyen de se prémunir de certains dangers, comme ces satanés scorpions, et de les supprimer !

Clémence se vengea sur l'arthropode des plus mortels qu'elle venait de débusquer, en le broyant sous le talon de sa botte.

— Quoi ? Vous êtes bouddhiste ?

Mais Maspero n'eut pas le temps de répondre. La malheureuse n'avait pas seulement écrasé un scorpion. Elle venait de fendre l'âme d'une vieille dalle fatiguée qui s'effondra soudain sous son poids. Elle chuta de toute sa hauteur, se faisant pour moitié ensevelir dans une coulée de sable et de gravats.

— Vous allez bien ? cria Maspero qui n'osait pas s'approcher du bord de ce gouffre instable.

— Pas la peine de hurler, je suis juste là, rouspéta Clémence en chassant la poussière dans l'espoir de revoir le jour.

— Vous êtes une vraie catastrophe ambulante !

— Ça va, je vous ai trouvé un trou à explorer. Vous devriez plutôt me remercier, fit la ténébraliste en se relevant.

— Clémence, ne bougez plus, intima Maspero.

— Quoi, encore ? Vous voulez me prendre en photo ? Pour pouvoir vous payer ma tête lors de dîners mondains ?

— Non... Je veux juste dire que vous n'êtes pas la première à avoir découvert l'existence de ce trou..., fit Maspero en tentant encore de tempérer le caractère de feu de sa charmante collègue.

— Mais soyez plus clair, mon ami !

Le sol sembla soudain se dérober... Un serpent se dressa, impérial et magnifique, le corps brillant sous le lustre d'écailles de bronze. L'animal siffla et cracha, menaçant au moindre geste de la femme de se tendre pour venir donner la mort. Plusieurs reptiles sortaient maintenant de la pénombre, ondulant lentement entre les pierres, avant de se dresser à leur tour et de déployer leurs collerettes...

La scène ne dura pas. Le temps à Maspero de cligner de l'œil à cause d'une goutte de sueur, Clémence avait dégainé sa lame japonaise et tranché les têtes de pas moins de vingt et un cobras égyptiens.

— Voilà ce que c'est que de me confondre avec Cléopâtre, fit la ténébraliste en repoussant un ophidien du bout de sa botte.

La dame essuya son sabre avec un mouchoir brodé, sous les yeux médusés de Maspero.

— Quoi ?

L'érudit n'osa pas contrarier sa partenaire, mais un dernier naja le fit pour lui. La pauvre bête fut expédiée d'un coup de fourreau à l'autre bout de la cavité.

— Et alors ? Vous comptez me regarder faire le ménage jusqu'à ce soir, ou m'aider à sortir de là ?

Madame Brunet fut tirée de son trou, et l'endroit prudemment dégagé de ses anciens résidents. Pour la suite, Maspero exulta. Clémence avait désobstrué l'entrée d'une cave, un escalier taillé dans le roc menant à une salle souterraine.

— Clémence, vous êtes une reine ! s'était exclamé l'égyptologue en entrant le premier dans la cavité.

L'homme avait balayé les lieux à l'aide d'une lampe à compression, révélant une à une les vingt-deux momies délicatement entreposées sur des socles en argile. Depuis, il s'extasiait sur les montages des bandelettes, qui formaient des motifs en losanges, ou sur les conditions de conservation de ces corps millénaires. Les mains desséchées de celui-ci étaient parfaites de maintien, tant et si bien qu'elles semblaient prêtes à se gorger de nouveau de vie. Maspero dut prendre sur lui de ne pas les toucher, de ne pas poser sa pulpe fraîche sur celle, parcheminée, de ces nobles défunts. À l'évidence, la petite société qui vivait là à l'orée du premier millénaire avant notre ère appartenait à une élite locale. Des savants éclairés, au fait des méthodes d'embaumement les plus pointues.

Mais Clémence, qui ne pouvait s'empêcher de surveiller la course du soleil, allait et venait sans tenir plus en place qu'une pouliche au printemps.

— Vous me donnez le tournis, à force de courir ainsi.

— Il ne reste pas plus d'une heure de soleil, Gaston.

— Merci de vous en préoccuper.

La ténébraliste se retenait d'exploser.

— Vous êtes pire qu'un gosse, mon ami. Est-ce que vous vous êtes vu, à vous extasier sur vos macchabées ?

— Je n'en suis pas à mes premières momies, très chère, et vous pouvez me croire quand je vous dis que celles-ci sont vraiment exceptionnelles.

— Et votre prophète ? Il fait partie du compte au moins ?

— Je l'ignore. Mais je note tout de même quelque chose d'étrange, fit remarquer Maspero.

— Cessez donc de ménager vos effets, vous n'êtes pas devant un parterre d'étudiants des Cuprifères !

— Nous avons là vingt-deux dépouilles sans aucun mobilier funéraire. Pas une amulette, pas le moindre objet rituel ou personnel.

Mais des bruits, au-dehors, interrompirent la conversation.

— Je vais voir ce qui se passe, fit Clémence.

La ténébraliste gagna le haut des marches, d'un pas alerte, mais recula vivement au moment de sortir au grand jour.

— Eh bien ? Sauter sur une dame par-derrière ? En voilà des façons ! s'écria-t-elle à la face d'un villageois qui venait de tenter de lui tomber dessus.

Mais elle n'eut pas le temps de terminer sa phrase que deux autres hommes surgirent et se placèrent en renfort auprès du premier. Les trois hères efflanqués, armés de couteaux courbes, commençaient à se montrer menaçants.

— Messieurs, vous n'êtes pas sérieux? Si vous voulez me faire pitié, c'est réussi !

Clémence allait s'élancer pour désarmer ces malappris à coups de fourreau, quand un bruit infernal la fit se retourner. Un rocher acheva de dévaler la pente, et s'écrasa à l'entrée du tunnel.

— Mais où sont ces militaires quand on a besoin d'eux? se fâcha la ténébraliste en levant les yeux au ciel.

L'archdeacon flottait paisiblement, la panse dorée par les rayons de ce soleil couchant, tenant sa position à plus de mille mètres de là. Clémence, d'un clin d'œil, évalua la situation. Maspero était coincé à l'intérieur de sa cave, et trois villageois se proposaient de lui poser des problèmes.

Rectification.

Ils ne lui posaient plus de problèmes.

Furieuse, la ténébraliste gifla l'un des ingénieurs qui s'était fait assommer.

— Vous croyez que c'est le moment de bayer aux corneilles, vous autres ? Allez ! Du nerf !

L'homme se prit un coup de botte dans l'arrière-train, regrettant soudain doublement de s'être laissé endormir.

— Ils nous ont surpris, gémit l'ingénieur.

— Heureusement que vous me le dites, je ne l'avais pas remarqué ! Vous rêviez, ou quoi ?

— Non, madame Brunet, on vérifiait les réglages des capteurs, pour ce soir.

— C'est maintenant, ce soir ! aboya Clémence en pointant le soleil qui commençait à basculer derrière l'horizon. Et il va falloir nous dégager ce caillou *fissa* ! Appelez du renfort !

— C'est que...

L'ingénieur n'osa pas finir sa phrase. Il se contenta de montrer les restes d'une radio broyée à coups de pierre. Clémence se précipita alors à l'entrée de la cave, pour s'enquérir de Maspero... Un des trois hommes s'était réveillé et se tenait dressé contre le rocher. Il invectivait l'érudit, dans sa langue natale, avant de se voir estourbir pour la seconde fois.

— Gaston ! Vous allez bien ?

— Oui ! répondit une voix étouffée.

— J'espère que vous avez toujours votre radio !

— Je l'ai. Et j'en ai fait usage. La cavalerie arrive. Tout le monde va bien, dehors ?

— Autant que possible. Mais le soleil bascule ! Ils nous voulaient quoi, ces villageois ?

— D'après celui que vous venez de soigner, ces hommes sont chargés de veiller très spécifiquement à ce que personne ne viole cette crypte.

— Pas très efficaces, fit Clémence en assommant une troisième fois le même rustaud. Mais rudement coriaces ! Ah ! voilà votre cavalerie...

Des soldats en saharienne descendaient en rappel depuis les passerelles de l'archdeacon.

— Remuez-vous, messieurs ! cria le chef de section en touchant le sol. Il nous reste douze minutes pour bouger ce caillou et mettre les voiles !

Ses hommes s'activèrent, introduisant des filins d'acier par les brèches laissées vacantes entre le rocher et le couloir d'accès, avant d'enserrer le tout à l'aide de tendeurs à cliquets. Mais les deux sentinelles postées aux abords de l'opération commençaient à donner des signes d'inquiétude. Ils réglaient frénétiquement leurs appareils de vision coronale, balayaient les alentours avec leurs détecteurs d'ombres, avant de reculer et de trébucher.

— Lieutenant ! Je ne sais pas ce qui se passe ici, mais il y a une sacrée friture ! Faut pas traîner !

— J'en ai pas l'intention, sergent ! Archdeacon, archdeacon, ici *Opération bousier* ! Il est temps de taquiner votre treuil, les gars !

La radio grésilla sous l'effet des parasites.

— Archdeacon, bordel ! Levez-moi ce bousin !

Mais la radio ne voulait plus rien savoir. Une force invisible commençait à prendre possession des lieux, annihilant toute autre forme de fréquence.

— Ordre d'engager les munitions aurifères ! hurla le lieutenant.

Le militaire attrapa l'un de ses hommes par le col, criant par-dessus le vent, qui se levait soudain, pour se faire entendre.

— Caporal Gaspé ! Démonstration de grimper de corde ! Montrez-nous ce que vous avez dans les bras et allez demander l'extraction de cette putain de caillasse !

— À vos ordres, lieutenant ! hurla le soldat.

Mais les hommes, au sol, avaient du mal à conserver leur formation devant l'imminence d'une attaque contre-nature. Pour qui était équipé de casques de vision périspritique, il était possible de voir se dresser sur les flancs de la colline vingt-deux manifestations que, en d'autres temps et d'autres lieux, d'aucuns n'auraient pas hésité à qualifier de démoniaques. Des ombres d'une puissance et d'une hauteur que pas un de ces hommes, pourtant rompus à tous les terrains d'opération, n'avait encore rencontrées.

— Attendez qu'ils soient à portée de tir avant d'ouvrir le feu ! hurla le lieutenant. Et que fout Gaspé ?!

Heureusement pour le soldat, les hommes de l'archdeacon avaient repéré sa progression. Ils avaient actionné son treuil afin d'accélérer son ascension, et s'occupaient désormais d'engager la procédure d'extraction du rocher. Les câbles se tendirent, mais bien plus que de raison. Ils menaçaient même de se rompre.

— Écartez-vous de là, avant que ça nous pète à la gueule !

— Le soleil se couche dans moins d'une minute, lieutenant ! s'époumona un de ses hommes.

— Eh bien on dirait que vos saloperies ont pris de l'avance, cria le chef de section à la face de la ténébraliste. Et ce n'est pas votre putain de travail, que de discutailler avec ces démons ?

— Et le vôtre de nous dégager cette vacherie de caillou ? cingla Clémence qui n'était pas d'humeur à plaisanter.

Personne ne voulut savoir si c'était pour aider un treuil insuffisant, ou si le capitaine de Richemont, le commandant de l'archdeacon, avait décidé de désengager son vaisseau face à une menace jugée supérieure, mais l'aéronef venait de remettre ses moteurs principaux en route pour prendre de la hauteur. Deux des filins d'extraction cédèrent et allèrent violemment fouetter la pierre, alors que les autres tinrent bon et arrachèrent avec fracas cette roche tombée des falaises.

— Ils sont sur nous ! hurla un militaire en ouvrant le feu.

Les soldats irradiaient de balles d'or le ciel de cette nuit naissante. Les ombres se rétractèrent un instant, comme si elles venaient de se piquer à l'épine d'une rose un peu trop sauvage, avant de fondre d'un seul mouvement vers leurs cibles...

— Ordre d'utiliser les grenades aurifères ! hurla le lieutenant avant de rabattre son heaume en métal impérial.

— Mais comment ces ombres peuvent-elles avoir une telle puissance ? demanda Clémence en tirant Maspero hors de sa cave.

— Je l'ignore ! cria l'érudit. Nous devons gagner la cage au plus vite !

— Sérieux ? Vous croyez qu'elle résistera à ces démons ? répliqua Clémence, avant qu'un autre rocher vienne trancher cette question.

De nouveaux coups de feu retentirent par-dessus ceux de l'Armée impériale. Les soldats au chrysanthème tombaient sous les balles d'ennemis invisibles, sans avoir même le temps d'identifier l'origine des tirs. Sûrs de leur supériorité, des guerriers surgirent en nombre de derrière des blocailles, le visage masqué par des chèches cousus de fils d'or, les yeux occultés par des appareils de vision nocturne qui crachaient dans les airs des jets de vapeurs soufrées.

Cette fois, Clémence fit reculer Maspero.

— Retournez vous mettre à l'abri dans la crypte !

— Et vous ?

— Je vais en embrocher un ou deux histoire d'équilibrer un peu le jeu ! Il ne faudrait pas qu'ils s'imaginent que tous les Français sont des mous du ventre !

Clémence surgit du boyau, voleta de bloc en roche, tranchant mains et pieds au passage, embrochant quelques panses, aussi. Elle était profondément désolée de devoir donner la mort pour protéger sa vie, mais s'appliqua pourtant à le faire. Au-dessus de ce chaos, le ciel s'opacifiait et devenait plus noir que de l'encre. Les vingt-deux ombres ancestrales s'étaient rejointes en un dôme ténébral, étouffant ces fourmis, plus bas, qui jouaient à la guerre.

Les derniers soldats de l'archdeacon tombèrent sous les balles des bandits du désert.

Les derniers bandits du désert tombèrent à leur tour sous les coups de sabre d'une furie rousse aux gants de dentelle.

Puis vint le tour de cette dernière. La première des vingt-deux manifestations démoniaques plongea sous son dôme d'encre, et referma ses griffes de coronium sur le cœur de la ténébraliste.

La belle étouffait, sans aucun espoir d'échappement. L'ombre déchira les tulles fins de son corsage et s'apprêtant à donner la mort, quand elle se mit soudain à rugir. Le démon se redressa de toute sa hauteur, suivi à l'unisson par ses lieutenants ténébraux, une griffe pointée vers la poitrine défouraillée de Clémence Brunet. Ce n'était pas le tétin blanc de la belle que la bête désignait, mais le médaillon de celle-ci qui, dans la cohue, s'était ouvert et laissait à voir une photographie.

— C'est... C'est ma fille..., hoqueta la ténébraliste en attrapant son pendentif à pleines mains. C'est ma fille ! Elle s'appelle Prune !

L'ombre hurla, crachant, soufflant des bourrasques d'air chaud et putride. Insatisfaite de la réponse, elle leva des trombes de sable et déchaîna sa rage sur Clémence. La médium ne comprenait pas un mot de ce langage vieux de trois mille ans, mais l'esprit démoniaque se fit plus précis. Il affina à l'infini l'une de ses griffes, et vint toucher un objet qui pendait au cou de Prune Bertillon.

— Le pendentif ? Le pendentif de ma fille ? Mais... que lui trouvez-vous ? Ce n'est qu'une babiole !

Les vingt-deux entités se mirent à vibrer avec plus d'intensité, et concentrèrent leurs essences éthérales. Leurs corps colossaux se ramassèrent sous une pluie d'encre dorée, jusqu'à retrouver une dimension humaine. Alors les ombres se mirent en marche et gravirent la colline, avant de se présenter devant Clémence, le cœur pulsant d'une lumière vive et contre-nature. Le spectre de tête plaça ses deux mains croisées tout contre sa poitrine, s'inclina doucement, et fit une déclaration dans cette langue inconnue. Ses vingt et un lieutenants firent de même...

— Très chère, balbutia Maspero en sortant de sa caverne, je ne sais pas ce que vous leur avez fait, mais je vous jure de ne plus jamais me moquer de vos talents de ténébraliste !

Le commandant Clément de Richemont tentait à grand-peine de maintenir le calme à bord de son archdeacon.

Mais il n'était pas aidé en cela par ses invités de marque.

Après avoir essuyé une série d'avaries dont la nature échappait à toutes les lois de la physique, le commandant avait dû convaincre son équipage de revenir en position au-dessus de la montagne maudite. Non sans attendre le petit matin et le retour du soleil pour ordonner un nouveau débarquement.

De Richemont eut alors la surprise de récupérer sain et sauf le directeur général des Mémoires et Antiquités égyptiennes, ainsi que la fougueuse ténébraliste. Il reçut en silence leur rapport préliminaire sur les événements de la veille…

Gaston Maspero avait affirmé, non sans émotion, combien la découverte réalisée durant la nuit justifiait tous les sacrifices. Et combien il ne regrettait pas d'être passé si près de la mort, pour avoir le privilège d'assister à cette partition de l'Histoire qui se jouait depuis des millénaires au fin fond de ces déserts. Madame Brunet, quant à elle, avait avoué ne pas partager complètement cet enthousiasme, faute d'avoir le même amour que monsieur le directeur pour ce qui était des vieilles pierres.

À la fin de cette matinée, une fois les corps des soldats tombés pour l'Empire remontés à bord, s'en était ensuivi un fameux bras de fer. Autorité civile contre autorité militaire. Duel à l'issue duquel de Richemont avait abdiqué, piteusement, sous le feu de la ténébraliste.

— Vous ne pouvez pas abandonner les périsprits de vos hommes tombés au combat ! avait argumenté la belle rousse au terme de son réquisitoire.

— Mais nous avons tous les corps ! s'était opposé le commandant, droit dans son costume de la Marine impériale.

— Mais pas leurs âmes, monsieur le militaire ! avait répliqué la médium. Vous voulez condamner vos hommes à errer sur ces terres maudites pour l'éternité ? Les condamner à chercher leurs dépouilles mortelles, leurs tombes ? Les condamner à perdre jusqu'au souvenir de leur identité, de leur essence humaine ?

Monsieur ! Vous seriez responsable, au regard des lois ténébrales, d'un crime majeur ! Car vous feriez de ces âmes, de ces valeureux guerriers de l'Empire, des ombres malfaisantes et démoniaques !

De Richemont avait accepté d'attendre la nuit avant de prendre le départ, le temps de remonter les périsprits de ses hommes tombés au combat. Ainsi que les vingt-deux momies de Siwa et leurs larmes périspritiques. Il s'était ensuivi deux jours et deux nuits de navigation à marche forcée. Le commandant désirait mettre le plus de distance possible entre l'archdeacon et la montagne maudite. Même s'il n'était pas plus rassuré que ses hommes à l'idée d'avoir, à son bord, les auteurs de cette damnation.

L'archdeacon survolait depuis le petit matin un paysage semé de langues de sable. Clémence Brunet se tenait dans le salon des officiers, attablée près d'un bassin du jardin d'hiver. Elle écrivait.

« Ma très chère Prune,

Ma toute belle,

Je poursuis mon périple à travers les sables d'Égypte. Et crois ton bon père quand il te dit qu'il est encore tôt pour quitter les Cuprifères. Mon voyage n'est pas de tout repos, j'ignore le matin qui je rencontrerai le soir venu, et mes nuits sont toujours agitées.

Certes, Maspero me fait découvrir des lieux fabuleux, comme cette oasis de Siwa, perdue au milieu des sables. Mais les ombres de cette région, ma toute belle, sont d'une puissance qui défierait même les Cuprifères !

Une fois n'est pas coutume, nous faisons actuellement route à bord de l'archdeacon. Quelle machine magnifique ! Ma très chère fille, demande dès que tu peux à ton père de te faire monter dans l'un de ces aéronefs ! Surtout que ces militaires, quand on sait les prendre, peuvent se montrer très serviables.

Je t'embrasse fort.

Je me languis de te revoir.

Baisers d'Égypte.

Non, pardon, de Libye...

... ta mère. »

Clément de Richemont venait d'entrer dans le salon, un grand verre de citronnade à la main. Il rejoignit Maspero derrière les baies panoramiques de la passerelle d'observation.

— Vous nous faites traverser les terres parmi les plus arides du globe, monsieur l'égyptologue.

L'erg survolé ces derniers jours se transformait peu à peu en un désert de roches. Le paysage se hérissait de collines sombres et acérées, préfigurant l'abord de moyennes montagnes. Tout ici n'était que pruine dorée et ocre soufré, à l'exception de cette table noire qui émergeait à l'horizon.

— Donnez l'ordre d'arrêter vos machines, monsieur de Richemont, fit Maspero. Nous approchons.

— Quoi, vous voulez débarquer dans ces montagnes ? s'enquit le commandant en dépliant sa longue-vue.

— Précisément.

— Voilà qui ne m'inspire pas confiance, souligna le commandant.

— Notez que personne ne vous demande de descendre nous tenir la main, déclara Clémence en quittant son fauteuil.

— Seriez-vous en train de sous-entendre que je suis un couard, madame ? s'offusqua le militaire.

— Je dis précisément que je n'ai pas vu le feu de votre canon quand nous étions sous la mitraille de l'ennemi, commandant, fit la belle en effaçant un pli de son gant en dentelle.

— Commandant, interrompit Maspero, pourriez-vous nous faire descendre sur ce promontoire ?

— Il sera fait selon votre bon vouloir. Mais par pitié, monsieur le directeur, veuillez fatiguer un peu cette dame, elle a décidément beaucoup d'énergie à revendre.

Le camp de base était des plus sommaires. Maspero avait demandé deux choses : que l'on fasse débarquer une des momies de Siwa, et que l'Impériale établisse un périmètre contre d'éventuelles menaces armées.

— Vous êtes sûr de ne pas vouloir de barrière périspritique ? s'assura un nouveau lieutenant.

— Pour ce qu'elles sont utiles..., répondit Maspero. Contentez-vous de surveiller les environs et de garantir la liaison radio avec l'archdeacon.

— À vos ordres, monsieur, fit le militaire.

De Richemont avait fait équiper ses hommes d'armures lourdes, renforcées de plaques articulées en or. Ils étaient prêts, cette fois, à combattre le diable en personne.

— Je suis surprise, mon ami, lâcha Clémence au détour d'un long silence.

— Par ? s'enquit Maspero.

— Que vous n'ayez pas profité de ces dernières heures pour aller fureter entre les pierres.

— Pasenhor a été formel, l'autre soir. Lui seul doit ouvrir la marche, sans quoi cet endroit deviendra notre tombeau.

— Vous êtes sûr d'avoir bien compris ?

L'ombre s'était exprimée, durant une longue nuit de possession ténébrale dont Clémence gardait quelques souvenirs, dans un néo-égyptien des plus classiques. Mais il était une chose que de maîtriser une langue morte par écrit, et une autre que d'entendre un locuteur vieux de près de deux mille cinq cents ans la parler avec toute la subtilité de ses accents et intonations. Surtout par la bouche d'une ténébraliste. Maspero avait donc sorti ses plumes pour communiquer par écrit, en hiératique. Alors cette ombre de tête avait révélé son nom. Pasenhor. Il avait affirmé être un grand prêtre, descendant d'un roi d'Égypte, le pharaon Sheshonq l'Ancien, narrant le conte de son existence jusqu'aux premières lueurs de l'aube, laissant à la lucide de cuisantes courbatures...

— Vous allez me demander de recommencer ? s'enquit la ténébraliste.

— Recommencer quoi ?

— Vous savez très bien de quoi je parle ! s'agaça Clémence.

— C'est possible, admit l'érudit en regardant tour à tour sa montre et l'horizon rougeoyant.

— Vous, au moins, vous pouvez vous vanter d'avoir trouvé un moyen de me faire taire !

— Il est l'heure d'ouvrir la capsule de confinement, ma chère.

À ces mots, les militaires reculèrent et rabattirent leur heaume de métal impérial.

— Qu'est-ce que vous avez à trembler, vous autres ? s'agaça Clémence.

— C'est que, madame, sans vouloir vous offenser, vos démons ne sont pas des démons de foire. C'est du lourd ce que vous nous mettez dans les gencives.

— Qu'est-ce que vous en savez ? Vous étiez de la partie, l'autre soir ?

— Non, madame. Mais il ne reste justement personne pour témoigner de l'autre soir. Les copains y sont tous passés !

— Ils ne sont jamais contents, fit la belle rousse à Maspero. Ils se plaignent pendant des mois de s'ennuyer à nos côtés, tout juste suis-je une distraction, et maintenant qu'il faut montrer les muscles, il n'y a plus personne ! fit encore la ténébraliste en plaquant son pouce sur le lecteur périspritique de la capsule de confinement.

Un jet de vapeur pulsa dans les airs pour accompagner la décompression. Le soleil bascula à l'horizon. Le silence se fit. Un projecteur de lumière noire venait de s'allumer pour inonder la bouteille de confinement d'un bain de clarté ténébrale. Un spectroscope longue séquence était également braqué sur la scène, pour tirer un sélénoïde de l'événement. L'ombre était au rendez-vous. Une fumée coronale s'élevait lentement au-dessus de l'urne et se densifia bientôt pour donner naissance à un spectre magnifique. Le prêtre avait fait l'honneur à l'assemblée de se présenter avec son habit de cérémonie. Il portait une jupe de lin, plissée jusqu'au-dessous des genoux, ainsi qu'une peau de léopard, adage des prêtres de haut rang. Il s'inclina devant Maspero, puis attendit face à Clémence.

— Nous y voilà. Il ne perd pas le nord, votre mort ! se plaignit la ténébraliste.

— Très chère, il vous fallait faire fleuriste si l'affaire ne vous convenait pas, répliqua l'érudit.

— J'y penserai, fit Clémence en secouant ses mains pour se détendre.

Les militaires étaient plus anxieux que jamais. Ils scrutaient tour à tour l'horizon rougeoyant et l'infernale médium des Cuprifères. Cette dernière se planta devant l'ombre d'antan et la regarda droit dans les yeux.

— Mon cher Pasenhor, il y a vingt ans, notre duo aurait fait un malheur dans les cabarets de Paris !

La ténébraliste se laissa investir par le mort, se raidissant sous les assauts de cette métempsychose sauvage, luttant pour ne pas rejeter la greffe... Elle ouvrit de grands yeux blancs, et se tourna vers Maspero. Elle était, le temps d'une possession naturelle, le prêtre Pasenhor. L'homme, dans ce corps de femme, leva un doigt vers un pan de falaise perché à une centaine de mètres de là, et ouvrit la marche le long d'une corniche. Les pierres roulaient et des roches se détachaient, fatiguées par des siècles et des millénaires d'érosion active, incapables de porter le poids de deux hommes. Les militaires suivaient en arrière, refermant de mauvais gré cette expédition nocturne, jusqu'à la bouche d'une caverne naturelle.

Lors de leur longue conversation, Pasenhor avait expliqué à l'égyptologue que le prophète des anciens temps, Asclépios, s'était retiré pour finir ici sa vie en ermite. Il avait traversé seul le désert et s'était enfoncé jusqu'à ces montagnes de Libye, près de ce qui était aujourd'hui le village d'Al Jawf. Il s'était établi dans une caverne, et avait attendu la mort.

Maspero alluma sa lampe à compression et entra à la suite du prêtre. L'autre ne semblait pas avoir besoin de lumière pour trouver sa route, malgré un terrain des plus accidentés. *Il ne faudrait pas qu'il abîme notre belle Clémence,* pensa l'érudit en trébuchant sur une pierre.

— Monsieur..., chuchota le chef de son escorte militaire, nous enregistrons une forte activité ténébrale... Votre grotte est infestée de putains de fantômes !

— Rien ne sert de murmurer, lieutenant. Nos fantômes peuvent lire vos pensées.

— Diable ! fit le militaire en se signant. Prenez au moins cette lampe ténébrale, monsieur le directeur !

L'équipe déboucha dans une petite salle taillée à la main, et réveilla, sous le feu de ses lampes, les vestiges d'une page d'Histoire. Sous la torche de Maspero s'animaient des coffres, des rouleaux et du matériel d'écriture, ainsi que le corps momifié du grand prophète Asclépios, qui reposait là sur un lit de pierre. Au chevet de cette dépouille millénaire, l'égyptologue devina que l'air sec des lieux, et l'absence de toute vie parasite, avaient été les seuls facteurs de son embaumement.

Pasenhor, par l'entremise de la belle médium, posa sa main sur celle de son maître. Ce n'était pas la première fois qu'il venait lui rendre visite. Il le faisait chaque nuit, en esprit, en compagnie de ses vingt et un prédécesseurs. Il s'assit sur le bord du lit de pierre, se pencha pour embrasser le front du défunt, et murmura les inflexions et intonations de sa langue morte, pour lui dire combien ce jour, parmi tous les autres depuis la nuit des temps, était un grand jour. Maspero osa allumer la lampe ténébrale, pour tenter d'être témoin des nuances les plus éthérées de cette scène. Il vit, à travers le corps de Clémence, le corps coronal de Pasenhor qui montrait à son maître la photographie de Prune, que la ténébraliste gardait jalousement dans un médaillon à fermoir, au fin fond de son corsage. Il vit encore le trouble et l'incompréhension de l'ombre de son prophète d'antan...

Il attendait un...

... frère.

Une vieille âme...

... de sa connaissance.

Et non...

... cette parfaite inconnue.

Puis Clémence eut ses premiers soubresauts. Le prêtre était en train d'expliquer combien il n'était pas responsable de savoir qui se ferait le messager, après tant de millénaires. Que les voies du temps étaient impénétrables... Mais qu'elle portait le signe. Et aussi, combien il était étrange, pour un mort, de se sentir vivre dans le corps de cette jolie femme rousse... de sentir la douceur de sa peau, de ses formes...

Cette fois, la ténébraliste expulsa le mort.

— Mais que faites-vous, très chère ? objecta un Maspero affolé.

— Je ne sais pas si vous avez remarqué, mais ce mort, mon ami, était en train de me presser la poitrine !

— Il montrait la photographie de mademoiselle votre fille au grand prophète, rectifia l'égyptologue.

— Oui, puis il m'a...

Mais Clémence ne termina pas sa phrase. Elle ne se voyait pas expliquer à l'érudit que certaines pensées, ressenties de l'intérieur, avaient la vertu de s'affranchir de la barrière des langues. Mais un claquement sec les attira du côté des coffres. Un couvercle venait de s'ouvrir. Sous sa lampe ténébrale, Maspero put observer l'esprit d'Asclépios qui commandait à Pasenhor de préparer des objets pour les visiteurs. Dont un papyrus que l'égyptologue s'empressa de traduire…

— *« Je meurs sans rien savoir de la réussite de ma mission. Je meurs sans savoir si je suis la cause de ce fardeau, ou le seul espoir de l'Humanité. J'ai peur… »*

— C'est ça, votre prophète ? « *J'ai peur…* » ? Vous parlez d'une révélation ! se fâcha Clémence Brunet.

— Je vous l'accorde, c'est un peu mince. Mais ça, en revanche… Ça mériterait une analyse plus approfondie…

L'égyptologue leva une fiole faite d'un verre particulier et fermée d'un bouchon au métal inconnu.

— Regardez…

L'homme aveugla sa lampe, et un résidu aqueux, dans le fond du récipient, entra aussitôt dans une luminescence d'un bleu soutenu.

— Mais qu'est-ce que c'est que ça ?!! s'exclama la ténébraliste.

— Demandons-le à nos amis, répondit Maspero.

Le prêtre était au chevet du prophète. L'homme des anciens temps était retombé dans son sommeil millénaire, et refusait de se redresser.

— Il est très faible, fit Clémence en tremblant de froid. Il souffre de carences… Il faudrait le conduire à Paris-Capitale pour le mettre en nourrice énergétique.

L'idée fit doucement son chemin dans l'esprit du directeur des Mémoires et Antiquités. Sans doute était-il temps, pour tout le monde, de mettre fin à cette mission qui durait depuis près de trois ans. Il allait rendre son verdict quand un crissement de plume lui fit tourner la tête. Il vit alors son propre carnet ouvert sur le sol, et son stylo imprimer une réponse en hiératique, d'une écriture sèche et acérée :

« C'est l'infinium, le remède d'éternité d'Asclépios… »

Puis la plume retomba. Pasenhor venait de dépenser beaucoup d'énergie pour livrer cette information…

— Et ça ? fit Clémence en montrant délicatement deux pièces finement ouvragées dans un métal lui aussi inconnu.

Le prêtre reprit la plume.

« Mécanique qui marque le temps … et fiole. Le reste dormira ici pour l'éternité. »

— Pardon ? s'exclama Maspero. Mais que voulez-vous dire ? Il est de mon devoir d'emporter tout ce qui est dans cette salle, de l'enregistrer, de l'archiver, de le transmettre aux générations futures ainsi qu'à nos périsprits !

Non !!!

La caverne se mit à trembler sous la colère soudaine du prêtre Pasenhor. Clémence fut la plus rapide. Elle fourra les deux pièces de mécanique et la fiole du prophète dans son sac de toile et agrippa l'égyptologue.

— Monsieur le directeur, il ne faut pas rester là ! Je vous rappelle que nous ne devons qu'au bon vouloir de ces messieurs d'être encore en vie...

— Mais le périsprit de ce prophète est d'une valeur inestimable ! s'écria Maspero en faisant volte-face. Il est le fruit d'une vie de recherche !

— Ne m'obligez pas à vous estourbir !

— Vous n'oseriez pas !

Clémence osa. Elle assomma le directeur d'un coup derrière la nuque. L'endroit devenait chaotique. Le prêtre Pasenhor se transfigurait en ce gardien des anciens temps, en ce colosse chimérique aux griffes infinies, menaçant de tout détruire sous sa fureur. Clémence attrapa Maspero sous les épaules, remarquant au passage qu'Asclépios, dérangé dans son sommeil, donnait à voir une articulation de coude qui semblait entièrement faite en or.

Mais la ténébraliste ne resta pas en arrière pour vérifier. Elle hurla pour que les militaires l'aident à tirer Maspero hors de la caverne, et hurla plus fort encore pour que l'archdeacon accepte de débarquer les autres momies de Siwa...

— Ainsi que leurs bouteilles de confinement !

— Mais le directeur va nous trucider !

— Il vaut mieux un directeur vivant et en colère, qu'un directeur mort et en colère pour l'éternité ! hurla Clémence alors que les éléments commençaient à obéir à la puissance ténébrale du prêtre Pasenhor.

Le commandant de Richemont intercéda aux *desiderata* de la ténébraliste, laissant filer un véritable trésor le long de filins fumants. Les caisses s'écrasèrent brutalement sur le sol, libérant à l'air libre les momies d'une longue dynastie de prêtres, ainsi que leurs périsprits. La fureur de Pasenhor redoubla, ne laissant le temps à l'expédition que de s'arrimer aux filins de treuillage, avant de voir l'archdeacon quitter le secteur à marche forcée…

Personne ne s'en vanta, mais de Richemont accorda au médecin de bord d'administrer un puissant sédatif au directeur général des Mémoires et Antiquités égyptiennes.

— Il a besoin de repos.

» De beaucoup de repos…

Chapitre 24

Paris-Capitale, le 4 juin 1910, 17 h 49
L'Universalis

« Le coronium a été identifié dans les trois états propres aux lois de la physique. Gazeux, liquide et solide. Gazeux, il est l'éther, constituant principal du périsprit. Liquide, il est le fluide coronal, haut conducteur d'ondes périspritiques. Solide, ou gaz métallique, il est le Soleil Noir, émetteur d'ondes ténébrales et supraconducteur. »* Notes extraites du *Petit Traité de sciences ténébrales.

Eudes Anatole-Faust Lacassagne marchait derrière l'empereur de l'Abey, qui suivait lui-même les trois médiums du *Triumviratus*. Ils traversaient les couloirs monumentaux de l'étage supérieur du Thanatopole, faisant résonner leurs pas dans une galerie en dalles de verre.

— Vous avez fait du l'excellent travail, affirma l'empereur.

Le Khan ne répondit pas. Rien, dans cette affaire, ne tournait dans le bon sens. Il se remémora une réflexion de Goron, du temps où les services de la Sûreté étaient encore confinés dans un entresol humide d'une ancienne caserne, île de la Cité... Une remarque sur sa détestation de ces affaires politiques qui, quelle que soit leur issue, étaient toujours un échec pour le responsable de l'enquête.

— Vous en avez plus découvert en vingt-quatre heures que le Chrysanthème en plus de quarante ans..., insista l'empereur en ralentissant le pas le temps que deux immenses battants de bronze s'écartent à leur approche.

— Heureux que cela vous plaise, monsieur, répondit le Khan qui avait appris à recevoir des compliments.

Le préfet, en réalité, fulminait. Il fulminait, car s'il lui revenait le mérite d'avoir trouvé les pièces de ce gigantesque puzzle, le loisir de les assembler semblait devoir lui échapper.

— La seule ombre au tableau, reprit de l'Abey, si je puis m'exprimer ainsi sans froisser personne, c'est le fait que nous échouions à invoquer et recevoir le périsprit de Nicolas Flamel. Il n'est jamais bon d'avoir un corps sans âme.

— Nous travaillons à élucider ce mystère, monsieur.

Le Khan avait usé et abusé de son PP-1111 pour secouer tous les services des Cuprifères, sans succès. Aucune erreur d'archivage ou d'encapsulage n'avait pu être commise par les services périspritiques ou thanatographiques. La seule réponse opposée par les experts de la question était que cette âme devait être retenue prisonnière quelque part. Restait au Khan le soin de la trouver.

La délégation allait passer le seuil d'une salle immense, quand Eudes s'arrêta. Il n'avait pas encore l'honneur ni de connaître ce couloir qu'il venait de traverser, ni cet endroit qui s'ouvrait devant lui. Il resta un instant immobile, marquant à sa manière son intention de recevoir quelques explications. Un mot, un seul, s'étalait à ses pieds suivant la danse d'une mosaïque de tesselles en métal noble : **Universalis**.

Vaste programme.

— Vous voici, monsieur le préfet, à la veille d'une nouvelle ère dans l'histoire des sciences ténébrales, fit l'empereur en embrassant l'immensité de la salle qui s'offrait à eux.

— L'Universalis ?

— Oui, l'Universalis. Enfin, en réalité, une version encore artisanale et passablement organique du projet, sujette à la sensitivité, au demeurant excellente, de nos médiums.

» Vous ne voyez ici qu'une partie émergée du dispositif, précisa de l'Abey.

Une foule de techniciens, d'ingénieurs et de scientifiques, tous plus spécialistes de leur branche que les spécialistes, s'affairaient autour d'installations inédites. Et au milieu de ce parterre, la ténébreuse Maria Sklodowska-Curie, qui veillait à ce que l'on observe ses recommandations avec la plus grande des rigueurs.

— C'est une nouvelle aile? s'enquit le préfet en étudiant l'endroit avec attention.

— En effet, admit l'empereur.

Karl Emmanuel de l'Abey expliqua comment quatre ponts-galeries supplémentaires avaient été lancés entre les Cardinales, pour recevoir en leur centre ce vaste complexe, à l'aplomb de l'Omphalos.

— Nous avons fait transférer l'ensemble de l'Imagothèque à l'étage inférieur, précisa de l'Abey.

L'empereur vanta encore la beauté réelle et extravagante de l'immense coupole qui culminait à plus de quarante mètres au-dessus de l'esplanade, d'un bleu abyssal, signée par le maître verrier Eugène Brière.

— Voyez ce lieu comme le symbole d'un syncrétisme entre science et religion, monsieur Lacassagne. Un mariage fusionnel entre rationnel et irrationnel.

Maria Sklodowska-Curie salua le pilier de la Cardinale politique, tout autant qu'elle salua le *Triumviratus*. La scientifique était vêtue d'une robe noire qui renvoyait d'elle cette éternelle image de rigueur et d'ascétisme. Ses traits étaient creusés par la fatigue d'un travail harassant.

— Comment allez-vous, Maria ? s'enquit l'empereur.

— Bien, merci, répondit sobrement madame Curie, sans quitter des yeux les préparatifs en cours.

— Pourriez-vous présenter nos installations à monsieur le préfet ? proposa de l'Abey. Il n'a pas encore l'honneur de connaître l'Universalis...

— Non. Si vous me le permettez, je vous invite à discuter de tout ça avec le professeur Richet. J'ai du travail. D'ailleurs, messieurs, fit la scientifique à l'attention des trois médiums, vous êtes attendus.

» Allez vous préparer.

Maria Sklodowska-Curie ne s'embarrassait pas outre mesure des politesses. La science passait avant, et l'empereur ou encore le préfet, après. Eudes ne put s'empêcher d'avoir un élan de sympathie pour cette femme, cette pionnière qui avait su imposer sa marque dans un monde d'hommes, un monde qui se disait en perpétuelle mutation, mais qui avait encore du mal à déraciner les plus vieilles de ses habitudes...

Claude Richet, qui avait suivi la conversation d'une oreille, vint à la rencontre des officiels. Il était en compagnie d'un collègue américain, un certain Edgar Kayce, qu'il présenta comme « *un des plus grands médiums de tous les temps* ».

Les sirènes du couvre-feu choisirent cet instant pour se mettre à hurler et répandre leur effroi. La température baissa dans les rues de Paris-Capitale, et les sous-doges interdits plongèrent dans les brumes.

Mais au cœur des tours Cardinales, la vie continuait son œuvre.

L'Universalis.

Le complexe se développait au-dessus d'un plancher de verre. En son centre se dressait un kiosque, un chœur fait de colonnes de fonte, de cuivre, et de câbles chargés du transport des hautes tensions. Dans ce chœur étaient disposés trois sarcophages de cristal et d'or, hérissés d'une forêt de connectiques. Ces alcôves reposaient pour moitié sur des tables, ou autels de lecture, et débordaient pour l'autre sur un bassin central. Ce dernier, en forme de calice, recueillait un bain vaporeux aux laitances nacrées.

— Ce sont des eaux coronales, précisa Richet, de la matière ténébrale maintenue entre un état liquide et un état gazeux sous l'action d'un champ ondulatoire. Ce fluide a la particularité d'être hautement conducteur et de jouer le rôle d'amplificateur des sens périspritiques.

Le scientifique expliqua comment chacun des membres du *Triumviratus* devait prendre place sur son autel de lecture et se connecter aux relais pentaestésiques, avant que les opérateurs fassent monter le niveau des eaux coronales.

— Mais approchez plutôt..., fit Charles Richet. Vous voyez au fond du calice ce que l'on nomme la « tresse imagicielle ». Ces milliers, ces millions de fils infimes et imperceptibles qui dansent en ce moment dans le fluide sont autant de brins de soie reliant ce bain matriciel à chaque Imago de notre Imagothèque. Par ces brins, les médiums du *Triumviratus* ont accès à chacune des Imagos connues. Mieux, par ce bain, ils peuvent passer d'une Imago à l'autre, tisser des interconnexions...

— Je ne suis pas sûr de bien suivre, se permit d'interrompre l'Américain. Sans doute mon français n'est pas très fameux...

— Ne vous inquiétez pas, monsieur Kayce, vous comprendrez très vite le fonctionnement de l'Universalis quand vous le verrez en action. Écoutez plutôt…

» Nos médiums vont s'allonger sur les autels de lecture, remonter le fil jusqu'à l'Imago du mort, et retrouver l'époque ou la scène choisie. Le tout est retransmis par animascope.

— Mais n'est-ce pas là ce qu'ils font déjà ? interrompit le préfet avec une pointe d'impatience dans la voix.

— Une différence sépare une lecture animascopique classique d'une lecture universale, monsieur le préfet. À chaque fois qu'un mort a, par le passé, rencontré une personne, leurs fils se sont croisés. Et nos médiums, grâce à l'Universalis, gagnent la possibilité de passer d'un fil à un autre, et donc d'une vie à une autre, poursuivant, pour ainsi dire, une scène depuis un autre point de vue.

— Donc, fit l'Américain, vos médiums peuvent passer de vie en vie…

— De mort en mort, oui. À condition que nous ayons en magasin les Imagos requises, confirma Charles Richet.

— Voilà de quoi donner de la valeur au moindre des Humbles, remarqua le Khan.

— D'où le soin que nous apportons à orchestrer aux Cuprifères tous les rites liés à la mort…, intervint l'empereur de l'Abey.

— Je vais devoir vous laisser, messieurs. Je dois seconder mes collègues dans leurs préparatifs, s'excusa Charles Richet.

Les trois ténébralistes du *Triumviratus* prenaient place dans leurs lobes respectifs et s'allongèrent sur leurs autels de lecture. Chaque médium avait sa morphologie propre, sa sensibilité, ses forces. Faidherbe Quintard, en athlète retraité, conservait un physique affûté de ce temps où il sautait haies et ruisseaux. Il était le rapide du trio. Il fermait les yeux et sa conscience plongeait immédiatement dans le fil du mort, gorgeant les capteurs d'images et de sons. Sidérin Leborgne, en infernal sédentaire, opposait à Faidherbe un physique des plus massifs. Mais pour compenser ses pesanteurs anatomiques, son intelligence était vive et tranchante. Il avait l'esprit d'un enquêteur de la Périspritique avec les dons d'un extralucide. Restait la femme du groupe. Phosgénie Réalgar. Son nom était à lui seul un programme de chimie. Sa beauté n'avait pas d'égale. Grande et fine, magnifiquement gainée d'un corps dépourvu de système pileux, sa force était celle de l'inertie. Elle était la caisse de résonance du trio, l'amplificatrice de sens, la caverne dans laquelle l'écho d'une lecture roulait à l'infini.

Les techniciens qui travaillaient autour du *Triumviratus* étaient vêtus de combinaisons de soies blanches tissées de fil d'or, afin de ne pas polluer les dispositifs d'ombretrace parasite. Le moindre poil ou un cheveu tombant dans le bain d'eau coronal pourrait avoir des conséquences dramatiques...

Les médiums furent câblés un à un aux médiateurs sensoriels, puis, après une vérification des installations et des paramètres vitaux, un couvercle trilobé s'abaissa et se referma sur eux. Des particules d'or furent lentement diffusées dans l'atmosphère confinée de l'habitacle, et le niveau de fluide coronal se mit à monter.

Le professeur Charles Richet avait la charge et la responsabilité de diriger la séance. Il éprouvait l'installation depuis une dizaine de jours, affinant réglages et procédures, sans pouvoir toutefois déclarer que la technologie était maîtrisée. D'autant que le résultat dépendait pour beaucoup du niveau de forme des paramètres humains.

Sa voix résonna dans l'habitacle, par le biais d'un haut-parleur.

— *Est-ce que tout va bien ?*

— Le bain est toujours aussi frais..., regretta la jeune femme.

L'eau coronale devait en effet être maintenue à une température de douze degrés Celsius, interdisant un séjour prolongé dans l'Universalis.

— *Respirez calmement,* intima Richet. *Fermez les yeux.*

Un sang bleu pulsait dans les veines cyanosées des médiums. Les battements de leurs cœurs ralentissaient, s'alignant sur la mesure régulière d'un métronome, et se synchronisèrent.

— Nous allons pouvoir engager la plongée universale, releva Richet en mobilisant l'attention des techniciens.

» Ordre de mettre le bain sous tension.

Un commutateur en or fut abaissé. La cuve fut aussitôt alimentée d'un flux électrique continu, libérant des décharges ionisantes dans le fluide. Les médiums commencèrent à remuer les mains, brassant de leurs doigts les chevelures blanches et soyeuses de milliers de fibres.

— *Concentrez-vous sur ma voix,* reprit Richet dans le haut-parleur.

» *Vous allez plonger dans l'Imago de Jean Larret, un habitant du quartier du Châtelet, en 1397. Sentez sa fibre parmi mille et mille, suivez la soie jusqu'à son Imago.*

» *... à trois vous ouvrirez les yeux.*

» *Un...*

» *Deux...*

» *Trois.*

» *Vous êtes en 1397, dans l'Imago de Jean Larret. Remontez son fil...* »

La lumière du Grand Dôme fut occultée par des volets mécaniques, et une image en contrastes inversés apparut sur l'écran central. Elle montrait une scène de rue s'étant déroulée dans un Moyen Âge lointain, en plein cœur de Paris.

Viollet-le-Duc serait fou de voir ce que nous voyons !

Je ne pense pas qu'il soit ici question d'Histoire, monsieur de Perthes.

Observez plutôt les passants, les commerçants...

Surtout les plus louches, old chap...

Les plus patibulaires.

— Monsieur Kayce, pour des raisons de confidentialité, je vais devoir vous demander de sortir, fit l'empereur de l'Abey au ressortissant américain.

— Je vous inviterai à suivre des démonstrations moins confidentielles, promit Charles Richet tandis que l'homme quittait le dôme sous escorte.

» Conformément à vos ordres, votre Altesse, reprit le scientifique en se tournant vers l'empereur, nous avons présélectionné un fil qui nous permettra de rencontrer Flamel peu avant le vol dont il se dit avoir été victime.

Le sujet cible traversait sur le pont au Change dans le folklore de ce Paris médiéval. Il venait d'acheter un bijou pour les fiançailles de l'une de ses filles et regagnait la rive droite, rue de la Joaillerie, longeant les étals colorés de marchands flanqués là au pied des tours du grand Châtelet. Le fil de cet homme avait été choisi, car il allait dans un instant rencontrer l'écrivain public qui avait rédigé le contrat unissant sa fille à son gendre.

— Cet homme, précisa soudain Richet, est identifié par son ombretrace comme étant Nicolas Flamel.

Les observateurs eurent un frisson en voyant sur l'écran de satin évoluer et se déplacer, dans les teintes outrées du contraste inversé, un artisan au nez aquilin et au bonnet de velours. Il sortit d'un coffret un document produit de ses mains, objet de la présente commande. Il vantait la qualité de ses décors, faits des pigments les plus nobles, et de ses enluminures rehaussées de traits d'or.

Puis l'image ralentit avant de se figer complètement.

— Je ne vois décidément rien de plus qu'une habituelle lecture en animascope, se plaignit le Khan en montrant des signes d'impatience.

— C'est la plongée première, précisa Richet. Une phase d'acclimatation pendant laquelle nos médiums affinent leurs perceptions.

» Les choses sérieuses vont maintenant pouvoir commencer...

» Tenez-vous aux barres de soutien, recommanda le scientifique.

Le Khan referma un de ses poings autour d'un garde-corps finement ouvragé, sans oublier de hausser les épaules.

— *Procédez à la lecture universale...,* intima Richet à ses médiums.

Des décharges électriques répondirent aux volontés mutualisées du *Triumviratus*, ionisant plus encore l'atmosphère confinée de leur habitacle. Les eaux coronales s'animèrent de lueurs bleutées, pendant que les ténébralistes se tendaient de tous leurs muscles...

Le film en contrastes inversés repartit de plus belle, accusant une accélération démentielle. Il n'était plus possible, pour un profane, de suivre le rythme de défilement des images. Seules les perceptions périspritiques des trois lucides permettaient de contrôler la plongée. Le flux de leurs volontés survolait le déplacement du client et commençait à se diviser et à se subdiviser, sautant de fil en fil, suivant bientôt en synchronie les vies de dizaines d'anonymes, renvoyant des flashs blancs à chaque échec d'entrée, à chaque Imago manquante. Le défilement des images devint simplement insupportable, provoquant des vertiges dans l'assemblée. Les médiums eux-mêmes semblaient en proie à de vives souffrances, contenant avec peine soubresauts et crispations, faisant bouillonner le fluide coronal de la cuve de lecture.

— *Là !* ordonna Richet en pointant un fil parmi mille.

Les images volèrent en tous sens avant de voir l'écran de satin se stabiliser sous les feux d'une seule Imago. Les médiums se contractèrent sur leurs tables, accusant ce brusque ralentissement de leur exploration, soufflant de grands jets de vapeur dans leur atmosphère confinée.

— *Replongez en arrière,* commanda le scientifique.

L'image se décomposa, diffuse, avant de se reconcentrer en sombres et lumières. Les ténébralistes revivaient cette fin de XIVe siècle dans la peau d'un de ses Humbles. Un marchand ambulant qui portait tout ce que la force de ses épaules lui permettait, selon les lois en vigueur, et vendait à la criée des récoltes d'aux, d'oignons, et de poireaux. Il déambulait tranquillement rue de Marivaux quand tous les passants et lui-même eurent l'attention captée par une scène peu ordinaire. Des cris provenaient de l'échoppe de Flamel, avant qu'un garçon s'en échappe en courant, poussant et renversant les badauds dans une fuite éperdue.

— Suivez-le ! hurla le Khan en assenant un coup de poing à sa rambarde de maintien.

Les médiums tressaillirent à l'intérieur de leurs autels de lecture, entendant l'ordre sourd du préfet impérial. Charles Richet les rassura et les guida de manière plus canonique.

— *Respirez, observez, ressentez... et ne perdez pas de vue ce garnement.*

Comme à son habitude, Faidherbe fut le plus rapide. Il plongea d'Imago en Imago, brassa de ses mains et de ses doigts le bain bouillonnant, joua avec les fils de soie qui surnageaient dans les laitances irisées de l'eau coronale, et brouilla une nouvelle fois le déroulement du film dans une explosion d'images furtives et fugitives...

— *Rattrapez son fil !*

Mais l'écran, en réponse à cet ordre, se ponctua d'une série de flashs aveuglants, signant autant d'échecs d'entrées périspritiques.

Ils n'ont pas l'Imago du voleur...

— *Captez son ombretrace !*

Cette fois, le flux d'images remonta la galerie du Châtelet, avant de se focaliser sur un manœuvrier du pont aux Meuniers. Il était au niveau des roues à aubes, escaladant les derniers barreaux de son échelle, quand le gamin déboula en courant sur un chemin de planches. Il passa de moulin en moulin avant de s'élancer au-dessus de la navière et de disparaître dans les rues de l'île de la Cité. Le film continua de se dérouler, mais le *Triumviratus* était pour un instant désharmonisé.

Phosgénie Réalgar avait capturé en son sein l'écho de l'ombretrace du voleur. Elle hoquetait, les yeux exorbités, contractait et relâchait ses muscles, faisant saillir sa peau nue et bleutée en dehors du fluide périspritique.

— Opérateur Ballureau, récoltez la signature isolée par Phosgénie !

L'ingénieur ténébral actionna une vanne de pression. Un curseur en cristal et or se referma, et, happé par le vide soudain opéré dans les conduites, disparut de l'autel de lecture de la lucide.

— *Sentez, respirez, pistez cette signature... Et replongez dans l'Universalis !* commanda Richet à ses médiums.

— Ils ne pourront pas tenir beaucoup plus longtemps, fit remarquer un physiologiste. Leur température corporelle commence à atteindre un niveau critique.

— Nous sommes proches du but ! objecta Richet. Proches d'enregistrer notre premier succès, d'enregistrer la première lecture universale de l'Histoire !

Les ténébralistes firent de nouveau défiler les Imagos de ce XIVe siècle parisien, pendant que les connecteurs du Renseignement, perchés sur leur plate-forme, faisaient fumer les câbles de leurs téléphones. Périspritique, Archives, et Thanatopole furent mis sur le pied de guerre pour trouver une correspondance avec cette ombretrace, sans autre succès que de confirmer l'évidence : l'Imago de ce petit voleur n'était pas encore répertoriée dans les Cuprifères.

Survint alors une nouvelle scène en contrastes inversés.

Faidherbe Quintard se tenait tendu sur sa table de lecture, ne touchant plus la surface que par la base du crâne et celle de ses talons. Il tressaillait, restituant les images et le son d'un esclandre...

« Rakoczy ! Tu n'es qu'un vaurien, un voleur ! Tu n'es bon qu'à attirer chez moi la garde et la milice ! Je ne veux plus te voir ! »

L'Imago visionnée était celle d'un boutiquier de la rue de la Parcheminerie, dans le Quartier latin. Il avait recueilli le jeune garçon par charité chrétienne, l'avait logé, éduqué, embauché comme coursier pour livrer ses clients aux quatre coins de Paris, mais l'autre ne se montrait pas des plus reconnaissants. Il avait le vice collé à la peau, ce feu dans le regard qui trahissait la présence du diable, ou de l'un de ses lieutenants.

— *Coupez !* intima Richet à ses ténébralistes. *Lâchez le fil. Écoutez le son de ma voix, suivez la mesure du métronome… Revenez d'entre les morts, réveillez-vous, doucement, lentement, sans précipitation.*

Les médiums du *Triumviratus* virent leur rythme cardiaque baisser en même temps que le niveau du fluide dans la cuve. Une vapeur chaude fut injectée par des tuyères, pour redonner des couleurs à leurs corps frigorifiés. Leurs préparateurs les aidèrent à profiter au mieux de ces quelques minutes de récupération avant la prochaine plongée.

Pendant ce temps, les réseaux pneumatiques des Cuprifères étaient mis à rude épreuve. Les autorités disposaient d'un nom et d'une signature. Rakoczy. Plus qu'il n'en fallait pour trianguler l'identité du voleur de Flamel. Les archives de toutes natures furent remuées par des armées de fonctionnaires, de porteurs de torque, d'affidés de l'ombre… Tous les quartiers des Cardinales furent ébranlés, retournés, les locataires interrogés selon leurs époques et pays d'appartenance.

Le Khan tremblait.

— Vous pouvez déterminer qui il est ?

— Dans les limites de nos archives, oui. Mais en cas de manque, il va vous falloir faire des miracles, monsieur le préfet.

— Le temps presse. L'enjeu est colossal. Mais n'oublions pas de savourer cette victoire d'étape, messieurs, fit l'empereur en s'inclinant. Ce que nous venons de faire là, Flamel en a été incapable de son vivant.

Fini les flagorneries et autres petites satisfactions !

Une jeune fille est toujours entre les griffes de démons prêts à tout !

Si elle est bien victime et non complice.

Sérieusement, monsieur Canler ? Vous imaginez une demoiselle de quinze ans impliquée dans ce genre d'affaire touchant aux racines de l'Histoire ?

Au moins pour embarrasser son père, monsieur Vidocq. Le punir de la tenir enfermée.

Le Khan jouait frénétiquement avec ses doigts, faisant valser les prothèses et les avis, avant qu'un connecteur du Renseignement se mette à hurler un premier résultat.

— Berlioz ! Berlioz affirme avoir composé une marche en l'honneur d'un Rakoczy !

Les haut-parleurs relayèrent immédiatement la marche en question, écrite en mémoire du sacrifice et du courage de François II Rakoczy, prince de Hongrie et de Transylvanie, qui osa en son temps se soulever seul contre les Habsbourg.

— Je ne viens pas là pour écouter de la musique ! siffla le Khan.

— Quand est-ce que le *Triumviratus* sera de nouveau opérationnel ? demanda Richet à ses techniciens.

— Le temps pour eux de recevoir un changement de sang, répondit un porteur-torque au masque blanc, atlas du docteur Gréhant.

Les médecins venaient de pousser des orgues à fluides près des ténébralistes. Des perfusions furent introduites dans leurs corps, et des pompes de circulation mises en action. Le sang noir et cyanosé s'écoula dans des bonbonnes vides, pendant que des bouteilles d'un sang rouge et éclatant inondaient et nourrissaient les corps des trois médiums. Du sang de ces vierges péruviennes, logées aux Cuprifères pour leurs qualités de donneuses universelles, et autres sources de jouvence.

Le trio retrouvait des forces et des couleurs, du rose pointant au cœur de leurs joues cadavériques. Mais de nouvelles bouteilles furent vidées, contenant elles les fluides métalliques du docteur Burq. Des métaux en teintures et oligo-éléments amplifiant les capacités physiologiques des trois sensibles, provoquant cette cyanose caractéristique de leur état.

Les résultats continuaient à affluer à l'étage, sur la plateforme des connecteurs, par tube, par téléphone, ou téléscripteur…

Ils hurlaient chacun leur tour, inondant le hall de l'Universalis d'une activité qui lui donnait sens.

— Il existe de nombreux autres Rakoczy à travers l'Europe !

— Et à travers les siècles !

— Mais aucun ne correspond ni à la date ni à la signature de l'auteur de ce larcin !

Charles Richet hocha du chef, en réponse à ses médecins.

— Le *Triumviratus* est de nouveau opérationnel.

Le sarcophage se referma sur l'autel trilobé, et le niveau d'eau coronale monta pour une nouvelle lecture universale. Les cœurs se synchronisèrent, et les paupières s'abaissèrent...

— Parés pour la plongée, confirma le scientifique avant de reprendre la direction.

» N'écoutez que le son de ma voix... Suivez les battements du métronome et...

» ... à trois vous ouvrirez les yeux.

» Un...

» Deux...

» Trois.

« Vous êtes en phase avec l'Imagosphère, vous êtes l'Universalis. Vous allez devoir sentir, ressentir et ressortir toutes les occurrences de l'ombretrace de ce Rakoczy.

» Traquez ce voleur...

Les images se mirent à crépiter sur l'écran de satin, plongeant les médiums dans les rues de Paris, faisant un voyage en négatif à travers l'Europe, sur la piste du chapardeur.

— Nos ténébralistes progressent vite dans la maîtrise de leur lecture universale, Votre Altesse, fit Richet avec un léger sifflement. C'est très encourageant.

De l'Abey s'inclina et se tourna vers son préfet.

— Monsieur Lacassagne, je vous invite à me suivre sur la plate-forme des connecteurs.

L'empereur se fit accompagner de son Tigre au pied d'une des arêtes sculpturales du dôme. Ils empruntèrent un escalier entièrement creusé dans l'arche en métal, émergeant bientôt sur cette passerelle intermédiaire qui surplombait la salle à près de vingt mètres du sol. Le Khan put apercevoir la course d'éclats luminescents le long des fils de soie, comme autant de témoins des impulsions médianimiques du *Triumviratus*. Plus loin, en contrebas du plancher de verre, les Imagos correspondantes s'illuminaient en réponse à ces stimulations ténébrales.

— Vu d'ici, commenta l'empereur, l'Universalis fait penser à un piano périspritique, un orgue spirituel joué à six mains.

— Tant qu'il me donne un nom, une cible, un coupable, je suis prêt à écouter vos violons, grinça le Khan en serrant ses poings.

Eudes Anatole-Faust Lacassagne devenait de plus en plus irascible à mesure qu'approchait l'heure de l'échange.

19 h 36.

La passerelle menait droit à la plate-forme des connecteurs, l'antenne impériale du Renseignement en cette salle. Toutes les informations collectées par l'Universalis étaient centralisées par des opérateurs qui s'activaient tous ici avec zèle. La disposition des lieux offrait une vue plongeante sur le kiosque du *Triumviratus* et le bain irisé de sa cuve trilobée. De part et d'autre de la plate-forme s'alignaient des dizaines de tubes de cuivre en provenance des quatre coins des Cuprifères. Leurs terminaisons noires s'ouvraient comme autant de bouches affamées, desquelles allaient et venaient, dans des relents de vapeurs soufrées, les curseurs impériaux.

Les tables de chaque connecteur se trouvaient percées d'un nombre infini de prises téléphoniques, surmontées d'ampoules qui, quand elles venaient à s'allumer, appelaient immédiatement la fiche en cuivre d'un combiné.

— Connecteur C-212, j'écoute.

— Connecteur C-76, je fais suivre la référence, terminé.

— Ici connecteur C-807, le curseur c-xxx30-753 envoyé à 19'35"62"' réclame une réponse d'urgence.

Les opérateurs n'interrompraient leurs activités pour rien au monde, poussant le maître des Cuprifères à s'imposer.

— Karl Emmanuel de l'Abey, code prioritaire PP-0000.

Le Khan se tourna vivement vers son suzerain, et ne put s'empêcher de le dévisager.

— Il apparaît, mon cher, que vous n'êtes pas le seul à souffrir des lenteurs administratives de nos Cuprifères, fit de l'Abey en esquissant un sourire ironique.

Deux connecteurs se détachèrent de leurs missions et se mirent au garde-à-vous pour répondre à leur empereur.

— À vos ordres, Votre Altesse.

— Nous sommes à votre service, monsieur.

— Donnez-moi la liste des Imagos où l'ombretrace de notre voleur apparaît, intima l'empereur.

— La voici, monsieur! réagit le premier connecteur. Mais elle s'enrichit à chaque seconde qui passe, monsieur!

— Et ce malgré le grand nombre de flashs d'absence, monsieur ! renchérit le second connecteur. Les Imagos disponibles se raréfient à mesure que la cible s'éloigne de Paris, monsieur !

Les consoles continuaient à clignoter en tous sens. Les opérateurs redoublèrent d'efforts pour suivre le rythme des sollicitations, avant de commencer à inscrire des noms d'importance.

Des noms de rois et de suzerains…

Chapitre 25

Paris-Capitale, le 4 juin 1910, 21 h 09
L'étau se resserre

« La CCN est propriétaire des doigts de tout mort désirant passer un contrat ténébral avec elle, et de tous les doigts des morts de l'Empire. »* Notes extraites du *Petit Traité des lois ténébrales.

Des rois et des suzerains. Au point que le Notaire en personne dut rappeler, lors d'une séance extraordinaire du Conseil résurrectionnel, que tout locataire des Cuprifères était tenu de collaborer avec l'administration, et que le droit de consulter leurs Imagos sans réserve était inscrit dans les premières lignes de leur contrat ténébral, sans aucune exception.

— Pas un mort, avait insisté le maître des lois, ne peut se soustraire à ce devoir inaliénable qui est de fournir le bénéfice de sa vie aux Archives périspritiques de la CCN.

» Toute rupture de cette clause mettrait immédiatement fin au contrat liant le mort à la CCN, et entraînerait une grève conséquente de son quotient périspritique.

Ce rappel fut diffusé par tous les haut-parleurs des Cardinales pour qu'aucun résident ne puisse se soustraire à l'évidence : il n'était pas un mort qui n'appartienne aux Cuprifères.

Ainsi les dynasties Rakoczy et autres Demidoff durent se soumettre aux exigences du Chrysanthème, et livrer jusqu'à leur dernier secret.

— Son nom est Léopold Rakoczy, lâcha le Khan.

Le préfet impérial Eudes Anatole-Faust Lacassagne consulta une nouvelle fois sa montre. Il se trouvait dans le salon privé des appartements de Louis Bertillon. La lune venait de se lever et montait à l'horizon en un fin croissant, laissant deviner la totalité de sa rotondité dans un paisible ciel de nuit.

— Le ravisseur ? Vous avez le nom du ravisseur de Prune ? s'emballait en tremblant l'atlas du Notaire.

— Le nom du voleur de Flamel, corrigea le Khan.

Louis Bertillon n'avait pas dormi depuis près de cinquante heures, malgré les injonctions de son partenaire ténébral. Il avait les yeux creusés par la fatigue, et passait le plus clair de son temps à caresser Loche, le chat de Clémence.

— L'histoire est complexe, amorça le préfet.

— Elle nous confronte à une nouvelle frontière, confirma l'empereur de l'Abey en prenant place dans un fauteuil club du salon.

— Laquelle ? s'inquiéta Bertillon.

— L'immortalité, fit le Khan en se retournant. Celle-là même après laquelle tant d'hommes courent aux Cuprifères.

— Mais dans une version des plus rudimentaires, précisa de l'Abey en se relevant.

— Et Prune ? Vous avez des nouvelles de Prune ?

Louis Bertillon était mortifié. À la limite de ne pas pouvoir assumer d'entendre le présent rapport : la première grande victoire de l'Universalis et de son *Triumviratus*.

— Voici, pour le moment, les informations que nous avons rassemblées, engagea de l'Abey. Nous n'avons malheureusement pas l'Atomon de ce Léopold Rakoczy, aussi parlerons-nous de lui au travers de rencontres qu'il a pu faire tout au long de sa vie, et d'Imagos lacunaires...

» Durant les deux premiers siècles de son existence, il a profité de l'élixir de longue vie volé à Nicolas Flamel. Il a migré vers l'est, vivant de rapines et d'escroqueries, abandonnant des fils un peu partout à travers l'Europe. L'un d'eux, resté quelque part en Transylvanie, fonda une dynastie de princes puissants et respectés, dont le dernier inspira une marche au compositeur Hector Berlioz pour sa *Damnation de Faust*.

— Franchement, je ne vois pas le rapport avec ma fille, se lamenta Louis.

— Il est vraiment au plus mal, souligna l'empereur en s'adressant au préfet.

Le Khan haussa les épaules. Il avait toujours trouvé que son jeune ami manquait de ventre. Et n'avait jamais aimé les histoires. Ses aiguilles tournaient, et il était pressé d'arriver à l'épilogue.

Il avait une question à poser.

— On retrouve la trace de Léopold Rakoczy un peu plus loin, en Russie, au début du XVIIe siècle, près de Toula. Il épousa la fille d'un forgeron, du nom de Demid Antoufieff, un honnête homme qui s'était jusque-là contenté de forger, et qui allait soudain, à la tête de mines de fer et de charbon, amasser une des plus belles fortunes du pays. L'homme, à la force du poignet, devint le père du fournisseur de hallebardes du tsar Pierre le Grand, Nikita Demidoff : une des plus célèbres dynasties de Russie venait d'être fondée.

» Mais pendant que les Demidoff faisaient prospérer leur empire et que le dernier des Rakoczy se soulevait contre les Habsbourg depuis sa Transylvanie natale, Léopold devait faire face à un autre problème.

— Ça, nous ne pouvons qu'en faire la supposition, cingla le Khan.

— Je vous l'accorde, monsieur Lacassagne, mais voyez-vous une autre explication aux agissements de Léopold ?

Eudes resta silencieux, laissant de l'Abey poursuivre le récit de cette saga dynastique.

— Léopold Rakoczy revint à Paris, trois siècles après en être parti, caché à l'abri d'un nouveau patronyme.

» Pour tous, il serait désormais le comte de Saint-Germain. Et c'est à monsieur Goron que nous devons de l'avoir confondu : son nom faisait partie d'une liste de propriétaires d'ouvrages rares détenus aujourd'hui par un certain Gérard Encausse, dit Papus, traitant précisément de transmutation et d'immortalité.

— Le comte de Saint-Germain ? Ça sonne très français ? remarqua Louis Bertillon.

— Je ne vais pas entrer dans les détails de sa biographie, prévint de l'Abey, mais disons, pour aller vite, que l'homme sut séduire son monde, en faisant montre de qualités de conteur et d'artiste total, et devint vite une attraction à la cour. Il alla jusqu'à gagner l'oreille du roi en personne...

» Entre autres talents, Saint-Germain avait celui de se passionner pour les sciences. Physique, chimie. Alchimie. Sa légende ne fut pas celle de Flamel, mais il provoquera bien des intérêts dans son sillage, jusqu'à celui de cet empereur qui partage quotidiennement mon existence, fit de l'Abey en levant sa prothèse périspritique.

— Napoléon III ? Il s'intéressait à ce comte ?

— Je parlerais même d'une obsession, confirma l'empereur. Napoléon III a fait rassembler en son temps la plus grande collection de documents se rapportant au comte et à ses travaux. Mais étrangement, ces documents et archives furent détruits dans l'incendie des Tuileries en 1871...

— À vous entendre, on pourrait comprendre que leur destruction fut la raison même de cet incendie, remarqua Bertillon qui commençait à se prendre au jeu.

— Et vous comprenez bien. Un ménage des plus soignés a été réalisé à l'époque, un ménage qui est allé jusqu'à la destruction des corps du moindre archiviste ayant été en contact avec ces documents, ou pire... les ayant étudiés.

— Et l'empereur Napoléon III ?

— Il n'a jamais eu le temps de se plonger dans ces lectures qu'il réservait à ses vieux jours. Une analyse de son Imago l'a confirmé.

— Personne ne sait donc ce que cherchait le comte ?

— Pas précisément. Il disparaissait souvent, partait en voyage jusqu'aux confins du monde, cherchant vraisemblablement des ingrédients parmi les plus rares, de ceux que l'on ne trouvait pas à Paris.

» Notre théorie est que Léopold Rakoczy, au terme de trois siècles d'utilisation, a dû arriver au bout de cet élixir de longue vie dérobé dans le laboratoire de Flamel. Et qu'il a tout fait pour tenter de découvrir le moyen d'en produire à nouveau.

— Il y est parvenu ? s'enquit Bertillon.

— Non, répondit l'empereur.

— Et vous pensez que cette quête inaboutie remontant au début du XVIIIe siècle a causé l'enlèvement de ma fille ? Monsieur Lacassagne, c'est ce que vous pensez aussi ?

— Écoutez le monsieur, Louis, cingla le Khan sans sourciller.

— Léopold Rakoczy, alias le comte de Saint-Germain, après douze ans d'un voyage au royaume interdit du Tibet, revint auprès du roi Louis XV. Il obtint de lui les clefs du château de Chambord, pour y établir son laboratoire personnel, et y mena des expériences très confidentielles. Il avait fait au roi de France la promesse de lui remettre les secrets de la pierre philosophale et de la vie éternelle, faisant de l'homme l'égal d'un dieu.

» Mais Saint-Germain avait un ennemi de taille : Choiseul. L'homme, qui le considérait comme un nuisible et un parasite, le poussa à la faute. Il le compromit dans une affaire qui lui valut d'être accusé de haute trahison, et l'obligea à fuir comme l'escroc qu'il était.

— Vous n'avez rien à donner à manger à mon chat? fit Bertillon à un homme de service.

— Louis, siffla le Khan, concentrez-vous !

— Le comte de Saint-Germain, reprit de l'Abey, s'exila au Danemark où il reçut la protection d'une famille princière. Il poursuivit ses travaux, quelque part face à la mer Baltique, jusqu'à côtoyer la folie... Puis, sentant la mort approcher, il fit venir l'un de ses descendants, Nikita Akinfievitch Demidoff, pour le suppléer.

» Pour solde de cette longue vie, le comte de Saint-Germain expira son dernier souffle sans découvrir le moindre secret, le 27 février 1784. Nikita le rapatria sur ses terres natales, en Transylvanie, et lui offrit une sépulture.

» Nikita garda un souvenir de son aïeul, un médaillon qui jamais ne quittait son cou. Un pendentif qu'il confia à son fils, Nicolas, peu avant de mourir à son tour, en 1789.

— C'est là, Louis, que vous devez ouvrir grand vos oreilles, fit le Khan en serrant les poings.

— En effet, confirma l'empereur. En septembre 1795, Nicolas Demidoff se maria avec la très jolie baronne Elisabeth Alexandrovna Stroganoff, et, entre mille cadeaux, il lui offrit comme preuve de son amour indéfectible ce fameux pendentif, symbole de la puissance et de la richesse de la dynastie des Demidoff...

» Et cette dernière, à sa mort, en 1818, fut inhumée dans un mausolée des plus extravagants, au cimetière du Père-Lachaise...

— Caveau que vous connaissez, Louis, siffla le Khan.

— Pardon ? fit Bertillon en blanchissant. Que... Que voulez-vous dire ?

— Louis ! fit Lacassagne en serrant les poings. Lors de votre séjour dans le caveau de la comtesse Demidoff, vous n'auriez pas mis la main sur un bijou de famille ?

— Un bijou qui ressemble à ceci, ajouta l'empereur en déroulant un dessin du pendentif.

Bertillon blanchit plus encore. De l'Abey insista.

— Il est taillé dans un métal décrit comme inconnu, noir comme la nuit, ciselé de motifs géométriques évoquant la marche complexe d'une mécanique.

— En refermant votre main sur cette pierre, Louis, aboya le Khan, vous avez signé votre malheur !

— Louis, continua l'empereur, ce pendentif, c'est la pierre de Flamel. Vous comprenez ?

— Je... J'étais complètement drogué..., bafouillait Bertillon. Je ne savais pas ce que je faisais ! Je ne me suis aperçu que plusieurs jours après que j'avais ce pendentif en poche... Et je ne pensais pas que cette pierre avait de la valeur, je vous le jure ! Je l'ai juste conservée comme souvenir de mon séjour avec cette comtesse de légende. Quel affreux caveau ! Et puis... Il y a eu le contrat avec le Notaire, cette vie, aux Cuprifères, Clémence, Prune.

— Vous écrirez vos mémoires plus tard, cingla le Khan.

Le moineau mécanique du préfet émergea alors d'une poche et se mit à voleter dans la pièce en pépiant.

— Je peux utiliser votre téléphone ?

Bertillon donna son accord, d'un signe de tête, encore sous le choc de la nouvelle.

— J'avais en main la pierre de monsieur Flamel... Je l'avais en main, moi, Louis Bertillon !

Le Khan décrocha le combiné et se présenta.

— Eudes Anatole-Faust Lacassagne, préfet d'Empire, j'attends un appel.

— ... ..., précisa un opérateur procédurier.

— Un quoi ? fit l'officiel en haussant le ton. Que je produise un formulaire par pneumatique ? *PP-1111 !* gifla le préfet, hors de lui.

— ... *!* admit le technicien, qui transmit la communication.

Eudes prit son correspondant, écouta attentivement, et raccrocha le combiné, la mâchoire serrée.

— Louis, où est votre auget de réception ? J'attends un curseur de Girard.

Bertillon indiqua vaguement une direction vers laquelle le Khan bondit. Le préfet sortit un tube en verre et or, et l'ouvrit.

L'empereur essayait de raisonner l'atlas Louis Bertillon.

— Monsieur, il faut mettre fin à cette affaire politique. Vous devez nous remettre cette pierre, que l'on procède à l'échange.

— Mais... Je ne l'ai plus, cette pierre, gémit Bertillon. Je l'ai offerte à ma fille, le jour de ses quinze ans ! Prune l'avait encore autour du cou le soir de son enlèvement !

— C'est quoi, ce délire ? sursauta l'empereur. S'ils ont Prune, ils ont la pierre, alors pourquoi la réclamer une seconde fois ?

— Car ils n'ont pas Prune.

Le Khan posa le curseur qu'il venait de recevoir sur la table basse du salon. Le tube en verre contenait un rapport d'analyse en provenance du laboratoire de la préfecture.

— Le doigt de ma fille ! Mais, monsieur Lacassagne, vous m'avez fait les poches ?!!! s'indigna Bertillon en sautant de son fauteuil.

— Ce n'est pas le doigt de votre fille, Louis, répondit froidement le Khan. Mais celui de Sellaïe Ladrait, sa servante. Et si vous m'aviez laissé faire analyser cet « *acompte* » comme je vous l'avais demandé, nous aurions gagné un temps précieux !

— Ce n'est pas ma Prune..., fit Bertillon en retombant dans son fauteuil.

— Non, ce n'est pas votre Prune ! gifla le Khan avec plus de mordant. Ce qui veut dire que nous devons prendre une décision !

— Laquelle ? s'enquit l'empereur.

— Échanger un faux médaillon contre une fausse Prune.

— C'est risqué pour la victime, souligna l'empereur.

— Le contrat me paraît équitable. Et nous nous assurerons d'avoir un pendentif très convaincant.

— Je fais immédiatement envoyer des instructions aux meilleurs artisans. Mais... et si malgré tout, ils avaient Prune ? reprit de l'Abey.

— Je n'ai plus le temps de vous proposer mieux, se désola le Khan.

— Alors exécution.

Chapitre 26

Paris-Capitale, le 4 juin 1910, 22 h 58
L'échange

« Certaines ombres n'ont d'autre fonction que d'observer les vivants. Elles errent, restent discrètes, et font leur rapport au Renseignement.

Les ombres les plus recherchées pour exécuter ce travail sont celles ayant un Atomon portant sur une bonne connaissance de la géographie locale, comme les facteurs, certains techniciens, les ramoneurs, les médecins, les vendeurs de biens... »* Notes extraites du *Petit Traité des sciences policières.

Louis Bertillon tournait dans ses appartements comme un lion en cage. Le préfet lui avait interdit de quitter les Cuprifères. Son contrat avec le Notaire le lui interdisait plus sûrement encore. Pourtant, comment résister à cette envie furieuse de retrouver sa fille lui-même ?! Il pourrait... Il pourrait se sauver par la terrasse, et il pourrait...

Mais où était sa Prune ?

Partie avec son amoureux, comme le suggérait Lacassagne ?

L'atlas tomba dans le premier fauteuil venu. Il n'avait pas cette âme d'aventurier qui aurait fait de lui un héros. Il n'avait pas ce feu qui habitait sa femme... Et surtout, il ne comprenait pas comment ce pendentif qu'il avait tenu en main durant près de vingt ans pouvait être la pierre de Flamel. Il n'avait jamais changé de plomb en or ! Les propriétés prêtées à ce bijou étaient bien excessives !

Même s'il devait reconnaître que depuis qu'il avait ce talisman en poche, il était devenu considérablement riche et puissant. Et que depuis qu'il ne l'avait plus, le malheur s'était abattu sur lui.

Était-il possible que cette pierre ancestrale ait une forme de pouvoir qui les dépasse ?

L'atlas ferma les yeux, la main crispée sur la tête de son félin des sables.

Il tenta de respirer. De lâcher prise. Le grand Khan en personne supervisait l'opération.

Et comment...

Le préfet impérial synchronisa une dernière fois sa montre. 23 h 01. Ses équipes étaient en place. Et un archdeacon militaire s'était placé en appui au-dessus de l'aire d'opération, en plus des sapajous. Cette fois, les Cuprifères employaient les grands moyens.

Le bal allait pouvoir commencer...

— *Monsieur le préfet, il est 23 h 02. L'or, selon les instructions, vient d'être chargé wagon P – Mbuwf – 16 312, en gare d'Austerlitz, dans le train en partance pour Orléans. Le train démarre, monsieur.*

» Terminé.

La radio se coupa.

— Avancez au milieu du lac, lâcha l'officiel au batelier.

— Bien, monsieur. Vous faites une petite promenade en solitaire, monsieur ?

— Fermez-la, cingla le Khan. Vous êtes au milieu d'une opération militaire.

— Ah ? Et vous n'aviez pas un gondolier d'élite à embarquer dans votre affaire ?

— C'est moi, l'élite.

— Me voilà rassuré, fit le batelier.

— Parfait. Maintenant, vous libérez la fréquence.

— Quelle fréquence ?

— Je vous demande juste de vous taire ! s'agaça le Khan.

— Voilà aussi, si vous ne parlez pas français...

— Je ne veux plus entendre un putain de mot sortir de cette putain de bouche ! C'est clair ?

Le Khan regarda sa montre.

23 h 06.

La nuit était sombre. La pluie, ténébrale.

L'homme tournait la tête d'un côté, puis de l'autre, anxieux, quand une mouchette semblant sortir de nulle part se dirigea vers la sienne.

Nous y sommes...

Le préfet activait nerveusement sa pompe palmaire pendant que l'embarcation adverse se livrait à sa manœuvre d'approche.

Deux silhouettes.

Le pilote.

Et une couverture. Sellaïe ?

La mouchette coupa son moteur à air comprimé et fit les derniers mètres en silence. Elle vint aborder doucement la barque du préfet. Le pilote tendit une main péremptoire, et attendit.

— Je veux voir la fille, intima le Khan d'une voix forte.

Mais le pilote resta immobile, la main tendue, insistant.

23 h 08.

Eudes serra les dents. Il ne devait pas jouer au héros. Il sortit une mallette révolver en acajou de dessous son manteau d'officier. Le pilote dégaina aussitôt deux Colt & Browning 1908 qu'il pointa en direction de l'officiel. Eudes ne fit pas de geste brusque. Il ne craignait pas les balles... Il respira calmement et se contenta de présenter le contenu de sa boîte à l'intermédiaire de l'échange.

Homme d'un mètre quatre-vingts.

Athlétique.

Militaire ?

Raffiné.

Le pilote rangea l'un des deux colts, gardant, pointé sur le Khan, le canon du second, et attrapa la mallette en acajou. Il remisa la deuxième arme, colla son œil contre une loupe de minéralogiste, et expertisa le contenu de la boîte... Le pendentif de Bertillon avait été reproduit de la manière la plus précise qui soit d'après des tirages périspritiques émanant de la comtesse Demidoff en personne. Le métal avait été ciselé avec soin, vieilli dans des bains d'acide, patiné...

Maintenant !

Maintenant quoi ?

Il faut lui sauter dessus !

Négatif ! Qui peut dire que la fille est bien sous cette couverture ? Une cage d'osier ferait le même effet !

Le Khan fit grincer ses gants, de contrariété. Et attendit que l'homme finisse son expertise et rende son verdict. Ce qu'il fit. Il releva lentement la tête, replia sa loupe de minéralogiste, et vida le contenu de la mallette dans le lac de Tolbiac.

— Mais que faites-vous ?! hurla le Tigre en refermant sa poigne sur du vide.

Le pilote avait remis les gaz de sa mouchette et s'écartait déjà de l'officiel.

— Dégagez ! gronda le Khan en poussant son gondolier à l'eau et en prenant la barre en main.

Les deux embarcations filaient à travers le lac de Tolbiac, levant des vagues dans leur sillage.

Il ne peut pas aller plus vite, ce bazar flottant ?

Ils vont nous échapper !

La barque de tête poursuivit son accélération pendant que celle du préfet vibrait au plus fort des capacités de son moteur. Le Khan frappait la manette des gaz, sans plus d'effet que de manifester sa rage, quand sa radio crépita.

— Ange-Gardien *à* Bouchon de liège, Ange-Gardien *à* Bouchon de liège, *nous vous signalons que vous poursuivez la partie émergée d'un submersible à propulsion.*

— Comment ça ?! hurla le Khan dans le vacarme de sa machine.

Le pilote de la mouchette disparut soudain par le fond de son embarcation, et la barque s'enfonça bientôt sous les flots.

— Mais c'est quoi ce bordel ?! jura le Khan sans ralentir sa course.

— Nous pouvons suivre le sillage laissé par son dégazage, monsieur le préfet. Nous allons vous guider. Pour le moment, l'engin prend la direction du pont-tunnel d'Austerlitz.

Eudes se conforma aux instructions.

— Le submersible s'engage dans le port de l'Arsenal.

Le préfet fit virer sa mouchette dans le goulot d'entrée de la marina, passant au-dessus des sous-doges endormis du boulevard Morland.

— Attention, nous avons perdu les bulles de dégazage, prévint l'aéronef.

Le Khan ralentit sa course, à l'affût du moindre mouvement suspect sur les quais de l'Arsenal, ou à bord d'un des nombreux bateaux-restaurants amarrés à leurs bollards. Paris festoyait, encore et toujours, semblant à jamais insouciante face aux drames qui se jouaient dans l'ombre.

— *Bulles en vue, il emprunte l'ascenseur à bateaux ! Il va passer sous la voûte de Saint-Martin !*

Le préfet réagit immédiatement en redonnant des gaz et en poussant sa mouchette vers le fond du port et son puits historique. Le kiosque de la colonne de la Bastille grandissait à mesure de son approche, laissant s'épanouir au-dessus du canal son Génie de la Liberté.

— Activez ! hurla le Khan à l'adresse de l'éclusier qui manœuvrait les installations.

— Dites ! Vous me paraissez bien pressé, vous ! Faut le temps que l'eau se chasse ! répondit l'autre en remettant son béret d'employé du service des canaux de Paris.

— Eh bien chassez-la plus vite ! fit de nouveau le Khan en sortant son écharpe de préfet.

— Bé ! Écharpe ou pas écharpe, les tuyaux se font pas plus gros !

L'archdeacon émit encore un signal radio en survolant la zone de son ombre gigantesque.

— Ange-Gardien *à* Bouchon de liège, *nous attendons le submersible de l'autre côté de la voûte de Saint-Martin.*

— C'est vous, *Bouchon de liège* ? demanda l'éclusier. Ça s'appelle *Bouchon de liège* et ça nous fait le malin ?

— Ouvrez votre bac et fermez-la, intima le préfet d'un ton sec.

Les deux bassins de l'ascenseur fonctionnaient en symétrie, l'un montait pendant que l'autre descendait, et vice-versa. Le submersible venant d'arriver en bas, le Khan put entrer dans celui du haut.

— Activez, activez, activez !

L'éclusier fit tourner ses vannes en fonte en sifflant. Le bac du Khan commença à se vider, entraînant sa mouchette entre quatre murs de verre, vers le niveau inférieur. Eudes frappait de colère le fond de la barque de la pointe de sa canne-épée...

Sans doute serait-il plus prudent de ne pas trop insister...

Le risque existe, en effet, de percer cette embarcation.

Le Khan escamota ses doigts. Il choisit pour la suite de l'opération de négliger ce qui lui restait de diplomatie, et de renforcer ses performances physiques, son agilité, et ses qualités d'escrimeur.

— Attention, monsieur le préfet, prévint l'éclusier depuis sa plate-forme de commande, je vais ouvrir les portes !

L'homme, pour se venger du mauvais traitement dont il se jugeait victime, ouvrit les épaisses murailles peu avant la fin de la mise à niveau. De fait, l'eau du bac se déversa à grands flots, entraînant le Khan comme une chasse vers le cœur de la voûte de Saint-Martin. L'endroit, en mémoire de Napoléon Bonaparte, avait été conservé dans ses dispositions d'origine, à la différence que les anciens puits de lumière naturelle avaient été remplacés par des feux au gaz. Ils illuminaient les eaux translucides du canal, depuis la profondeur de leurs oculi, sans trahir le moins du monde la présence du submersible. Le préfet décida de donner les pleins gaz à sa mouchette, et traversa les deux kilomètres de tunnel pour rejoindre le grand air. Il capta alors de nouveau les ondes radio de l'archdeacon.

— Ange-Gardien *à...*

— Suffit, de m'envoyer du *Bouchon de liège* ! vociféra le Khan. Est-ce que je vous appelle *Pet de vent*, moi ?!!!

— Je vous reçois mal, monsieur le préfet, vous disiez ?

— Est-ce que vous avez retracé le submersible ?

— Négatif, il est toujours sous la voûte, monsieur. Terminé.

Eudes serra les poings. Il était pourtant certain de ne pas l'avoir dépassée, cette boîte en tôles... Il fit faire demi-tour à sa mouchette, et se réengagea dans le boyau souterrain, observant, scrutant le fond du canal en quête d'un indice qui lui aurait échappé la première fois. Il s'arrêta. Une large grille subaquatique marquait la limite entre les égouts et les eaux translucides du canal. Eudes fit valser ses doigts, en attente de conseils sur la situation.

C'est une bouche d'alimentation.

Mais la grille est inamovible.

Pourtant... ces bulles...

Le préfet repéra lui aussi la danse de ces milliers de bulles qui venaient crever la surface en pétillant.

Les barreaux de cette grille devraient laisser le passage d'un homme.

Eudes sauta à l'eau. Les poings serrés. Il ne détestait pas cet élément ni ne le craignait, mais il se demandait pendant combien de temps il allait devoir ensuite courir avec des vêtements détrempés et des bottes spongieuses. L'homme se faufila entre les barres de fer, et poussa vers la surface. Le submersible était à quelques mètres de là, amarré le long d'un quai de service. Le Tigre roula sur la margelle de béton et se releva d'un bond, prêt à ferrailler. Il retira trois de ses épingles à tête de serpents asiatiques, qu'il ficha dans son revers de col, et se tendit de toutes parts, saisi par la douleur. Il concentra son attention sur les battements de son cœur, contrôlant le rythme de sa respiration, avant de se redresser et d'analyser les sons en provenance des boyaux puants...

Des pas...

Cinq hommes.

Et une femme.

Une jeune femme, si j'en juge à l'odeur...

L'odeur ? Vous arrivez à juger l'âge d'une femme à son odeur, monsieur Vidocq ?

Absolument, monsieur Canler. Et cette capacité d'expertise qui me caractérise est encore une différence de taille entre nos deux méthodes !

— Qui va là ?!!!

L'homme qui venait de sortir du submersible s'effondra sous la droite vindicative du préfet impérial, et garda pour lui ses questions. Le Khan s'empara de sa lanterne et s'élança en courant le long du collecteur, le fer au clair. Ses bottes couinaient, aussi spongieuses qu'il avait pu le conjecturer. Il saturait ses sens sous le vacarme de ses propres gestes. Il s'arrêta à la première intersection, écouta, repéra ses cibles au milieu des battements de son cœur, et reprit sa course. Il se rapprochait. Une vie dépendait de son efficacité. Il avait déjà assez failli pour aujourd'hui.

Intersection suivante. Ses cibles n'étaient plus qu'à quelques dizaines de mètres, toujours droit devant. Il allongea la course de ses pas.

— Nous sommes suivis ! hurla soudain un des ravisseurs.

— *Toi, et toi ! Restez en arrière ! Et n'hésitez pas à faire feu !* fit une voix de femme à travers la membrane de récepteurs miniatures.

Une voix que le Khan reconnut immédiatement.

Mileva Varasd !

Le préfet leva un bras, repoussant les piqûres de plusieurs balles en or.

— Eh quoi ? Vous me prenez pour une ombre ?! hurla le Tigre. Je suis bien pire qu'un spectre ! Je suis Eudes Anatole-Faust Lacassagne ! Le fer et le bouclier du Pouvoir central ! Déposez vos armes, et j'essaierai de faire preuve de miséricorde…

Mais l'homme essuya aussitôt une dizaine de tirs supplémentaires.

— *Tuez-le ! Nous n'avons plus besoin de lui ! Supprimez ce gêneur !* hurlait la femme de l'autre côté des récepteurs.

— Tu peux te cacher derrière tes pantins, Varasd. Cette fois, je retournerai chaque centimètre carré de poussière pour te retrouver ! répliqua le Khan en détendant son bras par deux fois.

L'homme reprit sa course et attrapa le barreau d'une échelle en fer. Il émergea bientôt dans les sous-doges de la rue de l'Ave-Maria, à la lueur d'un candélabre.

— Préfet impérial, arrêtez-vous ! intima le Khan en prenant pied sur les pavés.

Il essuya de nouveaux tirs, et vit les fuyards se replier derrière une forêt de fers dressés à son encontre. Eudes fit valser ses doigts, s'alliant les plus fins sabreurs de sa cartouchière, et s'élança. Il plut bientôt des Goules noires comme il pleuvait des singes par une nuit d'orage sur les Cuprifères… Le Khan chassait les lames, perçait les gardes, repoussait les attaques désordonnées de ces hommes au regard hagard. Il entendait Mileva hurler sous les capuches de leurs uniformes noir et or… Quand son détecteur d'ombre se déclencha. Il n'avait ni le temps ni l'envie de se donner une composante de ténébraliste. Il assuma le risque de se confronter à une menace spirituelle.

Même si celle-ci était de nature à souffler les feux impériaux… et à faire exploser les ampoules ténébrales dans des gerbes d'étincelles. Fort de son inconscience, le préfet referma la main sur le collet d'une silhouette effrayée, avant de se faire happer lui-même en arrière. Un détachement de la Garde impériale venait de prendre position dans les sous-doges et progressait en formation. Ils étaient revêtus d'armures lourdes, de véritables carapaces en tuiles d'or, et déchargeaient leurs munitions contre une cible invisible.

— Préservez les infrastructures ! Tirs bas, messieurs, tirs bas ! hurla le chef de corps.

Une odeur de métal impérial envahit l'atmosphère confinée de la rue subaquatique. Le Khan, les deux mains plaquées sur ses oreilles, peinait à reprendre le contrôle de ses sens saturés. Il saisit en tremblant ses trois épingles en argent, et les planta, une à une, dans les veines de son demi-masque.

Le Tigre gisait, appuyé sur un coude, sur les pavés de la rue de l'Ave-Maria, une jeune fille réfugiée dans le creux de son épaule. L'air était maintenant constellé de particules d'or en provenance de grenades antiémeutes quelque peu ténébrales...

— Il recule, lieutenant !

— Tirez une charge à tête creuse ! hurla le chef de corps.

Les têtes creuses avaient la particularité d'arracher à l'entité coronale un fragment de vapeurs périspritiques qui, une fois condensées dans les laboratoires de Girard, permettaient de retracer des signatures exploitables...

— Le prélèvement est dans la boîte, lieutenant !

— Continuez à bombarder ce salopard !

Le préfet se pencha au-dessus de sa protégée, pendant que les hommes de la Garde impériale couraient sur les talons du démon des Halles...

— Sellaïe ? fit le Khan à la jeune fille.

— Oui..., répondit l'otage. Vous m'avez libérée...

— Ce sont surtout ces costauds qui ont fait le boulot, se défendit Eudes qui avait un problème avec les honneurs, même minimes.

Mais l'officiel retrouva vite le sens de ses responsabilités.

— Où est mademoiselle Prune Bertillon ?

— Je... Je ne sais pas..., répondit la jeune fille en tremblant.

— Mais faites un effort !

— Monsieur le préfet, vous avez perdu votre haut-de-forme ! intervint dans son dos un inspecteur de la Périspritique en lui tendant son couvre-chef.

— Belin, vous êtes un rapide, j'aime ça, fit le Khan en arrachant le chapeau des mains de son subalterne.

— Vous souhaitez que je prenne le relais pour entendre le témoin principal, monsieur ?

— Et pourquoi ? Je m'en sors très bien tout seul ! affirma le préfet en se remettant sur ses jambes.

Belin allait objecter, quand le moineau mécanique du Tigre pointa sa tête d'une des poches humides du manteau impérial. L'oiseau cracha de l'eau, et s'envola en pépiant...

— Faut que je décroche un combiné.

Le Khan tituba jusqu'au premier boîtier d'urgence, se cala entre les pieds d'un atlante de bronze, et se fit relayer l'appel.

Dans un premier temps, il devint blanc.

Dans un second temps, il hurla.

Il hurla comme jamais il n'avait hurlé de toute sa vie.

Prune venait d'être retrouvée.

Sans vie.

Chapitre 27

Paris-Capitale, le 4 juin 1910, 23 h 58
Le dernier message

« La peine d'atlas. Il serait bien vu de remplacer les peines carcérales par des peines d'atlas. Chaque criminel serait condamné à donner son corps aussi longtemps que sa faute est grave. »* Notes extraites des *Archives internes à l'ordre du Chrysanthème Noir.

Eudes Anatole-Faust Lacassagne n'ouvrait plus la bouche. Plus un son ne s'élevait de sa personne. Le préfet s'était trompé comme jamais durant sa vie d'homme. Il avait laissé son impatience l'emporter sur son jugement, plongeant les Cuprifères dans le deuil, terrassant le seul ami qu'il n'aura sans doute jamais. Le Khan transpirait à grosses gouttes, le corps en feu. Il brûlait d'un désir irrationnel, celui de noyer sa culpabilité et son chagrin dans la vengeance, et de donner un nom à sa souffrance. Un nom qu'il pourrait graver à jamais dans sa mémoire.

Il voulait parler...

Il voulait s'excuser auprès de ce corps sans vie...

Ma petite...

... je suis désolé d'avoir failli.

De ne pas avoir été à la hauteur.

De ne pas avoir su faire honneur à ceux qui avaient placé leur confiance en moi.

Ma petite...

Le Khan, dans sa douleur, s'ouvrait à tout un pan de conscience. Dans sa quête d'humanité, dans sa volonté de comprendre ce qui différenciait l'Homme de l'animal, il devait rajouter cette touche sombre qui entachait un cœur à la perte d'un être cher.

Mais en quoi était-il si cher, ce petit être ?!!!
Il lui rappelait Clémence ?
Sans doute...
Comment vais-je l'annoncer à sa mère ?!!!

Un timbre clair résonna sous l'immense verrière du dôme principal. Il résonna dans l'ensemble de Paris-Capitale, marquant une minute de silence en l'honneur de la jeune Prune Bertillon. Le peuple de Paris venait d'apprendre, par une annonce officielle, quel drame vivait le premier atlas Louis Bertillon. Et tous les Capitaliens partageaient sa peine. Pas un souffle ne s'éleva de la ville durant les soixante secondes qu'égrenaient les trotteuses des horloges impériales.

Le timbre sonna une seconde fois, rendant sa respiration à Paris.

Mais pas au Khan.

Il avait les yeux rivés sur ce petit corps déposé sur un lit de fleurs de tulipier de Virginie.

Jamais les Cuprifères n'eurent plus jolie défunte à embaumer...

Mais il fallait se ressaisir.

Un malfrat de la pire espèce se promenait encore.

Mileva Varasd...

Et cette fois, nul doute qu'elle s'était acoquinée avec ce démon des Halles.

Ils ont son périsprit.

Les ombretraces vont parler.

Mais pour comble de l'horreur, les ravisseurs avaient poussé le vice à faire de la victime le message.

Les trois médiums du *Triumviratus* étaient à son chevet, drapés de capes en soie blanche brodée de kamons en fils d'or. Ils étaient reliés par leurs torons de connexion au ventre de cuivre et de bois noble de l'animascope. Ils attendaient un signal pour entamer leur lecture, avec la sensation, pour la première fois de leur existence, de commettre un acte transgressif.

Les regards se tournèrent vers le préfet Lacassagne, puis vers le couple impérial. À la surprise générale, ce fut le Notaire qui donna l'ordre de plonger. Il venait d'entrer, dans un habit noir aux reflets de suie qui contrastait fortement avec le blanc de son masque or et ivoire.

Le *Triumviratus* ferma les yeux.

Trois mains se posèrent délicatement sur la défunte. Ils allaient opérer une lecture directe, un contact charnel avec les mémoires résiduelles de la victime, faute d'avoir accès à son Atomon.

Faute de pouvoir écouter directement les plaintes de cette belle âme.

Le haut-parleur se mit à crépiter. Les respirations se suspendirent aux premiers sons. Des halètements, des hoquets de panique.

Faidherbe Quintard gémit en sentant une poigne de fer se resserrer sur une cheville de la victime. Elle était traînée sans ménagement sur le sol, sortie d'une geôle dont on entendait grincer les gonds. Elle ne voyait rien, ses yeux devant être masqués. Elle suffoquait.

Puis elle fut jetée sur une dalle en métal dont le froid lui piqua la peau. Le spectrophone relaya alors une voix de femme.

— Tu aurais pu sortir d'ici vivante. Mais visiblement, ton père en a décidé autrement. Il joue aux durs à cuire. Il a toujours joué aux durs à cuire. C'est comme une première nature, chez lui.

Les regards, dans l'assemblée, se tournèrent vers le Notaire.

Mileva Varasd...

Le Khan serra plus encore ses poings et sa mâchoire. Il se demandait comment il pouvait rester là, sous ce dôme de verre, à écouter les dernières souffrances de cette jeune fille, au lieu de passer son fer en travers de la gorge d'une certaine doctoresse slave !

— Je vous laisse expédier le message, messieurs.

— Merci à vous, nous apprécions grandement la confiance que vous nous accordez. Mon cher ?

— Oui, monsieur Br. ?

— Avez-vous fini de tester les caramels ?

— Affirmatif, monsieur Br. Ils sont vraiment fameux.

— Je suis heureux de vous voir les apprécier. Ils sont au beurre salé, c'est là tout le secret.

Des bruits de succion et de babines pourléchées se firent entendre, avant que le premier homme ne reprenne.

— Mon cher, il est temps de préparer l'enregistreur. Voulez-vous bien soulever ce sac ?

— Oui, monsieur Br.

Des pas s'approchèrent de la victime, attrapèrent le sac et son contenu à bras le corps, et soulevèrent le tout. Prune se débattait avec l'énergie du désespoir...

— Mon cher ?

— Oui, monsieur Br ?

— Puis-je savoir ce que vous faites ?

— Je soulève le sac, monsieur Br. Comme vous me le demandez.

— Mon cher... par « soulever le sac », j'entendais *juste le sac*, et non le sac et son contenu.

— Je fais quoi, alors ?

— Vous reposez le sac et son contenu, et vous retirez simplement la toile de jute qui couvre notre enregistreur.

— Moi je vous le dis, monsieur Br. Vous n'êtes pas clair dans vos instructions. Déjà l'autre jour avec votre histoire de doigt à couper. Avec des instructions claires, je ne me serais pas trompé de fille.

L'homme laissa tomber le paquet sur la plaque métallique et déchira la toile de jute. La lumière plongea l'écran de satin dans la noirceur de ses contrastes inversés. Il fallut un certain temps pour que les yeux de la victime et les sens du *Triumviratus* s'adaptent à ce soudain bain de clarté.

— Voilà, vous voyez ? fit le premier drap de fantôme. Il est magnifique, cet enregistreur... Vous allez pouvoir passer à la suite des préparatifs, mon cher.

Des mains arrachèrent sans ménagement le bâillon de Prune. Un cri de terreur s'échappa de sa jeune gorge, avant de se troubler d'immondes gargouillis. Sidérin Leborgne tressaillit et manqua de vomir sous la violence du rejet.

— Mais ? Mon cher ? Que faites-vous ?

— Je mets en application la technique des caramels, monsieur Br. Et non sans un certain succès, comme vous pouvez le constater. L'enregistreur ne crie déjà plus, et le tout sans molestage.

— Je le constate, mon cher, je le constate. Je constate aussi que vous avez la main trop lourde. Je crois que nous devrons à l'avenir convenir d'une échelle de rationnement, en fonction des corpulences et des morphologies de nos enregistreurs, afin de régler leur capacité à ingurgiter.

— Celui-ci me semble ingurgiter à la perfection, monsieur Br.

— Oui, mais veuillez maintenant cesser d'enfiler des caramels dans le gosier de cette jeune fille ? Vous allez nous couper la ligne prématurément.

— Vous avez raison. Il étouffe, votre enregistreur. On nous a encore refourgué de la camelote, monsieur Br.

— Je dirais même qu'il devient tout bleu. Vous allez devoir nous faire une démonstration de la leçon numéro trois des premiers secours.

— Laquelle, monsieur Br. ?

— La technique du docteur Heimlich.

Cette fois, ce fut au tour de Phosgénie Réalgar de réagir avec violence à la lecture des mémoires fantômes de Prune Bertillon. Le second couteau venait de frapper sèchement la jeune fille dans l'estomac, pour la faire régurgiter ce bouchon de caramel qui menaçait de l'asphyxier. La victime reprit sa respiration, non sans la contradiction d'avoir dans le même temps le souffle coupé...

— Quoi ? J'ai adapté la méthode à mon amour du molestage. Notez le résultat, l'enregistreur respire, et ne crie plus. Doigté et fermeté, monsieur Br. Tout le secret est là.

— Je dois bien reconnaître que vous avez raison, mon cher. Nous allons pouvoir commencer la lecture du message.

— Je peux faire une demande, monsieur Br. ?

— Je vous en prie, mon cher.

— Je peux finir les caramels ? Ou vous pensez que cette jeune dame en voudrait encore ?

Le premier homme sortit un papier de dessous son drap de fantôme et fit mine de le relire pour ne rien en perdre.

— Mon cher ?

— Oui, monsieur Br. ?

— Pouvez-vous faire la mise au point, s'il vous plaît ?

Le second couteau attrapa un seau d'eau glacée qu'il jeta à la figure de la victime.

— Ainsi, monsieur Br. ?

— C'était parfait, mon cher.

— Vous êtes sûr qu'il ne faille pas assurer le tout avec une ou deux claques de réglage ?

— Ça, mon cher, on ne peut jamais être vraiment certain de la qualité d'une transmission...

La victime reçut deux gifles sonores.

— Notez, monsieur Br., que je le fais à titre préventif, pour ne pas devoir le faire par la suite à titre curatif.

— C'est tout à fait délicat de votre part, mon cher. Auriez-vous l'obligeance de lui redresser la tête ? Parfait ! Nous allons pouvoir commencer la lecture du message. À première vue, messieurs des Cuprifères, vous avez fortement contrarié notre client commun. Et mon cher, qui est ici, pourra vous le confirmer, il est des clients qu'il convient de ne pas contrarier.

— Ça, oui, monsieur Br. !

— Les instructions étaient pourtant claires. Nous ne pouvons même pas nous blâmer d'une erreur... D'ailleurs, pour ce qui nous revient, nous avons bien reçu votre or. Oui, les lingots du train étaient destinés au paiement de nos services de messagerie, donc, mon cher et moi-même, nous vous remercions.

— Ça oui !

— Mais il est aussi dit sur ce bout de papier : « *Ils se sont foutus de notre gueule, butez la fille et faites-leur passer le message.* » Voilà. Voilà dans quel embarras vous nous placez... Maintenant, voici votre message...

« Monsieur Bertillon, vous avez perdu le droit de revoir votre fille vivante et dans ses chairs. Nous conviendrons de nouvelles conditions pour le cas où vous voudriez revoir son âme. »

» Mon cher ?

— Monsieur Br. ?

— Veuillez couper la transmission.

— Par oblitération, monsieur Br. ?

— Par oblitération.

— Je sais que je n'ai pas d'avis à donner sur la nature d'un travail commandé, mais c'est un véritable gâchis, fit le second couteau.

— Je suis bien d'accord avec vous, mon cher.

— C'est vrai ? C'est bien la première fois, monsieur Br. ! Dois-je tout de même percer cette jeune panse ?

— Vous le devez, mon cher. Nous le devons.

Le *Triumviratus* cilla sous la violence et la soudaineté de l'action. Les têtes se détournèrent.

— Mon cher ? fit de nouveau la voix dans le haut-parleur du spectrophone.

— Monsieur Br. ?

— Vous ne savez plus suriner ? L'enregistreur bouge encore.

— Mais, monsieur Br. ... C'est à n'y rien comprendre, le cœur est du mauvais côté !

— Eh bien corrigez cette erreur, mon cher, et achevez votre besogne proprement.

— Bien, monsieur Br.

Cette fois, l'écran de satin se teinta tout entier d'une éclatante blancheur.

Il n'y eut qu'un homme, dans la salle, pour ne pas être capable de pleurer.

Chapitre 28

Paris-Capitale, le 5 juin 1910, 13 h 14
Un allier inattendu

« Devenir un atlas est une discipline de vie qui ne souffre d'aucune concession. On fait bien plus que porter un mort. On devient le mort. »* Notes extraites du *Petit Traité de sociologie ténébrale.

La salle d'armes du complexe des Cuprifères se trouvait perchée entre deux tours des Académiques du quartier des pouvoirs. L'endroit était suspendu en plein ciel et consistait en une longue galerie de fonte, de cuivre et de verre. Elle permettait de voir se tenir plus de deux cents assauts simultanés, opposant en duels d'entraînement les plus fines lames de l'Empire. Civils et militaires s'affrontaient et éprouvaient ici leurs sciences et leurs arts. Les atlas se faisant les prévôts de leurs maîtres d'armes, sous les yeux d'observateurs affûtés.

Mais présentement, la salle d'armes des Cuprifères résonnait comme jamais de claquements rageurs. Pour la onzième heure d'affilée, un homme se battait, seul contre dix. Un homme qui défiait la mort pour tenter de tuer son chagrin. Les plus grands noms de l'escrime se succédaient et se relayaient, frappant son fer pour le fatiguer, mais rien ni personne ne semblait pouvoir lui faire entendre raison.

— Il va bien finir par tomber, commenta un observateur derrière un masque métallique aux motifs propres aux arts de l'escrime.

— Et pourquoi voulez-vous le voir tomber? répondit un autre, à l'abri d'un tamis noir et or.

— Mais voilà des heures que cela dure, il va se fatiguer !

— Le Khan ? Se fatiguer ? Il est comme la pluie ténébrale. Il frappe sans jamais s'arrêter.

Une jeune lame de la relève impériale entra dans l'aire de combat.

— Voilà du sang neuf.

— C'est Philippe Cattiau, approuva l'autre. Il n'a pas dix-huit ans, et il est déjà l'atlas de François Mérignac !

La fine lame rejoignit aussitôt une armée d'Importants formée par des vétérans de l'escrime. Cris et pointes fusaient, mais se faisaient cueillir sans plus de détours par l'épée du Khan. Ce dernier, inlassable, donnait dans le même temps la réplique à des tireurs militaires. Jean-Louis Michel, le héros de Napoléon Ier, atlas Louis Lucien Mérignac, Alphonse Kirchhoffer père, atlas Alphonse Kirchhoffer fils, maître d'armes de la garde de Napoléon III, ou Arsène Vigeant, un pareur hors pair au bras encore bien assez vert pour taquiner le fer en personne...

— Et là ? N'est-ce pas Achille Broutin, l'atlas du baron Antoine d'Ezpeleta ?

— Bien vu...

— J'ai connu cet homme-là... un véritable artiste. Saviez-vous qu'il déposait des roses sur la poitrine de ses adversaires ?

— Bien sûr, d'où le motif de son masque ténébral. Ah ! Et regardez ce fort en jambes ! Il pare et il riposte sur toutes les lignes ! Quel doigté de folie ! Qui est-ce ?

— Vous ne reconnaissez pas ce style ? C'est Alphonse Féry d'Esclands.

— D'Esclands ? Mais ce cher lieutenant-colonel n'est pas mort l'an dernier ?

— Mon ami, ne sommes-nous pas aux Cuprifères ?

— Je vous l'accorde... Son atlas ne manque pas d'allure sous ce tamis en bronze brossé.

— C'est un sabreur hongrois, il se nomme Laszlo Blum, il me semble.

— Mais décidément, commenta de nouveau le premier observateur, personne ne nous fatiguera ce préfet.

— Il a, pour le défendre, le bras de notre père à tous.

Ce bras s'appelait Texier de la Boissière, père de l'escrime moderne et maître d'armes du chevalier de Saint-Georges, un autre des lieutenants ténébraux du préfet. En faisant voler ses doigts et en s'alliant ainsi tous les talents, le Khan faisait montre d'une science et d'une habileté de fer qui donnait à ses assauts des airs de sorcellerie.

Un brouhaha se fit soudain entendre aux portes de l'arène.

Une légende vivante venait d'entrer dans la galerie des fers.

Son nom était le capitaine Jules Brunet.

Chacun de ses pas levait des vagues de rumeur qui allaient s'échouer en fond de salle.

— C'est le Dernier Samouraï !

— Mais que vient-il faire ici ?

— Personne ne l'a vu en public depuis des années...

— On dit qu'il est le père de Clémence Brunet.

— Qui est ?

— La femme de Louis Bertillon. Et donc la mère de Prune Bertillon...

— Aïe...

Les fers se turent. Les tireurs ne faisaient plus autour du Khan qu'un mur de plastrons sourds à ses assauts.

— Eh bien ? Vous renoncez ? Vous renoncez à croiser vos lames avec la colère ?

Le mur de silence se fendit et le capitaine Brunet entra dans le cercle de combattants.

Eudes transpirait à grosses gouttes. Ses veines étaient gonflées par des heures d'efforts ininterrompus. Il fouettait l'air avec rage, refusant de laisser refroidir son ardeur, refusant de laisser l'inaction réveiller sa conscience.

— Que me voulez-vous ? cracha-t-il finalement à la face du vieux militaire.

L'homme jeta aux pieds du Khan la une d'un journal officiel. On y voyait une photographie du préfet Lacassagne estampillée d'un gros titre : « ***Mort de Prune Bertillon, le Tigre tenu en échec par le démon des Halles ?*** »

— Ma coupe est déjà pleine, monsieur Brunet ! Vous entendez ? Je ne veux que du fer et de la sueur ! Allez !

Le Khan présentait armes et poings à ses adversaires, sans tirer d'eux la moindre réaction. Alors le vieil homme parla.

— Monsieur Lacassagne, je suis venu vous offrir ma colère.

— Que voulez-vous dire, capitaine ? s'enquit le Khan d'un ton rauque et usé par trop de cris.

— Ici et devant vous, je vais vous faire don de ma mort.

Le silence étouffa les derniers ressacs de la clabauderie populaire. Le préfet fit volte-face et, de ses yeux rougis et brûlés par le sel de sa sueur, prit le temps d'observer le héros. Le militaire portait avec prestance un vêtement traditionnel japonais. Un kimono de soie blanche. Une ceinture à bande large lui enserrait étroitement le ventre et les reins.

— Prune était ma petite-fille, monsieur Lacassagne. Et nous savons tous deux parfaitement qui vous êtes...

— ...

— Le vieillard qui se tient devant vous va mettre fin à ses jours, ici et maintenant, afin de vous offrir son bras.

— Mais je refuse ! s'exclama le Khan, de la terreur dans la voix.

Le capitaine Brunet s'agenouilla à même le sol, sortit une arme de cérémonie japonaise, un *tantô*, qu'il enveloppa dans une feuille de papier de riz.

— Arrêtez !

Mais Lacassagne ne put empêcher le vieil homme de souligner par les actes sa dernière volonté. La lame trancha dans le vif, ne laissant aucun espoir de retour.

— Au... Au sens le plus noble des Cuprifères, prenez ma vie, monsieur Lacassagne. Tuez cet être ignoble de mon bras.

— Appelez un médecin ! hurla un homme dans la foule.

Mais le Khan se penchait déjà au-dessus du vieux capitaine, avec à son doigt le secours du chevalier Jean-Baptiste Sarlandière. Le chirurgien ne laissa aucun doute quant à l'issue fatale de ce geste abominable. Personne ne pourrait plus empêcher le capitaine Brunet d'expirer son dernier souffle.

— Monsieur Lacassagne... montrez-vous à la hauteur de l'honneur que je vous fais...

Le Notaire en personne avait supervisé la signature du contrat liant le capitaine Brunet à Eudes Anatole-Faust Lacassagne.

Le vieux militaire avait fait le legs de sa vie et de son savoir à l'Empire, armant le poing de son plus fidèle défenseur. Et le préfet, en retour, avait fini par accepter de faire de ce bras celui qui porterait le coup fatal au responsable de cette tragédie.

La cérémonie funéraire qui suivait était des plus simples. Ainsi en avaient décidé les principaux acteurs. Pas de photographes ni de représentants officiels, outre l'empereur qui avait insisté pour apporter son soutien à cette famille doublement endeuillée. Le corps du capitaine Brunet, vêtu d'un kimono d'apparat, reposait sur la table d'honneur de la salle des embaumements du Thanatopole. Le Conseil des sept avait fait de cet homme un Important, lui offrant la protection de ses cendres pour l'Éternité. Le corps de Prune Bertillon reposait, lui, sur la table voisine. Le Conseil des sept avait accepté la demande du Notaire de faire d'elle une Fortunée. Le Cardinal de la Tour des lois garda confidentiel le montant réclamé par la CCN, qu'il offrit de payer, pour garantir un repos éternel à la belle endormie.

Le processus de conservation des chairs avait fait des progrès depuis les premières thanatopraxies.

La foudre ne frappait plus les morts, dans les Cuprifères.

Les thanatopracteurs branchèrent les sondes intraveineuses, et tournèrent les volants de palans en cuivre. Deux couvercles en cristal de roche descendirent du plafond et vinrent confiner les défunts dans des sarcophages de cérémonie. Les vis de serrage furent bloquées, et l'étanchéité attestée.

Alors le fluide d'embaumement remplaça le sang dans chaque muscle, chaque organe, chaque cheveu de chacun des deux corps.

Alors une pluie d'or en atomes se mit à tomber et à pénétrer les chairs.

Alors les résilles ionisantes se mirent en action, plongeant la salle des embaumements dans une lumière douce et vacillante.

Plongeant les morts dans leur dernier sommeil.

Le Khan serra les poings. L'empereur de l'Abey lui avait bien fait comprendre que la situation dépassait le simple cadre de sa petite personne. Que voir mourir Prune Bertillon était une chose, et que protéger l'avenir de la CNN en était une autre. Eudes Anatole-Faust Lacassagne avait certes failli à sauver la fille de Louis. Mais le préfet excellait à jouer son rôle de défenseur des Cuprifères.

— Eudes...

L'homme ne prêta pas attention à ce murmure qui couvrait à peine le ronronnement des machines.

— Lacassagne !

Cette fois, la voix se fit plus pressante. Le Khan tourna la tête et vit les moustaches bonhommes de Marie-François Goron.

— Que faites-vous là ?

— Cette question ! Dix heures d'efforts pour entrer dans la salle d'armes ! Et au moment où je peux enfin vous approcher, le capitaine Brunet me devance d'un spectacle dont j'aurais aimé être épargné !

» Pour ensuite batailler de nouveau six heures pour vous atteindre encore !

» Et maintenant, vous me demandez ce que je fais là ?

— Je suis brisé, Goron, fit le Khan en caressant d'un doigt cette nouvelle prothèse qui ornait la cartouchière de sa gaine antébrachiale.

— Je sais, mon cher Eudes. Qui ne le serait pas ? Mais tout le peuple de Paris vous regarde. Vous êtes et vous resterez son héros.

» J'ai deux informations.

— Elles ont trait à l'affaire ? demanda le Khan en égrenant les magnétosphères de Branly serties dans le cuir de son brassard.

— Je ne serais pas là sans cela, Eudes. Je suis devenu journaliste, mais j'ai conservé un minimum de décence...

— Je vous écoute.

Goron était sans aucun doute l'un des seuls hommes vivant à Paris-Capitale en capacité de se faire entendre du Khan.

— La première des deux choses est que Girard a achevé d'analyser et synthétiser les essences périspritiques du démon des Halles. Il m'a dit que vous sauteriez au plafond en apprenant cette nouvelle : la signature est celle d'un certain Léopold Rakoczy, alias le comte de Saint-Germain.

Le Khan serra fort les dents. Il venait de mettre la main sur la pièce centrale de son puzzle. C'était donc bien ce Rakoczy qui était derrière tout ça ? Une ombre revenue du fin fond de sa Transylvanie natale pour tenter, une fois de plus, de percer le secret de la vie éternelle ? Mais pourquoi sa route avait-elle croisé celle de ce petit brin de fille ?

— La seconde des deux choses est un nom, fit l'ancien policier. Natrojar Racoques.

— Qui, vous dites ?

— Natrojar Racoques, répéta Goron, fasciné par le spectacle du bain ionisant.

L'homme prit sur lui de jouer jusqu'au bout son rôle d'informateur, malgré l'intensité et la beauté tragique de l'instant. Certains corps étaient momifiés au terme de leur vie, mais cette jeune fille, elle, serait immortalisée comme un rayon de soleil dans une aube d'été.

— Et ? fit le Khan en s'impatientant.

Goron sourit tristement. Eudes n'avait pas perdu son mordant.

— Ce Natrojar Racoques se serait présenté voilà quinze ans au Bureau central des atlas avec un projet de mariage ténébral. Mais sa demande était incomplète et, faute de produire toutes les garanties suffisantes à son exécution, elle fut naturellement rejetée.

— Avec qui voulait se marier votre Racoques ?

— Aucun nom n'apparaît dans les archives. Et vous pouvez me croire. J'ai passé toute la journée d'hier sur ce dossier. Mais un élément important ressort malgré tout.

» D'après le bilan de concordance périspritique, Natrojar Racoques serait thanatocompatible avec Léopold Rakoczy. Il pourrait porter en lui le démon des Halles...

— Comment en êtes-vous arrivé à ce Natrojar Racoques ? chuinta l'officiel qui avait du mal à parler à voix basse.

— C'est une autre histoire...

— J'aimerais assez l'entendre.

— Un homme est venu me trouver. Il travaille à la ménagerie de l'Aéropostale. Il m'a rapporté que des Goules noires étaient passées lui poser des questions sur un vieux singe... Un macaque qui curieusement aurait aussi disparu de leurs cages depuis deux jours...

— C'est un sapajou, répliqua le Khan.

— Si vous voulez. Il se trouve que ce soigneur se fait vieux, et que la promesse d'une forte récompense pour ce singe l'a fait courir... Il a quitté son poste, sous une excuse fallacieuse, a suivi les deux goules, et, de sous-doge en sous-doge, est arrivé à la rotonde subaquatique de la place Iéna. Sa piste se serait arrêtée là, du côté de la rue Boissière, s'il n'avait pas entendu comme un feulement.

— Un feulement ? fit le Khan soudain intéressé.

— Un feulement, vous entendez bien. Le soigneur s'est approché d'un soupirail et...

— Et ?

— Et il a aperçu votre tigre.

— Mon tigre ? Un feulement ? Place d'Iéna ? s'emballa Lacassagne. Et c'est vous que ce vieux croûton est venu trouver ?

— Oui, fit l'ancien policier d'un air évasif.

— Et pourquoi vous ? s'agaçait maintenant le Khan.

— Il s'appelle Clément Goron... C'est un cousin à moi... D'ailleurs, il connaît bien Tellurien Flamel.

Lacassagne resta un instant silencieux. Il bouillait intérieurement. Son devoir le réclamait en deux endroits à la fois. Auprès de Prune, et... place d'Iéna.

— Place d'Iéna ? réagit-il tout haut. Ce n'est pas là où se trouve le musée Guimet ?

— Si. Natrojar Racoques en est le conservateur en chef, ajouta Goron. Je vous accompagne ?

Le Khan ne prit pas la peine de répondre. Il s'était déjà engouffré dans les couloirs interminables des Cuprifères, usant et abusant de son PP-1111 pour accéder enfin à son ascenseur particulier.

— Qu'avez-vous dans ce sac, mon ami ? fit Goron en pointant du doigt une besace de cuir lourdement chargée.

— Des accessoires.

— Et... ce sabre ?

Le Khan laissa filer la cabine en silence.

— Puis-je me permettre une question, Eudes ? osa de nouveau Goron.

— Questionnez toujours, défia Lacassagne en refermant ses deux poings sur la poignée de sa canne-épée.

— J'ai entendu les derniers mots de Jules Brunet, juste avant sa mort.

— Et ?

— C'est quoi, exactement, ce « *nous savons tous deux parfaitement qui vous êtes...* » ?

Lacassagne baissa la tête, incapable de cacher son trouble.

— Il y a un sens tout à fait précis, derrière ces mots-là, Eudes, insista Goron.

L'homme fit grincer lentement le cuir de ses gants, et se décida à répondre. Enfin, à sa manière, tout en nuances de silence. Il plongea sa main dans une poche de son manteau d'officier, et en sortit une enveloppe.

— Qu'est-ce ? s'enquit l'ancien policier.

— Un courrier de Clémence, lâcha le Khan, la gorge serrée.

— *La* Clémence ? s'assura Goron.

— *La* Clémence, assura l'homme au demi-masque. La grande Mata Hari en personne est venue me trouver, il y a deux jours, pour me livrer des courriers. Je n'ai découvert celui-ci que cette nuit, perdu parmi les autres.

» Je vous laisse le lire pendant le trajet, si ça ne vous dérange pas.

Chapitre 29

Paris-Capitale, le 5 juin 1910, 19 h 33
Le bal des ombres

« Le Soleil Noir est comme une batterie. Il a besoin d'être rechargé en énergie pour fonctionner. Mais cette énergie n'est pas d'ordre électrique. Elle ne se comptabilise pas non plus en chevaux-vapeur. »* Notes extraites du *Petit Traité de sciences ténébrales.

Lire un courrier sur le siège arrière d'une Dalphine-Eiffel propulsée à près de cent kilomètres par heure dans les sous-doges de Paris relevait des arts du cirque. Pourtant Goron ne put se détacher de ces lignes tracées par une jolie ténébraliste de sa connaissance, perdue dans les fins fonds de quelques déserts lointains.

« Mon très cher Eudes,

Mon eunuque en sucre.

Je voulais te parler d'une chose. Infime, petite, ridicule. Il se trouve que Prune est aujourd'hui une grande fille, et que n'étant pas bête – elle tient de sa mère – elle commence à se poser certaines questions. J'aimerais lui annoncer quelque chose dès mon retour de Libye, mais il me semble, mon ami, que vous devez en avoir la primeur.

Ce n'est pas au sujet de son chat, Loche.

Ni au sujet de sa mère, même si cette dernière est concernée.

C'est au sujet de son père...

Bien. Ce n'est pas évident à dire... Ni même à écrire.

Allez, vilaine fille, fais un effort !

Eudes. Tu voulais découvrir l'amour charnel. Nous nous sommes aimés. Longtemps. À notre manière. Mais tu regrettais de ne pas pouvoir aller plus loin, faute d'être encore pourvu de cet attribut trivial, mais néanmoins indispensable, qui fait la fierté de la gent masculine.

J'avoue avoir eu cette idée saugrenue, comme toutes les autres idées saugrenues, de solliciter à son insu mon cher Louis. C'était peu après le 14 juillet, aux Cuprifères. Il faisait chaud, Bertillon dormait. J'avais votre doigt en main, ainsi qu'une magnétosphère de Branly un peu bricolée...

J'ai mis votre doigt à Bertillon, vous avez découvert l'amour charnel, et j'ai passé une des nuits les plus torrides de mon existence. Il faut dire que vous attendiez ce moment depuis longtemps.

Louis s'est réveillé le lendemain avec des courbatures et un sérieux mal de crâne. Je vous ai demandé d'oublier cet écart. J'ai même dû insister un peu. Puis la petite est née, me démontrant chaque jour à quel point je n'étais pas faite pour être mère. Depuis lors, je n'ai pas cessé de partir. Loin. Très loin.

Mais elle pose de plus en plus de questions, Eudes.

Et je n'ai rien à lui répondre.

En dehors du fait que je n'ai jamais autant aimé mon mari que cette nuit-là.

C'est à n'y rien comprendre ! Il est le père, mais Prune, elle... elle a tout de vous !

Eudes...

Prune est sans aucun doute possible votre fille.

Signé : Clémence, votre tigresse des sables... »

Goron referma le courrier pour la troisième fois, s'essuya le front, et se décida à rendre le pli à son vieil ami.

— Je vous interdis de publier quoi que ce soit par rapport à ça, cingla le Khan.

Le journaliste ébouriffa ses moustaches et se cala dans le moelleux des sièges de la Dalphine-Eiffel.

Il savait une chose.

Celui qui avait arraché cette petite à la vie allait le payer très cher...

Le journaliste se replia stratégiquement sur les gros titres d'une *Rumeur nocturne* qui traînait sur la banquette arrière.

« Quêtes arctiques. L'avion de l'aéropostale et le commandant Charcot enfin retrouvés ! Les pilotes Roger Sommer et Charles de Lambert ont pu mener à bien leur mission de sauvetage. En héros, ils ont simplement déclaré que « **le temps était radieux, et grâce à une excellente visibilité, nous avons**

pu retrouver les traces du commandant ! » *Saluons le courage et la vaillance de ces conquérants des pôles !* »

— Vous êtes arrivé, monsieur le préfet.

— Garez-vous un peu plus loin, René.

— Bien, monsieur. Vous êtes sûr de ne pas vouloir attendre la cavalerie ?

— Vous me dites ça à chaque fois, René, c'est fatigant, cingla le Khan.

— C'est pour votre bien, monsieur.

— Pensez plutôt à celui de Goron, vous voulez ? Fermez tout et ne le laissez sortir sous aucun prétexte. Je n'en ai pas pour longtemps.

— Pardon ? réagit l'ancien policier.

Mais Lacassagne avait déjà verrouillé la lourde portière du véhicule blindé or, et René avait relevé les vitres intérieures pour isoler le captif. Ce dernier criait, mais personne ne l'entendait.

La sirène du couvre-feu se mit à hurler dans les haut-parleurs de la ville. La vie s'arrêta, un instant, suspendue aux stridulations glaciales de la machine. Chaque habitant de Paris-Capitale se sentait rapetisser, de crainte de paraître plus grand et plus appétissant que son voisin, de crainte d'offrir une plus belle cible à l'une de ces ombres mendiantes... Deux émetteurs, dissimulés dans les profondeurs d'atlantes en bronze, crachaient d'une voix mécanique des messages de recommandation.

« Habitants des sous-doges, verrouillez vos portes. »

« Pensez à faire vérifier vos installations de protection domestique par des techniciens agréés par les services de la Périspritique. »

« N'utilisez pas d'éclairage électrique. Préférez le gaz, l'alcool, l'huile, la paraffine, le bois, les piles à compression. »

« En cas de dons médianimiques avérés, couvrez-vous le crâne d'une résille or-cuivre afin de vous protéger des sollicitations non désirées. »

« Nous rappelons à tout contrevenant que circuler dans les sous-doges durant les heures sous couvre-feu relève de sa responsabilité. Il est dès lors conseillé d'être en bonne condition physique, d'avoir un équipement personnel respectant les

normes recommandées, ainsi qu'une escorte habilitée de classe ténébrale. »

La température baissait de degré en degré pendant que des spectres endormis dans leur propre réalité se mettaient à errer sur la place, sous la lampe ténébrale du préfet. Certains crachaient, cherchant à saisir le faisceau de lumière noire entre leurs griffes difformes.

Le Khan pointa du doigt cet étrange cortège et cogna sur le toit de la Dalphine.

— Vous voyez ça, mon ami ? Vous êtes à l'abri, là-dedans. Alors, ne bougez pas.

» Je reviens vous chercher...

Le préfet, son sac sur le dos, s'élança vers les escaliers de fonte qui tournaient autour du tronc d'un atlante de bronze, et gagna le niveau des doges. Il agrippa les barreaux d'une échelle de service, au-dessus d'une passerelle piétonnière, l'escalada, et fit pivoter une vitre pour sortir au grand air. Il fut aussitôt pris d'assaut par une bourrasque ténébrale. La pluie battait. Un orage s'annonçait. Les Cuprifères, au loin, étaient prises d'assaut par des feux de Saint-Elme. Le Tigre tint son haut-de-forme, longea un jardin suspendu en courant sur des caillebotis métalliques, et gagna les verrières secondaires du musée Guimet. Ce fut ici qu'il tua le premier homme. Une Goule noire qui, sortie de nulle part, vint se planter toute seule sur son fer, et traversa plusieurs toits de verre dans sa chute. Le préfet ne tarda pas à agiter encore son dard, repoussant ces hommes de rien comme des portes mal fermées. Ce n'était pas trois efflanqués de service qui allaient l'empêcher de passer.

Le grand Khan venait chercher son tigre.

Et venger la mort de sa fille.

Prune.

Mon frère, donne-moi les commandes au moindre coup de mou, tu m'entends ?

Je suis là aussi.

Moi aussi.

Mais Eudes n'avait pas l'intention de flancher. Il esquiva une rapière, attrapa une goule par le col, et la tint un instant au-dessus du vide.

— Où est l'entrée ?

Mais le soudard ne réagit pas. Il était devenu aussi vif qu'un édredon déplumé. Le préfet pouvait entendre des ordres jaillir de dessous sa capuche or et cuir, des ordres aux intonations slaves bien connues. Eudes arracha un récepteur miniaturisé, et se désintéressa du malfrat qu'il lâcha depuis son bord de toit. L'homme pouvait maintenant entendre les commandements du docteur Mileva Varasd. Il tourna la tête en direction d'un lanterneau qui venait de s'ouvrir sur sa droite, et se laissa couler entre deux faîtières. Il évoluait dans la nuit comme une ombre de chair et de sang, perça sans remords la panse de deux nouvelles sentinelles, et se faufila dans l'ouverture. Il sortit de son sac une paire de lunettes de vision nocturne en contrastes inversés, et dévala les marches d'un escalier métallique. Il ne prenait même pas la peine d'être prudent. Sa colère seule cueillait les inconscients qui osaient se mettre en travers de son chemin. Ainsi que celle du capitaine Brunet, heureux de retrouver dans les bras du Khan la vigueur de sa jeunesse.

Eudes passa de salle en couloir, dans un musée Guimet plongé dans l'obscurité. Des veilleuses au gaz, installées là à l'intention des gardiens, éclairaient de temps à autre des pièces majeures de collections orientales. Des masques rituels indonésiens, des lames de tous pays, des statues en bois, en bronze, en pierre, représentant les déesses et les dieux de l'Asie. Le Khan resta un instant devant un immense guerrier chinois, les traits de son masque en cuir de buffle répondant aux traits de bois de la sculpture antique.

L'officiel reprit sa visite. Il longea des vitrines peuplées de statuettes votives en céramique vernissée, et dépassa un panneau qui renseignait le badaud sur Émile Guimet, le fondateur et mécène de ces lieux. L'industriel et riche collectionneur avait déjà réservé sa place aux Cuprifères. Il avait été un des membres les plus actifs du Chrysanthème Noir, finançant des expéditions à travers le monde pour récolter, avant l'heure, les esprits et les défunts les plus brillants des anciens temps. Mais avant de passer le reste de l'éternité enfermé dans une tour d'or et de cuivre, il profitait de sa liberté pour voyager. L'homme, au soir de sa vie, consacrait sa dernière énergie à parcourir les temples et autres lieux sacrés de l'Orient, afin de nourrir et d'enrichir son Atomon jusqu'à son dernier souffle.

Mais d'après le Renseignement impérial, Émile Guimet se ferait flouer par son conservateur en chef, Natrojar Racoques, qui se servirait en réalité de son musée comme d'une base arrière pour des activités subversives.

— Devons-nous laisser les Cuprifères dominer le monde ?

La voix s'élevait depuis une grille ouverte dans le sol d'une salle du musée. Le Khan analysa son environnement, entendit un bruit de pas se rapprocher, et se plaqua derrière une statue. Un panneau en bois sculpté pivota et deux Goules noires en sortirent. Le préfet les supprima l'une et l'autre, cacha les corps derrière des massifs de vitrines, et se faufila dans l'ouverture. Un escalier descendait dans les sous-sols du musée Guimet. Le Khan longea quelques couloirs, suivant la voix de l'orateur, et déboucha dans une salle aux allures de temple sataniste. Des tentures tombaient depuis de hauts plafonds en trapèzes, encadrant une tribune plantée de flambeaux. Un homme haranguait une foule de Goules noires. Tous étaient dissimulés sous des cagoules à pointe.

Eudes se coula vers le dernier rang, et écouta l'orateur.

— Répondez ! Devons-nous tout accepter de cette méritocratie qui, sous prétexte d'avoir redéfini ce qu'était un fort et un faible, s'autoproclame juste et éclairée ?

» Mais révoltez-vous !

» Qui a dit que le pauvre avait besoin du riche ?

» Qui a dit que nous avions besoin d'un pouvoir pour nous contrôler tous ?

» Vous monsieur ?

» Vous ?

— C'est bien joli, mais c'est du réchauffé de vieil anar, votre soupe, réagit un anonyme dans la salle.

L'orateur ignora l'intervenant, et poursuivit son discours.

— On vous ment !

» Les Cuprifères vous promettent la vie éternelle ? Mais elles ne la donnent qu'à ses élus !

» Les Cuprifères n'ont qu'un mot pour nous qualifier : les Humbles ! Mais ils auraient dû nous appeler les Restes !

» Les Cuprifères bâtissent leurs fondations sur nos dépouilles ! Elles élèvent leurs tours sur les cendres de nos aïeux ! Elles détruisent nos morts ! Brûlent nos corps dans leurs crématoriums, détruisent nos âmes !

» Vous entendez bien ! Elles détruisent nos âmes et celles de nos proches ! Elles dévorent les humbles !

— Mais enfin..., réagit de nouveau l'anonyme du fond de la salle, il ne faudrait pas oublier que le Pouvoir central nous apporte énergie illimitée et connaissance là où nous n'avions que des nèfles ! Et nos morts, soyons honnêtes et reconnaissons qu'en dehors de les jeter dans un trou, on n'en faisait pas grand-chose.

» Et ça nous change quoi, à nous autres, de savoir que les âmes sont bien réelles ? Vous en voulez, vous, d'une vie éternelle à errer seuls dans les rues ?

— Sécurité ? interpella l'orateur. Virez-moi ce bougre. Il pollue ma scène.

— Mais ? Je ne fais que donner mon opinion ! s'insurgea l'anonyme qui se fit saisir par deux solides molosses.

— Oui, et vous semez le doute. Ici, on m'écoute. Je parle, on m'écoute. C'est pourtant simple. Sans un minimum d'ordre, où va le monde ?

— Je suis ordre.

Cette fois l'assemblée se retourna comme un seul homme et commença à bruire, sans savoir ce qu'il convenait de faire.

— Je suis ordre et ce bras, justice.

Le Khan avança, l'arme au clair, et laissa les plus fanatiques venir s'empaler sur l'acier de sa lame. La violence atteignit son acmé puis reflua, faute de combattants. Le préfet se lança à la poursuite de l'orateur. Les couloirs desservaient un ensemble d'entrepôts et de salles en enfilade, avant de rejoindre les réseaux souterrains de la ville. Les Goules noires, ces chasseurs de primes ne travaillant que pour l'argent, avaient trouvé ici un bon client... Les caves regorgeaient d'objets venant du monde entier, comme autant de fruits de larcins, de pillages, et de contrebandes.

Mais le préfet n'était pas là pour confondre de vulgaires voleurs. Il en avait assez de souiller ses armes du sang de cette piétaille...

— Nous courons, il marche, et pourtant, il nous rattrape ! hurla un des hommes d'escorte de l'orateur.

Le Khan souleva un paquet de poussière, d'un coup de botte, étouffant d'un même geste flammes et velléités. Six hommes s'effondrèrent, sans vie, pendant que le dernier sentait une poigne de fer se refermer sur sa gorge. L'orateur. Le spadassin avait perdu sa rogue. Il regardait en tremblant la pointe d'acier rougie par le sang de ses comparses que le préfet tenait entre ses deux yeux.

— Vous ne survivrez pas à cet entretien, le prévint l'officiel. À moins que vous ne collaboriez. Natrojar Racoques. Où loge-t-il ?

Le Khan insista d'une paire de claques retentissante.

— Où est-il ?!!

— Je ne sais pas !

— Et Mileva Varasd ?

— Non plus ! Je vous jure ! se décomposa le tribun de l'ombre. Je me contente de répéter à la face de ces clowns ce qu'elle me dicte ! Je ne suis là que pour l'argent !

Le Khan arracha la cagoule pointue de l'homme, ainsi que son masque rituel.

— Vous ? cracha l'officiel avant de distribuer deux paires de claques supplémentaires. Tenir le zinc du *Spect'Rhum* ne vous suffisait donc pas pour que vous alliez nous polluer l'air ailleurs ?

— Ne le dites pas à mon père !

— Mais raclure de fond de couilles, vous rendez-vous compte de ce que vous faites, au moins ?

— Non... Non, monsieur le préfet... Je ne suis qu'un ver de terre, un vermisseau de rien du tout, un...

— Un rat d'égout qui est en train de se payer ma tête ! Je n'ai plus qu'à vous envoyer rejoindre le royaume des ombres, crevure !

Le Khan s'apprêtait à passer le pauvre hère par le fer, quand ce dernier se réveilla soudain.

— Attendez ! Je sais où est votre tigre !

— Voilà que le Tout-Paris sait où est mon fauve ! s'agaça le Khan.

— C'est que... c'est moi qui l'ai enlevé.

— Mais je vais vraiment vous crever, raclure !

— Vous m'aviez humilié ! Alors quand un de mes gars m'a dit que votre animal attendait sagement au-dessus du *Spect'Rhum*, j'ai... je... je vais vous conduire à lui.

— Faites-moi faux bond, le tôlier, et je vous raccourcis façon samouraï !

Eudes arracha en partie la cape cuir et or de Thorian Delage, et lui enserra les deux bras.

— Avancez !

Le fils du chef des Goules noires entraîna le préfet de boyau en couloir, jusqu'à gagner une salle aux dimensions peu ordinaires. Le sol était dallé de carreaux en marbre noir et blanc, et de la tôle brossée recouvrait les parois. Des cages en fer se tenaient à côté de cages en or, certaines posées à même le sol, d'autres suspendues à des chaînes dans les hauteurs de plafonds cathédrale. Des torchères éclairaient faiblement les lieux.

— C'est par ici.

Le guide attira son homme quelques pas plus loin, mais le Khan s'arrêta, d'instinct. Il prit le temps d'observer l'endroit, de décrypter ce que l'œil du profane ne pouvait voir. Il tira le tôlier en arrière, lui verrouillant les bras, et fit valser ses doigts.

— Il n'y a pas d'embûche, grand Khan. Votre tigre est juste là...

Mais Eudes reniflait le danger comme un chien de chasse.

Des traces d'impact, sur les carreaux.

Des choses tombent du ciel.

Des cages !

L'homme releva son pied de la dalle et entendit un déclic dans les profondeurs des maçonneries... libérant une chaîne, plus haut, dans les étages. Le préfet poussa son guide et bondit en arrière, juste à temps pour ne pas se faire enfermer par la chute d'une prison d'acier. Thorian eut moins de chance, une moitié de lui étant restée libre, l'autre pas.

— Vous n'aviez pas l'intelligence de votre père, le tôlier, conclut le Khan.

Le préfet redoubla de vigilance. Chacun de ses pas pouvait déclencher un autre de ces pièges. Mais il devait pourtant poursuivre sa mission. Et aller vite. Eudes traversa la salle des cages et entra dans un nouvel espace. L'endroit, tout aussi vaste et haut de plafond que le précédent, s'ouvrait sur un ciel de doge. Les verrières illuminées de Paris livraient leurs jeux de reflets à travers les épaisses dalles de verre d'un dôme en cuivre oxydé. Des arches en bronze descendaient le long de murs d'acier, avant de venir s'enraciner dans les dalles du sol. Au pied de chaque tronc de ces compositions métalliques se tenait un cylindre de verre.

C'est du cristal périspritique.

Un cristal de roche connu pour avoir les mêmes propriétés que de l'or pur...

Des cellules de confinement ?

Chaque cylindre s'élevait dans une alcôve indépendante, tenu pitonné à la muraille par des cerclages en acier. Des cartels aux rivets d'or renseignaient le visiteur sur l'identité des captifs... Date et lieu de capture, origine culturelle de l'ombre, son histoire, le récit de ses méfaits.

Une collection de monstres périspritiques !

Nous avons attrapé certains d'entre eux !

Ne devaient-ils pas être détruits ou enfermés au plus profond des Cuprifères ?

Un détournement ? Un trafic d'ombres viciées ?

Eudes serra les poings. Qui osait revendre au plus offrant le fruit de son travail et de celui de ses hommes ? Des têtes devaient tomber ! Le Khan traversa la crypte à grandes enjambées quand un de ses adjudants le retint en arrière. Le préfet venait en effet de passer devant une plaque indiquant : « *Nicolas Flamel, alchimiste du XIVe siècle, Paris, France.* » Eudes approcha de la paroi en cristal du cylindre concerné, et alluma sa lampe noire. Une ombre falote se laissa prendre dans le faisceau, sans autre forme de réaction.

— Vous n'auriez pas vu mon tigre ? lâcha le Khan à la face du spectre.

Devant l'absence de réaction de l'entité, l'homme rangea sa lampe et gagna le fond de la crypte. Des rideaux descendaient des hauteurs, masquant des portes en bronze. Il les écarta, et entrouvrit un panneau. Des voix et de la lumière filtrèrent. Le préfet passa un œil, pour repérer les lieux. Une troisième salle suivait ici en enfilade, tout aussi démesurée que les deux premières. Le sol était recouvert de tapis orientaux des plus luxueux, et des collections de meubles coloniaux côtoyaient des collections de meubles traditionnels asiatiques. Un feu crépitait dans une immense cheminée, juste pour offrir un peu de chaleur à l'ambiance des lieux. Un vieillard se tenait non loin de l'âtre, les deux mains posées sur la grille d'un pare-feu décoré de dragons asiatiques.

Cet homme est le Zouave Jacob.

En êtes-vous certain ?

Ce vieux débris était donc encore en vie...

Le Khan lui-même avait reconnu, dans les traits du vieillard, le théurge d'antan. Il n'était plus d'une prime fraîcheur. Il tremblait de froid, d'un froid qui annonçait la fin d'une vie bientôt consumée. Mais le préfet tressaillit. Un autre homme était assis sur un fauteuil, pieds et mains liés. Un homme dont le timbre de voix heurtait le tympan de l'officiel.

Il ne devait pas rester dans la Dalphine ?

Et qui est cette femme qui le tient en respect avec un fume-cigarette ?

Mileva Varasd, old chap. *J'ai bien connu cette diablesse.*

Le Khan referma doucement le panneau de bronze et se colla derrière un piano de concert. De sa position, il pouvait entendre la conversation qui se menait bon train...

— Vous avez tué cette jeune fille ! se fâcha Goron.

— Oui, c'est moche. C'est la mort..., dramatisa Mileva en tirant une bouffée sur son porte-cigarette. Le pire, c'est qu'elle s'est révélée bien plus utile morte que vive. Jacob a lu en elle comme dans un livre ouvert... N'est-ce pas Henri ?

Le vieillard bougonna, rêvant d'un temps où il menait l'offensive, sabre au clair, clairon au vent.

— Elle nous a permis de découvrir qu'ils ignoraient tout de la valeur réelle du bijou que la pauvrette avait autour du cou, aux Cuprifères...

» Les choses auraient pu être si simples..., ajouta Varasd en jetant sa cigarette dans l'âtre. Mais cette péronnelle n'a rien trouvé de mieux que de perdre la pierre de Flamel en faisant le mur !

— Putain de macaque, jura soudain le vieux Jacob en crachant dans la cheminée.

— Pourquoi dites-vous ça, monsieur le Zouave? demanda Goron qui tentait de repousser l'instant où ses hôtes choisiraient de l'envoyer au fond d'un trou humide...

— Car c'est un singe qui a récupéré le bijou. La demoiselle a fini par lâcher le morceau. Mais depuis, on a retourné dix fois tout Paris pour mettre la main dessus ! s'envola la doctoresse.

— Tout ça pour que ce petit con vienne de lui-même dans nos pattes ! s'agaça Jacob.

— Vous êtes vraiment toxique, Varasd, gronda Goron en tirant sur ses liens. Vous ne pouviez pas rester là où le sort vous avait jetée ?

— Non. J'avais promis à Flamel de tout faire pour retrouver son voleur. C'est important, de tenir ses promesses.

La doctoresse lâcha dans l'air un rond de fumée, et reprit le fil de son discours.

— Pauvre hère… Ce naïf a cru que je faisais ça pour le bien-fondé de sa sacro-sainte mission ! Mais courir après le secret de la vie éternelle est bien plus excitant. C'est Jacob qui m'a livré la pièce maîtresse, un document dérobé à l'empereur Napoléon III. Une archive signée d'un certain comte de Saint-Germain. Cet intrigant d'un autre temps guida ma quête jusqu'en Transylvanie, où je fis la connaissance de son ombre, un monstre qui, sous ma main, fut bientôt plus bavard qu'une envolée de pies.

» Je me suis entendue avec ce gredin pour que nous alliions nos forces, puis je suis revenue à Paris, après vingt ans d'exil, avec les vieux os de ce démon dans mes valises. Et quand j'ai compris qu'en plus de ma quête je pouvais me venger de vieux ennemis… je n'ai pas pu résister.

» Depuis, l'ombre de Rakoczy plane sur la capitale… et je n'ai jamais été aussi proche de la vie éternelle !

— Pourquoi lui dire tout ça, docteur ? s'agaça le Zouave.

— Sa torture me soulage. Et puis, il n'aura pas l'occasion de le répéter.

— Faut le supprimer, intima Jacob en refermant ses doigts de vieillard sur la grille pare-feu.

— C'est prévu, assura Varasd. Il aura même l'honneur de servir de repas au tigre de l'autre voltigeur.

— Le tigre ? Vous plaisantez ? Il ne croquerait pas une souris : il n'a plus de dents !

— Tout comme vous, mon cher. Pourtant, il croque bien du singe, ce vieux matou. Au pire, ne vous inquiétez pas, on l'aidera un peu…

— Eh bien je vais commencer tout de suite par faire quelques trous dedans, affirma le théurge en sortant un révolver de sa poche. Il me donne des palpitations, ce fouineur. C'est déjà assez de savoir que l'autre croque-mitaine traîne dans le secteur !

Mais le vieillard n'eut pas le temps de faire feu. Il reçut un bonze au milieu du front, et s'affala de tout son long.

— Ne faites pas un geste, pute slave, intima le Khan qui sortait de l'ombre.

— Pourquoi ferais-je un geste là où un cri suffit ? répliqua le docteur en hurlant pour donner l'alerte.

Des portes s'ouvrirent aussitôt le long des murs en tôle, et des nuées de Goules noires apparurent dans la salle.

— Emparez-vous de lui vivant ! Vous m'entendez ? Je veux l'entendre hurler de douleur comme jamais !

Le Khan confia son bras gauche à son frère, Chrysostome, volta entre les goules, et, en deux bonds, fut sur la doctoresse. Elle recula, affolée, bousculant le mobilier jusqu'au piano de concert, où elle tomba à la renverse. Le préfet venait de la pousser dans le ventre de l'instrument, claqua le couvercle, et condamna le tout en posant dessus une déesse en pierre.

Puis il se retourna et lança un coupe-papier à son vieil ami, non sans le tancer vertement.

— Vous, je vous avais ordonné de rester dans la Dalphine !

— Sauf qu'après votre départ, j'ai vu des dizaines de Goules noires entrer à votre suite dans le musée ! Je me suis inquiété. J'ai envoyé René chercher la cavalerie, Eudes. Ne vous en déplaise. Mais une fois seul dans la rue, la température est tombée, au point de givrer les atlantes et...

— ... vous avez fait la connaissance du démon des Halles, termina un homme en entrant dans la grande salle.

— Natrojar Racoques ! s'écria Goron en reconnaissant le conservateur du musée.

— C'est lui, Racoques ? lança le Tigre en même temps que quelques chaises, pour retarder ses assaillants.

— Supprimez-moi ces huiles, avant qu'il n'en pleuve d'autres ! intima le conservateur en faisant demi-tour.

Le Khan n'avait plus le temps de parler. Devant l'irruption d'une armée de goules, il choisit de confier les gouvernes au grand-père Brunet...

Capitaine, c'est le moment de me montrer ce que vous avez dans le ventre !

Jules Brunet gronda de plaisir en prenant le contrôle de ce corps forgé pour le combat. Son bras puissant fit voler les imprudents, pendant que son sabre raccourcissait les têtes. Le samouraï repoussa une à une les vagues adverses, jusqu'au dernier ressac. Là, le bras empesé du sang de ses ennemis, le capitaine rendit son doigt à l'officiel. Une centaine d'hommes venaient de tomber le temps de ces quelques battements de cils...

Eudes chassa les dernières vies, avant de poursuivre plus loin cette danse avec la mort.

— Racoques ! hurla le préfet. Je ne te lâcherai pas ! C'est le sang de ma fille que tu as sur les mains, tu entends ?

— Je suis ici, le *Tigre* ! hurla Natrojar.

Le Khan fit voler quatre goules avant de pousser les battants en bronze de la salle des ombres. Natrojar Racoques se tenait à l'autre extrémité, à l'abri d'une cage en or. Entre lui et le Khan, il avait posté une Goule noire sur chaque dalle blanche. Une préoccupation artistique que Lacassagne ne prit pas le temps d'apprécier. L'homme se lança à travers la pièce, fauchant les vies de ces bataillons de lames dressées contre lui, maudissant la Slave d'avoir décérébré autant d'innocents...

— Goules noires et ombres blanches ! J'espère que tu vas aimer ce jeu, préfet !

Natrojar tira sur une chaîne qui libéra un immense marteau au sommet de la cathédrale. L'objet s'élança dans les airs, et vint percuter une cloche qui, frappée à pleine puissance, résonna au point d'obliger le Khan à poser un genou à terre. Le cristal des cylindres commença à se fissurer, avant de voler en éclats et de libérer un à un les quelques dizaines de monstres parmi les plus redoutables de la Terre...

— Choisis par quelle griffe périr, préfet ! lança le conservateur en abaissant un interrupteur.

La crypte fut soudain inondée par le feu de lampes ténébrales. Du fond de leurs alcôves, les démons se réveillaient, conscients de leur présente libération. Ils commencèrent à bouger leurs membres monstrueux...

Vous ne pourrez pas résister à ces ombres !

Il faut vous replier !

Surtout que certaines d'entre elles pourraient vous en vouloir, old chap.

Mais le Khan avait décidé de se battre. Il fendait l'air de son épée, tranchant la moindre des griffes périspritiques qui osait l'approcher.

— L'âme de ma lame est d'or pur, venez donc un peu la goûter ! Remugles des Enfers !

Il permuta deux de ses doigts, pour gagner des alliés ténébraux.

Restez calme.

Ces ombres ne connaissent pas ce lieu.
Elles sont comme des aveugles en pleine lumière…

Mais Eudes releva la tête, attiré par un battage inédit. Une pluie d'étincelles s'était mise à tomber depuis les cimes, et de toutes parts apparaissaient les forets incandescents de découpeurs à haute pression. La forteresse était prise d'assaut de l'extérieur. Par la cavalerie…

Les premiers ronds de découpe churent avec fracas, et des soldats en armures lourdes s'élancèrent en rappel à l'intérieur de la cathédrale.

— Allez ! Allez ! Allez ! motiva le chef de corps.

» Canardez ! Bombardez ! Pulvérisez !

» Faites-moi le ménage dans cette tanière !

Le préfet laissa la Garde impériale refouler les menaces ténébrales et se concentra sur Racoques. Ce dernier, constatant que personne n'avait respecté les règles de son jeu, leva les barreaux de sa cage et s'enfuit à travers un dédale de couloirs. Exercice périlleux quand il s'agissait de semer un Khan en colère. Il disparut dans un tunnel, soufflant les torchères derrière lui, le préfet sur les talons.

— Pourquoi avoir tué ma fille ? hurla Lacassagne.

» Réponds !

Chapitre 30

Paris-Capitale, le 5 juin 1910, 21 h 28
La nasse est pleine

« Interrompre l'émission de l'onde ténébrale spécifique à la signature d'un mort plonge son atlas dans un coma immédiat. »* Notes extraites du *Petit Traité de sciences ténébrales.

— Réponds !

... Réponds... »

... Réponds... »

... répéta l'écho des goulots.

— Pourquoi avoir tué ma fille ?!! hurla le Khan en envoyant voler les portes.

— Pour transmettre un message, répondit Racoques depuis un autre couloir.

— C'était une âme innocente ! gronda le Tigre en se tournant en tous sens.

Innocente !

— Pour les réclamations, il faut voir avec la doctoresse.

C'est elle qui assure le service après-vente...

La voix de Racoques rebondissait de tunnel en boyau, ne sortant jamais deux fois du même trou.

— Moi, je ne m'intéresse qu'aux secrets de Flamel...

... Mais vous êtes fous, aux Cuprifères...

Confier la pierre philosophale à une adolescente de quinze ans...

... fugueuse, de surcroît !

Heureusement, un singe a retrouvé la pierre...

... et...

... nous avons retrouvé le singe.

Ensuite... votre putain de tigre a trouvé les deux!

— Comment ça?

Le Khan devenait fou, poussant les portes, allant, venant, passant de salle en cave, et de cave en couloir...

— Il a avalé le vieux singe comme une friandise... Et avec le singe, la pierre de Flamel. Nous sommes en train de lui faire un lavement! fit encore la voix de Racoques en s'éloignant.

— Vous lavez mon tigre? hurla le préfet en défonçant une nouvelle porte à coups de talon.

— J'étais pour l'éviscérer, mais la doctoresse trouvait ça cruel...

Cette fois, la voix de Natrojar Racoques se tut. Le préfet venait de découvrir une geôle munie de barreaux en fer. Dans cette prison humide, un jeune homme se tenait recroquevillé dans son coin, les vêtements déchiquetés par l'appétit de rats errants. Face à lui, de l'autre côté de la grille, hors de sa portée, était suspendue une cage en or, une volière à échelle humaine.

— Qui êtes-vous? grogna le Tigre en éclairant le prisonnier.

— Ne me faites plus de mal..., gémit le garçon en tremblant. Je vous ai déjà dit tout ce que je ne savais pas...

— Votre identité! répéta le Khan en tentant d'arracher les barreaux de la cellule.

— Tellurien... Je m'appelle Tellurien Flamel, répondit le jeune homme en se retournant. Maintenant, laissez-moi mourir!

— Je vais vous sortir de là, mon garçon, pourquoi voudriez-vous mourir?!!

— Car ce qui avait le plus de valeur à mon cœur est là..., fit Tellurien en tendant un doigt vers la cage en or.

Le Khan eut soudain un frisson. Il alluma sa lampe ténébrale et dirigea le faisceau sur les résilles d'or. Il recula d'effroi.

— Prune..., se lamenta le garçon. Tu m'entends? Elle ne m'entend pas... Prune!

Le préfet escamota deux ou trois de ses doigts et posa un genou à terre. Il sortit de son sac une bouteille de confinement périspritique, et approcha de la cage. L'âme de sa fille était perdue dans sa dimension, sans conscience du drame qui se jouait dans le monde de la matière.

— Que faites-vous ? s'alarma le jeune Tellurien en essuyant une larme. Vous êtes venu me la prendre ? Et qui êtes-vous ?

— Je la mets en sécurité, répondit l'officiel, la gorge serrée. Et je suis Eudes Lacassagne, préfet d'Empire.

Le Khan tordit le grillage en métal impérial, pour introduire le dispositif de confinement dans la cage, et donna la gouverne au père jésuite. Surin se chargea de guider doucement la belle âme au fond de la bouteille, avant de refermer le tout.

— Elle n'est pas à l'étroit, là-dedans ? s'inquiéta Tellurien en se mettant péniblement sur ses jambes.

— Je préfère ne pas me poser la question, répondit le Khan en étudiant cette fois le cadenas de la cellule. Et vous ? Que faites-vous là ? Ils vous ont capturé pour avoir fait vos jolis yeux à ma fille ?

— C'est... C'est votre fille ? Je ne le savais pas, monsieur le préfet, bégaya le jeune Tellurien.

— Ne vous en faites pas, moi non plus, lâcha le Khan en forçant la serrure. Mais vous ne tenez pas debout, ma parole !

— Ils m'ont arraché les ongles des orteils, monsieur Lacassagne, se plaignit le garçon en peinant à poser un pied devant l'autre.

— Mais pourquoi diable ?!!

— Le premier pied, c'était pour faire parler votre fille. Ils voulaient savoir où était son pendentif. Le second pied, c'était pour savoir où était mon singe...

Le préfet aida le prisonnier à sortir de sa cellule. Le jeune homme était dans un grand état de fatigue.

— Et naturellement, vous avez parlé, cingla le Khan.

— Ils nous ont promis de nous libérer si je leur livrais mon singe, avoua Tellurien en boitillant. Alors je l'ai fait venir.

— Cap-3 ? Mais comment ?

— J'adorais mon papy... Il me suivait partout, après son service. Je lui avais même fabriqué du matériel sur mesure pour qu'il m'accompagne dans mes escapades nocturnes...

» Je communiquais avec lui...

» ... grâce à cet émetteur.

Le jeune Tellurien détacha un petit transistor à compression de sa boucle de ceinture.

— Je l'ai appelé avec ça pendant des heures et des jours avant qu'il me retrouve ! Et là, alors qu'il venait de tomber dans ma cellule par ce puits d'aération, mes bourreaux sont arrivés ! Cap-3 a pris peur, et il leur a filé entre les jambes.

Un feulement se fit entendre depuis une pièce voisine.

— Ça, c'est le tigre qui a mangé mon singe, se plaignit Tellurien.

— Suivez-moi, fit le Khan en entraînant son protégé au fond du couloir.

Les deux hommes arrivèrent devant une porte entrouverte. Le préfet poussa prudemment le panneau rouillé, et entra. Son animal, immense et magnifique, était suspendu dans un harnais de cuir. Les Goules noires en avaient terminé avec sa séance de lavement, sans aucun doute satisfaits dans leur quête. Eudes passa le doigt de son frère, Chrysostome, plus à même de contrôler les réactions de son fauve. L'homme caressa le poil blanc de son félin et lui murmura des mots rassurants, avant de déboucler une à une les sangles qui le retenaient captif. Puis, il sortit de son sac un étrange appareillage...

— Que faites-vous ? interrogea Tellurien. Vous lui mettez une muselière ?

— Pas exactement.

L'homme assembla les deux pièces d'une mécanique faite de rouages et de compresseurs, et saisit la tête de son tigre.

— Non..., siffla Tellurien, vous lui avez fait un dentier ?!!

L'animal feula, prenant la mesure du potentiel que son maître venait de lui introduire en bouche, et rugit dans un nuage de vapeurs soufrées.

— Assis, Shere Khan !

L'officiel sortit de nouveaux accessoires de son sac, sous le regard médusé de Tellurien...

— Des griffes, maintenant ? Mais que comptez-vous lui faire faire ?

— Rien que ne saurait faire un tigre à qui l'on a fait subir un lavement, répondit l'homme en rendant son doigt au Khan.

Eudes saisit son animal aux deux joues et le regarda droit dans les yeux.

— Mon grand, je veux Natrojar Racoques. Alors va, et ramène-le-moi !

— Il va en faire de la charpie !

— J'y compte bien. Il a tué ma fille.

— Et la mienne aussi.

Un froid tomba dans la pièce. Le Khan sentit s'emballer son cœur de pierre et de fer. Il se retourna lentement, et découvrit sur le seuil une jolie rousse qui avait encore sur elle l'odeur du sable et du désert.

— Je suis désolé pour votre fille..., commença Lacassagne.

— Gardez vos remords, préfet, fit la ténébraliste, la voix étranglée. Où est ma fille ?

La question fit l'effet d'une gifle. Le préfet sortit la bouteille de cristal d'une poche intérieure, et déglutit.

— Une chose est sûre, fit Clémence en prenant la capsule en main, Prune ne doit pas être morte pour rien. C'est quoi, votre programme ?

Le Khan tremblait devant la colère froide de Clémence Brunet. Il faisait valser ses doigts au point de se donner le vertige...

Shere Khan se charge de Natrojar.

Mileva Varasd est dans un piano.

Le vieux Jacob est assommé.

Reste à aider la Garde impériale à nettoyer la crypte de ses monstres...

À collecter l'ombre de Nicolas Flamel...

À arrêter le démon des Halles !

— Préfet ! Réveillez-vous ! C'est quoi la prochaine étape ? s'impatienta Clémence. Où est la pierre de Flamel ?

— Avec Natrojar, cracha le Khan. Mon tigre s'en occupe.

— Pardon ? Vous faites confiance à un tigre, maintenant ?

— Oui. Surtout après avoir subi un lavement.

» Suivez-moi.

— La Terre tourne, mais vous, vous ne changez pas, mon ami, fit Clémence en soutenant le jeune Tellurien. Vous savez, si vous restez dans votre petit monde, personne ne pourra vous aider !

— Je n'ai rien demandé, cingla le Khan.

— Et l'on voit le résultat ! Comment avez-vous pu laisser mourir notre fille ?!!! craqua soudain la ténébraliste dans des larmes de rage.

Le Khan ne savait pas gérer les effusions d'ordre émotionnel. Il se réfugia dans son silence, et se raccrocha à sa mission. Il vira, de porte en tunnel, jusqu'à retrouver la crypte centrale. L'armée avait repris le contrôle de l'endroit. Secondés par une équipe de la Périspritique, les hommes avaient détruit les vestiges physiques de ces monstres captifs, réduisant par la même occasion les ombres à néant.

— Vous n'avez pas fumé Nicolas Flamel, au moins ? hurla le préfet en retrouvant son rôle d'officiel.

— Négatif, monsieur ! répondit le chef de corps. Votre macchabée est en bouteille !

— Avez-vous les restes de Léopold Rakoczy ?

— Négatif ! On n'a pas ce monstre en magasin, monsieur ! fit le militaire en réorganisant ses hommes.

— Prenez soin de ce jeune homme, ordonna le Khan en pointant Tellurien du pouce. Il est blessé.

— Bien reçu, monsieur !

Le préfet se dirigea vers la dernière salle.

— Ne comptez pas me passer devant le nez sans me répondre ! cria Clémence en lui emboîtant le pas. Comment avez-vous pu la laisser mourir ?

— Vous voulez mon écharpe ? Vous voulez rejoindre mon équipe, pour savoir quel genre d'enfer est mon quotidien ? Pendant que vous jouez à l'aventurière loin d'une fille dont vous n'ignoriez pas, vous, qu'elle était la vôtre ? Alors, gardez vos reproches et laissez-moi terminer mon travail. Nous n'aurons pas assez d'une vie pour compter nos manquements vis-à-vis de cette petite !

— Et l'autre mou ? Il n'était pas censé assurer sa sécurité, dans ses Cuprifères ?

— Suffit !

Le Khan passa sa colère sur un meuble innocent, traversa la pièce à grands pas, et asséna un coup de poing sur le clavier d'un piano de concert.

Un cri s'éleva de l'instrument.

— Où sont les restes de Rakoczy ? hurla le Tigre à travers le couvercle.

— Qui est enfermé là-dedans ? s'enquit la ténébraliste d'une voix blanche.

— L'immonde crevarde qui a tué Prune, cingla le Khan en frappant de nouveau le clavier.

— Quoi ? fulmina soudain madame Brunet. Poussez-vous de là !

Clémence déchaîna toute sa colère sur l'instrument, cognant le bois à coups de pied et de poing.

— Je vais t'apprendre à mesurer la valeur d'une vie, radasse ! cracha la mère en furie. C'était ma fille ! Tu m'entends ? *Ma fille !*

Clémence se jeta sur la statue de pierre qui trônait sur le piano et tenta de la renverser, sans succès.

— Mais qui a mis ça là ?

— C'est moi, répondit le Khan redevenu aussi dense et froid qu'une plaque de fonte en hiver.

— Mais retirez-la ! Que j'arrache les yeux de cette pouffiasse ! hurla Clémence en se jetant de nouveau sur l'instrument.

— Non. Le docteur Mileva Varasd restera là-dedans tant qu'elle n'aura pas dit où se trouve la dépouille de Rakoczy.

— Alors je ne dirai rien ! hurla une voix à l'intérieur du piano.

— Voulez-vous que je joue *La Damnation de Faust* à coups de poing, charogne ? menaça le Khan.

— On va même te jouer tout Berlioz à quatre mains ! fit Clémence en se mettant à frapper le clavier.

— Assez ! hurla Varasd. J'ai les oreilles qui saignent ! Pitié...

Le Préfet jeta la statue de pierre sur le dallage, attrapa la doctoresse par le col, et la tira tout près du cuir de son demi-masque.

— Parle maintenant, ou je te garantis que tu vas poursuivre cette conversation au-delà des portes de la mort...

— ... Rakoczy est dans la salle des cages, en sous-sol, je vais vous y conduire ! hurla Varasd en se protégeant le visage.

— Tu ne conduis personne nulle part, crevarde.

Eudes lui envoya un coup de poing qui l'assomma tout net, et la jeta sur son épaule.

— C'est par ici, indiqua le Khan sans se retourner.

Le préfet traversa les pièces en enfilade, jusqu'à la salle des cages. Il poussa Varasd au fond de l'une d'elles, cassa la clef dans la serrure, et revint bientôt avec un seau d'eau froide...

— Tu es réveillée ? fit l'homme une fois le contenu dûment vidé.

La doctoresse suffoquait, reprenant rapidement ses esprits.

— Ça va te piquer le nez quelques instants, mais c'est réversible. Pas comme la mort, fit le Khan en serrant la mâchoire. Alors, il est où ton démon ?

Le Tigre commença à tirer sur les chaînes du palan, élevant la cage de Varasd dans les airs.

— Tu parles, ou je te laisse t'écraser comme une merde ?

— Le confessionnal ! hurla la doctoresse.

— Le confessionnal, quel confessionnal ? fit le Khan en regardant autour de lui. Mais c'est pourtant vrai, il y a un putain de confessionnal dans leur salle de torture ! Vous nous faites quoi, là-dedans, de l'inquisition type nouvelle ère ?

— Le panneau du fond, il s'ouvre sur un caveau, et dans le caveau...

— Ça va, ne te fatigue pas.

Eudes s'élança à travers la pièce, arracha la porte du meuble, et éventra d'un coup de pied le panneau du fond. Sans succès. Il ressortit du confessionnal, ébranla la structure avant de la soulever du sol et de l'envoyer s'effondrer sur le dallage...

— Eudes, mon ami ? fit Clémence depuis l'autre bout de la salle. La doctoresse voulait sans doute parler de ce confessionnal-ci...

— Je n'ai pas suivi de stage accéléré en archéologie, moi.

Cette fois, le caveau fut découvert et, à l'intérieur de ce dernier, un cercueil en planches de chêne posé à même le sol.

— Je crois que nous avons trouvé vos restes, attesta la ténébraliste.

Le préfet ne perdit pas de temps en analyse. Il tira le cercueil au milieu de la salle, et ouvrit le coffre sur un gisant vêtu de brocarts et de pierres précieuses...

— Il est démon comment, votre démon des Halles ? demanda Clémence en découvrant les os dorés à l'or fin de Rakoczy.

L'homme ne répondit pas. Il permuta ses doigts pour livrer les rênes à ses médiums et autres exorcistes.

Procédons à l'invocation...

Ne faudrait-il pas, auparavant, prendre quelques précautions ?

Inutile. En cas d'urgence, il suffit de se réfugier dans ces cages en or.

Le père jésuite se concentra alors sur la cérémonie. L'homme posa ses mains sur le gisant, et s'adressa à lui d'une voix forte et impérieuse.

— Léopold Rakoczy ! Toi qui, d'entre les morts, viens troubler le repos des vivants, je connais ton nom et je t'invoque !

Le père jésuite frappa la dépouille mortelle, et reprit en hurlant de plus belle.

— Léopold Rakoczy ! Toi qui, d'entre les morts, viens troubler le repos des vivants, je connais ton nom et je t'invoque !

» Léopold Rakoczy ! Toi qui, d'entre les morts, viens troubler le repos des vivants, je connais ton nom et je t'invoque !

» Je tiens tes cendres, démon ! Tu m'entends ?

Jean-Joseph Surin leva ses poings et les abattit sur le gisant de toutes ses forces.

— Léopold Rakoczy ! Je vais te détruire !

L'exorciste jeta l'huile fondue des torchères sur la dépouille avant d'y mettre le feu. Les vêtements secs et imbibés des fluides d'un embaumement ancestral s'embrasèrent aussitôt.

— Mais que faites-vous ? hurla Varasd depuis sa cage de fer.

Le père jésuite reprit le rituel, d'une voix plus forte que jamais.

— Vois, démon ! De ma main je détruis ton corps et mets fin à ton errance coupable !

— Là, mon ami, je crois que vous l'avez fâché..., fit Clémence en levant un doigt vers une grille d'aération ouverte sous le plafond de verre.

Le démon des Halles se tenait accroché, suspendu par ses griffes périspritiques à des fermes en acier. Ses membres éthérés fumaient d'une énergie neuve. La bête venait de s'abreuver, aux cous de quelques passants, de chaleur vitale et de vapeurs de coronium. Crachant ses remugles ténébraux, ivre de colère, l'ombre souffla les torchères et fit baisser la température de la salle... Puis le corps monstrueux déploya ses ailes membraneuses, agita ses griffes, et se lança dans les airs...

— Vois ! tonna le père jésuite sans se laisser impressionner. Vois ce que je fais de tes cendres, démon !

L'homme frappa la dépouille en flammes avec une torchère, levant des gerbes d'escarbilles rougeoyantes...

— Simple question technique, susurra Clémence, vous comptez l'attraper comment, votre gargouille ?

Le prêtre jésuite opéra un vif échange de doigts...

... Le préfet reprit le contrôle de son corps et poussa la ténébraliste à la renverse.

— Reculez ! hurla le Khan.

Eudes se releva d'un bond, après une roulade exécutée comme à l'exercice, et libéra une lourde chaîne. Une cage en or dégringola depuis les cimes et s'écrasa sur les vestiges affolés du comte de Saint-Germain. Son ombre, prisonnière des barres en métal impérial, se mit à crépiter à mesure que le feu ravageait ses reliques physiques. Une voix ténébrale s'éleva...

« Pitié...

Sauvez mes restes...

Je suis porteur de tant de secrets... »

— Il ne manque pas de culot, votre démon ! cracha Clémence.

— Laissons-le brûler un peu, il fera moins le malin, préconisa l'officiel en soufflant sur les braises.

— Mais ? Ne serait-ce pas votre fauve qui revient ?

Un feulement accompagna en effet l'entrée d'un immense tigre au pelage blanchi par les âges, tenant, entre ses crocs en or, les restes d'un conservateur et un pendentif traînant au bout de sa chaîne...

— Vous voyez, il faut faire confiance au tigre...

Deux silhouettes se faufilèrent en dehors de leur trou sombre.

— Vous voyez quelqu'un ou quelque chose, monsieur Pluviôse ?

— Rien, monsieur Brumaire. La place est déserte.

— Parfait. Filons d'ici.

Les deux silhouettes s'éloignèrent en courant dans un boyau.

— Mon cher ?

— Monsieur Brumaire ?

— Vous vous souvenez de cette petite affaire de colipostage que je vous proposais de monter ?

— Tout à fait, monsieur Brumaire.

— Eh bien, mon cher, il semblerait que le moment soit bien choisi pour nous lancer...

— Et il semblerait que je sois d'accord avec vous, monsieur Pluviôse. Me sera-t-il permis de molester ?

— Il sera toujours temps d'en discuter...

Chapitre 31

Paris-Capitale, le 5 juin 1910, 23 h 09
Mécanique millénaire, la dernière pièce

« Est-il d'autres secrets que les morts puissent nous apprendre sur la vie ? »* Notes extraites du *Petit Traité de philosophie ténébrale.

Karl Emmanuel de l'Abey se tenait face à l'ovale de ses baies vitrées. Il observait la ville, les illuminations de Paris-Capitale, son Empire. Il soufflait intérieurement du répit offert par cette courte victoire sur les ombres.

— Mon cher Eudes, les Cuprifères ont vacillé. Sans vous, c'était la chute.

Le Khan ne goûtait pas plus que d'ordinaire ces emphases impériales. Ces compliments n'étaient pas de nature à réparer ce qui était brisé, ni ne ramenaient personne à la vie. Un officier de la Marine entra sans frapper dans le grand salon, avança d'un pas décidé vers l'empereur, et s'inclina.

— Parlez, mon cher, intima le suzerain.

— Le *Tridacne* fait son entrée dans la darse du Champ-de-Mars, monsieur.

— Bien, colonel. Faites prévenir le Notaire. Qu'il soit réservé un accueil officiel au commandant Charcot et aux membres de sa mission.

Le militaire s'inclina de nouveau et sortit du grand salon.

— Si je puis me permettre, je n'ai pas eu droit aux honneurs en rentrant de ma mission, monsieur, protesta Clémence en reposant une tasse de thé. Je vous ai pourtant rapporté Maspero en vie, ainsi qu'un florilège d'artefacts des mieux choisis.

— Ma chère, votre retour était tellement confidentiel que vous nous avez tous pris de court.

Le *Tridacne* était un submersible militaire de classe nautile. Conçu par les ingénieurs Laubœuf et Maugas, ce sous-marin et ses cent dix hommes d'équipage était capable de rester en mer des mois durant. Au matin du 23 mai 1910, il s'était porté au secours du commandant Charcot, alors que l'archdeacon le *Pourquoi Pas* dérivait dans l'Atlantique Nord, victime d'une dernière avarie. Les membres de l'équipage ainsi que les éléments les plus sensibles de sa cargaison avaient été transférés à bord du submersible, pendant que les restes flottants étaient confiés à deux frégates de la Marine impériale, et un remorqueur.

Voilà deux heures, les lourdes portes Eiffel du déversoir de Billancourt avaient été ouvertes pour permettre la montée en Seine du submersible. Il s'était offert en spectacle tout au long des sous-quais où les Capitaliens avaient pu contempler sa marche nautique à travers les épais vitrages des parcs aquatiques. Les curieux pouvaient admirer le kiosque du submersible, illuminé de l'intérieur, achevant de donner ses atours les plus fantastiques à ce monstre marin. Depuis quelques minutes, le *Tridacne* avait crevé la surface de ses rostres sommitaux, et éclairait de ses phares les arches de fer qui se dressaient au-dessus du lac. Le commandant Ernest Prat se tenait à la proue, solitaire, son écharpe flottant au vent. Il passait maintenant les Servantes et les Académiques, une à une, avant d'entrer dans le carré central des Cardinales.

Pour le reste et pour ce qui fut des honneurs, tout alla très vite. Les hommes de l'équipage s'étaient tenus en un rang sur toute la longueur de leur navire, pendant que le commandant Charcot, le commandant Prat et la ténébraliste Hilma af Klint mettaient pied à terre. Puis vint le débarquement du coffre. Un coffre qui, dérobé par une danseuse orientale soudainement partie pour un long voyage, ne renfermait rien de moins que les plans originaux des Cuprifères. Des documents uniques, arrachés aux forces ennemies, au milieu des glaces, au péril de bien des vies.

Le précieux chargement avait aussitôt été porté sous le Grand Dôme de l'Omphalos, devant une assemblée de masques de hauts rangs. Ainsi patientaient les quatre Cardinaux, Gustave Eiffel, Maria Sklodowska-Curie, le Notaire et l'empereur, accompagnés des sept membres du Conseil désignés par le tirage stochocratique du jour.

Ils étaient tous réunis devant l'horloge centrale des Cuprifères. Celle-là même qui refusait, depuis dix ans que le dernier ressort avait été posé, de donner la moindre mesure du temps qui passe.

Et pourtant, en cette heure, ils avaient rendez-vous avec l'Histoire...

Entouré d'ingénieurs parmi les plus fins, morts et vifs, d'inventeurs de légende et autres pères des sciences ténébrales, le maître horloger Auguste-Lucien Vérité faisait chauffer le crâne de son atlas porte-torque. L'homme caressait les rouages de son masque en laiton, juché au chevet de ce monstre de mécanique sur une échelle à vapeur. Impuissant à résoudre le casse-tête qui lui était proposé, il refit son exposé :

— Nos illustres nous mettent au défi de voir ces aiguilles tourner un jour.

» Nous avons des plans, précis, complexes, qui nous permettent de plonger au plus profond de la science et de la ténébralité de cette horloge.

» Nous avons encore ces dessins, trouvés avec deux aiguilles de bronze, dans une tombe datant du XIVe siècle. Je m'efforce, mes amis, de comprendre la place et le rôle de ces petits riens au sein de ce grand tout, sans y parvenir.

» Nous avons ensuite deux pièces de mécanique, rapportées d'une tombe antique. Elles proviennent du fin fond des déserts libyens, et sont pourtant ciselées dans le même métal que cette beauté sculpturale, fit Vérité en levant les bras vers son horloge colossale.

» Puis, pour fermer le bal, cette pierre. Ou plutôt, devrais-je dire, ce morceau de coronium métallique.

Auguste-Lucien Vérité fit une pause dans son exposé. Il tenait en main la pierre de Flamel qui, comme il venait de l'indiquer, avait révélé sa véritable nature. Sous sa gangue de bronze se trouvait un cristal métallique ciselé d'infimes circuits géométriques. Il était de la même matière que le mythique Soleil Noir, la Dévoreuse des Égyptiens, le cœur stratégique des Cuprifères. Celui-là qui, renfermé dans le bunker de la tour Eiffel, baignait les lieux de ses ondes ténébrales.

— C'est un véritable casse-tête, messieurs. Ces deux pièces libyennes sont à l'évidence conformes aux cent mille qui friselisent et qui cliquettent par ici… Mais il semblerait que l'homme capable de nous dire où les introduire soit mort depuis trop longtemps, ou ne soit pas encore né !

L'ombre de Nicolas Flamel ne se montrait d'aucun secours. Fatigué par des décennies d'errance forcée, son esprit n'était plus capable que de garder le silence. Il dormait, dans une cuve de nourrice ténébrale, avec l'espoir de pouvoir un jour rejoindre les rangs des Importants…

Mais un autre Flamel était dans l'assemblée. Le jeune Tellurien… Il regardait tourner l'incroyable machinerie depuis des heures, se fondait dans ses rouages, devenait un à un chacun de ses ressorts, se faisait boudins, lames, spirales, jusqu'à trouver le centre névralgique de cette impossible mécanique, déjeté à trois mètres au-dessus du cœur, dans une région déjà densément peuplée…

— J'y suis ! s'écria-t-il, attirant à lui tous les regards.

— Qu'il y reste, se moqua un savant de renom.

Tellurien avança jusqu'à la table de l'horloger, prit en main une pièce provenant du caveau du prophète Asclépios, pointa un élément sur le premier des deux dessins, et superposa le tout sur le plan de l'horloge des Cuprifères…

— Ici, monsieur Vérité. Vous en convenez ? fit un Tellurien très sûr de lui.

— Ce n'est pas croyable ! À l'évidence, jeune homme, vous avez un don pour l'horlogerie !

— Je préfère la physique des fluides, répliqua le va-nu-pieds et grimpant sur la plate-forme, et les singes !

Tellurien actionna le levier de pression de l'échelle à vapeur et s'éleva jusqu'au-dessus des régions septentrionales de la grande horloge. Il fit danser son index, battant la mesure des ressorts, cliquets, ancres et barillets, avant de tirer un arbre et de suspendre la marche de tout un quartier de mécanique. Il plaça la pièce d'Asclépios, avec une précision inframillimétrique, et repoussa la clef jusqu'à sa butée. Les roues sur grands axes se remirent en mouvement, entraînant le nouvel élément dans leur danse.

L'assemblée osa respirer, constatant que le jeune prodige n'avait en rien brisé la belle ingénierie.

Auguste-Lucien Vérité opina du chef, un doigt posé sur la lèvre inférieure. Il approuvait la manœuvre, l'appréciait à sa juste valeur, et ne perdait pas une miette de ce qui allait suivre. Tellurien venait de prendre la seconde pièce d'Asclépios, qu'il plaça avec la même rigueur dans une région plus équatoriale de la mécanique. Puis il enchâssa la paire d'aiguilles de l'alchimiste sur un jeu de roues semblant commander les autres, et fit sauter la fameuse pierre de Flamel de son carcan de bronze, avant de monter une dernière fois en haut de l'échelle à vapeur. Il poussa la plate-forme jusqu'au sommet de l'horloge, plongea ses mains au milieu de mille pièces en mouvement, et disposa ce disque mythique à la place qui lui revenait.

Le cristal métallique entra alors dans une vive luminescence, comme animé par une énergie propre, et un fil de lumière pulsa le long de ses dessins géométriques, avant de gagner l'ensemble de la mécanique. L'immense aiguille des secondes se mit à tourner d'un cran, arrachant un cri d'effroi dans l'assemblée.

Elle avait tourné à l'envers...

Le dôme tout entier était plongé dans le silence, les lèvres suspendues à la marche inversée de l'horloge monumentale de l'Omphalos, quand le double battant des portes de bronze menant au Thanatopole s'ouvrit en grand. Une silhouette apparut sur le seuil. Elle semblait faite de cendre, de poussière et d'argile. Rien en elle ne paraissait naturel. Un messager venu d'un autre temps avançait à pas lents sur le marbre de l'esplanade. Il se dégageait de lui une puissance et une assurance qui força l'assemblée à s'écarter pour lui céder le passage. Il s'arrêta au pied de l'horloge et leva un doigt vers son cœur de pierre.

— *Celui qui vous parle a connu votre mort. Ici commence et se termine le temps.*

Puis le messager s'effondra sur le sol de cristal de l'Omphalos, tombant en un tas de poussière, et se dissipa en un souffle d'éther.

— Qui est-il ? Est-ce que son périsprit est encore là ? Ténébralistes !

— Amenez les thanatographes ! Analysez les hyperfréquences ! Je veux un séquençage complet !

— Où sont les médiums ?

— Faites parler ces ondes !
— Mais pourquoi cette horloge tourne-t-elle à l'envers ?
— Est-ce un compte à rebours ? Un compte à rebours géant ?

Le Notaire, ballotté par ce chaos ambiant, se grattait l'arrière du crâne. Il ne savait pas pourquoi, mais il avait la sensation d'avoir déjà vécu cette scène.
— J'ai déjà vu ça...

» J'ai déjà vu ça.

Épilogue

Paris-Capitale, le 8 juin 1910, 13 h 52

***« Politique de destruction des âmes. L'unique source de coronium mobilisable en l'état de nos connaissances est le périsprit des indigents. »* Notes extraites d'un rapport classifié, correspondances privées.**

La vie dans les Cuprifères avait repris ses droits. La mort aussi. Personne ne comprenait pourquoi un prophète ayant vécu des milliers d'années de cela avait en sa possession des pièces de mécanique d'une horloge qui fonctionnait à l'envers, mais il serait toujours temps d'élucider ce mystère un jour.

L'empereur de l'Abey était confortablement installé dans son bureau, face à son aquarium d'eau salée, et griffait le papier d'un carnet de notes. Il prenait le soin de refermer et de classer un à un les différents dossiers ouverts à l'occasion de la présente histoire.

« Le cas Prune Brunet-Bertillon.

L'affaire s'est soldée par la mort de la jeune Prune Bertillon, et l'accord exceptionnel du Conseil des sept lui offrant une résurrection de classe Fortunée.

Le cas de cette jeune fille relance la question du modèle parental au sens ténébral du terme, ainsi que la définition légale du statut de mère et de père aux Cuprifères. Un atlas peut-il être considéré comme le parent légal, ou comme un simple porteur de parentalité ?

Le Notaire soulèvera cette question devant le Conseil résurrectionnel dans les jours à venir.

Le cas Sellaïe Ladrait.

La petite bonne de Prune Bertillon, libérée vivante peu avant la fin de l'enquête, voue une admiration sans faille pour son sauveur, le préfet Eudes Anatole-Faust Lacassagne. En raison de son courage et de sa thanatocompatibilité, elle a été désignée comme atlas de Prune Bertillon.

D'après le Renseignement, elle se rapproche naturellement de l'ancien prétendant de celle-là... du moins ce dernier accepte-t-il peu à peu l'atlas.

Le cas Tellurien Flamel.

L'étude de ce dossier ne cesse de soulever des paradoxes... Ce jeune homme fait preuve de grandes aptitudes intellectuelles et pratiques. Son aisance dans de nombreuses disciplines scientifiques et humanistes lui donne une place naturelle au sein des étages supérieurs des Académiques. Voilà un parfait exemple de cet idéal dont nous poursuivons la construction : un enfant du peuple, sans aucune ascendance ni fortune, par son potentiel et son énergie propres, accède aux Cuprifères avec la promesse de monter sur les plus hautes marches des Cardinales.

Les cas Mileva Varasd et Henri Jacob.

Par décision de la Cour impériale, ils ont été condamnés à un enfermement à vie dans les geôles sommitales des Cuprifères. L'objet n'est pas de revenir à l'ère des peines carcérales au sein de l'Empire, mais de laisser du temps à ces deux âmes de méditer sur leurs méfaits.

Il est à noter que Varasd a tenu Nicolas Flamel sous son emprise durant des décennies en lui promettant de retrouver son voleur. Ce qu'elle a fait. Elle avait juste omis de préciser que ce n'était là qu'une étape pour s'emparer elle-même de ses secrets...

Le cas Natrojar Racoques.

Invoqué par la Cour impériale, l'ancien conservateur a été condamné à voir son Imago archivée et son périsprit détruit. Il a entaché la réputation du musée Guimet, provoquant l'affliction de son fondateur.

Le cas Léopold Rakoczy, alias le comte de Saint-Germain.

Les restes de cet homme vieux de quatre siècles ont été considérablement abîmés lors de l'arrestation de cette ombre majeure. Le laboratoire central œuvre pour établir un relevé périspritique propre à produire une Imago recevable. En tout état de cause, ce qui reste de ce périsprit sera détruit.

Le cas Nicolas Flamel.

... »

Un pneumatique tomba dans l'auget des tubes prioritaires, déconcentrant l'empereur dans sa prise de notes. Il était cerclé de noir, signalant sa provenance du département du Thanatopole, et portait le timbre rouge des courriers urgents.

Un appel téléphonique retentit au même instant, achevant d'intimer à l'homme d'interrompre toute activité séance tenante.

— De l'Abey, j'écoute ?

— *Monsieur, ici Sophiste Deltombe, directeur du service des compatibilités. Monsieur, nous avons un problème.*

— Un problème ? répéta de l'Abey en posant sa plume.

— *Oui, monsieur. Nous avons refait trois fois les tests, et nous arrivons aux mêmes conclusions. Nous avons un indice cent, monsieur.*

— Vous voulez dire... un porteur universel ? Mais comment est-ce possible ? Êtes-vous sûr de vous ?

— *Parfaitement, monsieur.*

Karl de l'Abey ouvrit le curseur prioritaire, découvrant l'identité de cet atlas hors norme. Son nom était... Tellurien Flamel. Sa particularité ? Être né à l'instant même de la mise en service de l'antenne périspritique de la tour Eiffel, à moins de cent mètres de l'Omphalos...

— Quelqu'un a une idée de ce que cet enfant a subi ? demanda l'empereur.

— *D'après madame Curie, il pourrait s'agir d'une décharge d'ondes ténébrales, monsieur. Mais il reste beaucoup à faire pour éclaircir ce mystère...*

De l'Abey raccrocha son combiné. Il entrevoyait déjà les développements qu'offrait la perspective d'avoir un atlas capable de porter n'importe qui, sans aucune contrainte, sans aucun rejet... Pas comme Eudes Lacassagne, qui n'était, à côté, qu'une anomalie physique et technologique, un monstre utile aux Cuprifères... son défenseur.

L'homme s'apprêtait à compléter ses notes quand son téléphone sonna de nouveau. L'empereur donna son accord pour se voir transmettre une communication depuis les États-Unis.

La ligne crépita et une voix lointaine reprit le fil de la conversation.

— *Monsieur de l'Abey ? Ici Thomas Edison.*

— Que me vaut votre appel, monsieur Edison ?

— *Une proposition.*

— Après avoir volé les plans de nos Cuprifères, vous voulez nous faire une proposition, monsieur Edison ? fit l'empereur en fermant son carnet.

— *Il me fallait vérifier une chose ou deux...*

— Je dois me contenter de cette explication ?

— *Disons que vous aviez votre crypteur, et que j'avais le mien, monsieur de l'Abey. J'étais en quelque sorte le plan B.*

— Comment ça ? sursauta l'empereur.

— *Benjamin Franklin avait, en son temps, reçu des consignes très précises. Je suis aujourd'hui le dépositaire de ses carnets, monsieur de l'Abey. Et il semblerait que le temps de collaborer soit venu.*

— Qui me dit que vous ne tenterez plus de nous voler, monsieur Edison ?

— *Je n'ai jamais tenté de vous voler, monsieur de l'Abey. J'ai juste éprouvé vos capacités, selon mes instructions. Rien ne peut remplacer les Cuprifères. Vous avez le Soleil Noir. Vous avez l'horloge quantique.*

— Quelle horloge quantique ? fit de l'Abey en ravalant un hoquet.

— *Vous voyez, monsieur de l'Abey, que vous avez besoin de moi. Je vous propose de nous rencontrer. Je serais très honoré d'accepter une visite de vos installations. Et je pourrais amener dans mes bagages quelques connaissances. Que pensez-vous de personnalités comme Michael Faradet, ou Hans Christian Oersted ?*

La conversation se termina dans les agendas de ces messieurs, quand une explosion fit s'ébranler les fondations des Cuprifères. Suivie d'une autre, et d'encore une autre...

L'empereur se rendit immédiatement sur son balcon, et vit de la fumée noire s'élever en colonnes depuis différents points de la capitale. Des curseurs se mirent à pleuvoir dans les augets impériaux, et le téléphone sonna.

De l'Abey courut et décrocha le combiné.

— *Votre Altesse ? Ici le général de Rochechouart, commandant en chef de la place de Paris-Capitale.*

— Que se passe-t-il, monsieur ? questionna vivement l'empereur.

— *Il faut réunir l'État-major, Votre Altesse. C'est la révolution. Le peuple dresse des barricades. Plusieurs canaux de verre ont été détruits, des quartiers ennoyés.*

— La révolution ? Mais que veulent-ils ? Aucune crise ne peut éclater aussi vite et sans raison ! Pourquoi le Renseignement n'a-t-il rien fait remonter ?

— *Des tracts volent, Votre Altesse,* confia le militaire.

De l'Abey raccrocha le téléphone et resta un instant sous le choc, le regard perdu dans la danse des singes volants. Il se dirigea vers ses augets, prit le premier curseur, et découvrit une liasse de tracts incendiaires.

Ainsi que le début d'un article à charge contre l'Empire :

« Scandale aux Cuprifères ! Le Pouvoir central supprime de manière méthodique les périsprits de tous les indésirables. Vous leur confiez vos morts ? Ils les détruisent ! Si vous voulez savoir ce qu'il est advenu de vos morts, demandez-leur de vous présenter leurs doigts ! »

Le peuple gronde...

Paris se révolte.

Encore.

Sera-t-il possible, un jour, de voir les hommes poursuivre ensemble le même rêve ?

Imprimé en Allemagne
Dépôt légal : Août 2017
ISBN 978-2-918541-60-8